MÉMOIRES
DE
SULLY,
PRINCIPAL MINISTRE
DE HENRI-LE-GRAND.

NOUVELLE ÉDITION,

Plus exacte et plus correcte que les précédentes.

TOME SECOND.

A PARIS,
Chez JEAN-FRANÇOIS BASTIEN.

M. DCC. LXXXVIII.

MÉMOIRES
DE
SULLY.
TOME SECOND.

MÉMOIRES
DE SULLY.
LIVRE SIXIEME.

Mémoires de 1593—1594. *Conduite de Henri avec le Pape, l'Espagne, la Ligue et les Huguenots, après son abjuration. Autre treve. Artifices de l'Espagne. Attentat de Barriere contre la vie de Henri. Jésuites accusés et justifiés à cet égard. Rosny commence à négocier avec l'amiral de Villars, pour le détacher de la Ligue. Fescamp surpris par un moyen extraordinaire. Affaire pour ce fort. Plusieurs villes se rendent à Henri. Voyage de Rosny à Rouen. Détail de ses négociations avec Villars. Caractere de ce gouverneur. Rosny est employé par Henri à raccommoder le duc de Montpensier avec le comte de Soissons, et à rompre le mariage de celui-ci avec Madame. Il va voir la duchesse d'Aumale à Anet. Suite de ses négociations avec MM. de Villars, de Médavy et autres. Le traité avec Villars est conclu, après bien des obstacles. Henri est reçu dans Paris. Circonstance de cette reddition. Traits de générosité et de clémence de ce Prince. Accommodement de Villeroy. Troisieme voyage de Rosny à Rouen. Villars en chasse les députés de l'Espagne et de* la Ligue. Cérémonie avec laquelle Rouen se rend au Roi. Conditions que met Rosny aux gratifications qu'il reçoit du Roi. Villars vient trouver Henri. Trait de sa générosité. Lyon se soumet au Roi, malgré le duc de Nemours. Poitiers, Cambrai et autres villes en font autant. Prise de la Chapelle par les Espagnols. Commencement du siege de Laon. Affaires qui obligent Rosny à revenir à Paris. Entretien qu'il a avec le cardinal de Bourbon. Il soutient les Jésuites dans leurs procès contre l'Université et les Curés de Paris. Il retourne au siege de Laon. Suite de ce siege. Travaux et fatigues de Henri. Grand convoi des Espagnols défait par Biron. Rosny se trouve à ce combat. Mécontentement que Biron donne au Roi. Les Espagnols tentent inutilement de jetter du secours dans Laon.

LA cérémonie de l'abjuration du Roi fut suivie d'une députation (*) du duc de Nevers à Rome,

(*) Clément VIII refusa de reconnoître et de recevoir le duc de Nevers comme ambassadeur, et voulut obliger les prélats François à aller se présenter devant le grand inquisiteur, prétendant que les évêques de France n'avoient pu absoudre le Roi. M. de Thou blâme, avec autant de raison, la dureté du Pape en cette occasion, qu'il loue la fermeté, la prudence et toute la conduite du duc de Nevers, *liv.* 108. Voyez *tome* 2 *des Mém. de Nevers, manuscrits de la bibliotheque du Roi*, et dans les Historiens ci-dessus, le détail des ambassades des ducs de Nevers et de Luxembourg, pour faire au Pape, conjointement avec le cardinal de Gondy et le marquis de Pisany, les obéissances d'usage en pareil cas. Quoique ce changement fût un coup mortel pour la Ligue, les Espagnols et le duc de Mayenne ne se rendirent pas encore. Ils tâcherent de persuader à leurs partisans qu'il leur restoit des ressources capables de le rendre inutile; mais ils parloient tous en ce moment contre leur sentiment; et cette feinte assurance ne tendoit qu'à obtenir du Roi des avantages plus considérables, avant qu'il fût bien affermi sur le trône.

Ce n'est point là une simple conjecture, du moins quant au roi d'Espagne, puisqu'il est demeuré constant qu'il fit offrir au Roi par Taxis et Stuniga, un secours capable de réduire tous les chefs de la Ligue et le parti Protestant, sans mettre à cette offre d'autre condition qu'une étroite alliance entre les deux couronnes, et une convention que le Roi ne donneroit aucun appui aux

---

et les négociations du P. Séraphin Olivari, de la Clielle, des abbés du Perron et d'Ossat, auprès du saint Pere. Le Pape fit encore long-temps attendre une absolution qu'il avoit bien envie d'accorder, et reçut fort mal la Clielle, qui lui présentoit les lettres de Henri IV. Le P. Séraphin qui étoit présent, et qui s'apperçut bien que cette colere du Pape n'étoit qu'une feinte, lui dit agréablement : « Saint Pere, quand ce seroit le diable qui vous demanderoit audience, s'il y avoit espérance de le convertir, vous ne pourriez pas, en conscience, la lui refuser ». Ce qui fit sourire sa Sainteté.

rebelles des Pays-Bas. Philippe II jugeoit de Henri par lui-même, et n'envisageoit sa conversion que comme le principe d'un nouveau système politique, qui demandoit qu'il trahît ses plus anciens engagemens. Il n'est peut-être pas inutile de faire ici une remarque sur l'Espagne ; c'est que quoiqu'elle ait fait jouer, soit du vivant, soit depuis la mort de Catherine de Médicis, mille ressorts différens, qu'elle ait changé de parti et d'intérêt toutes les fois qu'elle l'a jugé expédient pour profiter des divisions qui ont agité ce royaume, le corps des réformés est le seul vers lequel elle ne se tourna jamais. Elle a souvent et hautement protesté qu'elle n'avoit jamais eu la moindre pensée de rechercher ni de souffrir leur alliance. C'est par une suite de cette même antipathie, que les Espagnols ont constamment fermé l'entrée de leurs Etats à la nouvelle religion ; et on ne sçauroit l'attribuer qu'aux maximes républicaines, dont les religionnaires sont accusés d'être imbus.

Le Roi, convaincu de plus en plus que pour étouffer dans son royaume toute semence de schisme, il ne devoit donner à aucune des différentes factions sujet de se vanter qu'elle disposoit de son pouvoir, et que pour réduire tous les partis, il n'en falloit épouser aucun, rejetta constamment ces offres de l'Espagne, et celles que le duc de Mayenne lui fit faire à même fin ; mais dans le même temps il se montroit prêt à traiter avec chacun des chefs, ou des villes de la Ligue, qui viendroient se rendre à lui, et de les récompenser à proportion de leur empressement et de leurs services. C'est dans ce sage milieu qu'il résolut de s'arrêter. Quoique sa derniere action l'eût uni de religion avec la Ligue, son aversion ne diminua point pour l'esprit de ce corps, et pour les maximes par lesquelles il s'étoit toujours conduit. Le seul nom de la Ligue suffisoit encore pour allumer sa colere. Les Catholiques ligueurs s'étant imaginés que l'abjuration de ce Prince les autorisoit à abolir, dans quelques villes de leur dépendance, les édits favorables aux réformés, le Roi les y fit rétablir; et quoiqu'en quelques endroits ils eussent obtenu pour cela le consentement des Huguenots mêmes, déterminés à acheter la paix à quelque prix que ce fût, parce que le parti protestant en murmura, Henri cassa tout ce qui s'étoit fait à cet égard (*), et témoigna que son intention étoit de tenir constamment la balance égale.

(*) Le Roi tint une assemblée de Protestans à Mante, le 12 Décembre de cette année, et y déclara publiquement que son changement de religion n'en apporteroit aucun dans les affaires des réformés. *Mém. de la Ligue, tome 5.* Et les Calvinistes lui ayant fait plusieurs demandes, il leur dit : qu'il ne pouvoit les leur accorder, mais qu'il les toléreroit. *Mathieu, tome 2, liv. 1, page 164.*

Le duc de Mayenne voyant que cette derniere ressource qu'il avoit cru infaillible lui manquoit après toutes les autres, joua de son reste auprès des Parisiens ses anciens amis, et ne négligea rien pour réveiller leur humeur mutine ; mais bien loin d'y réussir, il ne put les empêcher de faire éclater leur joie de ce qui venoit de se passer à Saint-Denis. Ils parloient publiquement de paix, en sa présence même. Il eut le chagrin d'entendre proposer qu'il falloit envoyer des députés demander au Roi une treve de six mois, et qu'on le forçât d'y donner son consentement. La treve accordée pour trois mois à Surêne (*), n'avoit fait que donner du goût pour une plus longue.

Le Roi donna audience aux députés en plein conseil. La plupart de ceux qui le composoient n'écoutant que leur jalousie contre le duc de Mayenne, qu'ils craignoient comme un homme qui tenoit en main de quoi acheter la faveur et toutes les graces, opinerent qu'on ne devoit avoir aucun égard à la demande des députés, se fondant sur ce que celui qui les envoyoit, persistoit dans sa révolte contre le Roi, même depuis son abjuration. Malgré la justice qu'il y avoit à ne pas

___
(*) Ou à la Villette, entre Paris et Saint-Denis, comme le marquent les Mémoires de la Ligue. La date en est du dernier Juillet, et elle fut publiée le lendemain à Paris.

confondre le duc de Mayenne avec les Parisiens, je vis le moment où cet avis l'alloit emporter; et certainement il ne pouvoit produire qu'un fort grand mal. Je pris la parole, et j'insistai si fortement sur l'avantage de faire goûter au peuple, déjà revenu de ses premiers égaremens, la douceur d'une paix qui l'intéressât encore plus fortement, en faveur du Roi, que ce Prince déclara qu'il accordoit la treve qu'on lui demandoit, mais pour les mois d'Août, Septembre et Octobre seulement.

Dès le lendemain, il se fit à Saint-Denis un concours prodigieux de la populace de Paris. Le Roi se montra plusieurs fois au peuple assemblé. Il assista publiquement à la messe. Par-tout où il portoit ses pas, la foule se trouvoit si grande, qu'il étoit (*) quelquefois impossible de la percer. Il s'élevoit à tout moment un cri de *vive le Roi*, formé par un million de voix ensemble. Tout le monde s'en retournoit charmé de sa bonne mine, de sa douceur, et de cet air populaire qui lui étoit naturel. « Dieu le bénisse, disoit-on, la

___

(*) « Ils sont, disoit Henri IV, affamés de voir un Roi ». *L'Etoile, ibid.* J'ai reçu un plaisant tour à l'église, écrivoit-il à mademoiselle d'Estrées en cette occasion, ou dans une semblable : « Une vieille femme, âgée de quatre-vingt
» ans, m'est venue prendre par la tête, et m'a baisé. Je
» n'en ai pas ri le premier, demain vous dépolluerez ma
» bouche, &c. ». *Recueil des lettres de Henri IV, ibid.*

» larme à l'œil, et le veuille amener bientôt en
» faire autant dans notre église de Notre-Dame ».
Je fis remarquer au Roi cette disposition du
peuple à son égard. Tendre et sensible comme
il étoit, il ne put voir ce spectacle sans une vive
émotion.

Les Espagnols eurent recours à leurs subtilités
ordinaires. D'Entragues vint me trouver un matin,
et me dit qu'il venoit d'arriver à Saint-Denis un
Espagnol, chargé de dépêches importantes de
Mandoce, qui lui avoit ordonné de s'adresser
directement à moi, comme au seul homme qui
avoit connoissance des propositions que lui Mandoce avoit fait faire au Roi il y avoit déjà long-
temps en Béarn, par le commandeur Moreau et le
vicomte de Chaux. Cet Espagnol, qui s'appelloit
Ordognès ou Nugnès, avoit été domestique de
d'Entragues, et avoit passé de chez lui au service
de Mandoce. D'Entragues entretenoit commerce
par son moyen, avec l'ambassadeur Espagnol près
de la Ligue. Voilà ce que je compris sur le chapitre de cet homme, par le récit, vrai ou faux
que m'en fit d'Entragues. Je ne me fiois pas beaucoup à cet émissaire Espagnol, et guères davantage à d'Entragues, dont je connoissois l'esprit
brouillon. Je le reçus assez séchement, parce que
je ne doutai point que tout ceci ne fût un manege
des Espagnols : mais d'Entragues parut si scandalisé

que je soupçonnasse sa fidélité, et ajouta tant de choses sur la bonne foi de son Nugnès, que je consentis qu'il me l'amenât le soir de ce même jour. Le Roi à qui je donnai avis de la visite de d'Entragues, en eut la même opinion, et m'ordonna pourtant d'écouter l'envoyé.

D'Entragues ne manqua pas de revenir accompagné de l'Espagnol, qui après bien des discours assez vagues sur la joie qu'on avoit eue à la cour d'Espagne de l'abjuration du Roi, et des protestations infinies de bonne volonté, que je n'avois pas lieu de croire fort sinceres, me dit enfin qu'il étoit chargé de proposer au Roi le mariage de l'Infante (*), avec quelques autres articles, sur lesquels il me déclara qu'il lui étoit défendu de s'expliquer avec d'autres personnes que le Roi lui-même, auquel il me pria de le présenter. Henri ayant voulu l'entendre, je dis à Nugnès, sans aucun détour, que venant d'un endroit fort suspect, il acheteroit l'honneur d'être admis à l'audience de sa Majesté, par quelques précautions contre sa personne, peut-être un peu humiliantes. Il ne trouva rien de trop dur. Je commençai par le fouiller moi-même; ensuite je fis faire une recherche exacte sur toute sa personne par deux de mes valets de chambre, dont l'un

―――――――――――――――――――――
(*) Claire-Eugénie d'Autriche, seconde fille de Philippe II.

qui étoit tailleur, s'en acquitta complettement. Il ne fut pas plutôt entré dans l'appartement du Roi, que je le fis mettre à genoux, tenant ses deux mains dans les miennes. Il n'ajouta rien aux propositions qu'il m'avoit déjà faites ; mais il parla de l'alliance des deux couronnes en termes si spécieux et si magnifiques, que le Roi qui, dans le commencement l'écoutoit à peine, ne put s'empêcher de goûter la proposition que lui fit l'Espagnol, d'envoyer un homme de confiance, sçavoir de dom Bernardin de Mandoce lui-même, s'il ne pouvoit pas compter sur la vérité de tout ce qu'il venoit de lui dire.

Cette députation à laquelle on pouvoit donner un air mystérieux, n'étoit pas trop de mon goût, et encore moins le choix que sa Majesté fit pour ce sujet de la Varenne (*), homme plein

---

(*) Il en sera encore parlé dans la suite de ces Mémoires. Son nom est Guillaume Fouquet, celui de la Varenne lui vint du marquisat de la Varenne, en Anjou, qu'il acquit. Son premier office fut celui de cuisinier chez Madame ; il excelloit sur-tout à piquer les viandes. S'il est vrai que cette Princesse, le rencontrant un jour après sa fortune, lui dit : « La Varenne, tu as plus gagné à porter les poulets de » mon frere, qu'à piquer les miens » ; on en conclura que les moyens par lesquels il s'avança auprès du Roi son maître, ne sont pas des plus honnêtes. Il fut fait porte-manteau de ce Prince, ensuite conseiller d'état et contrôleur-général des postes, et toujours fort avant dans la familiarité de Henri IV, qui lui donna des lettres de noblesse. La Varenne ayant mis un gentilhomme auprès de son fils : « Comment, lui » dit ce Prince, donner ton fils à un gentilhomme, je

de vanité. Le Roi à qui j'exposai mes craintes, crut sauver toute apparence d'engagement et de négociation avec l'Espagne, en ne chargeant la Varenne d'aucun écrit, et en faisant servir de prétexte à son voyage le réglement de quelques limites sur la frontiere d'Espagne. La Varenne n'eut pas plutôt reçu son congé, qu'il fit parade de sa commission, trancha de l'ambassadeur, et se fit recevoir comme tel par Mandoce, qui de son côté enchérit encore sur les honneurs qu'exigeoit la Varenne ; ce qui produisit l'effet que les Espagnols avoient en vue. On crut quelque temps en Angleterre et en Allemagne, que Henri avoit recherché l'amitié du roi d'Espagne, et rompu l'alliance avec les Puissances protestantes ; d'où l'on auroit peut-être vu s'ensuivre une rupture éclatante, si le Roi n'avoit promptement pris les devans pour les persuader du contraire.

Une derniere ressource sur laquelle on comptoit

» comprends bien cela ; mais donner un gentilhomme à ton » fils, c'est ce que je ne puis comprendre ». On raconte encore que la Varenne ayant obtenu certaine grace du Roi, le chancelier de Bellievre lui fit quelque difficulté ; la Varenne dit au chancelier : « Monsieur, ne vous en faites pas tant » accroire : je veux bien que vous sçachiez que si mon » maître avoit vingt-cinq ans de moins, je ne donnerois pas » mon emploi pour le vôtre ». Voyez d'Aubigné, généal. de Sainte-Marthe ; Mémoires de M. le duc d'Angoulême ; Mém. de du Plessis ; Menagiana, &c. Cayet, ibid. tome 5. page 276, parle de l'ambassade de la Varenne en Espagne tout différemment de nos Mémoires.

dans la Ligue, et qui faisoit qu'on reculoit toujours l'accommodement et l'éloignement des Espagnols, c'est l'horrible résolution de poignarder le Roi, qu'elle avoit sçu inspirer à un petit nombre de gens déterminés, dont elle avoit renversé l'esprit par l'attrait des plus grandes récompenses, s'ils venoient à bout de leur entreprise, et s'ils y succomboient, par l'espérance que leur action leur mériteroit la couronne du martyre. La nature se révolte si violemment, lorsqu'elle voit que ceux qui se vantoient d'être les soutiens de la religion, font un abus si monstrueux de ce qu'elle a de plus sacré, qu'il faudroit effacer ce trait de toutes les histoires, si d'ailleurs l'on n'étoit sûr qu'il n'y a aucune des religions qui prennent le nom de Chrétiennes, qui ne s'indigne qu'on puisse lui imputer d'autoriser un pareil dessein. On ne peut même sans crime, en accuser ou un corps, ou un simple particulier, si l'on n'en a les preuves de fait les plus claires.

Le Roi ne les eut (*) que trop fréquemment dans les voyages qu'il fit au sortir de Saint-

___

(*) Cayet, *Chronologie Novenn. liv.* 5, *page* 280, parle plus positivement de ces complots contre la vie de Henri IV. Morisot dit qu'un Flamand, nommé *Avenius*, vint à Saint-Denis dans le dessein de poignarder ce Prince; que voyant avec quelle dévotion il assistoit à la messe, il se jetta à ses pieds, et lui demanda pardon; mais qu'ayant récidivé, il fut roué en 1593. *Chap.* 33.

Denis à Châlons-sur-Marne, au fort de Gournay, à Brie-Comte-Robert, à Melun, et ensuite à Meulan et à Fontainebleau. Les Moines sur-tout ont sur cet article une tache qu'ils n'effaceront pas facilement. Henri étant à Melun, pensa périr par la main des furieux qu'apostoient partout les Jésuites et les Capucins. Entr'autres avis qui lui furent adressés sur ce sujet ; il fut informé qu'un de ces scélérats étoit parti de (*) Lyon,

(*) C'est Pierre Barriere, ou la Barre, batelier d'Orléans. Davila rapporte ce fait un peu différemment, *liv.* 4. Les Mém. de la Ligue chargent griévement en effet un Jésuite de Paris et un Capucin de Lyon, sans nommer ni l'un ni l'autre. M. de Thou dit formellement, *liv.* 107, que ce Jésuite étoit le P. Varrade, recteur du college de Paris, et invective à cette occasion d'une maniere sanglante contre toute cette société. Mézeray, *liv.* 62, en parle dans les mêmes termes, comme n'ayant fait que copier de Thou. Mais outre que le témoignage d'un ennemi n'est d'aucun poids, il est bon d'avertir ici une fois pour toutes, que lorsque le duc de Sully, et les autres écrivains Calvinistes, font ces sortes d'imputations aux Jésuites, ainsi qu'à MM. de Villeroy, Jeannin, d'Ossat, &c. ; cela ne signifie rien autre chose, dans le sens même de ces Ecrivains, sinon que telle ou telle chose arriva par l'effet des principes, écrits, theses, prédications, en un mot, par l'impression et l'esprit qui conduisoit toute la Ligue : et non point que tel Jésuite, telle personne fût l'auteur ou le moteur de cette action. On en sera plus convaincu par la suite de ces Mémoires. Voyez comment nous nous sommes expliqués sur ce sujet dans la Préface de cet ouvrage.

Pour le fait particulier dont il est ici question, quoi qu'en disent de Thou, Cayer. *liv.* 5, *page* 240, et Mézeray, il est certain que Barriere appliqué à la question, pour déclarer ceux qui l'avoient sollicité à attenter à la vie du Roi, ne nomma point le P. Varrade. Il est encore certain

dans le dessein de venir le chercher pour l'assassiner. Heureusement avant de partir il exposa dans la confession son dessein à un Prêtre, qui effrayé de cette frénésie, en avertit un gentilhomme de Lyon. Celui-ci partit précipitamment pour prévenir le meurtrier, et le désigna si bien au Roi, sur le portrait que lui en avoit fait le Prêtre, qu'il fut reconnu à Melun au milieu de

qu'on ne fit aucune poursuite contre ce pere; qu'on ne le rechercha point dans tout le cours de cette procédure; qu'il demeura à Paris après même que le Roi y fut entré. Quand l'année suivante 1594, Antoine Arnaud, dans son plaidoyer pour l'Université, reprocha aux Jésuites le prétendu attentat du P. Varrade, ceux de sa compagnie s'en défendirent fortement, et l'avocat ne le prouva point. *Hist. de l'Université de Paris, tome 6, page 884.* Enfin le Roi, en 1604, répondant au premier président de Harlay, qui représentoit que le Parlement avoit peine à vérifier l'édit du rétablissement des Jésuites, les justifia en particulier sur l'article qui regardoit Barriere, disant qu'il étoit faux qu'aucun d'eux eût sçu le dessein de ce parricide. *Mém. chronol. et dogmatiques, pour servir à l'Histoire de l'Eglise, tome 1, page 28.*
C'est donc une énorme calomnie dans MM. de Thou, Cayet et Mézeray, d'avoir avancé que le P. Varrade avoit conseillé à Barriere de tuer le Roi. Ce fut le P. Séraphin Banchi qui découvrit ce complot, et le gentilhomme qui partit de Lyon pour en avertir Henri IV, et qui reconnut Barriere à Melun, s'appelloit *Brancaleon. Chronol. Novenn. ibid.* Henri IV parlant de cet attentat à P. Mathieu, son Historien, lui dit, que ce scélérat se trouva trois fois dans l'occasion de le tuer à la chasse, en cueillant des fruits d'un arbre, et dans l'église de Saint-Denis; et que Barriere, aussi-bien que Clément, étoit convenu avec ses complices d'envelopper dans son accusation une infinité de personnes innocentes, et en particulier plusieurs princes et seigneurs de France. *Mathieu, tome 2, liv. 1, page 150.*

la foule : il confessa son crime et en reçut le châtiment. Le Roi étoit confus pour ses ennemis mêmes, d'une méchanceté qui découvroit si bien le fond de leur cœur. Il se trouvoit également alarmé de toutes ces entreprises sur sa personne, et gêné des précautions qu'il étoit obligé de prendre : il m'en fit souvent les plaintes les plus ameres.

Il se seroit trouvé heureux, si la conduite des Catholiques de sa cour l'eût du moins consolé de celle des Catholiques ligueurs ; mais ils n'en avoient pas changé non plus que les autres, pour avoir vu le Roi se faire catholique ; et ils ne s'en croyoient pas moins en droit de l'assujettir à toutes leurs fantaisies. Ils souffroient impatiemment que le Roi n'eût pas rompu tout commerce avec ses anciens serviteurs protestans : leur mécontentement éclatoit à le voir seulement s'entretenir avec quelqu'un d'eux, sur-tout avec moi. La crainte que je ne le rentraînasse dans sa premiere croyance, les touchoit beaucoup moins, que l'idée qu'ils avoient que je le portois dans ces entretiens à chercher un remede aux abus du gouvernement, et principalement au désordre des finances. Henri qui ne se voyoit pas encore au point de pouvoir parler en maître, eut la complaisance de fuir toute conversation particuliere avec les Huguenots. Il reprit ses conférences sur la religion avec les seuls Catholiques, et les continua à Andresy (1) et à Milly (2). Je profitai de cette conjoncture, et je demandai à ce Prince la permission de faire un voyage à Bontin, où j'avois pour cinq à six mille écus de bled à vendre. En me l'accordant, sa Majesté me dit qu'à mon retour elle verroit peut-être plus clair dans ses affaires, et qu'elle pourroit m'en dire davantage.

J'arrivai avec mon épouse à Bontin, dans un temps où les denrées étoient de fort bon débit. Toutes les grandes villes se hâtant de profiter de la treve pour remplir leurs magasins à tout événement, donnoient en échange l'argent que les Espagnols avoient répandu par-tout. Les pistoles d'Espagne étoient si communes en ce temps-là, qu'elles devinrent la monnoie la plus ordinaire dans le commerce.

J'avois à peine vendu la moitié de mes bleds, qu'une lettre que le Roi m'écrivit de Fontainebleau, me rappella auprès de lui. Il avoit décacheté en mon absence trois lettres à mon adresse;

___

(1) *En Beauvoisis.*

(2) Et encore à Pontoise et à Fleury, château dans le Gâtinois, appartenant à Henri Clausse, grand-maître des eaux et forêts. Les Catholiques qui y assistoient, étoient, comme le marque M. de Thou, MM. de Schomberg, de Villeroy, de Belin, de Revol, Jeannin et de Thou lui-même, qui donne aussi à entendre qu'il s'y parloit plus de politique que de religion.

dont

dont il n'avoit pu tirer aucun éclaircissement; parce que deux de ces lettres, l'une de Madame (1) de Simiers, sœur de Vitry et grande amie de l'amiral de Villars, et l'autre de Lafont, étoient écrites en chiffres, et que la troisieme, qui étoit d'un nommé Desportes, de Verneuil, ne marquoit rien autre chose, sinon que cet homme avoit à m'entretenir sur une proposition que je lui avois faite dans mon abbaye de Saint-Taurin d'Evreux. Le Roi, obsédé par les Catholiques, ne put faire autre chose en ce moment que me remettre les trois lettres, dont je lui dis ensuite le contenu. Desportes étoit l'agent dont le baron de Medavy (2) avoit résolu de se servir pour traiter de son accommodement et de la reddition de Verneuil. Pour la lettre de Madame de Simiers et celle de Lafont, elles rouloient sur certaines facilités qui se présentoient de mettre Villars dans les intérêts du Roi : mais les choses changerent bien de face à son égard par la perte de Fescamp (3), qui fut si sensible à ce gouverneur, qu'il rompit pour cette fois tout accommode-

---

(1) Louise de l'Hôpital-Vitry, femme de Jacques de Simiers, grand-maître de la garde-robe du duc d'Alençon.

(2) Pierre Rouxel, baron de Medavy, comte de Grancey, lieutenant-général en Normandie, et conseiller d'état, mort en 1617. Il étoit doué d'une force de corps singuliere.

(3) *Port et citadelle dans le pays de Caux.*

ment. J'en fus informé par de nouvelles lettres de Madame de Simiers et de Lafont en réponses aux miennes, dans le moment que je me disposois à partir par ordre du Roi, pour entretenir Villars dans ses bonnes dispositions. Voici ce qui s'étoit passé à Fescamp : c'est un trait de hardiesse qui mérite de trouver place ici.

Lorsque ce fort fut pris par Biron sur la Ligue, il y avoit dans la garnison qui en sortit, un gentilhomme nommé Bois-Rosé (*), homme de cœur et de tête, qui remarqua exactement la place d'où on le chassoit, et prenant ses précautions de loin, fit en sorte que deux soldats qu'il avoit gagnés, furent reçus dans la nouvelle garnison que les Royalistes établirent dans Fescamp. Le côté du fort qui donne sur la mer, est un rocher de six cent pieds de haut, coupé en précipice, et dont la mer lave continuellement le pied à la hauteur d'environ douze pieds, excepté quatre ou cinq jours de l'année, où pendant la morte eau la mer laisse à sec l'espace de trois ou quatre heures le pied de cette falaise, avec quinze ou vingt toises de sable. Bois-Rosé, à qui toute autre voie étoit fermée pour surprendre une garnison attentive à la garde d'une place nouvellement prise, ne douta point

_____
(*) N. de Goustiminil, ou Gousminil, sieur de Bois-Rosé. *Voyez la Chronol. Novennaire, liv.* 5, *page* 94.

que s'il pouvoit aborder par cet endroit regardé comme inaccessible, il ne vînt à bout de son dessein. Il ne s'agissoit plus que de rendre la chose possible ; et voici comment il s'y prit.

Il étoit convenu d'un signal avec les deux soldats gagnés, et l'un d'eux l'attendoit continuellement sur le haut du rocher, où il se tenoit pendant tout le temps de basse marée. Bois-Rosé ayant pris le temps d'une nuit fort noire, vint avec cinquante soldats déterminés et choisis exprès parmi des matelots, et aborda avec deux chaloupes au pied du rocher. Il s'étoit encore muni d'un gros cable, égal en longueur à la hauteur de la falaise, et il y avoit fait de distance en distance des nœuds et passé de courts bâtons, pour pouvoir s'appuyer des mains et des pieds. Le soldat qui se tenoit en faction, attendant le signal depuis six mois, ne l'eut pas plutôt reçu, qu'il jetta du haut du précipice un cordeau, auquel ceux d'en bas lierent un gros cable, qui fut guindé en haut par ce moyen, et attaché à l'entre-deux d'une embrasure avec un fort levier passé par une agraffe de fer faite à ce dessein. Bois-Rosé fit prendre les devans à deux sergens dont il connoissoit la résolution, et ordonna aux cinquante soldats de s'attacher de même à cette espece d'échelle, leurs armes liées autour de leur corps, et suivre à la file, se mettant lui-même le dernier de tous, pour ôter aux lâches toute espérance de retour. La chose devint d'ailleurs bientôt impossible; car avant qu'ils fussent seulement à moitié chemin, la marée qui avoit monté de plus de six pieds, avoit emporté la chaloupe et faisoit flotter le cable. La nécessité de se tirer d'un pas difficile, n'est pas toujours un garant contre la peur, lorsqu'on a autant de sujet de s'y livrer. Qu'on se représente au naturel ces cinquante hommes suspendus entre le ciel et la terre au milieu des ténebres, ne tenant qu'à une machine si peu sûre, qu'un léger manque de précaution, la trahison d'un soldat mercenaire, ou la moindre peur pouvoit les précipiter dans les abymes de la mer, ou les écraser sur les rochers: qu'on y joigne le bruit des vagues, la hauteur du rocher, la lassitude et l'épuisement : il y avoit dans tout cela de quoi faire tourner la tête au plus assuré de la troupe; comme elle commença en effet à tourner à celui-là même qui la conduisoit. Ce sergent dit à ceux qui le suivoient, qu'il ne pouvoit plus monter, et que le cœur lui défailloit. Bois-Rosé à qui ce discours étoit passé de bouche en bouche, et qui s'en appercevoit parce qu'on n'avançoit plus, prend son parti sans balancer. Il passe par-dessus le corps de tous les cinquante qui le précedent, en les avertissant de se tenir fermes, et arrive jusqu'au premier, qu'il essaie d'abord de ranimer. Voyant que par la douceur il ne peut en venir à bout, il l'oblige, le poignard dans les reins, de monter, et sans doute que s'il n'eût obéi, il l'auroit poignardé et précipité dans la mer. Avec toute la peine et le travail qu'on s'imagine, enfin la troupe se trouva au haut de la falaise un peu avant la pointe du jour, et fut introduite par les deux soldats dans le château, où elle commença par massacrer, sans miséricorde, le corps de garde et les sentinelles. Le sommeil livra presque toute la garnison à la merci de l'ennemi, qui fit main-basse sur tout ce qui résista, et s'empara du fort.

Bois-Rosé donna aussi-tôt avis à l'amiral de Villars de ce succès presque incroyable, et il crut que la moindre gratification à laquelle il devoit s'attendre, étoit le gouvernement de cette citadelle, qu'il avoit si bien acheté. Cependant il lui revint que Villars, ou plutôt le commandeur de Grillon (*) songeoit à l'en chasser. Dans le premier transport de colere que lui donna cette injustice, il remit le château de Fescamp au Roi, dont il venoit d'apprendre la conversion. A cette nouvelle, Villars rompit la négociation qu'il avoit

(*) Thomas Berton, gouverneur de Honfleur, frere de Grillon.

permis à Madame de Simiers et à Lafont, d'entamer en son nom, et il envoya investir Fescamp. Bois-Rosé, qui se sentoit trop foible, appella à son secours le Roi, qui s'achemina dans l'instant vers Dieppe, et vint loger à Saint-Valery, en Caux. Les trois mois de suspension étoient finis, lorsque se fit cette hostilité; mais le Roi s'étoit porté à la prolonger de deux ou trois mois, sur la représentation que lui avoit fait faire le duc de Mayenne, qu'il lui falloit un temps plus considérable, pour régler une affaire aussi importante que son accommodement et celui de la Ligue. Il ne manqua pas de crier contre le Roi à l'infraction, et il fit partir le comte de Belin, gouverneur de Paris, pour lui en porter ses plaintes. Belin vint à Saint-Valery, et s'acquittant de sa commission, il demanda encore au Roi une prolongation de treve pour trois mois, temps nécessaire au duc de Mayenne pour faire connoître ses dernieres intentions à Rome et à Madrid, où il avoit envoyé pour ce sujet le cardinal de Joyeuse et Montpezat (*). Le Roi qui vit qu'on ne cherchoit qu'à l'amuser, rejetta les propositions du comte de Belin; et sans vouloir l'entendre davantage sur un violement qui devoit être imputé en premiere cause à ses ennemis, il s'avança droit à

―――――――――

(*) François, le second des sept fils de Guillaume de Joyeuse; Henri Desprez, sieur de Montpezat.

Fescamp, obligea les troupes de Villars de se retirer, et pourvut abondamment cette forteresse de tout ce qui étoit nécessaire pour sa sûreté.

De retour à Mante, le Roi apprit que le marquis de Vitry (1) étoit disposé à le recevoir dans Meaux. Pour seconder les bonnes intentions de ce gouverneur, sa Majesté vint à Lagny, où tout fut réglé de maniere qu'elle fit une entrée solemnelle dans Meaux (2), le premier jour de l'année 1594; et cet exemple fut suivi bientôt après par la Châtre (3), pour les villes d'Orléans et de Bourges.

La treve étant finie, le Roi alla faire le siege de la Ferté-Milon (4). Je voulois profiter de ce temps pour achever les affaires qui m'avoient conduit à Bontin; mais sa Majesté me commanda d'aller faire la revue de quelques bataillons Suisses

___

(1) *Louis de l'Hôpital, marquis de Vitry.*

(2) Le duc de Mayenne ayant fait faire des reproches à Vitry, de ce qu'il l'avoit trahi en livrant Meaux au Roi, Vitry répondit à son envoyé : « Vous me pressez trop, » vous me ferez à la fin parler en soldat. Je vous demande si » un larron ayant volé une bourse, me l'avoit donnée en » garde, et si après, reconnoissant le vrai propriétaire, je » lui rendois la bourse, et refusois de la donner au voleur » qui me l'auroit confiée, aurois-je, à votre avis, fait acte » mauvais et de trahison? Ainsi est-il de la ville de Meaux ».
Mém. pour l'Histoire de France, tome 2.

(3) *Claude de la Châtre.* (4) *Entre Meaux et Soissons.*

à Montereau (1). Je mandai à Madame de Rosny de se trouver en cet endroit, d'où je la ramenerois à Mante. Elle m'y attendit inutilement : deux jours avant celui où je devois aller faire cette revue, je reçus de nouvelles dépêches de Madame de Simiers et de Lafont, qui me mandoient que l'homme (c'étoit M. de Villars), étant appaisé, rien n'empêchoit qu'on ne reprît le projet rompu. Le Roi jugea cette affaire assez de conséquence, pour ne pas différer d'un moment. Le comte de Chaligny (2) venoit d'arriver à l'armée avec un passe-port pour Paris. Il avoit prié le Roi de lui donner un gentilhomme de confiance pour le conduire dans cette ville. Sa Majesté jugea à propos que je profitasse de cette double occasion de connoître plus particuliérement les dispositions du duc de Mayenne et de la Ligue, et de me rendre sûrement à Rouen.

J'accompagnai donc le comte de Chaligny jusqu'à Paris, d'où après une entrevue avec le duc de Mayenne, je me rendis par Louviers chez le sieur de Saint-Bonnet, à deux lieues de Rouen. Ayant donné de cet endroit avis de mon arrivée aux entremetteurs, on me vint prendre la nuit du lendemain, et l'on m'introduisit dans le fort de

(1) *Montereau-Faut-Yonne, en Champagne.*

(2) Henri de Lorraine, comte de Chaligny, de la branche de Mouy.

Sainte-Catherine, où le capitaine Boniface me reçut et me traita splendidement, en attendant l'amiral de Villars, qui vint lui-même le soir, suivi d'un seul laquais; comme de mon côté je n'avois qu'un seul valet de chambre avec moi. Nous ne nous séparâmes qu'après un entretien de deux heures, qui me laissa entiérement satisfait des sentimens de ce gouverneur. Cette entrevue se passa avec un fort grand secret. Outre que les gouverneurs des principales villes royalistes des environs de Rouen n'auroient pas manqué de traverser la négociation par jalousie et par intérêt, et que peut-être ils auroient fait pis, comme ils firent en effet, si-tôt qu'ils purent en soupçonner quelque chose, il y avoit dans tout ce canton plusieurs troupes ligueuses et étrangeres, dont Villars n'étoit pas entiérement le maître, et il s'y en pouvoit joindre en peu de temps un assez grand nombre, pour le faire repentir de sa démarche.

Je passai cinq jours entiers dans le fort de Sainte-Catherine avec le même secret. J'eus de fréquentes conférences avec Villars. Nous touchâmes les principaux points de son accommodement. La plus grande difficulté ne rouloit pas sur l'intérêt. Il cherchoit moins à satisfaire des vues mercenaires, qu'à se convaincre qu'en traitant avec lui, le Roi ne songeoit pas simplement à gagner une capitale de province, mais à s'attacher un homme qui se sentoit autant de disposition que de talens à le bien servir. On a vu ci-devant quelle idée Villars avoit conçue du Roi. Si-tôt que mes discours l'y eurent confirmé, je pus regarder son traité comme fort avancé; mais alors je ne pouvois pas aller plus loin, n'ayant point par écrit les pouvoirs nécessaires pour consommer l'affaire.

Pour achever de faire connoître ce gouverneur, tout ce qui paroissoit de lui, avoit rapport à l'une ou à l'autre des deux qualités qui dominoient dans son caractere, ou étoit produit par leur mélange. Ces deux qualités étoient la valeur et la droiture. La premiere rend le cœur élevé, généreux, plein d'une fierté (*) noble et naturelle, qui n'est autre chose que le sentiment de ce que nous valons; sentiment qui ne tient rien de la basse vanité et de l'affectation à se perdre dans la sotte admiration de soi-même. La seconde fait qu'on est sincere et vrai, incapable d'artifice et de surprise, prêt à se rendre à la raison et à la justice. Celui qui les unit toutes deux, a rarement d'autre défaut que la promptitude d'un premier mouvement de colere. Tel étoit Villars, et on s'en appercevra aisément dans tout ce qui me

(*) M. de Thou, parlant de l'amiral de Villars, dit qu'il étoit d'un esprit dur et hautain. *Liv.* 103.

reste à dire de lui. La Nature ne l'avoit pas fait pour être long-temps ennemi d'un Prince avec lequel il avoit tant de conformité dans l'humeur. La seule différence entre eux étoit que Henri, par de continuelles réflexions sur les effets de la colere, par l'usage d'une longue adversité, par la nécessité de se faire des partisans, enfin par la trempe d'un cœur tourné vers la tendresse, avoit converti ces premiers transports si bouillans en de simples mouvemens (*) qui les marquoient

(*) Voici une anecdote tirée des Mémoires de la vie du président de Thou, qui prouve ce que l'auteur dit ici du caractere de Henri IV, et qui a aussi rapport à ce qui a été dit ci-devant, au sujet du siege de Rouen. « Un jour que Grillon
» vint dans le cabinet du Roi pour s'excuser là-dessus (sur le
» reproche qu'on lui faisoit, que ses fréquentes allées et venues,
» pour négocier avec l'Amiral, lui avoient donné l'occasion
» et les moyens de faire cette furieuse sortie dont il a été
» parlé), il passa des excuses aux contestations, et des
» contestations aux emportemens et aux blasphêmes. Le Roi
» irrité de ce qu'il continuoit si long-temps sur le même
» ton, lui commanda de sortir, mais comme Grillon reve-
» noit à tous momens de la porte, et qu'on s'apperçut que
» le Roi pâlissoit de colere et d'impatience, on eut peur
» que ce Prince ne se saisît de l'épée de quelqu'un, et qu'il
» n'en frappât un homme aussi insolent. Enfin s'étant re-
» mis, après que Grillon fut sorti, et se tournant du côté
» des seigneurs qui l'accompagnoient, et qui avec de Thou,
» avoient admiré sa patience, après une brutalité si crimi-
» nelle, il leur dit : la Nature m'a formé colere, mais de-
» puis que je me connois, je me suis toujours tenu en
» garde contre une passion qu'il est dangereux d'écouter.
» Je sçais par expérience, que c'est une mauvaise conseil-
» lere : et je suis bien aise d'avoir de si bons témoins de
» ma modération. Il est certain que son tempérament,
» ses fatigues continuelles, et les différentes situations de

sur son visage, dans son geste et plus rarement dans ses paroles.

Le Roi venoit d'arriver à Chartres (1), qu'il avoit choisi pour la cérémonie de son sacre (2), lorsque je le rejoignis pour l'instruire de mon voyage, et lui demander un plein pouvoir. Je comptois repartir incontinent, et je ne m'attendois pas à me voir retenu près de lui dix ou douze jours, comme je le fus. Il s'agissoit de la réconciliation de M. le comte de Soissons et de M. le duc de Montpensier, dont l'inimitié avoit pris nais-

---

» sa vie, lui avoient rendu l'ame si ferme, qu'il étoit beau-
» coup plus le maître de sa colere que de sa passion pour
» la volupté. On remarqua que durant la contestation de
» Grillon, le maréchal de Biron, qui se trouva chez le
» Roi, et qui étoit assis sur un coffre, faisoit semblant de
» dormir, que plus elle s'échauffoit, et que les voix s'éle-
» voient, plus il affectoit de dormir profondément; quoi-
» que Grillon se fût d'abord approché de lui pour l'injurier,
» et qu'il lui criât aigrement aux oreilles, qu'il n'étoit qu'un
» chien galeux et hargneux. La compagnie fut persuadée
» qu'il n'avoit affecté ce profond sommeil, qu'afin de ne
» se point commettre avec un emporté et un furieux : ce
» qu'il eût été contraint de faire, pour peu qu'il eût paru
» éveillé. On crut encore qu'il avoit voulu laisser au Roi
» toute la fatigue de la conversation ».

(1) *Le 17 Février 1594.*

(2) Contre une ordonnance assez frivole des Etats de Blois, que cette cérémonie est nulle, à moins qu'elle ne soit faite dans la ville de Reims. Il fut décidé que ce seroit Nicolas de Thou, évêque de cette ville, qui sacreroit sa Majesté, et non l'archevêque de Bourges, qui prétendoit cet honneur comme grand-aumônier, et qu'on se passeroit de la sainte Ampoule. Voyez cette cérémonie décrite dans les Historiens.

sance à l'occasion des prérogatives de leur rang de princes du sang, et s'étoit fortifiée en dernier lieu par leur concurrence aux mêmes charges, aux mêmes gouvernemens, et de plus à la même maîtresse, Madame, sœur du Roi. M. le duc de Montpensier étoit sans contredit le plus avant dans les bonnes graces du Roi, et le mieux partagé du côté de la fortune. Ses biens étoient immenses. Il parut au sacre avec une suite de quatre ou cinq cent gentilshommes, tandis que son rival pouvoit à peine en entretenir dix ou douze. Mais celui-ci lui étoit supérieur quant à un point : c'est que tout pauvre qu'il étoit, sans places et sans gouvernement, et mal voulu du Roi, sur-tout depuis son échappée de Rouen, il possédoit le cœur de la Princesse, que rien n'avoit pu refroidir à son égard. La comtesse de Guiche (*) étoit la dépositaire de tous leurs secrets et leur commune messagere, lorsqu'ils ne pouvoient se voir. Elle avoit si bien échauffé cette liaison, qu'elle leur avoit fait signer à tous deux une promesse de mariage, que la seule difficulté des temps les empêchoit de mettre à exécution.

Sa Majesté souhaitoit si passionnément de pouvoir racommoder les deux Princes de son sang,

(*) La même qui avoit été maîtresse de Henri IV ; mais elle étoit devenue fort grosse, grasse et rouge de visage. *Journal du regne de Henri III, tome 1, page 270.*

que cette considération l'emporta sur celle du traité avec Villars. Elle n'eut aucun égard à mes instances, ni au danger que je lui faisois envisager dans le retardement : il fallut que je me déterminasse à entreprendre cette difficile réconciliation, conjointement avec l'évêque d'Evreux, sur lequel le Roi avoit d'abord jetté les yeux, mais qu'il ne trouvoit pas capable de faire réussir seul une affaire si délicate. Il est vrai que je m'étois toujours conservé une grande part dans la confidence de M. le Comte ; mais je connoissois son esprit hautain et dédaigneux, que la seule crainte de paroître déférer à un rival qui lui étoit supérieur, porteroit non-seulement à se roidir dans ses prétentions, mais peut-être encore à en former de nouvelles. Je n'ennuierai point par le récit de nos contestations, des refus et des mauvaises humeurs que nous eûmes à essuyer : nous fûmes plus d'une fois prêts d'abandonner la partie. Cependant à force de raisons tirées de la volonté et de la satisfaction du Roi, avec beaucoup de patience, de prieres et d'importunité, nous parvînmes à faire consentir les deux Princes à se voir et à s'embrasser. Je ne garantis pas que le cœur ait jamais eu beaucoup de part à cette démarche : je me donnai bien de garde de discuter l'article de l'amour et du mariage, qui demeurant indécis, laissoit entr'eux la principale semence de division, mais qui me parut un obstacle absolument insurmontable.

J'étois fort satisfait d'avoir réussi sans toucher cet article; et je ne voyois plus rien qui m'empêchât de me rendre à Rouen. Je n'en étois pas où je pensois. Le Roi n'avoit paru si fort empressé pour le raccommodement des deux Princes, que pour arriver à un second point qu'il desiroit encore plus passionnément; et ce second point étoit précisément celui que j'avois cru devoir mettre si prudemment de côté, le mariage de Madame sa sœur: pour comble, ce fut encore moi sur lequel sa Majesté s'arrêta pour amener la chose à son but. Je fus donc chargé de nouveau de retirer la promesse de mariage dont il vient d'être parlé, afin que cet obstacle étant levé, le Roi résolu de gratifier en tout le duc de Montpensier, employât ensuite son autorité pour lui mettre la Princesse entre les bras; et par-là se vit enfin délivré de la crainte de voir conclure un mariage, qui tout clandestin qu'il eût été, ne l'en auroit pas moins embarrassé : le comte de Soissons se rendant son héritier malgré lui, et se servant contre lui de ses propres biens. Si de ce mariage il provenoit des enfans, comme on ne pouvoit guères en douter, autre sujet d'inquiétude pour sa Majesté qui n'en avoit point.

Il me prit un frémissement lorsque le Roi me donna un pareil ordre. Je voulus encore lui rappeller que Villars alloit s'engager pour toujours avec les ennemis, aussi-bien que Medavy et plusieurs autres gouverneurs de Normandie, si je n'accourois promptement dans tous ces endroits. C'étoit une chose résolue : le Roi ne m'écouta point; et il ne m'accorda que ce que je lui demandai pour pouvoir réussir; je veux dire, qu'il ne donneroit aucun lieu de soupçonner qu'il m'eût chargé de cet emploi, et qu'il me laisseroit le choix des moyens.

Lorsque je fus seul, et que je fis réflexion à la commission que je venois de recevoir, j'avoue que je me trouvai dans le dernier embarras. De l'humeur dont je connoissois Madame Catherine, à qui il s'agissoit d'arracher cet écrit, je sentois bien que toute l'éloquence humaine n'étoit pas capable de lui faire goûter les desseins du Roi sur sa personne. Quelle apparence d'aller proposer à une femme et à une Princesse, de renoncer à un amant qu'elle aime, pour se livrer à un autre qu'elle hait ? Il ne restoit donc de ressource qu'en la trompant. Pour cela je me dis à moi-même, que si ce n'étoit pas selon son cœur que je la trompois, c'étoit du moins pour ses intérêts, et pour détourner les malheurs que l'irrégularité de sa conduite pouvoit attirer sur

le

le royaume et la personne du Roi ; qu'elle m'en auroit un jour obligation elle-même ; que je l'empêchois par un innocent artifice de perdre sa fortune avec l'amitié du Roi son frere. Malgré tout ce que ces raisons avoient de spécieux, il falloit toujours que je convinsse que je n'agissois pas avec elle de bonne foi ; et cette idée me faisoit de la peine. Si je m'y déterminai, ce fut par l'impossibilité de réussir autrement, et par l'espérance qu'un jour j'en obtiendrois le pardon d'elle-même, en la faisant convenir qu'en cela je lui avois rendu un service réel. Pour M. le Comte, outre que je n'avois point à m'adresser à lui, et que je ne lui étois que très-peu attaché, les égards que je devois à sa personne n'étoient plus à compter pour rien, puisqu'ils étoient contraires à l'utilité publique, et à ce qu'exigeoit de moi le service du Roi. Toute cette affaire m'a dans la suite causé des chagrins, dont il semble que ma répugnance et mes scrupules auroient dû me préserver.

Je trouvai ensuite une autre difficulté. Je voyois fort rarement Madame, à cause de mes occupations continuelles, et je la connoissois assez pour ne pas douter que de quelque maniere que je m'y prisse pour en obtenir la piece dont il étoit question, l'assiduité que je lui témoignerois ne manqueroit pas de faire naître aussi-tôt dans son esprit naturellement défiant des soupçons qui la mettroient en garde contre tout ce que je pourrois lui dire ou lui faire dire. Je cherchai à faire en sorte qu'elle me prévînt elle-même. Je me servis pour cela des deux du Perron, que je sçavois être d'humeur, sur-tout le jeune, à faire leur cour aux grands aux dépens d'un secret. Je n'avois pas une aussi grande liaison avec celui-ci qu'avec l'évêque d'Evreux, mais on ne risque rien à compter sur la bonne opinion qu'ont tous les hommes de leur mérite ; sur cet article, ils commencent toujours par être leur dupe à eux-mêmes. J'allai donc trouver le jeune du Perron ; je le flattai, je m'insinuai dans son esprit par de fausses confidences ; il se regarda comme un homme important, et crut par vanité tout ce que je lui disois. Lorsque je le vis enivré de son amour propre, je lui dis avec toutes les marques de la plus parfaite sincérité, et en exigeant même avec serment un secret que j'aurois été bien fâché qu'il m'eût gardé, que le Roi m'avoit confié ses intentions au sujet de Madame ; qu'il étoit résolu de la faire épouser à M. le Comte ; que quelques petites difficultés qui restoient encore à applanir, avoient empêché sa Majesté de rendre là-dessus sa volonté publique. Je ne donnai que deux jours à du Perron pour se décharger d'un fardeau si pesant, de maniere qu'il fît passer ma nouvelle jusqu'à Madame Catherine. En effet, il en fit confidence presque dans le moment à M. de Courtenay (*) et à deux autres des plus intimes confidens du comte de Soissons, auquel ils coururent l'apprendre, et celui-ci à Madame et à la comtesse de Guiche.

J'avois compté que la Princesse, flattée par une si agréable espérance, feroit vers moi les premieres avances, et je ne me trompai point. Etant allé prendre congé d'elle en homme prêt à entreprendre un long voyage, j'eus la preuve complette de la fidélité de du Perron. Madame ajouta beaucoup à la distinction avec laquelle elle me recevoit ordinairement ; et la comtesse de Guiche, qui ne voulut rien perdre d'une occasion si favorable, après quelques discours indifférens de ma part, se hâta de mettre sur le tapis l'article des amours de la Princesse et du Comte qui étoit présent ; et m'embrassant dans un transport de bonne amitié : « Voici, dit-elle aux deux amans, un homme » qui pourroit vous servir dans vos desseins ». Madame reprit la parole, et me dit que je sçavois bien que M. le Comte et elle avoient toujours eu beaucoup d'amitié pour moi, et qu'elle me seroit sensiblement obligée de lui aider à rentrer dans les bonnes graces du Roi son frere. Elle ne

(*) *Gaspard de Courtenay.*

me dit que ce peu de paroles, elle laissa le soin de m'en dire davantage, à cet air gracieux et engageant qu'elle sçavoit mieux prendre que femme du monde quand elle vouloit. Je fis semblant d'en être gagné. Après avoir remercié la Princesse comme je le devois, j'ajoutai que si je pouvois compter sur la discrétion des personnes qui m'écoutoient, je leur apprendrois plusieurs choses qui ne leur seroient pas indifférentes. Le secret ne coûte rien à promettre aux femmes, qui sont accusées de le garder si mal. On le promit. On y ajouta le serment ; et on en fit mille : mais je n'avois pas envie de m'ouvrir davantage pour cette fois ; je leur demandai un délai de trois jours avant que de leur confier le reste. On m'aida à trouver un prétexte pour remettre le voyage de Rouen, et je pris congé de la compagnie, qui attendit impatiemment le terme que j'avois marqué.

Je retournai ponctuellement au bout de trois jours. Je me fis encore presser long-temps ; enfin feignant de céder à l'importunité de ces deux Dames, je leur dis qu'ayant plusieurs fois sondé le Roi sur le mariage en question, il m'avoit d'abord montré quelqu'éloignement d'y consentir, sans vouloir s'expliquer davantage avec moi ; que je l'avois tant pressé de m'ouvrir son cœur sur ce sujet, qu'enfin il m'avoit

avoué que loin de sentir aucune répugnance à
conclure cette union, il la trouvoit bien assortie;
qu'il auroit été ravi qu'au défaut d'enfans de son
côté, il pût en avoir de sa sœur et d'un Prince
de son sang, qu'il regardât comme les siens
propres; que le caractere doux et paisible du
comte de Soissons et de Madame étoit fort de
son goût : mais qu'il sentoit toujours qu'il avoit de
la peine à oublier que M. le Comte eût cherché
à le tromper, et à obtenir sa sœur sans son
aveu. Ce discours dont j'avois concerté toutes
les paroles, fit son effet. Ces trois personnes
commencerent à convenir qu'elles auroient pû
agir autrement qu'elles n'avoient fait, et à
s'entr'accuser du conseil qui avoit conduit cette
affaire avec tant d'indépendance. Je pris ce
moment que j'attendois pour leur faire connoître
que je croyois ce mal tout-à-fait facile à réparer;
que le Roi étant naturellement bon et facile à
oublier le passé, il ne s'agissoit que de tenir
avec lui une conduite toute opposée; le rechercher, paroître dépendre uniquement de lui, le
laisser le maître de leurs personnes; enfin, et
c'étoit-là le grand point, lui sacrifier l'engagement par écrit que les deux amans s'étoient
donné, comme étant ce qui l'avoit le plus
aigri, et ne pas craindre de lui donner une déclaration même écrite, par laquelle ils renon-

çoient tous les deux à s'épouser que de son consentement; que je croyois pouvoir leur assurer qu'après cette complaisance de leur part, il ne se passeroit pas trois mois sans qu'ils le vissent prévenir lui-même leurs desirs, et cimenter leur union.

On n'eut aucune peine à me croire, et le sacrifice de la promesse de mariage fut arrêté sur l'heure, peut-être parce qu'on regardoit cet écrit comme inutile, tant que le Roi, devenu maître absolu dans son royaume, ne l'agréeroit point. La comtesse de Guiche dit qu'elle l'avoit laissé en Béarn, et se chargea de le faire venir incessamment. On ne se rendit pas si facilement sur la déclaration que je demandai ensuite; et sans laquelle il ne servoit en effet de rien d'avoir retiré l'écrit, que les parties intéressées pouvoient rétablir à leur gré. Ce fut cette raison là même que je fis valoir; et je les fis convenir que sans cela sa Majesté ne pouvoit ni ajouter beaucoup de foi à leur sincérité, ni être persuadée de leur obéissance. Cet article fut fortement débattu, et lorsqu'à force de remontrances, j'eus obtenu enfin cette déclaration, par laquelle Madame et le Comte annulloient toutes les promesses données ci-devant, se délioient mutuellement de tout engagement, et se soumettoient à la seule volonté du Roi, les conséquences de cet écrit leur parurent trop fortes ; et l'on eut recours à un tempérament, sans lequel vraisemblablement la chose en seroit demeurée là. Ce tempérament fut que je me rendrois le dépositaire de la déclaration ; et que jamais elle ne sortiroit de mes mains, pas même pour passer dans celles du Roi. Heureusement on n'ajouta pas que je la rendrois à Madame, si les choses tournoient autrement qu'elle ne comptoit. Je donnai ma parole d'honneur, dont on se contenta ; et la déclaration me fut remise en bonne forme, signée de Madame et du Comte, et scellée de leurs armes. Le Roi qui n'avoit osé se flatter que je réussirois, trouva qu'il manqueroit toujours quelque chose à sa joie, tant qu'il n'auroit pas cet écrit en son pouvoir ; il m'en fit à plusieurs reprises les plus fortes instances, et il ne cessa de me le demander, que quand il eut connu par mes refus, que je faisois marcher ma parole avant l'obéissance que je lui devois. Comme l'effet ne suivit point les belles espérances que j'avois données aux deux amans, on s'attend bien qu'ils ne me pardonnerent pas la tromperie que je venois de leur faire. La suite de ces Mémoires en instruira.

Après la conclusion de cette affaire, dont le souvenir m'a toujours été désagréable, je ne m'occupai plus que de mon voyage à Rouen. Je craignois avec raison qu'un si long retardement n'eût entièrement rompu mes premieres mesures avec l'amiral de Villars. J'obtins carte-blanche (1) du Roi, pour conclure non-seulement avec ce gouverneur, mais encore avec tous les autres gouverneurs et officiers de la province. Desportes arriva comme j'allois partir, et m'arrêta encore. Il venoit de la part du baron de Medavy, prier l'évêque d'Evreux de lui prêter pour quelques momens sa maison de Condé, et m'engager à passer par cet endroit, pour m'aboucher avec lui sur les conditions de son traité et de celui de Verneuil. Je partis de Chartres et vins coucher à Anet, où Madame d'Aumale me sollicitoit instamment depuis long-temps d'aller la voir.

Cette Dame, plus avisée que son mari, le conjuroit sans cesse de quitter la Ligue et de se donner au Roi. Outre le devoir et la sûreté, elle trouvoit dans cette démarche son propre intérêt; les affaires domestiques du duc d'Aumale (2) étant si dérangées, qu'il étoit menacé d'une ruine prochaine, et qu'il ne pouvoit l'éviter qu'en se faisant accorder les avantages dont jouissent en cette occasion ceux qui rentrent des premiers dans le

---

(1) M. le duc de Sully d'aujourd'hui possede l'original de ce plein pouvoir, et ceux de plusieurs lettres de Maximilien de Béthune à ce sujet.

(2) Charles de Lorraine, duc d'Aumale, mort en 1631, retiré à Bruxelles. Sa femme étoit Marie de Lorraine, fille de René, duc d'Elbeuf.

devoir. Je descendis à Anet dans une auberge, et pendant qu'on m'y apprêtoit à souper, j'allai voir Madame d'Aumale, suivi d'un seul page. La joie éclata sur le visage de cette Dame, dès qu'elle m'apperçut. Elle y ajouta toutes les graces d'un accueil caressant, et pour ne pas perdre un temps précieux, elle me prit par la main, et me faisant parcourir avec elle ces galeries et ces beaux jardins, qui font d'Anet un lieu enchanté, elle ne m'entretint que de la passion qu'elle avoit de voir son mari dans l'obéissance due à son souverain, et des conditions qu'il vouloit y mettre. Je laisse toutes les propositions approuvées et rejettées entre nous deux. Jusques-là, je n'avois rien vu qui ne fît honneur au maître d'une maison vraiment royale, et j'aurois ignoré l'état déplorable où il étoit réduit, si la duchesse ne m'avoit prié, et, pour ainsi dire, violenté de demeurer à souper et à coucher chez elle. Après un repas attendu fort long temps, et aussi mauvais que mal servi, je suis conduit dans une chambre fort vaste et toute reluisante de marbre, mais si dénuée et si froide, que ne pouvant ni m'échauffer, ni m'endormir dans un lit où de courts et étroits rideaux de taffetas, une simple couverture fort légere et des draps moites, pouvoient transir même au milieu de l'été, je pris le parti de me relever. Je comptois me dédommager en faisant grand feu, mais je ne trouvai pour tout bois à brûler, que du houx et du genievre verd qu'il fut impossible d'allumer. Je passai la nuit entiere dans ma robe de chambre, ce qui me tint éveillé de fort grand matin. Je quittai avec plaisir un si méchant gîte, et j'allai retrouver mes gens, dont le moindre avoit fait beaucoup meilleure chere, et bien mieux passé la nuit que son maître.

Je réparai cette fatigue à Condé, où je trouvai toute la commodité qui fait l'essentiel de la bonne réception; en y arrivant, je me mis dans un fort bon lit, attendant Medavy qui ne devoit arriver que sur le midi. Medavy en usa d'abord suivant l'idée où l'on est, qu'en pareille conjoncture le plus petit seigneur est en droit de se faire valoir dix fois plus qu'il ne vaut. Il remplit parfaitement son personnage, par un air de fausse défiance, et une supériorité affectée avec laquelle il crut bien avancer ses affaires. Je contrastai avec sa vanité par une franchise qui le démonta. Je lui dis tout uniment que s'il attendoit que les villes eussent fait leur accord, son sacrifice diminueroit tout d'un coup de plus de la moitié de son prix, lui qui n'avoit que Verneuil à proposer, et que peut-être on ne voudroit plus après cela l'écouter, ni lui rien accorder du tout. Ma sincérité força la sienne, il se montra plus raisonnable, et nous fûmes bientôt d'accord. Il me pria seulement que la chose ne fût rendue publique qu'à la fin de Mars, parce qu'il s'étoit engagé à M. de Villars de ne rien faire que de sa participation. Il chargea Desportes de venir avec moi à Rouen, pour rendre cette déférence au gouverneur, et en même temps pour voir si je finirois avec Villars, dont l'accommodement entraînoit le sien, et en quelque sorte nécessairement.

Le lendemain je vins coucher à Louviers; d'où ayant fait sçavoir mon arrivée à l'amiral de Villars, il envoya d'Isencourt, capitaine de ses gardes, me recevoir à la porte de la ville. J'y entrai non plus secrétement, mais publiquement et avec une espece de pompe. Le peuple avoit rempli les rues, et l'espérance d'une paix qui alloit rétablir la tranquillité et le commerce, lui faisoit pousser mille cris de joie sur mon passage. Villars avoit fait préparer pour me loger avec ma suite, qui étoit de douze ou quinze gentilshommes, la plus belle hôtellerie de Rouen, et il y avoit donné tous les ordres nécessaires pour que nous y fussions traités splendidement. La Font, qui étoit chargé de ma réception, m'attendoit pour m'y conduire. Il enchérit sur son maître. Il me donna le soir la musique, et le spectacle des sauteurs et des joueurs de gobelets, auxquels il fut impossible de faire recevoir ni argent ni présens. J'envoyai du Perat visiter de ma part l'Amiral, Madame de Simiers et l'abbé de Tiron (1), qui eut une grande part dans toute cette affaire. Ils me rendirent à l'heure même ma civilité par le sieur de Pardriel, et me firent dire qu'après que je me serois reposé cette journée, on entreroit le lendemain en matiere. Ce qui n'empêcha pas que l'Abbé ne vînt dès le soir même me voir sans cérémonie, et toute sa conduite en cette occasion fut pleine d'une droiture et d'une sincérité, qui ne sont pas fort communes en de pareilles conjonctures.

Je connus par son discours qu'il ne s'en étoit presque rien fallu que le Roi n'eût perdu Villars sans retour. Il étoit arrivé à Rouen quelque temps avant moi, un député de l'Espagne, nommé don Simon-Antoine, et un autre du duc de Mayenne, nommé la Chapelle Marteau (2), qui avoient fait les plus belles offres à ce gouverneur; outre qu'il recevoit journellement des lettres des Catholiques, même du parti du Roi, qui tendoient à lui rendre suspect tout ce que sa Majesté lui faisoit espérer, et à le prévenir contre une négociation qu'on donnoit à conduire à un agent Pro-

(1) Philippe Desportes, abbé de Josaphat, Tiron et de Bonport.
(2) Michel Marteau, sieur de la Chapelle, maître des comptes.

testant, motif très-puissant sur l'esprit de Villars, zélé pour sa religion, et qui l'auroit jetté infailliblement entre les bras des ennemis du Roi, si dans cette perplexité il n'avoit été soutenu par d'autres lettres du cardinal de Bourbon, de l'évêque d'Evreux et du marquis de Vitry. Ceux-ci lui mandoient qu'il pouvoit faire fond sur la parole du Roi, et s'assurer sur ma sincérité. Tiron me montra une partie de toutes ces lettres, et crut devoir me prévenir sur ce que je verrois paroître de l'Amiral, qui continuellement obsédé des députés de la Ligue, et d'ailleurs piqué de la lenteur avec laquelle on agissoit avec lui, ne sortiroit pas de son irrésolution, sans que j'eusse à essuyer de sa part quelqu'une de ces saillies et de ces fougues naturelles, dont avec un peu de patience il étoit facile de le faire revenir.

J'allai trouver Villars (*), bien préparé à soutenir tous ces petits assauts, et d'abord je m'apperçus bien clairement que ma vue réveilloit dans son esprit un petit mouvement de défiance et de fierté. Je fis en sorte que ce nuage étant

---

(*) M. de Villars est représenté dans les Mémoires de ce temps-là, comme un homme extrêmement fier et emporté. Il y est remarqué, que de tous ceux qui se mêlerent de son traité, personne ne put y réussir que M. de Rosny. *Mém. pour l'Histoire de France*, tome 2. Il est aussi parlé avec éloge dans M. de Thou, *liv.* 109., de ces négociations de M. de Rosny.

dissipé, Villars proposa de sens rassis ses conditions. Elles se réduisoient aux chefs suivans : qu'il demeureroit revêtu de la charge d'amiral, dont il avoit été pourvu par la Ligue ; qu'il jouiroit de son gouvernement de Rouen d'un pouvoir indépendant de M. le duc de Montpensier, gouverneur de la province, du moins pendant trois ans, et que ce pouvoir s'étendroit sur les bailliages de Rouen et de Caux ; qu'il ne se feroit dans cette capitale, ni dans ses environs à six lieues loin, aucun exercice de la religion réformée ; que tous les officiers mis par la Ligue dans les villes ressortissantes de son gouvernement, y seroient conservés avec quinze cent hommes d'infanterie et trois cent de cavalerie, entretenus par le Roi, pour la sûreté de ces mêmes villes ; que sa Majesté lui donneroit pour acquitter ses dettes, une somme de cent vingt mille livres, et une pension de soixante mille ; qu'on lui rendroit Fescamp ; enfin qu'on lui laisseroit la disposition des abbayes de Jumieges, Tiron, Bonport, La-Valase, Saint-Taurin et celle de Montivilliers, qu'il destinoit à une sœur de Madame de Simiers.

Si tous ces articles avoient aussi-bien dépendu de moi, que celui qui regardoit l'abbaye de Saint-Taurin, qui étoit à moi en propre, et dont je fis à l'heure même une cession à Villars, le traité eût été conclu sans plus long délai. Je dis la même chose de ceux dont le Roi étoit purement le maître : mais quelque pouvoir que j'eusse reçu de sa Majesté, j'étois arrêté par ceux qui intéressoient, soit M. de Montpensier, soit Biron, revêtu de la charge d'amiral et en possession de Fescamp, parce qu'il l'avoit retiré des mains de Bois-Rosé, sous promesse d'un dédommagement qui pourtant n'avoit point encore été accordé; et je ne crus pas devoir passer outre sans en informer le Roi. J'espérois que Villars goûteroit ce ménagement, d'autant mieux que je ne lui demandois aucun délai sur les conditions qui dépendoient du Roi immédiatement : mais ce gouverneur sortant d'avec les députés de la Ligue au moment où je voulus lui faire entendre mes raisons, j'en fus rudement rabroué, avec ce peu de paroles, prononcées d'un ton extrêmement emporté : « Que je pouvois m'épargner la peine » de lui parler davantage, parce qu'il vouloit sur » le champ convenir de tout, ou rompre sur » tout ».

Quoiqu'un peu étourdi de ce coup imprévu, je répondis tranquillement à Villars : Que je me tenois assuré que le Roi lui accorderoit les trois articles en question, aussi-bien que tous les autres (celui de Fescamp en faisoit deux, parce que Bois-Rosé y étoit mêlé) ; que cela ne devoit point nous empêcher de dresser le traité, et même de le signer dès ce moment comme si tout étoit accordé, avec cette apostille en marge vis-à-vis les trois articles, qu'on en attendoit la réponse du Roi; que pour lui marquer que je ne cherchois point à gagner du temps avec lui pour le tromper ensuite, je consentois à demeurer entre ses mains, en attendant la réponse de sa Majesté. Villars trouva encore des difficultés; mais il ne put résister à Madame de Simiers, à l'abbé de Tiron et à Lafont, qui parlerent tous comme moi. Je me hâtai de faire le traité, nous le signâmes, et j'en envoyai aussi-tôt une copie au Roi, avec une longue lettre qui le mettoit au fait de tout ce qui s'étoit passé. Mais avant que la réponse fût venue à Rouen, il arriva un autre incident qui pensa la rendre inutile.

La plus grande partie des gouverneurs des petites places aux environs de Rouen, bien loin de les porter à l'obéissance qu'elles devoient au Roi, les entretenoient dans la révolte, parce qu'à la faveur des troubles, ils faisoient quantité de profits qu'ils prévoyoient devoir cesser avec la guerre. Les plus adroits se rendoient nécessaires aux deux partis, et les ménageoient pour les rançonner également. Durollet, gouverneur de Pont-de-l'Arche, étoit un de ceux qui faisoient ce

manege

manege le plus subtilement. Il avoit flatté le Roi, il y avoit plus d'un an, qu'il trouveroit les moyens de lui livrer la ville de Rouen et la personne du gouverneur, à condition qu'on lui donneroit le gouvernement de cette place, que sa Majesté lui avoit promis par écrit à tout risque. N'ayant pas réussi dans une entreprise qui passoit ses forces, Durollet se mit dans la tête de faire échouer ma négociation, et voici comment il s'y prit.

Il ordonna à un capitaine, nommé Dupré, de se mettre à ma suite lorsque je passai par Pont-de-l'Arche, et d'entrer dans Rouen avec moi. J'étois averti que Durollet n'étoit pas fort bien intentionné; mais pour ce capitaine, je ne pouvois le soupçonner de rien, ni l'empêcher de me suivre, et une chose que j'ignorois absolument, c'est que Dupré étoit ce même homme dont Durollet s'étoit servi auparavant pour cabaler dans Rouen (*) contre Villars. Il n'y fut pas plutôt rentré, que renouant ses connoissances, il se mit à la tête d'un parti d'étourdis, auxquels il fit former le dessein de s'emparer du vieux palais, et de se saisir du gouverneur, leur per-

(*) Pendant le siege de Rouen, Durollet cherchant à se jetter dans cette ville, avoit été pris et enfermé dans le vieux palais, où il ne laissa pas apparemment de continuer ses brigues en faveur du Roi. *Cayet*, liv. 4, page 14.

suadant qu'il agissoit par mon ordre. Comme il n'avoit point d'autre but que de porter ce gouverneur aux dernieres extrémités contre moi, il ne s'embarrassa pas beaucoup que la chose demeurât secrete, et elle fut en effet incontinent rapportée à Villars.

On se figure aisément à quel excès de colere il se porta à cette nouvelle, et tout ce qui lui passa dans la tête contre le Roi, et sur-tout contre moi. Il n'approfondit pas davantage. Il crut avoir une preuve sans replique de ma mauvaise foi. Il envoya dans le moment d'Isencourt me dire de venir lui parler. Je dînois chez la Pile, procureur-général de la chambre des comptes ; et je venois de recevoir des lettres qui me mettoient de fort bonne humeur. Le Roi accordoit à Villars les trois articles laissés indécis, et s'engageoit à y faire consentir les parties intéressées : vis-à-vis ces articles, j'avois écrit sur la marge de l'original du traité dont j'étois porteur, *accordé, suivant l'ordre de sa Majesté.* Je me faisois un vrai plaisir de surprendre Villars, qui n'avoit pas dû s'attendre à une si prompte expédition. Je sortis de chez la Pile, portant le traité d'une main, et tenant l'autre sur une écharpe blanche que j'avois mise dans ma poche, à dessein de la jetter au cou de Villars en l'embrassant, et le saluant amiral et gouverneur des bailliages de Rouen et de Caux.

Le contraste des réflexions avec lesquelles nous nous avancions à la rencontre l'un de l'autre, a, je crois, quelque chose de singulier.

Je ne gardai pas long-temps mon air riant. Du plus loin que Villars m'apperçut, il s'avança à grands pas vers moi, le visage bouffi et enflammé, les yeux étincelans, et représentant par tous ses traits la plus vive colere. Il commença par m'arracher le papier des mains, sans que j'eusse le temps d'ouvrir la bouche, et avec une altération dans le son de la voix qui le faisoit trembler et bégayer, il me lâcha ces paroles trop singulieres pour n'être pas rapportées d'original. « Ah, morbleu ! Monsieur, où allez-vous ainsi » éveillé et plein de réjouissance ? par la sambieu ! » vous n'en êtes pas encore où vous pensez, » et avant que le jeu finisse, il n'y aura peut- » être pas à rire pour vous, au moins si je vous » traite comme vous le méritez, vous êtes bien » loin de votre compte, vous et votre roi de Navarre » aussi : car, par la corbieu ! il a chié au panier, » et s'il n'a point d'autre valet que Villars, » croyez qu'il sera mal servi ». Dire tout cela, déchirer le traité en mille morceaux et le jetter au feu, ce ne fut qu'une même chose. Lorsqu'il eut lâché la bonde à sa colere, il ajouta une infinité d'invectives sur ce même ton, aussi vagues et parfaitement soutenues de juremens, dont sa fureur lui fournissoit une source inépuisable.

Je lui laissai tout dire, par un effet de la surprise où j'étois, par nécessité et ensuite par réflexion. Ces sortes d'esprits ne veulent pas être contredits. Il s'arrêta de lui-même à la fin, et se mit à parcourir sa chambre en long et en large, comme un homme hors de soi. « Hé bien,
» Monsieur, lui répondis-je, lorsqu'il eut cessé
» de parler, et sans paroître ému de tout ce que
» je venois d'entendre, en avez-vous assez compté
» à tort et à travers ? Vous devez être bien
» satisfait de vous-même, d'avoir ainsi fait
» l'enragé, sans que personne vous ait contredit
» dans vos extravagances ». Voyant que le ton froid avec lequel je lui parlois, l'obligeoit comme malgré lui de m'écouter, je continuai en lui disant que je ne pouvois regarder tout ce qu'il venoit de faire en ma présence, que comme un artifice qu'il avoit imaginé pour se dédire d'une parole qu'il avoit donnée solemnellement ; mais que ce détour lui feroit toujours peu d'honneur, et me faisoit beaucoup rabattre à moi-même de l'idée que j'avois de sa sagesse et de son intégrité. « Ah, morbieu ! ne dites pas cela, s'écria-t-il,
» en s'arrêtant tout court : car c'est ce qui ne
» m'arriva ni ne m'arrivera jamais. Je suis trop
» homme d'honneur ; ces manquemens de foi
» ne sont bons que pour ceux qui trahissent.

» leurs amis, et veulent les faire assassiner ».
Il n'avoit encore rien dit d'aussi positif que cette parole, et quoique je ne la comprisse pas, je commençai du moins à pouvoir conjecturer d'où provenoit un emportement si furieux.

Je lui demandai de s'expliquer, et lui protestai avec cet air de vérité et d'assurance, qui se fait sentir au plus prévenu, que je ne sçavois nullement de quoi il vouloit parler, et que si je pouvois être convaincu de la moindre duplicité, je me mettois entre ses mains, et ne demandois ni faveur, ni grace. Il se vit donc obligé de me dire plus nettement de quoi il m'accusoit. Il me reprocha d'avoir voulu le faire assassiner par Dupré et m'emparer du vieux palais, ce qu'il fit si fort en bâtons rompus par un effet de son agitation, que la chose me paroissant dépourvue de toute vraisemblance, je ne pus m'empêcher de soupçonner, et lui dire qu'il s'étoit laissé éblouir par les pistoles d'Espagne, pour imaginer un prétexte aussi frivole de rompre avec moi.
« Moi, morbleu! reprit-il encore, en rougis-
» sant de nouveau; que je confesse que j'ai
» manqué de foi et faussé mon serment? J'aimerois
» mieux mourir que d'avoir fait cette lâcheté.
» Parbleu! Monsieur, lui repliquai-je, car vous
» m'apprenez à jurer, il faudra bien que vous
» observiez le traité, ou que vous le rompiez

» et que par-là vous méritiez qu'on vous regarde
» comme un homme vrai, ou comme un parjure ».

L'éclaircissement tiroit en longueur et s'éloignoit au lieu de s'approcher, à mesure que de part et d'autre la colere prenoit le dessus. Il fut besoin que l'abbé de Tiron, arrivé pendant la contestation, se mît de la partie et nous rapprochât l'un de l'autre. « C'est sans doute ,
» Monsieur, dit-il à Villars, que M. de Rosny
» n'est point coupable des desseins qu'on a pro-
» jettés contre vous : il est trop homme de bien ,
» et en ce cas trop habile pour venir se mettre
» entre vos mains ». Ces paroles acheverent de m'ouvrir les yeux. Je me tournai tranquillement vers Villars, en lui disant que je voyois bien que la colere seule lui avoit dicté tout ce qu'il m'avoit dit, et que je m'attendois que si-tôt qu'elle seroit passée, il me feroit justice contre lui-même de tout ce qui lui étoit échappé d'injurieux, et qu'il tiendroit sa premiere parole.
« Hé bien ! Monsieur, me dit-il, déjà à demi
» défâché, oui, je la veux tenir; mais regardez
» aussi à ne me pas manquer sur les trois points
» qui sont restés en différend ». C'est où je l'attendois : je lui répondis que sans l'emportement qui lui avoit fait jetter au feu le traité, il y auroit vu que le Roi les lui accordoit tous trois.

Nous en étions-là quand on vint annoncer Madame de Simiers. « Ne criez point, Madame, lui dit-il, en s'avançant vers elle avec un visage serein et même riant, toutes nos coleres sont appaisées ; mais pardieu ! le traître qui en a été cause en mourra, avant que je mange ni ne boive ». Il tint parole : il se fit amener Dupré, et après que celui-ci eut avoué tout, sans autre forme de procès, il le fit pendre à une fenêtre.

Villars me pria ensuite de lui montrer la lettre du Roi. Je ne craignis point de lui dire, que les secrets de sa Majesté ne pouvoient être communiqués qu'à ceux qui étoient ses serviteurs déclarés. Il ne s'agissoit pour mettre Villars de ce nombre, que de refaire le traité que nous signâmes, et dont nous gardâmes chacun un double. Nous convînmes seulement que la chose seroit tenue quelque temps secrete, à cause de la Ligue et des Espagnols contre lesquels ce gouverneur prit de nouvelles mesures en renforçant les troupes qu'il avoit dans Rouen. Après cela je ne balançai plus à lui faire voir toutes mes lettres, tant celles que j'avois écrites au Roi et reçues de ce Prince, que celle où je l'informois de la ratification du traité, et la réponse que sa Majesté y faisoit. Le courrier qui porta cette derniere dépêche, ne mit que quatre jours à son voyage.

Ces lettres donnerent une satisfaction infinie à Villars, sur-tout la derniere, écrite de ma main au Roi. Sa Majesté m'y remercioit du service que je venois de lui rendre, moins en Prince qu'en ami, et finissoit par ces mots : « Venez me » trouver à Senlis le 20 Mars, ou le 21 à Saint-» Denis, afin que vous aidiez à crier *vive le Roi* » dans Paris, et puis nous en irons faire autant » à Rouen ». C'est que je lui avois mandé que j'y croyois sa présence nécessaire : « Montrez cette » lettre, ajoutoit-il, au nouveau serviteur que » vous m'avez acquis, afin qu'il voie que je me » recommande à lui ; qu'il sçache que je l'aime » bien, et que je sçais priser et chérir les braves » hommes comme lui. Pardieu ! s'écria Villars » en cet endroit, ce Prince est trop gracieux » et trop obligeant, de se souvenir de moi, et » d'en parler en si bons termes ». Depuis ce moment, Villars ne s'écarta jamais des sentimens de soumission et d'attachement qu'il avoit pris pour le Roi, et sa Majesté put compter que parmi ses plus anciens serviteurs, elle n'en avoit point de plus affectionné. Il me pria de me contenter de sa parole pour l'exécution de tous les articles compris au traité, et je l'acceptai comme la meilleure caution qu'il pouvoit me donner.

J'employai le reste du temps que j'avois à

séjourner à Rouen, à régler quelques autres affaires de même nature. Je passois le jour avec l'amiral de Villars, et je m'enfermois la nuit pour donner audience aux principaux Officiers, tant de la ville et du Parlement, que de la guerre, répandus dans la province, qui venoient me trouver en secret pour concerter ensemble les moyens de détacher les Peuples de la Ligue. Medavy fut de ce nombre. Je consommai le traité avec lui. Verneüil n'étant pas une ville d'assez grande importance pour qu'on eût pour elle les mêmes égards que pour Rouen, le Roi ordonna à Medavy de rendre son traité public, afin de donner l'exemple aux autres gouverneurs.

Comme je n'avois garde de manquer au rendez-vous que sa Majesté m'avoit donné, je me hâtai de quitter Rouen, comblé de remerciemens et de politesses de la part du gouverneur. Je me séparai avec une égale satisfaction de l'abbé de Tiron et de Madame de Simiers. Je leur promis de revenir dans peu, et à Madame de Simiers d'amener avec moi le marquis de Vitry son frere, avec un corps de troupes qui pût mettre Villars en état de s'expliquer sans crainte. Je leur avois assez d'obligation pour leur rendre ce service, quand l'intérêt de sa Majesté ne s'y seroit pas trouvé joint.

C'est sur les intelligences que le Roi avoit

pratiquées dans Paris, que ce Prince fondoit ses espérances d'y être bientôt introduit, et il s'acheminoit de Saint-Denis vers cette ville, lorsque j'arrivai près de lui. La partie étoit si bien faite, et tant de personnes également braves et fideles s'en étoient mêlées, qu'il étoit comme impossible qu'elle ne réussît pas. Depuis la journée d'Arques, où le comte de Belin qu'on a vu qui y fut fait prisonnier, s'étoit convaincu par lui-même des grandes qualités du Roi et de la foiblesse de ses ennemis, le duc de Mayenne s'étoit apperçu que ce gouverneur étoit secrétement porté d'inclination pour le Roi. Sur ce soupçon, il n'hésita pas à lui ôter le (1) gouvernement d'une ville aussi considérable pour le parti que l'étoit Paris, et cherchant un homme dont le dévouement pour lui et pour la Ligue fût connu, pour se remettre sur lui du soin de cette grande ville, dans un temps où la nécessité de ses affaires demandoit qu'il portât ses pas sur la frontiere de Picardie, il s'arrêta sur Brissac (2) qu'il gratifia de ce gouvernement.

Celui-ci répondit parfaitement à son attente

(1) Le Parlement rendit en cette occasion un arrêt qui fait bien honneur au comte de Belin. Il y exhorte les bourgeois à s'opposer à son expulsion, et à sortir plutôt de Paris avec lui. *Mém. pour l'Hist. de France*, tom. 2; *Mém. de la Ligue*, tom. 6.

(2) Charles de Cossé, comte de Brissac, maréchal de France.

dans le commencement. La lecture de l'Histoire romaine avoit inspiré à cet Officier, qui se piquoit d'esprit et de pénétration, un projet singulier. Il méditoit d'ériger la France en république, et de rendre Paris la capitale de ce nouvel état dont il bâtissoit tous les fondemens dans son imagination, sur le modele de l'ancienne Rome. Pour peu que Brissac fût descendu de cette haute spéculation aux applications particulieres, auxquelles il est nécessaire d'avoir égard dans les plus grands desseins, il auroit vu qu'il est des circonstances, où le projet même le plus heureux devient par la nature des obstacles, par la différence du génie et du caractere des Peuples, par la trempe des loix qui y sont adoptées, et par le long usage qui y a mis comme le dernier sceau, également chimérique et impossible. Il n'y a que le temps et une longue expérience qui puissent remédier à ce qu'il y a de défectueux dans les coutumes d'un état dont la forme est décidée, et ce doit toujours être sur le plan de sa premiere constitution (*).

(*) Cette maxime n'est entendue par le duc de Sully, et ne doit l'être en effet, que dans le sens, qu'il ne faut jamais s'écarter que le moins que l'on peut de l'ancienne forme et des principes fondamentaux du gouvernement, et non pas des abus que l'ignorance ou la nécessité ont mêlés dans les différens établissemens qui regardent, soit la finance, soit la politique, police, &c. C'est sur quoi il s'expliquera lui-même dans la suite de ces Mémoires.

Cela est si vrai, que toutes les fois qu'on verra un état se conduire par des voies contraires à celles de son établissement, on peut se tenir assuré qu'il n'est pas éloigné d'une grande révolution. D'ailleurs l'application des meilleurs remedes n'opere point sur les malades qui y résistent.

Brissac n'alloit pas si loin. Il fut long-temps sans pouvoir comprendre d'où provenoit l'opposition générale qu'il trouvoit à ses desseins : car il s'en ouvrit aux seigneurs et à tous les principaux partisans de la Ligue. Il craignit à la fin pour lui-même, que tandis qu'il travailloit ainsi, sans aucun second, à mettre son projet à sa perfection, le Roi ne l'anéantît en s'emparant de sa capitale. Cette crainte le fit retomber assez promptement de ses idées purement romaines à l'esprit françois de ce temps-là, de ne travailler que pour soi-même. Lorsque le motif de l'intérêt est encore fortifié par celui de quelque danger, il n'y a presque personne qui ne se porte à trahir son meilleur ami. Brissac (*) en usa de même. Il reprit le dessein du comte

---

(*) Le duc de Mayenne fut averti, à ce que marque de Thou, par la duchesse de Guise, sa mere, de la trahison de Brissac : mais il n'en voulut rien croire. Consultez sur cette réduction de la ville de Paris, *Mathieu, tom. 2, liv. I, pag. 174; la Chronol. novenn. liv. 6, pag. 334*, et autres Historiens.

de Belin, mais par un motif beaucoup moins noble; et il ne songea plus qu'à mettre l'enchere au prix dont il vouloit vendre au Roi la trahison qu'il faisoit au duc de Mayenne pendant son absence. Saint-Luc (1) son beau-frere, fut chargé de négocier avec le Roi, et lorsqu'il eut obtenu des conditions dont Brissac eut lieu d'être content, celui-ci s'accorda à faire entrer dans Paris Henri avec son armée, malgré les Espagnols. Il étoit le maître des troupes de la Ligue. Pour le Peuple, il n'étoit déjà plus besoin de lui faire à cet égard aucune violence.

D'O (2) prit aussi-tôt les devans, et se fit donner les provisions du gouvernement de Paris et de l'Isle de France. Il y avoit ici un conflit d'intérêt qui embarrassoit ce surintendant, au point que malgré sa nouvelle dignité, la réduction de Paris étoit une des choses qu'il craignoit le plus de voir arriver. A l'entendre, cette crainte n'avoit d'autre cause que celle de voir les finances en proie aux gens d'épée et de robe, dont il disoit que le Roi alloit être accablé si-tôt qu'il seroit le maître de Paris, pour le paie-

---

(1) François d'Epinay, sieur de Saint-Luc, grand-maître de l'artillerie.

(2) Nos Mémoires ne marquent pas que M. d'O avoit été dépouillé par la Ligue de ce gouvernement, qu'il avoit eu de Henri III. *Péref.* 2 *part.*

ment des pensions, appointemens et gratification ; mais ce discours n'en imposoit qu'à ceux qui ignoroient de quel profit il étoit pour lui d'entretenir les choses dans leur premiere confusion, et avec quel fruit il y avoit travaillé jusqu'alors.

Le Roi mit en action tous les amis du comte de Belin, sur lequel il comptoit bien autant que sur Brissac, et vint à la tête d'environ huit mille hommes se présenter à cinq heures du matin à la porte-neuve (1), où il trouva le prévôt (2) des marchands et les échevins de la ville qui le reçurent comme en cérémonie. Il alla aussi-tôt se saisir du Louvre, du Palais, du grand et du petit Châtelet, et ne trouvant d'opposition nulle part, il parvint jusqu'à Notre-Dame, où il entra pour rendre ses actions de

(1) Le 22 Mars.

(2) Jean l'Huillier, qui étoit ce prévôt des marchands, répondit à Brissac qui lui disoit, qu'il falloit rendre à César ce qui appartient à César : « Il faut le lui rendre, et non » pas le lui vendre ». *Mém. pour l'hist. de France.* Le journal de P. de l'Etoile donne ce bon mot à Henri IV. L'Huillier fut récompensé d'une charge de président de la chambre des comptes, et de conseiller d'état ; et Martin Langlois, échevin, fut fait prévôt des marchands. *Le Grain. liv. 6.* On lit dans un discours, *vol. 9033, mss. de la biblioth. du Roi,* que Henri IV étant entré dans Paris par la porte-neuve, qui s'est depuis nommée la porte de la conférence, en ressortit et y entra plusieurs fois, craignant malgré toutes les assurances de ces prévôt et échevins, qu'on ne cherchât à faire entrer sa troupe dans Paris, pour la tailler en pieces, et se saisir de sa personne.

graces à Dieu. Ses soldats répondirent si bien de leur côté à l'ordre (1) et à l'intention de leur maître, qu'on ne se plaignit pas dans toute cette grande ville de la moindre violence de leur part. Ils s'emparerent des principales places et carrefours, où ils se rangerent et se tinrent en bataille. Rien ne branla; et dès ce même jour on vit les boutiques ouvertes, avec toute la sécurité qu'auroit pu donner la plus longue paix.

Il ne restoit aux Espagnols que la Bastille, le Temple, et les quartiers de Saint-Antoine et de Saint-Martin, où ils s'étoient cantonnés au nombre d'environ quatre mille, ayant à leur tête le duc de Feria et don Diego d'Evora, tous fort surpris d'une (2) nouvelle si inattendue, et dans la résolution de se défendre jusqu'à l'ex-

___

(1) « Le Roi ayant avisé un soldat qui prenoit par force un pain sur la boutique d'un boulanger, y courut lui-même, et le voulut tuer ». *Journ. de l'Etoile.* Péréfixe dit que la Noue ayant été arrêté par des huissiers pour des dettes que son pere avoit contractées au service de ce Prince, et s'étant allé plaindre à lui de cette insolence, il lui répondit publiquement : « La Noue, il faut payer ses dettes, je paie bien les miennes » : mais qu'après cela il le tira à part, et lui donna de ses pierreries pour engager aux créanciers, au lieu du bagage qu'ils lui avoient saisi. *Péréf. part.* 2.

(2) L'Etoile marque que la nouvelle en ayant été portée aux Espagnols, que Langlois amusoit cependant par des traits de l'Histoire Romaine, le duc de Feria s'écria par deux ou trois fois : Ah! grand Roi! grand Roi! *Journal de P. de l'Etoile.*

trémité, si l'on entreprenoit de les forcer dans ces endroits avantageux. Le Roi les tira de leur embarras, en leur faisant dire qu'ils pouvoient sortir de Paris et se retirer en toute assurance. Il traita avec la même douceur les cardinaux de Plaisance et de Pellevé, quelque ressentiment qu'il eût pu conserver de leur conduite à son égard. Soissons fut l'endroit où se retirerent tous ces ennemis du Roi (1), à la faveur d'une bonne escorte. Sa Majesté fit publier un pardon (2) général pour tous les François qui avoient porté les armes contr'elle. Lorsque ce sacrifice n'est point arraché par la nécessité, et qu'on le fait au contraire dans un temps où tout flatte la vengeance, on peut dire qu'il n'y a point de marque moins équivoque d'un cœur vraiment

(1) « Le Roi les voulut voir sortir, et les regarda passer
» d'une fenêtre au-dessus de la porte de Saint-Denis. Ils le
» saluerent tous, le chapeau fort bas, et avec une pro-
» fonde inclination. Il rendit le salut à tous les chefs, avec
» grande courtoisie, ajoutant ces paroles: recommandez-moi
» bien à votre maître, et allez-vous-en, à la bonne heure,
» mais n'y revenez plus ». *Péref.* 2 part. Ce récit est conforme à celui des Mémoires pour l'histoire de France; mais il est contredit par le Journal du même auteur.

(2) Tous les Mémoires de ce temps-là sont pleins de traits de clémence de Henri, et de ses réparties vives et agréables: voyez les Mémoires cités ci-dessus. « Un Ligueur
» venant le trouver comme il jouoit à la prime: venez,
» lui dit-il, soyez le bien venu, si nous gagnons, vous serez
» des nôtres » *Le Grain. liv.* 10.

royal.

royal. Madame de Montpensier (1) s'étant présentée pour saluer le Roi, il l'entretint aussi poliment, et même aussi familiérement, que s'il eût eu quelque grand sujet de lui épargner la confusion, dont tout autre à sa place se seroit fait un plaisir de la couvrir (2).

Le Roi n'avoit pas encore pu trouver un moment pour m'entretenir sur mes négociations de Rouen. Il le fit ce même soir après que la presse fut passée, en me tirant dans l'embrasure d'une des fenêtres du Louvre. Il voulut que je lui en rapportasse jusqu'aux plus petites circonstances, qu'il écouta avec beaucoup d'attention. Il s'accusa d'avoir été la cause du contre-temps que du Rollet y avoit apporté, en oubliant à me préve-

(1) Catherine-Marie de Lorraine, veuve de Louis de Bourbon, duc de Montpensier.

(2) Il joua aux cartes ce même soir avec elle, comme le remarque Péréfixe. L'Etoile ajoute qu'il lui rendit sa visite, ainsi qu'à Madame de Nemours. Il rapporte une conversation singuliere que ce Prince eut avec elle, à la fin de laquelle Madame de Montpensier, dont la haine pour Henri étoit connue de tout le monde, lui ayant dit sur son entrée dans Paris, qu'elle auroit souhaité que le duc de Mayenne, son frere, fût celui qui eût abaissé le pont à sa Majesté pour y entrer ; ce Prince lui répondit : « Ventre-saint gris ! il m'eût
» possible fait attendre long-temps, et je n'y fusse pas entré
» si matin. Cette Dame, poursuit-il, entendant les cris de *vive*
» *le Roi*, dit en riant, que Brissac avoit plus fait que sa
» femme, qui en quinze ans n'avoit fait chanter qu'un cocu,
» au lieu que lui en huit jours avoit fait chanter plus de
» vingt mille perroquets à Paris ». *L'Etoile*, année 1594.

Tome II. E

nir sur les propositions que celui-ci lui avoit faites, et qui m'auroient tenu en garde contre tout ce qui venoit de sa part.

Ce Prince n'avoit encore rien dit au duc de Montpensier et au baron de Biron, de la satisfaction qu'il avoit accordée à l'amiral de Villars à leurs dépens. C'est tout ce qui restoit d'embarrassant, parce que le Roi ne se sentoit point de l'humeur de ces Princes, qui au lieu de s'abaisser en pareil cas à quelques ménagemens, commencent par étourdir la plainte, et ne doivent l'obéissance qu'on leur rend, qu'au ton d'autorité dont ils se servent. Il convint avec moi que je lui ferois le même détail, comme si c'étoit la premiere fois qu'il l'entendît, en présence de ces deux Messieurs, auxquels je donnerois à entendre que la conclusion du traité avec Villars dépendoit du sacrifice que l'un et l'autre voudroient bien faire de leurs droits. La chose ayant été exécutée de cette maniere, le Roi se tourna vers eux, et dit hautement qu'il aimeroit mieux perdre Villars et Rouen, que de les acquérir en faisant une injustice à deux personnes qu'il estimoit. Ce procédé toucha vivement MM. de Montpensier et de Biron, qui s'écrierent qu'ils se désistoient de bon cœur de toutes leurs prétentions. Henri les remercia, et donna pour équivalent au premier, les gouvernemens du

Perche et du Maine, pour être joints à celui de Normandie, lorsque celui-ci lui seroit restitué en entier : mais la générosité de Villars changea cette disposition : pour Biron, un bâton de maréchal de France, et quatre cent vingt mille livres en argent, le dédommagerent de la perte qu'il faisoit.

La réduction de Paris jetta le Roi dans de nouveaux embarras, qui l'obligerent à reculer encore son voyage de Rouen. Il fut occupé à recevoir l'hommage des différentes cours (1), de l'Université et des autres corps de ville de Paris, qu'il crut ne pouvoir mieux payer de leur soumission, qu'en s'attachant à y établir l'harmonie et le bon ordre que les guerres civiles avoient troublé. Il avoit encore à répondre à une infinité de gouverneurs de places, principalement de l'Isle de France, qui, à l'envi de la capitale, venoient lui rendre leur obéissance.

Villeroy ne fut pas des premiers (2) ; la nécessité seule fixa son irrésolution, ou l'obligea à forcer son inclination. Il ne tenoit par lui et par son fils que quelques places assez peu importantes, avec lesquelles il sçut se faire acheter

____
(1) Le Parlement de Paris fut rappellé de Tours, où il avoit été transféré par des lettres-patentes du Roi du 28 Mars 1594.

(2) Pontoise, &c.

fort chérement, par le moyen de du Plessis son ami, et de Sancy, dont la fille (1) venoit d'épouser son fils. Après avoir obtenu à force d'importunité, deux treves pour lui personnellement, l'une de deux mois, et l'autre de trois, qu'il fit ratifier par le duc de Mayenne; après avoir long-temps affecté de se tenir neutre, et fait jouer mille ressorts pour ne se départir qu'à l'extrémité de ses anciens amis; enfin il fit son accommodement (2)

(1) *Jacqueline de Harlay Sancy.*

(2) M. de Thou est encore ici formellement opposé à nos Mémoires : il dit, *liv.* 108, qu'il y avoit déjà long-temps que l'accommodement de Villeroy avec sa Majesté étoit fait, et que s'il ne parut pas d'abord, c'est que Henri le voulut ainsi pour le bien de ses affaires, afin que Villeroy pût encore se servir du pouvoir qu'il avoit sur l'esprit du duc de Mayenne pour le ramener dans le parti du Roi. Mathieu, aux endroits cités ci-devant, est du même sentiment ; et Cayet qui le soutient aussi ailleurs, n'y donne aucune atteinte par la lettre de Villeroy au duc de Mayenne, du 2 Janvier de cette année; quoiqu'en rapportant cette lettre, il semble en faire une espece de reproche à ce ministre. Dans cette lettre qui fut interceptée par les Royalistes, Villeroy, dont l'objet est de prévenir le duc de Mayenne sur son traité avec Henri, qui va être rendu public, et de faire un dernier effort auprès de lui pour l'engager à l'imiter, conseille à Mayenne de songer sérieusement à la paix pour tout le parti en général, et pour lui-même en particulier : « parce que, » dit-il, leur cause commune est désespérée : Nous avons, » ajoute-t-il, perdu toute créance et assurance des uns aux » autres ». &c. *Cayet, liv.* 6, page 293.

Avec la clef que nous donnent M. de Thou et les autres historiens, des démarches secretes de Villeroy auprès des chefs de la Ligue, et du personnage qu'il jouoit par ordre du Roi, on comprend aisément quel est le sens de ces paroles, dont on a voulu faire un crime à Villeroy. On

presqu'après tous les autres, et obtint encore une charge de secretaire du Roi, en récompense de celle dont il se défaisoit.

Le Roi jugea à propos de me faire partir pour Rouen dès le lendemain de son entrée dans Paris, puisqu'il ne pouvoit y venir lui-même. J'y arrivai le 25 Mars, menant avec moi Vitry à la tête de trois cent hommes. La Font me reçut à la porte de la ville, et me conduisit avec toute ma suite à la maison qui m'avoit été préparée : c'étoit celle du sieur de Martinbault, la plus belle de toute la ville, et Villars l'avoit

voit même qu'il ne pouvoit guères s'exprimer autrement en parlant au duc de Mayenne; et pour dire exactement la vérité, si l'on peut taxer Villeroy de quelque chose en cette occasion, c'est tout au plus de ne s'être pas piqué d'un peu plus de générosité dans une circonstance où il eût été si beau d'en avoir; car outre les avantages dont parlent nos Mémoires, il y gagna le gouvernement de Lyon pour Charles de Neufville, marquis d'Alincourt, son fils. Mais où est le seigneur François de ce temps-là, ou même l'homme le moins nécessaire, qui ait pu se dire exempt de ce reproche ? P. de l'Etoile n'a pas passé à M. de Villeroy, ce caractere d'homme un peu trop intéressé : « Henri IV, dit-il, dans » son Journal, étant allé un jour à Villeroy faire une simple » collation avec douze ou quinze personnes de sa cour, il leur » dit à table : Mes amis, nous sommes tous à table d'hôte, » faisons bonne chere pour notre argent ; car nous avons un » hôte qui nous fera bien payer l'écot ».

Je crois qu'il est désormais inutile de répondre à tout ce que la passion du duc de Sully lui fait dire dans la suite de ses Mémoires, contre un homme qui, jusqu'en l'année 1617, où il mourut, a rendu de très-grands services à ce royaume, ayant été ministre et secrétaire d'état sous quatre Rois consécutifs, Charles IX, Henri III, Henri IV et Louis XIII.

encore fait meubler somptueusement. Simon-Antoine et la Chapelle n'approuvoient pas une distinction si marquée. Ils ne sçavoient encore rien du traité ; mais ils avoient pris tant d'ombrage de mon premier voyage, qu'ils employerent tout leur crédit pour porter l'Amiral à me défendre l'entrée de la ville.

La Font, qui me mit au fait de tout leur manege, m'apprit qu'ils s'étoient priés ce soir même à souper chez le gouverneur, où devoient être aussi l'abbé de Tiron, le président de Boquemare, Medavy et d'Hacqueville, deux conseillers du Parlement, et quelques autres. Je pris ce moment pour éclater, et la Font m'ayant assuré que l'amiral de Villars ne trouveroit rien de mauvais de ma part, je voulus jouir de la confusion des députés de la Ligue et de l'Espagne, en leur apprenant ce qui venoit d'arriver dans Paris.

Je sortis dans le moment, et m'en allai à Saint-Ouen, où Villars étoit avec sa compagnie. Il entretenoit les députés dans un bout de la gallerie, lorsque j'entrai. Je courus l'embrasser, sans craindre de troubler leur entretien, et je lui dis que je venois lui demander à souper, pour lui faire part des nouvelles. Villars répondit à mes caresses, et comme s'il eût été de concert avec moi au sujet des deux députés, il me dit froidement en me les montrant, qu'ayant du monde à souper, il craignoit que je ne trouvasse pas la partie bien assortie. Je repliquai que je m'accommodois de tout le monde, et que j'étois persuadé que toute haine de parti à part, ces deux Messieurs entendroient avec plaisir ce que j'avois à lui apprendre. Le gouverneur jetta un coup d'œil sur Simon-Antoine, qui prenant la chose en galant homme, dit qu'il seroit charmé de sçavoir de quelle maniere le Roi avoit traité les Espagnols et les deux Cardinaux : ce qu'il accompagna de louanges pour ce Prince et de politesses à mon égard, avec toute la finesse et le bon goût possibles. « A ce que je vois, me voilà obligé de vous traiter tous », nous dit Villars, en ajoutant un compliment d'excuse sur la mauvaise chere.

Le reste de la compagnie s'approcha, et quelques instances que me fît le président de Boquemare, je ne voulus rien dire que nous ne fussions à table. On annonça le souper : « Je suis, dit l'Amiral en se mettant d'abord au milieu de la table, très-mauvais maître des cérémonies ». Je ne voulus en faire aucune avec don Simon, qui ne manquant pas d'ambition, et étant d'ailleurs de rang à la soutenir, se seroit peut-être mis à la premiere place sur un simple compliment; ce qui pouvoit tirer à conséquence dans une occasion où je représentois la personne du Roi. J'allai donc m'y placer sans façon ; seulement je dis au député Espagnol, que s'il ne s'agissoit que de nos deux personnes, je lui rendrois ce qu'on doit à un étranger de mérite ; ce qu'il reçut de fort bonne grace. La Chapelle lui ayant dit que je faisois à table ce que mon maître venoit de faire à Paris, et qu'il n'y avoit rien là qui ne fût dans l'ordre : « Je le vois, dit l'Espagnol, » et je crains bien que cet avantage ne soit d'un » mauvais augure pour nous ; mais pour cela » il ne faut pas laisser de rire et de boire à la » santé de nos maîtres, qui ne sont point ennemis, » puisqu'il n'y a point de guerre déclarée entre » eux ». Cette réponse étoit pleine de sagesse et de politique. Pendant tout le repas, cet étranger prit part à la conversation en homme d'esprit, et parut sensible aux bonnes qualités du Roi, et sur-tout aux marques de clémence qu'il avoit données à tous ses ennemis, tant étrangers que François. Je ne remarquai que Tiron et un docteur nommé Dadré (*) qui gardassent le silence pendant tout ce détail.

Le repas se passa ainsi avec beaucoup de joie, vraie ou apparente de tous les convives ; et après qu'il fut fini, Villars me dit en me reconduisant,

(*) Jean Dadré, pénitencier de l'église de Rouen.

qu'il me prioit de ne point le venir voir de tout le lendemain, qu'il emploieroit à se défaire de façon ou d'autre de ses députés. Il ne sçavoit pas trop comment ces deux hommes s'entendroient donner leur congé ; il me dit que si je voulois en être instruit, je n'avois qu'à venir passer l'après-dînée chez Madame de Simiers. J'y appris que Villars étoit demeuré enfermé trois heures entieres avec les deux agens : ils contesterent : on en vint aux reproches et aux grosses paroles : mais ce gouverneur n'étoit pas un homme qu'on pût facilement intimider ou faire changer ; il leur déclara nettement que son accommodement avec le Roi étoit consommé, et qu'ils n'avoient plus d'autre parti à prendre, que de se retirer sans tarder, ou à Soissons, ou vers le duc de Mayenne, avec un sauf-conduit qui étoit la seule grace qu'il pouvoit leur faire. Il fallut en passer par-là ; et Villars se précautionna contre les effets de leur ressentiment, en faisant entrer dans Rouen de nouvelles troupes qui se saisirent du palais, du fort et du château. Cela fait, il envoya la Font me dire que le lendemain matin à ma premiere requisition, il se déclareroit pour le Roi en présence de toute la ville, qu'il fit assembler pour cet effet, avec toute la forme et l'appareil qui pouvoient rendre cette action plus solemnelle.

Je n'ai jamais ressenti de satisfaction plus parfaite que fut celle d'avoir rendu un service si considérable au Roi et à tout le royaume, ni goûté un sommeil plus tranquille que la nuit qui suivit cette journée. Le lendemain je me hâtai d'aller trouver Villars à Saint-Ouen; et quoiqu'il fût encore assez matin, je le trouvai se promenant, depuis près d'une heure, dans la grande place. Elle étoit remplie, aussi-bien que toutes les principales rues, d'un peuple si nombreux, attiré par le bruit qui s'étoit répandu de la sortie des députés et de la nouvelle cérémonie, que Perdriel et d'Isencourt, la Font et les soldats que le gouverneur avoit envoyés par honneur au-devant de moi, eurent beaucoup de peine à m'ouvrir un passage. L'allégresse étoit générale; et elle se remarquoit aisément sur tous les visages.

J'abordai l'Amiral qui avoit à ses côtés le baron de Medavy et le président de Boquemare; et après le salut ordinaire, je lui dis que le Roi étant présentement bon Catholique, il étoit temps qu'il lui donnât des marques de son zele. Villars me répondit qu'il étoit déjà dans le cœur le serviteur le plus fidele de sa Majesté; et que s'il ne s'agissoit plus pour en faire une profession éclatante, que de revêtir l'écharpe blanche, il étoit prêt de la recevoir de ma main. J'en tirai une de ma poche ; et Villars ne l'eut pas si-tôt mise, que sans songer davantage à compasser ses termes, il s'écria avec un transport qui étoit bien dans son caractere : « Allons, morbieu ! la Ligue » est que chacun crie *vive le Roi* ». Le profond silence qui s'étoit fait dans l'assistance à notre abord, fut rompu à cette parole par une acclamation générale de *vive le Roi*, et dans l'instant il se forma de tous ces cris, joints au son de la grosse cloche et de toutes les autres, et à une décharge de toute l'artillerie, tant du fort que des différens endroits de la ville, un bruit capable d'inspirer l'effroi, si le sentiment de joie qui régnoit par-tout, avoit permis de faire attention qu'il n'y avoit pas une maison dans la ville qui ne tremblât de ce frémissement. « Ce son » des cloches, dis-je au gouverneur, nous » avertit d'aller rendre à Dieu nos actions » de graces dans l'église de Notre-Dame ». Le *Te Deum* y fut chanté solemnellement, et suivi de la Messe, au commencement de laquelle je me retirai. Si-tôt qu'elle fut finie, Villars vint me prendre dans son carrosse, et me mena à un festin superbe, où les cours souveraines, les officiers de guerre et la maison de ville étoient invités. On envoya ordre à Verneuil, à Ponteau-de-mer, au

Havre où commandoit le chevalier (*) d'Oise, enfin dans toutes les places qui reconnoissoient l'autorité de l'amiral de Villars, de se conformer à la capitale.

Mon premier soin, quand je me vis libre, fut d'informer le Roi de ce qui venoit de se passer, et de le prier d'envoyer quelqu'un de son conseil pour réhabiliter le Parlement. Le lendemain, la ville vint me remercier en corps, des soins que j'avois pris, et m'apporta son présent : c'étoit un buffet de vaisselle d'argent doré, parfaitement travaillé, et de valeur de plus de trois mille écus. Je fis inutilement toutes sortes d'instances pour me dispenser de le recevoir. Mon courier ne tarda pas à revenir chargé des dépêches de sa Majesté. Il y avoit une lettre pour l'amiral de Villars, où le Roi le qualifioit de son cousin, amiral, gouverneur en chef de Rouen, du Havre, &c. et le convioit de venir à la cour, d'une maniere qui lui promettoit l'accueil le plus gracieux. Celle qui étoit pour moi, renfermoit un ordre de m'y rendre le plutôt que je pourrois.

L'Amiral qui ne vouloit y paroître qu'avec un équipage conforme à son rang et à ses dignités, se donna le temps d'y travailler ; pour moi je pris les devans, et vins coucher à Louviers, où il

---

(*) Georges de Brancas-Villars, chevalier, frere de l'Amiral.

m'arriva avec Bois-Rosé, que je ne connoissois point, la petite scene qu'on va voir.

Ce gentilhomme ayant appris par le bruit public, que le Roi remettoit à Villars le fort de Fescamp, et n'entendant rien dire de son dédommagement, résolut d'en porter ses plaintes au Roi ; et cherchant à s'appuyer du crédit de quelque gouverneur qui fût connu de sa Majesté, il vint à Louviers pour demander une lettre de recommandation à du Rollet, un moment après que j'y fus arrivé. Il descendit à la même auberge, où on lui dit d'abord qu'il venoit d'arriver un homme, qu'à son train et aux discours de ses domestiques, on jugeoit devoir être fort bien en cour. On ne lui dit point mon nom ; et Bois-Rosé qui me croyoit encore à Rouen, n'avoit garde de le deviner. Il ne balança pas à préférer la protection de ce seigneur à celle de du Rollet ; et montant aussi-tôt dans ma chambre, il me dit, après m'avoir appris qui il étoit, qu'il avoit bien sujet de se plaindre d'un seigneur de la cour, nommé Monsieur de Rosny, qui abusant de la faveur de son maître, l'avoit sacrifié, aussi-bien que Monsieur le duc de Montpensier et le maréchal de Biron, à l'amiral de Villars son ancien ami. Ensuite il m'expliqua ses demandes ; ce qu'il fit d'une maniere si vive et si passionnée, et avec tant de juremens et de menaces contre ce Monsieur de Rosny, que je ne trouvois rien de si plaisant que le personnage que je jouois en cette occasion.

Je pris la parole après qu'il eut jetté tout son feu ; et je lui dis que j'avois assez de connoissance des affaires dont il me parloit, pour l'assurer que Monsieur de Rosny n'auroit osé rien faire sans l'exprès commandement du Roi ; et que sa Majesté songeoit efficacement à lui donner une récompense dont il auroit lieu d'être content. Je ne crus pas devoir pousser la civilité jusqu'à lui promettre de servir son ressentiment contre celui dont il se plaignoit si amérement : je lui dis au contraire que s'il le connoissoit, il conviendroit qu'un homme qui, pour le bien de l'état, s'étoit démis gratuitement de son abbaye de Saint-Taurin, pouvoit bien avoir fait par nécessité, ce qu'il attribuoit à une mauvaise volonté. Je le congédiai, en lui disant qu'il vînt me trouver lorsque je serois arrivé à la cour, où je lui promis de parler au Roi pour lui faire obtenir l'équivalent qu'il demandoit. Il se retira aussi content de moi, que mécontent de Monsieur de Rosny : mais ayant demandé mon nom au bas de l'escalier à un de mes pages qu'il rencontra, il demeura si étourdi d'entendre nommer celui qu'il avoit si peu ménagé en parlant à lui-même, que craignant le ressentiment qu'il supposoit que j'avois contre lui, il remonta à cheval dans l'instant, changea d'hôtellerie, et ne songea plus qu'à continuer à toute bride sa route vers Paris, afin d'y arriver avant moi, et d'y chercher de la protection contre les mauvais services que j'allois lui rendre.

L'aventure ne finit pas là. Pendant que Bois-Rosé se précautionnoit contre moi, comme contre un ennemi irréconciliable, je pris ma route plus tranquillement par Mante, d'où je devois amener mon épouse à Paris. Dès que j'y fus arrivé, la premiere chose que je fis, fut d'aller rendre compte de mon voyage au Roi, qui, selon sa coutume, voulut que je n'en omisse rien. Après que j'eus tout épuisé du côté du sérieux, je voulus le réjouir de la scene de Louviers. Bois-Rosé n'avoit eu garde de l'en instruire : il s'étoit contenté de supplier sa Majesté de ne point ajouter foi à ce que je dirois contre lui, à cause d'une vieille haïne que je lui portois. Le Roi rit de bon cœur de l'aventure de Bois-Rosé. Je l'envoyai chercher. Il crut ses affaires désespérées, puisque c'étoit à moi qu'il avoit le malheur d'être adressé. Je jouis quelque temps de son chagrin et de son embarras ; ensuite je l'en tirai d'une maniere qui le surprit beaucoup. Je sollicitai pour lui avec chaleur, et lui fis obtenir une pension de douze mille livres, une compagnie avec appointemens, et deux mille écus en argent. Il n'en espéroit pas tant : mais sa tracasserie à part, je le regardois comme un officier de cœur. Je me l'attachai même plus étroitement dans la suite ; et je le crus digne de la lieutenance-générale d'artillerie en Normandie, lorsque le Roi m'en eut donné la grande maîtrise.

Je n'avois caché au Roi, de tout ce qui m'étoit arrivé à Rouen, que la donation du buffet de vermeil. Il fut bien étonné en voyant arriver un matin dans sa chambre, des porteurs chargés de cette vaisselle. Je lui dis que n'ayant pu, par aucun moyen, empêcher la ville de Rouen de me faire ce présent, je venois le lui apporter, comme une chose qui lui appartenoit, parce que j'avois fait un vœu solemnel de ne jamais rien recevoir à ce titre d'aucun de ses sujets, tant que je serois à son service.

Je dois rendre compte au public du sentiment qui me faisoit tenir cette conduite. Je suis déjà sûr qu'on ne le regardera pas comme un artifice adroit pour m'attirer de plus grandes richesses : car quoique les bienfaits du maître que j'ai servi aient été considérables, et qu'ils aient même surpassé mon attente, on conviendra sans peine qu'un homme qui a conduit pendant un si long temps, et presque seul, la finance et la guerre, avoit un moyen beaucoup plus court de s'enrichir. Il n'est pas besoin que je le nomme : le passé en
fournit

fournit trop d'exemples pour qu'on l'ignore ; et malgré tout ce que j'ai fait pour introduire l'usage contraire, l'avenir n'en fournira sans doute encore que trop.

Au défaut d'intérêt, on pourra trouver beaucoup de vanité à ne vouloir rien devoir à personne. Je n'ai contre cette imputation qu'une simple assurance, mais très-sincere, que je n'ai eu agissant ainsi, d'autre motif que d'apprendre à ceux qui conduiront les affaires après moi, qu'à cet égard leur situation n'a rien de différent de ceux qui sont préposés pour rendre la justice; et que comme on regarderoit avec horreur un juge qui ouvriroit sa main aux présens même, sans intention de laisser fléchir la balance, un ministre et tout homme en charge se rend coupable d'une injustice aussi marquée, lorsqu'il reçoit avec complaisance ces présens, qui, dans l'esprit de ceux qui les font, se trouvent toujours faits pour le moment présent, ou dans la suite aux dépens du Roi, ou bien du peuple. Si nous ne devons pas compter sur la droiture d'intention de ceux qui nous donnent (c'est à mes successeurs que j'adresse ici la parole), comptons encore moins sur nous-mêmes qui recevons, et accoutumons-nous à regarder comme deux choses qui ne sçauroient jamais être conciliées, le profit du maître et le nôtre ; à moins, comme je l'ai remarqué, que ce ne soit lui-même qui nous donne ; et sa libéralité ira toujours assez loin pour nous ôter tout sujet de nous plaindre, dès que nous aurons sçu le convaincre qu'il ne nous revient rien d'ailleurs. Mais le malheur est que l'habitude de calculer et de voir passer par nos mains des sommes immenses, nous amene presque toujours insensiblement au point de regarder comme peu de chose, celles qui doivent suffire au bonheur et à la fortune d'un simple particulier.

Le Roi ne me dissimula pas qu'il n'étoit point accoutumé à de pareils discours, et que ce systême, tout simple qu'il est, une fois bien établi dans la finance, étoit le moyen d'enrichir le Roi et l'état, qu'on cherchoit et qu'on a encore si fort cherché depuis, sans jamais pouvoir le trouver. Il n'avoit garde d'accepter le buffet : mais pour s'accommoder à ma façon de penser, il voulut que je le prisse de sa main. La donation qu'il m'en fit devint publique, parce qu'il m'en expédia un brevet (*), où il étoit spécifié que ce

(*) « L'humeur de Rosny s'accordoit parfaitement bien
» avec celle du Roi. Lorsqu'il lui confia ses finances, il
» desira de lui qu'il ne prît jamais aucun pot de vin, ni
» aucun présent, sans l'en avertir. Et quand Rosny l'en
» avertissoit, il y consentoit aussi-tôt, et même étoit si aise
» qu'en le servant bien il y trouvât son compte, que bien
» souvent il y ajoutoit des dons du sien, pour lui donner
» courage de le servir toujours de mieux en mieux : mais

buffet étoit un présent de la ville de Rouen fait à sa Majesté, dont elle m'avoit gratifié : et le lendemain, ce Prince prit dans sa cassette trois mille écus en or, qu'il m'envoya par Beringhen, pour apprendre qu'une pareille action dans un ministre ne perd point sa récompense. J'entre dans ses vûes, en instruisant ici le public de cette double gratification.

L'amiral de Villars parut à la cour peu de temps après, avec une suite de plus de cent gentilshommes, dont quelques-uns étoient de la premiere noblesse de France, et l'emporta sur tous les autres seigneurs : mais on ferma bientôt les yeux sur la magnificence de sa maison et sur le brillant de ses équipages, pour les ouvrir sur sa générosité et sur sa modestie, qui sont en effet les véritables richesses de l'homme, quoiqu'on les rencontre si peu avec les premieres. Il aborda le Roi d'un air noble et soumis tout ensemble, et se jetta à ses genoux. « Monsieur l'Amiral, lui dit
» le Roi, mortifié de cette attitude, et en le rele-

_____

» Rosny ne les recevoit jamais qu'ils ne fussent duement
» vérifiés à la chambre des comptes, afin que tout le
» monde sçût les libéralités que lui faisoit son Prince, et
» qu'on n'eût point à lui reprocher qu'il se servoit de sa
» faveur à épuiser ses coffres ». *Péref.* page 225. Ce que cet écrivain ignora dans ce temps-là avec tout le monde, par la modestie du duc de Sully, c'est que l'idée de cette économie si sage et bien entendue, vint de M. de Sully lui-même.

» vant promptement, cette soumission n'est due
» qu'à Dieu seul ». Et pour l'élever autant qu'il s'abaissoit, il se mit à entretenir les courtisans des grandes actions de M. de Villars, avec un discernement qui sembloit leur donner un nouveau prix. L'Amiral chercha par des protestations de respect et de dévouement, à arrêter le cours de ses louanges : appercevant ensuite M. le duc de Montpensier, il alla lui prendre les mains et les lui baisa, en l'appellant son supérieur, et en se démettant du gouvernement en chef de Rouen : ce qu'il fit de si bonne grace, que ce Prince qui l'avoit d'abord reçu assez froidement, touché de sa générosité, l'embrassa plusieurs fois de suite, et en fit dès ce moment un de ses plus chers amis.

Le mois d'Avril et celui de Mai furent employés de la même maniere par le Roi et son conseil, à recevoir les députés des différentes villes, et les gouverneurs qui venoient traiter des conditions de leur reddition : celles de Lyon et de Poitiers furent les plus considérables. Etrange cascade du duc de (*) Nemours ! D'abord cet homme ambitieux laisse entrer dans son esprit le projet chimérique de se faire roi de France, en épousant

(*) Charles-Emmanuel de Savoie, duc de Nemours, fils de Jacques, et d'Anne d'Est, veuve de François de Lorraine, duc de Guise.

l'infante d'Espagne. La haine publique et l'opposition de son propre frere, le duc de Mayenne, l'obligent de renoncer à cette folle prétention. Il s'en dédommage aussi-tôt en se bâtissant en idée, des provinces du Lyonnois, Beaujolois, Forez, Mâconnois et Dombes, une principauté relevante de l'Espagne. Il commence par songer à s'assurer de la capitale de son nouveau royaume; mais ceux de Lyon (1), plus fins que lui, s'assurent eux-mêmes de la personne de leur prétendu souverain, qui les traitoit déjà en tyran, et le gardent à vue, sans aucune intention de rompre pour cela avec le parti. La Ligue prend pour un affront le traitement fait à un de ses chefs. Saint-Sorlin (2), jeune frere du duc de Nemours, intéresse l'Espagne dans sa querelle, et obtient du duc de Savoie et du duc de Terra-Nova, gouverneur de Milan, un puissant secours, avec lequel il vient fondre contre les Lyonnois. Ceux-ci

(1) Pérefixe fait le duc de Mayenne lui-même auteur de cette révolte de Lyon, parce qu'il vouloit ravir cette ville à son frere utérin. Ce que l'auteur dit ici du duc de Nemours, ne doit pas empêcher qu'on ne lui rende justice d'ailleurs. Tous les historiens conviennent que par les belles qualités du corps et de l'esprit, il étoit un des seigneurs de France le plus recommandable. Voyez son éloge et celui du marquis de Saint-Sorlin, son frere, dans le *troisieme tome des Mémoires de Brant. à l'article mss. de Nemours, page 1 et suiv.* et le détail des affaires de Lyon, *dans Cayet. liv. 6, fol. 299*, et les autres Historiens.

(2) Henri de Savoie Nemours, marquis de Saint-Sorlin.

déterminés par cette violence à se séparer ouvertement de la Ligue, appellent le colonel d'Ornano, avec lequel se sentant les plus forts, ils se déclarent hautement pour le Roi, abattent et traînent dans les boues les armes et les livrées d'Espagne, de Savoie et de Nemours; font brûler en place publique, avec une espece de farce insultante, l'effigie d'une femme habillée en sorciere, portant écrit sur son front, *la Ligue*, et ne donnent pour tout délai qu'un mois à toutes les petites villes de la dépendance de Lyon, pour se ranger à leur devoir.

Le duc de Nemours, mal à son aise pendant tout ce grand vacarme, et appréhendant quelque chose de pis de la part de ses prétendus sujets, prend pour s'évader l'habit de son valet de chambre qui lui ressembloit par la taille, sort de sa chambre en portant le bassin de sa chaise percée, passe au milieu des soldats qui le gardoient dans l'antichambre, sans en être reconnu, parce qu'il détourne le visage, comme pour éviter la mauvaise odeur, s'esquive par la rue, et gagne la campagne : trop heureux après tant de grandeur imaginaire, d'abandonner en fugitif une ville qu'il destinoit à être le siege de sa gloire; et convaincu par une triste expérience, d'une vérité sur laquelle on s'aveuglera toujours, qu'il n'y a en tout rien de si difficile que de faire répondre les effets aux desirs.

L'ambition renversa encore une autre tête. Baligny (*) se trouvant gouverneur dans Cambrai, place que sa situation rendoit d'une extrême importance pour le Roi, eut la hardiesse de demander qu'on changeât son titre de gouverneur en celui de prince souverain ; et malheureusement pour lui il l'obtint. Il se flattoit de voir par-là son nom grossir le catalogue des têtes couronnées, et il oublia qu'il manquoit des moyens qui pouvoient le maintenir dans ce haut rang. Il le soutint, ou crut le soutenir, en s'épuisant pour briller à la cour du Roi, et pour amener au siege de Laon deux mille arquebusiers et trois cent chevaux ; mais la gloire de ce nouveau potentat dura peu. Il échoua, ainsi que Nemours, à l'écueil commun des ambitieux, auxquels il est impossible de persuader que les meilleurs desseins sont ceux qui ne donnent que de médiocres avantages, mais exempts de tous revers, et à l'abri de tous les hasards.

Les Espagnols voyant que tout leur échappoit dans le cœur du royaume, voulurent arrêter le torrent, en faisant un coup d'éclat, et vinrent assiéger la Chapelle. Le Roi ne balança pas à

(*) Jean de Montluc, bâtard de Jean de Montluc, évêque de Valence.

laisser toutes les affaires domestiques, pour aller s'opposer à la prise de cette place. Le soldat n'étoit pas dans la même disposition. Las de la guerre, il ne songeoit qu'à l'oublier et à l'éloigner. Il se passa un si long temps avant que le Roi eût pu rassembler son armée, que quoiqu'il la précédât avec un petit corps de troupes, il arriva trop tard : il trouva le siege si avancé, et le comte de Mansfeld qui le commandoit, si bien posté, qu'il n'osa, foible comme il étoit, entreprendre de le forcer. On espéroit encore que le gouverneur, avec l'avantage d'une place si forte, donneroit le temps au reste des troupes de joindre ; et qu'alors on seroit en état, ou de jetter du secours dans la place, ou de forcer les assiégeans au combat; mais ce gouverneur, qui, suivant l'esprit du temps, ne cherchoit qu'à tirer parti de tout pour son profit, avoit si bien lésiné sur les vivres, les munitions de guerre et le nombre des soldats qui devoient composer sa garnison, qu'il fut obligé de rendre la place beaucoup plutôt qu'il ne le devoit, et se vit ruiné par son avarice.

Pour user de représailles, le Roi alla investir Laon (*). Il n'ignoroit pas que la Ligue avoit mis cette place, déjà si forte par sa situation et ses

(*) *En Picardie.*

défenses, en état de faire repentir quiconque oseroit l'attaquer. Elle avoit pour gouverneur un nommé du Bour (1), l'un des meilleurs et des plus expérimentés officiers du duc de Mayenne, qui y avoit encore fait enfermer son second fils, le comte de Sommerive (2), à la tête d'une grande quantité de noblesse ; mais le Roi considéra qu'en cette occasion il avoit à soutenir sa réputation militaire, à laquelle il avoit l'obligation de tant de succès, et de sa part il ne négligea ni soin ni attention, pour venir à bout de son entreprise.

Je le suivis avec joie à ce siege, et je fus chargé, selon mon goût, de la direction d'une batterie de six pieces de canons, conjointement avec le vieux de Born (3), lequel, en qualité de lieutenant-général de l'artillerie, la conduisoit en l'absence du comte de la Guiche (4) qui en étoit grand-maître, et consentit à me prendre pour second. J'avois commencé à peine à m'installer

(1) C'est le même qui aima mieux sortir de la Bastille, dont il étoit gouverneur, publiquement avec l'écharpe noire, que de la remettre au Roi pour de l'argent. *P. de l'Etoile : Cayet, tome 2, pag. 691.* Il s'appelloit Antoine du Maine, surnommé du Bourg ou l'Espinasse.

(2) Charles-Emmanuel de Lorraine, comte de Sommerive.

(3) *Jean de Durefort, sieur de Born.*

(4) Philibert de la Guiche, gouverneur de Lyon, fait grand-maître de l'artillerie en 1578, par la démission du maréchal de Biron.

dans mon emploi, qu'il fallut l'abandonner. Le Roi connut par toutes les lettres qui lui furent écrites de Paris, que le comte d'Auvergne (*) avec d'Entragues, son beau-pere, commençoit les menées qui faillirent depuis à lui faire laisser la tête sur un échafaud, et que Paris se remplissoit de mal-intentionnés et de séditieux. Il venoit encore de s'élever entre l'Université et les Curés de Paris, d'une part, et les Jésuites, de l'autre, une dispute fort à craindre dans le commencement d'une domination mal affermie.

Sa Majesté jugea à ces nouvelles, qu'elle avoit besoin d'un agent fidele et vigilant dans cette grande ville. Si elle différa à m'en parler, c'est qu'elle jugea bien que cette commission qui m'éloignoit du siege, ne seroit pas de mon goût. Une lettre du cardinal de Bourbon que je reçus, et que je ne pus me dispenser de lui montrer, acheva de la déterminer. Ce Cardinal, sans entrer dans aucun détail, me mandoit simplement qu'il

___

(*) Il en sera beaucoup parlé dans la suite; c'est Charles de Valois, duc d'Angoulême, grand-prieur de France, fils de Charles IX et de Marie Touchet, dame de Belleville, fille du lieutenant-particulier d'Orléans. Elle mourut en 1638, âgée de quatre-vingt-neuf ans, et le duc d'Angoulême en 1639. Il étoit beau-fils de François de Balzac, seigneur d'Entragues, parce que celui-ci épousa Marie Touchet, dont il eut Henriette de Balzac, marquise de Verneuil, maîtresse de Henri IV, et sœur utérine du comte d'Auvergne.

Année 1594. *Liv. VI.*

me souhaitoit passionnément auprès de lui, pour des affaires si importantes, que moi seul, disoit-il, pouvoit y réussir. Quoique tout cela n'eût l'air que d'un compliment, sa Majesté crut ne devoir pas négliger l'avis, et ne se fût-il agi que de la seule personne du Cardinal, le Roi avoit tant de motifs de le ménager, qu'après cette lecture, il m'ordonna de me disposer à retourner à Paris, avec un véritable regret de ma part de quitter le siege. Pour remplir la place que je laissois vacante, il étoit besoin d'un homme de confiance. Je nommai à sa Majesté, Vignole, Parabere et Trigny, et elle se détermina en faveur de Parabere (1). Je me flattai que les affaires qui m'appelloient à Paris étant terminées, je reviendrois devant Laon, et je comptois bien en presser la conclusion ; mais à celles-là il en succéda d'autres de si près, que depuis la fin de Mai jusqu'au commencement d'Août que dura ce siege, je ne pus le voir que par échappées. Ce que j'en dirai sera par cette même raison assez interrompu.

Je pris les instructions du Roi pour mon voyage, et vins coucher à Crépy. J'arrivai le lendemain à Paris, où je me transportai d'abord chez le Cardinal. Je le trouvai malade (2), et aussi abattu

(1) *Jean de Beaudean de Parabere.*
(2) Lorsqu'il se sentit malade, il vint de Gaillon demeurer à Sainte-Genevieve, et ensuite dans sa belle maison de l'abbaye de Saint-Germain, dit M. de Thou, *liv.* 109.

d'esprit que de corps. Il m'embrassa étroitement, et témoigna une joie infinie de me voir. Il chassa tout le monde de sa chambre, et me fit asseoir près de son lit, pour entendre mille choses importantes qu'il disoit avoir à me communiquer. Celle par où il débuta ne devoit pas me donner une grande opinion de tout le reste : mais c'étoit celle qui lui tenoit le plus au cœur, quoiqu'il ne s'agît que de chagrins domestiques et de tracasseries de femme, dont j'ai presque honte d'entretenir le public. Une certaine Madame de Rosieres étoit celle qui les causoit. Soit jalousie ou vision, le Cardinal s'étoit mis dans l'esprit qu'elle le faisoit mourir par enchantement, pour se venger de ce qu'il l'avoit brouillée avec l'abbé de Bellozanne, son mignon. Sa consolation étoit qu'il falloit que sa malfaitrice mourût, s'il ne mouroit pas. Mon épouse lui avoit dit, il y avoit trois jours, que cette Madame de Rosieres étoit extrêmement malade; et apparemment il avoit bâti là-dessus toute sa fable de magie et de mort.

Il me faisoit toutes ces confidences avec un si grand serrement de cœur, que je ne doute point que ces imaginations n'aient beaucoup contribué à avancer ses jours. Je m'efforçai de lui remettre l'esprit, et il put enfin me parler de ses autres affaires qu'il alloit oublier. Après Madame de Rosieres, le Roi étoit celui dont il se plaignoit le plus : car la situation de son esprit étoit telle, qu'il ne se plaignoit que de ceux qu'il aimoit. Il avoit demandé au Roi de le laisser disposer de ses bénéfices, et sa Majesté, disoit-il, ne l'avoit pas écouté favorablement ; ce ne pouvoit être, ajoutoit-il, que parce que ce Prince ne l'aimoit point, ou parce qu'il n'étoit pas encore attaché sincérement à la religion catholique, (car comment être bon Catholique romain, et désobliger un Cardinal ?) et tout de suite sans trop songer quel étoit celui à qui il parloit, il me pria de me rendre l'apologiste de la religion romaine auprès du Roi, de l'y affermir, de lui faire lier une étroite correspondance avec le Pape, de demander au Saint-Pere sa bénédiction, afin d'en obtenir ensuite la dissolution de son mariage avec la reine Marguerite de Valois, et le pouvoir d'épouser une autre Princesse, dont il eût des enfans qui assurassent la couronne à la maison de Bourbon, et à la France la paix et le repos. La fin de ce discours étoit plus sensée que je ne devois m'y attendre. Je ne trouve pas même à y retrancher l'éloge du Pape qu'il y inséra : car je conviens que Clément VIII étoit non-seulement d'un esprit sage et juste, mais encore si fin politique, que la cour de Madrid ne sçauroit se vanter de lui en avoir imposé par ses déguisemens.

Le Cardinal se jetta ensuite sur l'affaire des Jésuites, et quoiqu'il les favorisât ouvertement en homme dévoué à la cour de Rome, il ne m'apporta cependant, pour m'engager à les soutenir, que des raisons de politique et de l'intérêt du Roi, si solides, que je ne pus m'empêcher de convenir en moi-même que la maladie ne lui avoit ôté la présence d'esprit que sur son propre chapitre. Tout ce que je fis sur ce sujet, fut une suite des réflexions sensées que me fit faire cette éminence, sur les risques qu'il y auroit eu à bannir de France, dans la conjoncture présente, toute cette société: car on va voir qu'il ne s'agissoit pas moins que de cela.

Une quatrieme affaire qu'il me recommanda, fut de soutenir contre le surintendant, le vieux archevêque de Glasco en Irlande, qu'il aimoit et honoroit jusqu'à le traiter de son parent. Cet Archevêque portoit le nom de (*) Béthune. Voyant

(*) Jacques de Béthune, archevêque de Glasco, Glascou, ou Glascow, en Ecosse, et non pas en Irlande, vint à Paris en qualité d'ambassadeur ordinaire de la reine d'Ecosse, et il y mourut en 1603, âgé d'environ quatre-vingt-six ans, après cinquante-sept années d'une vie extrêmement traversée, depuis le meurtre du cardinal de Béthune, archevêque de Saint-André, son oncle, arrivé en 1546. On voit encore son épitaphe dans l'église de Saint-Jean-de-Latran. Amelot de la Houssaye, après avoir parlé dans ses Mémoires du procès que Nicolas Denetz, évêque d'Orléans, eut avec le duc Maximilien-François de Sully, dans lequel il paroît que c'est bien injustement qu'on prétendoit disputer à cette maison

la reine d'Ecosse, sa bienfaitrice, morte, il ne songeoit plus qu'à achever tranquillement, loin de sa patrie, le peu de jours qui lui restoient à vivre : mais il avoit dans le surintendant un ennemi qui le persécutoit continuellement, et sembloit avoir entrepris de le chasser de France. Je n'en ai jamais trop bien sçu le motif : peut-être étoit-ce l'attachement que ce prélat avoit toujours témoigné pour la maison de Guise, à cause de la reine (*) d'Ecosse qui étoit de cette maison. Le cardinal de Bourbon disoit que d'O n'en avoit point d'autre que l'intérêt que lui Cardinal prenoit à l'Archevêque : et il est vrai que toutes les fois que cette éminence avoit fait solliciter le surintendant en faveur du vieux prélat, il n'en avoit paru que plus acharné à le détruire. Le Cardinal me pria de porter le Roi à protéger l'Archevêque. Il promettoit de ne plus se mêler d'aucune affaire au-dedans ni au-dehors du royaume :

le nom de Béthune, parle aussi de cet Archevêque : « Quoi » qu'il en soit, dit-il, la maison de Béthune d'Ecosse, de » laquelle étoient le cardinal-archevêque de Saint-André, et » l'archevêque de Glascow, ambassadeur de la reine Marie » Stuard en France, où il mourut en 1600 ou 1601 (il y a » erreur de date ici), est reconnue par MM. de Sully et de » Charost, pour une branche de leur maison ». *Tome 2, page* 68. C'est parce que, selon nos Mémoires, le véritable nom de l'archevêque de Glasco, ainsi que l'archevêque de Saint-André, est Béthune, et non pas Béthun.

(*) Marie de Lorraine, fille de Claude, duc de Guise, épousa en 1530, Jacques Stuard, roi d'Ecosse.

il n'en étoit même plus capable : d'ailleurs on ne pouvoit rien lui reprocher. Pour me mettre dans ses intérêts, le Cardinal me dit que cet Archevêque m'affectionnoit au point de pleurer continuellement sur le malheur que j'avois d'être engagé dans la religion protestante.

Il revint encore à ses bénéfices, et ce fut par où il finit. Il me recommanda instamment de lui obtenir de sa Majesté la liberté de les résigner. Il m'avoua que la possession de ces bénéfices avoit donné de terribles scrupules au feu Cardinal son oncle, de qui il les tenoit, et ne lui en donnoit pas moins à lui-même ; parce qu'il y en avoit dont on avoit dépouillé les familles qui en étoient légitimes propriétaires, et son éminence s'imaginoit satisfaire à ce qu'il leur devoit, et aux remords de sa conscience pour lui et pour son oncle, en les leur remettant après sa mort. Il n'avoit plus rien de nouveau à me dire, lorsque son médecin entra dans sa chambre. Duret (*), car c'étoit lui-même, ayant recommandé le silence à son malade, se chargea de m'entretenir sur tous les secrets du Cardinal dont il possédoit la confiance, et s'en acquitta en homme fort éloquent ; c'est-à-dire qu'il m'ennuya long-temps. Je ne répondis à ses longs discours que par une promesse réitérée de servir son éminence.

(*) Louis Duret, seigneur de Chevry.

Trois jours que je passai à Paris suffirent pour me mettre au fait des liaisons dangereuses du comte d'Auvergne, de d'Entragues et de sa femme. Leur maison étoit le rendez-vous de tout ce que le Roi avoit d'ennemis, soit dans la Ligue, soit dans le parti espagnol. Il ne se passoit point de nuits qu'il ne s'y tînt des conseils secrets contre l'intérêt et le service du Roi. En attendant que j'eusse conféré avec sa Majesté sur les moyens de détruire cette méchante cabale, je représentai à MM. de Chiverny (*), de Pont-Carré, de Belliévre et de Maisse, qu'ils ne pouvoient éclairer de trop près toutes les démarches de ces brouillons, et j'en chargeai plus particuliérement Maisse, dont je connoissois l'activité.

Je donnai ensuite une attention particuliere à l'affaire des Jésuites, dont le procès étoit actuellement porté au Parlement et vivement poursuivi par l'Université et les Curés de Paris, qui les accusoient d'avoir attiré à eux toute l'instruction de la jeunesse et la direction des consciences; les représentoient comme une société pernicieuse à l'état, et prétendoient la faire bannir comme telle de toutes les terres de France. Il n'étoit

___

(*) Philippe Hurault de Chiverny ou Cheverny, chancelier de France; N. Camus de Pont-Carré, maître des requêtes; Pomponne de Belliévre; André Hurault, sieur de Maisse; il fut nommé ambassadeur à Venise l'année suivante.

rien moins qu'assuré que tous ces adversaires de la société remportassent sur elle le triomphe qu'ils se promettoient, quand même l'autorité du Roi ne seroit pas intervenue. Les Jésuites avoient puissamment agi dans cette occasion, et la partie étoit déjà si bien liée, que sans compter le Pape, l'Espagne et leurs partisans dans la Ligue (1), qui n'étoient pas en petit nombre, ils se trouvoient forts de la moitié du Parlement, qui faisoit ouvertement des brigues en leur faveur. La cause étoit remise entre les mains des avocats les plus accrédités du barreau, Duret et Versoris (2) pour les Jésuites ; Arnaud et Dollé

(1) Le cardinal de Bourbon, le surintendant d'O, Antoine Seguier, avocat du Roi, et beaucoup d'autres sollicitèrent ouvertement pour les Jésuites.

(2) La cause fut plaidée à huis clos, le 18 Avril 1594. Antoine Arnaud parla pour l'Université ; Louis Dollé pour les Curés ; et Claude Duret, en peu de mots, pour les Jésuites. Pierre Barne, jésuite, syndic du college de Clermont, aujourd'hui college de Louis-le-Grand, les défendit plus amplement par un factum plein de raisons très-solides. Il y justifie sa société sur cette obéissance au Pape, dont il semble qu'on lui fît un crime : il défie qu'on puisse trouver dans aucun endroit de ses statuts, qu'il lui est permis de détrôner les Rois et de tuer les tyrans ; ce qui en effet étoit une pure calomnie de ses ennemis : il prouve au contraire qu'il lui a été défendu à Rome de se mêler d'aucunes affaires publiques, &c. Il y avoit déjà contre les Jésuites, de la part des mêmes parties, un ancien procès pendant depuis trente ans au Parlement, au sujet de leur établissement dans le royaume. Au lieu d'un arrêt définitif, le Parlement en rendit un, par lequel les requêtes de l'Université et des Curés de Paris furent jointes aux pieces de ce premier procès, et

pour leurs adversaires, et l'on ne s'entretenoit d'autre chose dans Paris, que deux factions si puissantes partageoient.

Je me représentai tout ce que m'avoit fait envisager le cardinal de Bourbon, qu'il n'y avoit point d'extrémité à quoi ces religieux ne se portassent, si on les chassoit du royaume, soit par vengeance, soit par l'espérance d'obliger à révoquer leur bannissement; qu'ils pouvoient faire soulever par leurs intrigues une partie de l'Europe; qu'ils sçauroient bien faire regarder cette persécution contre eux, comme une injure faite à la religion même, et jetter sur le Roi le soupçon d'être encore intérieurement attaché à celle qu'il venoit de quitter, ce qui dans la circonstance présente pouvoit produire un fort mauvais effet. Clément VIII n'ayant encore pu se résoudre à accorder l'absolution qu'on sollicitoit à Rome, le Roi se trouvant engagé dans une de ces entreprises, dont l'événement est toujours si douteux, et quelquefois si critique, enfin les Catholiques les plus puissans dans le royaume, tant ceux qui étoient à Paris, que ceux même qui remplissoient la cour, craignant ou feignant de craindre pour leurs propres intérêts, qu'on n'eût pas encore

pour être jugées ensemble, ce qu'il fut facile d'empêcher qu'on ne fit. *De Thou. liv.* 110; *Hist. de l'Univ. de Paris*. tome 6. page 866 et autres.

mis la religion romaine assez en sûreté en France. Je sçavois que MM. de (*) Longueville, de Nevers et de Biron en avoient parlé publiquement en ces termes, et qu'ils n'avoient rien oublié pour communiquer leur frayeur au cardinal de Bourbon, par le moyen de d'Entragues, d'Humieres, des Sourdis et de quelques autres. Je ne veux prêter ici aucune mauvaise intention à personne, mais combien y en avoit-il parmi ces Catholiques si chauds, qui n'étoient poussés que par un motif pareil à celui de Biron, lequel ne semoit tous ces discours, que depuis qu'il avoit perdu l'espérance d'obtenir le gouvernement de Laon?

Quoi qu'il en soit, je crus qu'il étoit plus prudent de ne pas commettre ainsi l'autorité du Roi absent, pour une pique de prêtres et de théologiens, et je ne doutois pas que sa Majesté ne prît elle-même en pareil cas, le parti le plus modéré. Je déclarai donc à MM. du conseil, que le Roi ne trouvoit pas assez forts les griefs proposés contre les Jésuites. Que sa Majesté étoit déterminée à attendre pour bannir ou retenir en France la société, de quelle maniere elle se comporteroit dans la suite, soit à l'égard de l'état, soit au sien. Sur-tout qu'en attendant des

(*) Henri d'Orléans, duc de Longueville.

ordres plus positifs de sa part sur ce sujet, elle défendoit absolument qu'on se portât à aucune procédure violente contre ces peres ; qu'il fût fait contre eux aucun plaidoyer (*) injurieux ;

(*) Celui d'Antoine Arnaud fut si véhément, qu'au rapport de l'Etoile, qui ne prend pas volontiers le parti des Jésuites, il en fut blâmé de ceux même qui n'aimoient pas ces peres, et que le premier président ne put s'empêcher de lui imposer silence. Les épithetes que M. de Thou donne dans l'endroit cité ci-dessus aux avocats de l'Université et des Curés, font assez entendre qu'il trouvoit comme toutes les personnes non prévenues, qu'on se portoit dans cette affaire contre les Jésuites avec une grande passion, quoiqu'en cette occasion, ainsi qu'en toutes les autres, cet historien se déclare entiérement contre la société. Je trouve dans les Mémoires de la Ligue, qu'on chercha un autre grief contre ces peres, qu'on abandonna ensuite, comme n'ayant aucune vraisemblance, c'est d'enlever les enfans à leurs parens, pour les transporter, malgré eux, hors l'Europe.

Quant à l'article de l'instruction de la jeunesse, personne, je crois, n'appellera de la décision d'un homme dont on connoît les vues supérieures sur toutes les parties du gouvernement; c'est le cardinal de Richelieu dans son testament politique, I *part. chap.* 2, *sect.* 10, où après avoir balancé à son ordinaire les raisons pour ou contre l'Université et les Jésuites, il résout la question en ces termes : « La raison ne permet » pas de frustrer un ancien possesseur de ce qu'il possede » avec titre, et l'intérêt public ne peut souffrir qu'une com- » pagnie, non-seulement recommandable par sa piété, mais » célebre par sa doctrine, comme est celle des Jésuites, » soit privée d'une fonction dont elle peut s'acquitter avec » grande utilité pour le public.... Il est donc raisonnable » que les Universités et les Jésuites enseignent à l'envi ; » afin que l'émulation aiguise leur vertu, et que les » sciences soient d'autant plus assurées dans l'état, » qu'étant déposées entre les mains de leurs gardiens, si » les uns viennent à perdre un si sacré dépôt, il se trouve » chez les autres ».

et même que la cause fût agitée en pleine audience. Personne ne s'attendoit à trouver en ma personne un protecteur des Jésuites, et je puis dire que par cet endroit, ma recommandation ne leur fut pas inutile, quand je n'aurois pas parlé au nom du Roi. Effectivement, cette affaire en demeura là pour lors.

Je crus devoir aussi parler au surintendant pour l'archevêque de Glasco, par déférence à la

---

Et pour ce qui regarde la direction des consciences, ce grand ministre convient bien avec tout le monde, que par elle et par l'instruction des enfans de qualité, les Jésuites « pénetrent les plus secrets avénemens des cœurs et des » familles »; ce sont ses termes. Mais pourtant ne trouvant pas plus de justice à interdire cette fonction du sacré ministere à cette société qu'à tous les autres prêtres séculiers ou réguliers, il se contente d'en faire un des motifs qui doivent porter à ne pas laisser aux Jésuites seuls l'emploi d'instruire la jeunesse du royaume. La chronologie septennaire, ouvrage, lequel avec le Mercure françois qui en est la suite, me paroît celui de tous les Mémoires de ce temps-là, dont on doit faire le plus de cas, par l'impartialité et la sincérité avec laquelle il est écrit, autant que par le grand détail ; le septennaire, dis-je, parlant de l'utilité dont les Jésuites ont été à ce royaume en particulier, par leur érudition et leur zele contre les novateurs, par la pureté de leurs sentimens théologiques, et par leurs missions, fait de tout cela un éloge, qu'il faut nécessairement voir dans le livre même ; *fol.* 439. Il est d'autant plus frappant, qu'il est parti du même temps où la jalousie suscitoit contre les Jésuites de si noires accusations. L'auteur de ce morceau historique, quoique son nom ne se trouve pas à la tête, est ce même P. Victor Cayet qui a composé la Chronologie Novennaire, où l'on voit ce procès des Jésuites détaillé avec une fort grande exactitude, *année* 1594. *liv.* 6. *pages* 379, 407.

priere du cardinal de Bourbon, quoique je sçusse bien ce que j'avois à attendre d'un homme qui s'embarrassoit peu de cacher la haine qu'il portoit à toute ma famille, encore augmentée par un démêlé qu'il venoit d'avoir avec mon jeune frere. J'espérois davantage de la justice du Roi. Je me hâtai d'aller le rejoindre devant Laon, après avoir pris congé de M. le Cardinal, que je trouvai encore considérablement affoibli.

J'appris à Bruyeres, où j'avois laissé mon équipage de guerre, que le duc de Mayenne, en attendant la grande armée que devoit lui amener incessamment le comte Charles de Mansfeld, s'étoit avancé avec quelques troupes jusqu'à la Fere, et avoit tenté deux fois de faire entrer dans Laon un secours de cent chevaux et de deux cent arquebusiers; que le premier avoit été défait par Givry, et le second par M. le comte de Soissons, qui étoit ce jour-là de garde dans la tranchée; que le Roi montroit en tout l'exemple aux Princes et aux officiers, et relevoit lui-même la tranchée à son rang.

Ce Prince étoit couché quand j'arrivai à son quartier, quoiqu'il fût trois heures après-midi. Si-tôt qu'il me vit entrer, il me demanda si je n'étois pas surpris de le trouver au lit à pareille heure, ce lit étoit deux matelas sur la terre dure. Toute la nuit et le jour précédent ce

Prince s'étant tenu debout dans la tranchée, ou occupé à faire faire des travaux dans la montagne sur le penchant de laquelle Laon est assis, soit pour faire changer quelques batteries de place, soit pour mettre les travailleurs à couvert par des parapets, il s'étoit si fort fatigué sur ce terrein, qui est extrêmement rude, qu'il s'étoit fait plusieurs contusions aux pieds, ce qui ne l'empêcha pas de faire continuer son ouvrage, jusqu'à ce que toutes ces meurtrissures s'étant ouvertes, ses deux pieds ne furent bientôt plus qu'une grande plaie, qui l'obligea de se mettre au lit, et d'y faire appliquer un appareil, qu'il ordonna qu'on levât en ma présence; « afin que » je connusse, dit-il, qu'il ne faisoit pas le » douillet mal-à-propos ». J'étois bien éloigné d'avoir cette pensée; et si je l'accusois de quelque chose, c'étoit plutôt de l'excès opposé. Je crois qu'il s'en apperçut : car il me dit en cherchant à se disculper, qu'il s'étoit cru obligé d'entreprendre et de faire conduire ce travail, qui lui donnoit deux jours d'avance sur la ville assiégée; et que je ne le condamnasse qu'après l'avoir vu, ou du moins après avoir entendu les connoisseurs qu'il avoit envoyés le visiter, qui devoient revenir sur les cinq heures.

Je profitai de ce moment où je me trouvai seul avec le Roi, pour lui rendre compte de mon voyage, ce que je fis en me mettant à genoux sur un carreau que ce Prince me fit apporter, et sa Majesté voulant autoriser ce que j'avois fait, fit écrire en ce moment trois lettres par Beaulieu-Rusé. La premiere étoit adressée au chancelier, et regardoit les Jésuites. Il n'y avoit rien de différent de ce que je lui avois dit moi-même. Dans la seconde, il mandoit à d'O que son intention étoit qu'on laissât jouir paisiblement l'archevêque de Glasco des deux seules abbayes (*) qu'il avoit en France, et il justifioit la conduite passée de ce prélat, par la reconnoissance qu'il devoit à sa bienfaitrice. La troisieme au cardinal de Bourbon, étoit écrite au nom de Loménie, secretaire d'Etat, qui faisoit sçavoir à cette éminence que le Roi approuvoit telle disposition qu'il feroit de ses bénéfices, et étoit prêt de la ratifier en signant de sa main l'état qu'il lui en enverroit, pourvu qu'il ne s'y trouvât rien de contraire aux canons, aux libertés et aux coutumes du royaume. Le reste de la lettre étoit une assurance de sa protection et de son amitié; et il lui donnoit une preuve de sa confiance, en faisant passer par ses mains les deux autres lettres qu'il venoit d'écrire, et dont il avoit la complaisance de lui mander le contenu. Je chargeai

(*) Notre-Dame de l'Absie en Poitou, et le prieuré de Saint-Pierre de Pontoise.

Dupeirat, à qui le Roi donna ces trois lettres à porter à Paris, d'en rendre une de ma part au Cardinal, où je l'exhortois par tout ce que je crus capable de faire impression sur son esprit, à se délivrer de tous ses chagrins domestiques.

Ces affaires étant expédiées, arriverent MM. de Biron, de Givry, de Saint-Luc, de Marivault, de Parabere, de Vignoles, de Fouqueroles et autres, que le Roi avoit envoyés visiter ses travaux du jour précédent, et sur-tout deux mines qu'il avoit fait ouvrir. Chacun en dit son avis, et chercha à faire honneur à ses connoissances. On ne s'accorda pas, et insensiblement il survint une dispute. Le maréchal de Biron qui gâtoit les bonnes qualités qu'il avoit pour la guerre, par un air capable et un ton de supériorité qui le rendoient toujours maître de la conversation, ne souffroit qu'avec peine qu'on se déclarât d'un sentiment contraire au sien.

Le Roi voyant que les paroles s'échauffoient, leur apprit, en leur imposant silence, qu'il venoit de recevoir avis par trois espions consécutifs, et venus de différens endroits, que le duc de Mayenne et le comte de Mansfeld avoient résolu de tout tenter pour faire entrer un convoi considérable dans Laon, afin d'être dispensés de livrer bataille; et que ce convoi alloit se mettre incessamment en marche, soutenu d'une escorte puissante, dans l'intention de passer sur le ventre à tous les corps-de-gardes, de forcer les passages, et d'entrer dans la place assiégée. Nouvelle matiere de contestation, terminée à l'avantage de Biron, qui se fit nommer pour commander un détachement considérable, avec lequel il se posteroit dans la forêt entre Laon et la Fere, et insulteroit l'escorte avec le convoi. Il le composa lui-même, et prit douze cent hommes d'infanterie françoise tous choisis, huit cent Suisses, trois cent chevaux-légers, deux cent gendarmes, et cent gentilshommes presque tous de la maison du Roi. Le Roi me refusa plusieurs fois d'être de ce détachement, ayant encore, disoit-il, plusieurs choses à sçavoir de moi; mais je fis tant d'instances, qu'à la troisieme fois je l'obtins.

Nous nous mîmes en marche sur les six heures du soir, et arrivâmes à une heure de nuit dans la forêt, où nous avançâmes sans bruit jusqu'au bord du bois du côté de la Fere, qui étoit le lieu de notre embuscade. Le maréchal de Biron fit arrêter sur le grand chemin tous les passans qui auroient pu donner avis de son dessein dans la Fere, et plaça sur les bords de la forêt des vedettes qui l'instruisoient exactement de tout ce qui sortoit de la ville. Nous attendîmes inutilement et avec beaucoup d'impatience jusqu'à quatre heures après-midi : alors les vedettes vinrent annoncer que le grand chemin de la Fere à Laon étoit couvert d'une file si longue de gens et d'attirail de guerre de toute espece, qu'ils ne pouvoient conjecturer autre chose, sinon que toute l'armée ennemie s'avançoit. Je vis en ce moment bon nombre des plus résolus pâlir, et se dire à l'oreille qu'on ne devoit songer qu'à faire retraite. Quelques-uns de nous s'y opposerent; et le commandant s'étant déclaré de notre avis, il passa à la pluralité des voix qu'on chargeroit quelqu'un de la troupe d'aller reconnoître au juste l'état des choses. Fouqueroles, dont on connoissoit la valeur et le sang-froid, fut choisi pour cet effet avec deux ou trois autres, et rapporta peu de temps après, que ce qui composoit cette ligne si formidable, en apparence, étoient trois cent charrettes chargées de provisions de guerre, ayant pour toute escorte quatre escadrons de cent chevaux chacun, qui marchoient à la tête du convoi, suivi de huit à neuf cent mousquetaires ou piquiers Valons, Lansquenets et Liégeois. Pareil nombre d'infanterie Espagnole naturelle étoit à la queue.

Il fut arrêté tout d'une voix qu'on attaqueroit ce nombre, n'égalant pas le nôtre. La différence des avis fut sur la maniere. Je trouvois avec beaucoup d'autres qu'il eût été plus à propos de laisser entrer le convoi dans la forêt, et ensuite de le prendre en queue. Givry (*), Montigny et Marivault qui étoient à la tête de la cavalerie, furent pour la négative, et soutinrent si fortement qu'il y avoit moins de péril à attaquer de front les quatre escadrons en rase campagne, qu'ils entraînerent le maréchal de Biron. On s'en trouva bien d'abord. La cavalerie ennemie céda à la premiere attaque, quoiqu'elle montrât au commencement beaucoup de résolution, et se retira sur les flancs des charriots; mais on trouva bientôt à qui parler. L'infanterie ennemie de la tête attendit de pied ferme nos cavaliers que le maréchal de Biron envoya l'attaquer, et fit ses décharges avec tant d'ordre, qu'elle les obligea de tenir le large. Ils eurent ordre de Biron de retourner à la charge par le flanc gauche, tandis que lui-même les prendroit par le flanc droit, qui étoit visiblement le moins périlleux. Le choc fut si terrible, que les fantassins ennemis furent contraints de se retirer, et de chercher, comme les quatre escadrons, un abri au milieu des charrettes, d'où ils ne laisserent pas de se défendre. Pendant ce temps-là le bataillon Espagnol s'étoit avancé de la queue à la tête, et il s'étoit mis en bataille, de maniere qu'il

___

(*) Anne d'Anglure, baron de Givry. Il fut tué devant Laon, peu de jours après cette rencontre, et fort regretté de Henri IV. François de la Grange, seigneur de Montigny. Il en sera encore parlé. Claude de l'Isle, sieur de Marivault.

étoit soutenu de tous côtés par la cavalerie et par les charriots, et qu'il ne perdoit pas le secours de son premier bataillon. Leur défense fut si vigoureuse, que les prieres et les menaces du maréchal de Biron ne purent empêcher nos six cent hommes de cavalerie de se retirer du combat, extrêmement affoiblis. L'infanterie Françoise et Suisse qui prit leur place, trouva une égale résistance. Le combat tirant en longueur, Biron songea qu'une action qui se passoit si proche de la Fere, pouvoit donner le temps d'envoyer au convoi un secours considérable, pour peu qu'elle durât encore. Il ordonna donc pour derniere ressource, que les cent gentilshommes missent pied à terre; qu'ils joignissent à leurs armes, qui étoient l'épée et le pistolet, la pique (il en avoit fait apporter quantité), et qu'ils remenassent à la charge nos gens de pied François et Suisses, qui n'avoient encore pu entamer les Espagnols. MM. de (*) Guitry, de Montigny, de Marivault, de Trigny d'Arambure, de la Curée, de Lopes, d'Heures et autres, s'avancerent de cette maniere à la tête

---

(*) Ce n'est pas Jean de Chaumont de Guitry, dont il a été tant de fois fait mention dans l'Histoire et dans ces Mémoires. Il étoit mort dès l'année 1592. Voyez son éloge dans *M. de Thou, liv.* 103. Celui qui est nommé ici ne s'appelloit ainsi, selon Cayet, que parce qu'il avoit épousé l'héritiere de cette maison. *Chronol. Novenn. liv.* 4, *page* 23. Mais Cayet se trompe: Jean de Chaumont laissa plusieurs enfans mâles qui porterent les armes pour le service du Roi.

de trois cent fantassins, et Biron les suivit avec pareil nombre : je fus mis de cette seconde troupe. On se choqua si brusquement, que la pique et le fusil devinrent inutiles, et qu'on se battit corps à corps, et, pour ainsi dire, à la lutte.

Les Espagnols céderent enfin et se sauverent dans les bois et sous les charriots, après avoir jetté leurs armes (*). Ce second refuge n'étoit plus sûr pour eux. Nous les y poursuivîmes, et le carnage fut horrible, vu le nombre : il n'en demeura pas moins de douze cent sur la place. Il y eut peu de prisonniers ; ce qu'il y avoit de personnes de marque dans la cavalerie, eut le temps de regagner la Fere, où nous n'eûmes garde de les poursuivre, non plus que ceux qui s'enfoncerent dans le bois, dans la crainte d'être surpris en désordre par de nouvelles troupes qui pouvoient venir de la Fere à leur secours. Nous ne songeâmes au contraire qu'à nous rallier et à nous tenir sur nos gardes, pendant le temps nécessaire pour nous reposer et pour repaître avec les viandes cuites qu'on trouva en abondance dans le convoi ; après quoi nous regagnâmes toute la nuit le camp, où nous amenâmes, sans trouver aucun

---

(*) La Curée, bon juge en cette matiere, attribuoit cette défaite des Espagnols à leur coutume de se servir d'épées trop longues et de ceinturons trop courts. *Vol.* 8929 *manus. de la bibliotheque du Roi.*

obstacle, tout le bagage des ennemis ; mais si pillé par le soldat, et si peu ménagé, malgré l'ordre du commandant, qu'il y eut plus de quatre cent chevaux de guerre ou de bagage estropiés.

Avec ce même air avantageux que le maréchal de Biron avoit pris pour se faire donner le commandement dans cette expédition, il se présenta au retour de sa Majesté pour recevoir les louanges dues à son succès. Ayant une si belle matiere à parler de lui, on imagine sans peine tout ce que put dire à l'avantage de sa victoire un homme qui ne connut jamais de quel mérite est le silence en ces occasions. On eût dit à l'entendre, qu'il venoit de mettre en ce moment la couronne sur la tête du Roi. L'expérience a montré que cette fierté un peu fanfaronne, qui par elle-même est assez dans le goût françois, réussit ordinairement à un général qui a des François à conduire : avec eux il semble que c'est avoir beaucoup fait pour la victoire, que de paroître sûr de la remporter. Le Roi ne l'ignoroit pas ; et il en avoit éprouvé de si heureux effets dans ces occasions hasardeuses, où il semble que le soldat ne cherche que sur le visage et dans les paroles de son chef l'idée qu'il doit prendre du danger présent, qu'il s'en étoit fait une habitude. A son exemple, cet air étoit devenu celui de tous les officiers généraux :

et

et comme il arrive toujours, plusieurs d'entr'eux, mais particuliérement le maréchal de Biron, l'outroient jusqu'à en être insupportables aux autres, et au Roi lui-même, qui n'étoit pas le moins indulgent.

Les caresses dont sa Majesté combla ce maréchal et ceux qui l'avoient suivi, donnerent beaucoup de jalousie aux courtisans qui n'avoient point été de la partie, et acheverent de perdre Biron. Cependant il ne put jamais obtenir le gouvernement de Laon, qui étoit le but de son affectation à élever à tout propos sa derniere action, et à en rapporter toute la gloire à lui seul, comme si les autres n'y étoient entrés pour rien. Le Roi s'en ouvrit à moi, et me parut à tous égards très-mécontent de ce maréchal. Sa Majesté me dit qu'après tous les sujets de plainte que Biron lui avoit donnés, les menaces qu'il avoit osé lui faire tout récemment de passer dans le parti de ses ennemis, et les liaisons actuelles qu'on venoit de découvrir qu'il avoit avec MM. d'Epernon et d'Auvergne, elle n'avoit garde de lui confier une place aussi voisine des Pays-Bas que Laon, qui ne devoit être donnée qu'à un (*) homme d'une fidélité à l'épreuve ; mais qu'elle craignoit que Biron ne gardât plus aucune mesure après ce refus, et qu'il ne prît ouvertement parti contr'elle,

(*) Ce gouvernement fut donné à Marivault.

ou ce qui seroit encore plus dangereux, qu'il demeurât auprès de sa personne pendant qu'il seroit secrétement d'accord avec ses ennemis. Henri, qui dès ce moment étoit persuadé qu'un jour il auroit tout à craindre de Biron, ajouta qu'il s'étoit apperçu que ce maréchal me recherchoit depuis quelque temps ; sans doute dans le dessein de faire réussir le mariage de son frere avec Mademoiselle de Saint-Geniès (*) ma niece, qui étoit un des plus riches partis de France ; et il m'ordonna de me servir de cette nouvelle amitié, pour le faire parler et pour pénétrer ses desseins.

Le grand convoi ayant été défait, le Roi continua sans obstacle le siege de Laon, jusqu'à ce qu'il lui vînt de nouveaux avis que le duc de Mayenne et le comte de Mansfeld, loin d'être rebutés de ce mauvais succès, ne parloient que de venir forcer les lignes des assiégeans, aussi-tôt qu'ils auroient reçu quelques troupes qu'ils attendoient. Le maréchal de Biron traita ces avis de ridicules : mais sa Majesté qui ne négligeoit rien, ne se tranquillisa là-dessus, qu'après que Givry qu'il envoya à la découverte, escorté de trois cent chevaux, et avec ordre exprès de ne point revenir

___

(*) Fille d'Elie de Gontault, seigneur de Badefou et Saint-Geniès, gouverneur de Béarn, vice-roi de Navarre, et de Jacqueline de Béthune, sœur de M. de Rosny.

sans une parfaite connoissance de la situation et des forces des ennemis, lui eût rapporté au bout de trois jours qu'il n'y avoit pas encore une seule compagnie en-deçà de l'Oise, et que les Espagnols songeoient plutôt à reprendre la route de Flandre que celle de Laon. Le Roi se reposant sur la fidélité de ce rapport, fit partie dès le soir même, d'aller dîner le lendemain à Saint-Lambert, maison dépendante du domaine de Navarre, et située au milieu de la forêt, où il se souvint qu'il étoit souvent allé manger des fruits, du lait et du fromage frais, pendant le séjour qu'il fit en sa jeunesse au château de Marle, et qu'il se faisoit encore un grand plaisir de revoir.

Nous l'accompagnâmes à Saint-Lambert au nombre de trente. Comme il avoit passé une partie de la nuit précédente à visiter, selon sa coutume, les tranchées, les batteries et les mines, il s'endormit aussi-tôt qu'il eut dîné. La bonne constitution de son corps, jointe à l'habitude de la fatigue, l'avoient accoutumé à dormir par-tout, et quand il vouloit, et à se réveiller de même. Il faisoit alors un chaud extrême. Nous allâmes huit ou dix ensemble chercher le frais dans le plus épais de la forêt (*), peu loin du grand chemin de la Fere à Laon. Nous n'avions pas fait plus de

(*) *La forêt de Folambray.*

douze ou quinze cent pas, qu'un bruit qui se fit entendre à nous du côté de la Fere, nous obligea de prêter l'oreille attentivement : c'étoit comme un mélange confus de voix humaines, de claquemens de fouet, de hennissemens de chevaux, et d'un bourdonnement pareil au son des trompettes et des tambours entendus dans le lointain. Nous avançâmes jusques sur le chemin pour mieux entendre ; et pour lors nous apperçûmes distinctement à huit cent pas devant nous une colonne d'infanterie étrangere, à ce qu'il nous parut, marchant en bon ordre et sans bruit : celui que nous avions entendu étoit causé par les valets et les goujats qui suivoient, et par les conducteurs d'un convoi considérable d'artillerie qui escortoit. Portant notre vue jusqu'où elle put s'étendre, il nous sembla voir défiler, après ces charriots, un si grand nombre de troupes, que nous ne doutâmes plus que ce ne fût l'armée entiere des ennemis.

Nous revînmes brusquement sur nos pas, et trouvant le Roi qui, à son réveil, secouoit un prunier, dont le fruit nous avoit paru délicieux : « Par-dieu ! Sire, lui dîmes-nous, nous venons » de voir passer des gens qui vous préparent bien » d'autres prunes, et un peu plus dures à digé- » rer ». L'explication se fit en peu de mots ; le temps pressoit : et le Roi avoit d'autant moins de peine à nous croire, qu'il nous dit aussi avoir lui-même entendu quelque chose depuis un quart-d'heure ; mais que plutôt que de croire que Givry s'étoit si mal acquitté de sa commission, il avoit jugé que le bruit venoit de son propre camp. Sa Majesté donna ordre à douze de nous ; qu'elle trouva sous sa main, d'aller promptement vers les différens logemens de cavalerie, dont elle portoit toujours la liste dans sa poche ; d'y répandre l'alarme et de les presser de se rendre tous au quartier du Roi, pendant qu'une partie de nous iroit vers l'infanterie, pour la former en bataillons, et la placer entre ce même quartier et les tranchées. Il monta à cheval en donnant ses ordres, et quoiqu'il marchât à toute bride, il les donna à tous ceux qu'il rencontra, avec la même justesse et la même étendue que s'il s'étoit préparé de longue-main à une bataille. Grace à tant de célérité, et à cette admirable présence d'esprit, qui faisoit que rien n'échappoit à ce Prince, là où tout autre en sa place, au lieu de former un plan suivi, auroit à peine été capable de prendre la moindre résolution sensée, les ennemis ne surprirent personne, ce qui sauva peut-être l'armée entiere du dernier malheur : car il faut avouer que si la cavalerie ennemie qui parut au même moment à la tête du camp, où elle se forma en escadron avec une extrême diligence, avoit une fois jetté l'épouvante parmi le soldat, ce qui seroit arrivé presqu'indubitablement dans l'effet d'une premiere surprise, le Roi et une partie des officiers étant absens, il lui auroit été facile dans ce premier moment de confusion, d'enlever un ou plusieurs quartiers, et peut-être que la peur lui auroit livré tout le reste.

On pourroit donc s'en tenir à ce seul exemple, si l'on vouloit prouver de quelle utilité il est pour un général d'armée, je ne dis pas seulement de posséder cette qualité de l'esprit qui fait embrasser tous les cas quoiqu'infinis, mais de connoître par leurs noms, leur capacité, leurs bonnes et mauvaises qualités, soit les officiers, soit les différens corps de son armée, d'en être connu à son tour pour celui de tous les officiers généraux, dont la qualité de chef à part, ils viendroient dans une conjoncture difficile, prendre l'avis comme le plus sage ; de le leur donner avec la fermeté, mais sans l'ostentation qu'inspire la certitude d'avoir rencontré ce qu'il y a de mieux à faire ; de les attacher à leur métier par goût, et de leur rendre la discipline douce, en ne les surchargeant jamais d'ordres, mais aussi en les accoutumant à ne jamais se dispenser, pour quelque sujet que ce puisse être, ni à rien diminuer de ceux qu'on leur a une fois donnés ; enfin, de sçavoir se faire toujours et promptement obéir d'eux, sans leur donner cette timidité qui leur ferme la bouche, lorsque par un rapport utile ils pourroient aider les lumieres de leur commandant; inconvénient qui de tous temps a perdu tant d'armées et de chefs.

Malgré la diligence dont le Roi usa en cette occasion, si le général ennemi avoit sçu profiter de tous les momens, je crois qu'il auroit pu nous donner un échec considérable; mais connoissant à quel Prince il avoit affaire, il n'osa faire paroître la tête de son armée, que tout le reste ne fût sorti de la forêt, pour ne pas priver une partie du secours de l'autre, si le Roi, instruit de sa marche, venoit à sa rencontre avec toute la sienne. Il arriva encore que la marche de l'armée ennemie fut suspendue par un essieu de coulevrine qui se cassa au milieu du chemin et l'embarrassa. Les charriots fracassés dans la défaite du convoi, dont les débris étoient semés sur toute la route, avec les cadavres des hommes et des chevaux, lui causerent un second embarras bien plus grand. Enfin celui que le duc de Mayenne avoit envoyé reconnoître un lieu propre à asseoir son camp, ne fit pas toute la diligence qu'il auroit pu faire.

Tous ces retardemens furent soigneusement mis à profit par le Roi. Il fit sortir de ses tranchées assez de monde pour les couvrir sans trop les dégarnir, et rangea le reste de son armée en bataille au-devant, lorsque les ennemis n'espérant plus le surprendre, lui en eurent laissé le temps. On ne songea de part et d'autre, tout le reste du jour, qu'à prendre ses avantages pour une bataille. L'intention des deux généraux ennemis n'étoit pourtant pas de la livrer. Ils craignoient l'ascendant du Roi, et notre cavalerie presque toute composée de gentilshommes. Tout ce qu'ils avoient prétendu par cette manœuvre, étoit d'engager le Roi à lever le siege de Laon pour venir à eux, et ensuite d'éviter le combat, ou du moins de faire entrer dans la place trois mille piétons et trois cent cavaliers, dans la confusion que leur arrivée devoit causer; mais comme on ne sçut leur intention que par les prisonniers qu'on fit dans la suite, personne de nous ne douta qu'il n'y eût le lendemain une action générale : nos deux camps étant si proches, que nous entendions du nôtre le bruit de leurs trompettes et les cris de leurs soldats.

Au milieu du terrein qui nous séparoit des ennemis, il y avoit une colline unique, presque ronde, et qui me parut d'une extrême importance par rapport à la ville assiégée, si les ennemis s'en emparoient. Le Roi qui m'avoit envoyé la reconnoître, me donna deux pieces de canon bâtardes pour y soutenir un régiment qui s'y logea et s'y retrancha par son ordre. J'y fis faire une cabane pour moi, et le Roi trouva tout en état lorsqu'il vint visiter ce poste. Le lendemain, les ennemis faisant une contenance encore plus fiere que la veille, commencerent une escarmouche avec toute leur mousqueterie, et s'attacherent à se rendre maîtres d'un petit bois qui étoit entre les deux camps. Il y eut plus de cinquante mille coups de fusils tirés, mais avec si peu d'effet, que Parabere qui vint le soir souper sur ma colline, m'assura qu'il n'y avoit pas eu vingt hommes de tués, ni deux fois autant de blessés. La nuit vint dans tout ce vacarme, et les généraux ennemis qui ne pensoient à rien moins qu'à s'engager plus avant, en profiterent pour faire sans bruit leur retraite vers la Fere. Le Roi les laissa s'enfuir, pour ne pas perdre de vue son objet ; il se contenta de la honte qu'ils remporterent de cette ridicule levée de boucliers.

Fin du sixieme Livre.

LIVRE SEPTIEME.

M ÉMOIRES 1594 —— 1595. *Sujets de mécontentement de Henri contre le duc de Bouillon. Cause du voyage de Rosny à Sedan. Entretiens qu'il a avec Bouillon, dans lesquels il pénetre ses desseins et son caractere. Prise de Laon. Expéditions militaires en différens endroits du royaume, entre le parti du Roi et celui de la Ligue. Desseins du duc de Mayenne sur la Bourgogne. Mort du cardinal de Bourbon. Mort du surintendant d'O. Son caractere. Caractere de la duchesse de Guise. Le duc de Guise fait son traité avec le Roi. Apologie de Rosny sur ce traité. Services rendus à sa Majesté par le duc de Guise. Caractere de Sancy, comte d'Aliboust. Changemens dans le conseil des finances. Principes et réflexions sur la finance. Henri déclare la guerre à l'Espagne, contre le conseil de Rosny. Henri est blessé par Jean Châtel : particularités sur cet attentat, et sur le bannissement des Jésuites. Motifs qui déterminent Henri à marcher en Bourgogne. Rosny se broüille avec le conseil des finances. Désertion du comte de Soissons : insulte faite à Rosny par ses officiers. Campagne en Picardie : défaite des François à Dourlens : mort de l'amiral de Villars. Campagne en Bourgogne, glorieuse pour Henri IV.*

Journée de Fontaine-Françoise. Conditions sous lesquelles le Pape donne l'absolution à Henri : examen de la conduite du cardinal d'Ossat. Henri passe en Picardie : pertes qu'y fait la France. Complot des grands du royaume, déclaré au Roi par le duc de Montpensier. Bouillon est envoyé à Londres. Jalousie et haine du conseil des finances contre Rosny.

JE ne séjournai presque plus au camp devant Laon depuis cet événement. Il survint des difficultés dans les traités, et sur-tout dans celui du baron de Medavy, qui m'obligerent à faire, par ordre de sa Majesté, un voyage à Rouen, qui fut suivi d'un second à Paris, et d'un autre plus considérable que ceux-ci à Sedan.

Le duc de Bouillon donnoit chaque jour de nouveaux sujets de mécontentement au Roi. Il s'étoit engagé à sa Majesté, lorsqu'elle lui fit épouser l'héritiere de Sedan, de lui amener certain nombre de troupes. Non-seulement il ne s'étoit pas soucié de remplir son engagement, il avoit encore retenu près de lui celles que lui avoit données le Roi, pour garder sa frontiere jusqu'à ce qu'il fût paisible possesseur de sa nouvelle principauté, sans en demander la permission au Roi, sans s'excuser du moins de ce qu'il ne les lui rendoit pas, sans même lui donner avis de l'état de ses affaires. Son nouveau grade lui avoit inspiré la vanité de se faire regarder de l'Europe comme un potentat redoutable. Ce qu'il ne pouvoit espérer d'un état aussi foible et aussi borné que le sien, il cherchoit à se le procurer par toutes sortes de souterreins et d'intrigues dans les cours voisines. Tout ce qu'il y avoit en Europe de brouillons et de mécontens, étoient sûrs de trouver en sa personne un protecteur ; la cabale des d'Auvergne et des d'Entragues n'avoit point de plus puissant mobile.

Un jour que le Roi m'avoit envoyé chercher de si grand matin qu'il étoit encore au lit, n'ayant près de lui que l'Ozerai et Armagnac, et que nous cherchions ensemble les moyens de prévenir les complots de tant d'ennemis secrets, sa Majesté s'attacha en particulier sur le duc de Bouillon, et me parut pénétrée de son ingratitude, après un bienfait qui devoit le lui attacher pour toujours. En effet le Roi avoit donné à ce duc en le mariant avec Mademoiselle de Bouillon, une preuve d'affection d'autant plus sensible, qu'en cela il avoit agi contre son propre mouvement et contre l'avis de presque tous ceux à qui il en avoit parlé. Le lendemain de cet entretien, Beringhen présenta au Roi à son coucher, un gentilhomme chargé d'une lettre de Bouillon, dans laquelle le duc faisoit part à sa Majesté de la mort de sa femme, et s'excusoit de son retardement sur la douleur et les embarras où l'avoit plongé cette mort. Il lui faisoit encore sçavoir que Madame de Bouillon avoit fait avant de mourir un testament, par lequel elle assuroit à son mari la principauté de Sedan et tous ses biens, et les mettoit sous la protection du Roi de France; parce qu'on ne doutoit point que le duc de Bouillon ne fût inquiété sur cette donation par les collatéraux. « Cela veut dire, me dit le Roi après avoir achevé de lire la lettre, que M. de Bouillon a fort affaire de moi: n'est-il pas bien honnête? »

Pour humilier et punir le duc, sa Majesté fut fort tentée de le laisser démêler cette fusée tout seul: mais le bon naturel de ce Prince et le souvenir des anciens services du duc de Bouillon, l'emporterent encore. Il fit réponse au duc, pour le complimenter sur la mort de la duchesse de Bouillon, et l'assurer de toute sa bienveillance. Si le Roi avoit pu compter que cette derniere marque d'amitié eût ramené pour toujours le duc de Bouillon à son devoir, la commission de celui que le Roi envoyoit à Sedan, chargé de cette lettre, se seroit réduite à la remettre aux mains du duc, et la moindre personne auroit suffi pour cela; mais ce Prince accoutumé à n'obliger qu'un ingrat, voulut se servir de cette députation à plusieurs fins. Il se tourna vers moi, et me dit qu'il jugeoit à propos que ce fût moi qui portât la lettre, parce que si elle n'étoit pas capable de fixer Bouillon dans son devoir, les paroles d'un homme en droit de le lui représenter fortement, pourroient peut-être le faire, et que si l'un ne servoit pas plus que l'autre, il étoit nécessaire de pénétrer les secretes intentions du duc, et d'examiner de plus près le codicille et la donation prétendue de Madame de Bouillon.

Cette ambassade me parut toute semblable à celle qui m'avoit attiré la haine de Madame et du comte de Soissons; et mon premier mouvement en la recevant, en fut un de chagrin, de ce que le service du Roi ne m'attiroit d'ordinaire que des affaires si dégoûtantes. Henri qui devina une partie de ce qui se passoit dans mon esprit, n'oublia rien de ce qu'il crut capable de diminuer l'amertume de sa commission. Il me dit que le succès qu'il sembloit que la fortune avoit attaché à toutes les affaires dont je m'étois mêlé, comme un prix qu'elle devoit à ma fidélité, l'engageoit à m'employer préférablement à tout autre; que rien de ce que je faisois pour lui ne se perdoit dans son esprit, et qu'il me sçavoit sur-tout très-bon gré de l'attention que j'avois à éviter ou à rompre toute liaison capable de refroidir mon zele pour lui. Il m'embrassa tendrement en disant ces paroles; et il ajouta avec une bonté dont je fus pénétré, qu'il me prioit de songer à ma sûreté, parce que j'avois à passer dans des lieux soumis au pouvoir de la maison de Guise, et de me conserver soigneusement pour un Prince qui m'aimoit. Les Princes qui s'y prennent de cette façon, ne sçauroient qu'être bien servis.

J'étois alors heureusement assez bien pourvu d'argent, en ayant fait venir de Rosny et de Moret, où étoit mon épouse : ainsi je me trouvai en état de satisfaire sans délai l'impatience que le Roi avoit de me voir partir. Trois heures après que j'eus reçu cet ordre, j'allai prendre mon équipage à Bruyeres ; et suivi de vingt-cinq cavaliers bien armés, j'arrivai sans aucune mauvaise rencontre en quatre jours à la vue de Sedan. Le duc averti de mon arrivée, vint au-devant de moi jusqu'au village de Torcy, qui fait la séparation de ce petit état d'avec la France, mit pied à terre, et prit un maintien triste pour recevoir mon compliment et lire la lettre du Roi. Ensuite il me combla personnellement de civilités, parut charmé du choix que sa Majesté avoit fait, et persista, malgré mes instances, à me traiter d'ambassadeur. Je fus logé magnifiquement, et toute ma maison défrayée. Il me montra avec une grande complaisance, les fortifications qu'il faisoit faire à son château de Sedan, au moyen desquelles il s'assuroit qu'il seroit imprenable.

Je n'en jugeai pas de même : toute la dépense qu'y faisoit le Duc, ne pouvant empêcher que cette place ne donnât par sa situation beaucoup de prise.

Le siege de Laon, dont le duc de Bouillon me demanda des nouvelles, nous donna sujet d'entrer en conversation plus particuliere. Après des assurances réitérées de son attachement au Roi, le Duc me demanda si après tant de sujets de plainte que sa Majesté avoit reçu des Pays-Bas Espagnols, elle ne se détermineroit point à y porter la guerre, et me parla de ce projet, comme d'une idée dont l'exécution étoit ce qu'il souhaitoit le plus. Il s'étendit sur l'avantage de cette guerre, sur la maniere dont on pourroit attaquer les provinces de Luxembourg, de Liege et de Namur, sur les intelligences qu'il avoit pratiquées dans cette vue avec les principales villes de Flandre, et sur le puissant secours qu'il offroit d'y conduire. Je n'ai point de peine à croire qu'il eût travaillé de tout son pouvoir à faire réussir une guerre, dont tous les fruits auroient été pour lui. Il s'en falloit beaucoup que le Roi y eût le même intérêt : ce beau projet n'étoit à son égard qu'une pure chimere. Aussi le Duc craignant qu'à la cour on ne le traitât de ridicule, n'oublia rien pour me le mettre dans la tête, en lui donnant les plus belles couleurs, et avec tout l'air de

désintéressement

désintéressement capable de m'en imposer. Après donc avoir discouru sur la Flandre, il s'enfonça dans la politique, et déploya toute son éloquence pour me prouver que l'intérêt principal du Roi étant l'abaissement de la maison d'Autriche, il ne pouvoit y parvenir que par le moyen des Protestans, avec lesquels il devoit être toujours étroitement uni. Il supposa que l'abjuration que le Roi venoit de faire, n'étoit qu'un cérémonial nécessaire, qui ne devoit avoir rien changé en ce Prince que l'extérieur seulement ; et il crut l'avoir suffisamment prouvé par deux ou trois traits de raillerie sur quelques pratiques superstitieuses des dévots Catholiques, sur les Moines mendians et sur les équivoques des Jésuites (*).

Le duc de Bouillon s'arrêta, en cet endroit, comme un homme qui craignoit de s'expliquer trop librement, et me regarda fixement avec une feinte inquiétude. Je l'avois écouté sans l'interrompre. Je découvrois, sans qu'il s'en apperçût, toutes les idées qui passoient par cette tête ambitieuse ; mais il me restoit encore bien des choses à sçavoir, et je crus pour cela qu'il ne s'agissoit que de le faire parler long-temps : car il n'est

(*) Le duc de Bouillon s'est généralement fait connoître pour un Calviniste si emporté et si entêté, que la louange et le blâme, sur les sentimens comme sur les personnes des Catholiques, sont presqu'égaux dans sa bouche.

pas possible qu'un homme, qui est à la fois vain et grand parleur, ne trahisse enfin tous ses secrets. Je me mis donc à sourire, et je pris l'air d'un homme touché d'admiration pour son esprit, sa politique et son éloquence. Le Duc agréablement flatté, ne se fit pas presser ; et reprenant la parole, il passa à me faire connoître le véritable intérêt des réformés dans la situation présente des affaires de France. Ici il fallut que j'en devinasse plus qu'on ne m'en disoit, soit que le duc de Bouillon s'observant toujours un peu de peur d'indiscrétion (*), son expression souffrît de la contrainte de son esprit, soit qu'il trouvât que l'affectation d'un air mystérieux faisoit plus d'honneur au parti et à lui-même ; soit enfin que ce qu'il disoit, roulât sur un système si sublime et

(*) Le caractere d'esprit du duc de Bouillon est représenté ici dans le vrai. « Il s'expliquoit à dessein, dit son historien, » d'une maniere si obscure et si embarrassée, qu'il y pou- » voit donner le sens qu'il lui plaisoit. Il prétendoit qu'il y » avoit des occasions délicates, où l'on ne pouvoit se dis- » penser, ou de se retrancher dans le silence, ou de suivre » sa maxime, quand on étoit obligé de parler ». Une autre maxime du duc de Bouillon, selon le même écrivain, étoit, « Qu'il falloit se défier du témoignage de la main. On expli- » que, disoit-il, comme on veut, ce qu'on a dit ; on n'en » convient même qu'autant qu'il est à propos de le faire : on » se retranche sur le plus ou le moins ; on accorde ou l'on » nie selon qu'il convient ; il n'en est pas de même de ce qui » est écrit, &c. » M. de Sully étoit dans des maximes toutes contraires. Il pourra se trouver quelques politiques qui ne blâmeront pas le duc de Bouillon ; mais il n'y aura personne qui ne loue le duc de Sully.

des idées si abstraites, qu'il s'y perdoit peut-être aussi-bien que moi.

Je ramenai le Duc de ce vol trop élevé; et il me dit plus clairement, que les réformés avoient pris tant d'ombrage de la conversion du Roi, qu'il ne pouvoit dissiper leur crainte qu'en déclarant la guerre à l'Espagne, conjointement avec eux; que sans cela rien ne pouvoit les empêcher de se regarder comme un corps sacrifié, et exposé désormais aux violences des Catholiques François agissant de concert avec les Espagnols et le Pape. Une nouvelle que le Duc regardoit peut-être comme aussi fausse qu'elle l'étoit réellement, fut la preuve qu'il en apporta. Villeroy avoit, disoit-il, proposé au Roi, étant à Fontainebleau, de la part des ducs de Lorraine, de Mayenne et de Mercœur, cette union de la France et de l'Espagne; et le Pape ne refusoit à ce Prince la bénédiction apostolique, avec une bulle, par laquelle il le reconnût Roi de France, que parce qu'il vouloit que cette prétendue union en fût le préliminaire. A cette preuve, Bouillon en joignit d'autres qui n'avoient pas plus de fondement, par lesquelles il crut justifier que les Catholiques avoient entièrement changé le cœur du Roi à l'égard des Protestans, et lui avoient fait commettre contr'eux mille injustices. Ce grief des réformés ainsi établi, le Duc voulut bien m'apprendre le remede que ceux-ci avoient jugé à propos d'y apporter. Ils alloient, me dit-il, fortifier incessamment leurs places ; se choisir un chef hors du royaume ; établir au-dedans un conseil général des affaires de la religion, dans un lieu qu'il ne nomma point, auquel toutes les différentes églises n'auroient qu'à s'adresser; et qui connoîtroit en dernier ressort des affaires qui lui seroient portées de dix autres conseils provinciaux, en quoi on partageoit toute la France Calviniste. Afin que le pouvoir de ce conseil souverain fût absolu et irréfragable, on mettoit à la tête un protecteur ou Prince étranger, capable de le faire respecter.

En parlant de la sorte, le duc de Bouillon, suivant qu'il croyoit avoir besoin de m'éblouir, de me convaincre, ou de me tromper, prenoit successivement le personnage d'ami et d'allié du Roi, de bon Protestant, ou de simple narrateur ; mais toujours d'un homme consommé dans la politique, et le dépositaire de tout ce que le parti Protestant avoit de plus secret. Il ne put pourtant si bien s'envelopper, que je ne comprise assez clairement que tous ces projets de haut et bas conseils, ces réglemens si particularisés, pouvoient bien n'être éclos que dans le cerveau du Duc, et non dans les synodes de Saint-Maixant et de Sainte-Foi, comme il vouloit que je le crusse. Sur-tout ce Prince étranger protecteur me parut être purement de sa façon, et n'être en effet que lui-même, qui donnoit ses propres vues pour autant de points arrêtés; et tout son but en cela, (car quels ressorts l'ambition ne fait-elle pas jouer ?) n'étoit peut-être autre chose, sinon qu'en répandant à la cour ces desseins, comme si les Calvinistes les eussent véritablement formés, et fussent prêts à les mettre à exécution, je fisse éclater le Roi contr'eux, et que par cet artifice il obligeât les Huguenots à prendre la résolution qu'il souhaitoit qu'ils prissent; mais qu'il n'osoit leur inspirer ouvertement de se choisir pour chef celui que les plaintes et la haine des Catholiques leur montreroient pour défenseur. Il n'est rien arrivé dans la suite, qui ne m'ait encore confirmé dans cette pensée.

Après m'avoir ainsi fait servir à ses desseins, à ce qu'il croyoit, le Duc songea qu'il y perdroit plus qu'il n'y gagneroit, si le Roi, dont il avoit actuellement besoin, venoit à en concevoir quelque soupçon à son désavantage. Il me garda pour la fin un trait de la plus fine politique : ce fut de m'assurer qu'à la vérité toutes ces propositions lui avoient été faites; mais que loin de les approuver et de s'offrir à les seconder, il avoit fait tous ses efforts pour ramener les esprits, en quoi il avoit eu le malheur de ne pas réussir. Je ne sçais s'il est possible de rien imaginer d'aussi double et d'aussi artificieux. Certainement si le duc de Bouillon pouvoit se flatter que ces déguisemens ne me laisseroient rien connoître des affaires des Protestans, ni des dispositions des séditieux, il ne pouvoit éviter du moins que je n'entrevisse quelque chose de ses sentimens particuliers à l'égard du Prince qu'il trahissoit.

Je ne répondis à un discours si détourné, qu'en disant exactement la vérité; ce qui est le vrai moyen de déconcerter ces politiques si curieusement masqués. Je l'assurai en peu de mots que le Roi étoit toujours le même pour les réformés, prêt à leur accorder tous les avantages dont ils pouvoient raisonnablement demander à jouir; mais que la conjoncture présente l'obligeoit à différer encore quelque temps ce témoignage de sa bonne volonté. Que sa Majesté n'avoit oublié aucune des raisons de haine que l'Espagne lui avoit données, et qu'elle en conservoit un vif ressentiment, quand elle n'entreroit pas d'ailleurs dans l'intérêt général de l'Europe, de mettre obstacle aux vues de la maison d'Autriche pour la monarchie universelle; mais que pour en assurer le succès, il falloit songer auparavant à pacifier le dedans du royaume; parce qu'on devoit s'attendre que l'Espagne se défendroit tout autrement, lorsqu'elle se verroit directement attaquée, qu'elle ne l'avoit fait dans une guerre où elle n'étoit entrée que comme auxiliaire.

Pour ce qui regardoit la personne de lui duc de Bouillon, je lui dis que je voulois croire tout ce qu'il m'avoit dit de lui-même, parce qu'il devoit sentir que les sentimens d'honneur, de justice, de reconnoissance, lui marquoient trop clairement la voie par où il devoit marcher avec le Roi, pour qu'il pût s'en éloigner. Il me refusa les troupes que je lui demandai pour Henri; et il se dispensa de même de me donner lecture du testament de Madame de Bouillon. Elle l'avoit, disoit-il, cacheté elle-même dans une boîte, et fait promettre qu'on ne l'ouvriroit qu'en justice; et supposé que quelqu'un le contestât, non contente d'une simple promesse, elle lui en avoit fait faire serment. A tout cela il me fut aisé de comprendre que je n'avois fait que d'inutiles remontrances; mais ma commission étoit remplie, et je ne songeai plus qu'à reprendre la route de Laon.

En arrivant au camp, je fus surpris de rencontrer le Roi, qui en allant à la chasse, passoit si près des murs de cette place, qu'il n'en étoit qu'à une portée de fusil. J'appris qu'on avoit mis bas les armes de part et d'autre; la ville ayant capitulé aux conditions de se rendre dans dix jours si elle n'étoit pas secourue avant ce temps par une armée, ou qu'il n'y entrât pas au moins huit ou neuf cent hommes de renfort. Henri me fit tenir à ses côtés pendant toute la chasse, pour entendre jusqu'aux moindres particularités de mon voyage. Lorsque je lui dis qu'on avoit refusé de me faire voir le testament de la Duchesse, il me répondit qu'il voyoit bien après cela ce qu'il devoit penser de la donation (*).

(*) Pour détruire les soupçons que tout ce récit pourroit donner sur la réalité de cette donation de la duchesse de Bouillon, je vais rapporter ce que dit à ce sujet l'Historien du duc de Bouillon : « Par son testament, dit-il, elle fit le duc » de Bouillon son mari, héritier de tous ses biens... Le » bruit couroit que nonobstant le testament de la duchesse de » Bouillon, sa succession seroit contestée au Duc son mari. » En effet, Charles de La-Mark, comte de Maulevrier, » oncle de Charlotte de La-Mark, prétendit que cette suc- » cession lui appartenoit, et qu'elle n'en avoit pas pu disposer » en faveur de son mari à son préjudice. Le duc de Mont- » pensier prétendit aussi que les souverainetés de Bouillon, » Sedan, Jamets et Raucourt ne pouvoient lui être contes- » tées, puisqu'il y avoit été substitué par Robert de La- » Mark, dernier duc de Bouillon... Le duc de Bouillon jugea » plus à propos de s'accommoder avec ces deux prétendans, » que de s'engager dans un procès, qui le détourneroit de » l'exécution de ses grands desseins; l'accommodement fût » conclu, et les souverainetés de Bouillon, Sedan et Rau- » court lui demeurerent en propriété ». *Hist. de Henri, duc de Bouillon, par Marsollier, t. 2, l. 4.* Cet historien parle aussi du voyage du duc de Sully à Sedan, et de la protection qu'offrit en cette occasion Henri IV au duc de Bouillon. Mais on ne peut s'empêcher de remarquer ici qu'il eût beaucoup mieux valu ne point citer sur ce sujet les Mémoires de Sully, que d'en déguiser le sens, et de cacher, comme il a fait, l'objection qui naît du texte de ces Mémoires, d'autant

Il porta le même jugement que moi du duc de Bouillon, qui s'offroit, disoit-il, pour entremetteur des brouilleries dont il étoit le seul auteur. Il ne fut pas content non plus que Bouillon retînt les troupes qu'il lui avoit promises; mais la conjoncture présente demandant que sa Majesté dissimulât tous ces sujets de mécontentement, elle feignit en public d'être fort satisfaite de la conduite du Duc, et résolut de le maintenir dans Sedan. A l'égard de la guerre contre l'Espagne, que j'étois chargé de lui proposer, elle remit à en délibérer en plein conseil dans un autre temps.

Le comte de Sommerive, du Bourg et Jeannin, voyant qu'il leur étoit impossible de résister au soulévement de la bourgeoisie et de la garnison de Laon, révoltées contre eux comme contre des tyrans qui avoient rendu leur domination insupportable, jugèrent à propos d'avancer le temps marqué pour remettre cette place au Roi. Ils n'avoient plus d'espérance de secours, depuis le malheur arrivé à celui que le duc de Mayenne avoit voulu y faire entrer. Ce secours étant arrivé

plus, et il ne serviroit de rien de le dissimuler après tout ce qui en a été dit, et en dernier lieu par Amelot de la Houssaye dans ses Mémoires, à l'article Bouillon, La-Mark; d'autant plus, dis-je, que Henri IV et le duc de Sully ne sont pas les seuls qui aient paru douter de l'existence de cette donation.

proche Laon trop tard pour pouvoir espérer de surprendre les assiégeans, crut devoir attendre la nuit dans le bois, où il se tint caché le reste du jour. Le Roi étant allé ce même jour à la chasse dans cet endroit de la forêt, ses chiens éventerent l'embuscade. Les ennemis, qui étoient au nombre de huit à neuf cent, au lieu de se montrer et d'attaquer le Roi qui n'avoit que trois cent chevaux, crurent qu'ils pourroient éviter d'être découverts, en se séparant pour se mieux cacher; mais les chiens ne cesserent point de les poursuivre, et la troupe du Roi arrivant sur ces entrefaites, ils furent surpris dans un si grand désordre, que sans qu'il fût besoin que les trois cent cavaliers s'en mêlassent, les valets seuls s'en rendirent les maîtres et les dépouillerent.

Après la prise de Laon, le Roi jugea à propos de faire un voyage sur les frontieres de Flandre; flatté principalement par des espérances d'intelligence dans plusieurs de ces villes, qui devoient se rendre à son approche. L'événement n'ayant pas répondu à cette attente, sa Majesté ne retira d'autre fruit de son voyage, que d'avoir affermi dans leur devoir Amiens, Abbeville, Montreuil, Péronne et plusieurs autres villes, où elle fit une entrée solemnelle. Je ne puis en rien rapporter davantage, le bien de son service m'ayant appellé pendant ce temps-là à Paris pour des affaires moins importantes que les précédentes, et que je ne particulariserai point par cette raison, non plus que tout ce qui s'étoit passé pendant tout ce temps dans les différentes provinces du Royaume. La prise de Morlaix et de Quimper par le maréchal (1) d'Aumont, aidé des troupes angloises, la construction du fort du Croisic par le duc de Mercœur, à la tête de ses Espagnols, pour resserrer Brest, furent ce qui arriva de plus considérable en Bretagne entre les deux partis. La Savoie, le Piémont, la Provence et le Dauphiné continuerent à être le théatre d'une guerre (2) toujours favorable à l'Esdiguieres contre le duc de Savoie, malgré la défaite et la prise de (3) Créqui.

Le duc de Mayenne voyant Laon pris, presque toute la Picardie dans le parti du Roi, les principaux officiers de la Ligue et le duc de Guise lui-même disposés à faire dans peu leur accommodement avec sa Majesté, se rendit

(1) Il fut tué l'année suivante en assiégeant Comper, d'un coup de canon qui lui fracassa le bras, âgé de plus de soixante-dix ans. Il ne dit rien autre chose lorsqu'il se sentit blessé, que ces deux mots : *j'en ai*. Il étoit généralement estimé, il fut généralement regretté. Voyez son éloge et ses grandes qualités dans M. de Thou, *liv.* 113.

(2) Voyez ces expéditions militaires dans les Historiens.

(3) Charles de Créqui, gendre de Lesdiguieres, voulant secourir Aiguebelle assiégée par le duc de Savoie, fut défait et fait prisonnier ; ce qui n'arriva qu'en l'année 1598.

au sentiment du (1) président Jeannin, qui le pressoit depuis long-temps de se fixer à une seule province, et de faire pendant qu'il en étoit temps encore, les plus puissans efforts pour s'y rendre indépendant, afin qu'après que la fortune auroit tout ramené au Roi, ce qu'il ne doutoit point qui n'arrivât bientôt, il lui restât du moins quelques débris de sa fortune.

La Bourgogne fut la (2) province sur laquelle le duc de Mayenne jetta les yeux, et il s'y achemina avec ses forces, après avoir laissé de bonnes garnisons dans Dourlens, la Fere et Soissons. Outre qu'il tenoit déjà une grande partie de cette province, la proximité de la Savoie, de la Franche-Comté, de la Lorraine, des Suisses et de l'Allemagne, dont il espéroit tirer de grands secours, étoit un nouveau motif qui le portoit à s'arrêter en cet endroit. Le Pape et l'Empereur paroissoient entrer dans ses vues. Ils pouvoient fortifier son droit de conquête par une cession en bonne forme; ce que l'Espagne

(1) Je ne sçais si l'auteur ne taxe point ici un peu légèrement ce président; du moins on a dit que plus de deux ans auparavant, à son retour d'Espagne, il avoit été le premier à conseiller au duc de Mayenne de s'accommoder avec le Roi, choqué de la hauteur et de la vanité avec laquelle le roi d'Espagne, traitant avec lui, disoit: *ma ville de Paris, ma ville d'Orléans;* comme si la France eût été en effet à lui.

(2) Le duc de Mayenne étoit gouverneur de cette province.

lui auroit accordé d'autant plus volontiers, que cette couronne eût fait revivre par-là un droit sur la Bourgogne, éteint depuis long-temps, mais auquel elle ne prétend pas avoir renoncé. Toutes ces vraisemblances firent croire à plusieurs qu'on étoit sur le point de voir rétablir l'ancien royaume de Bourgogne. La maniere dont le duc de Mayenne se comporta dans ces quartiers tout le reste de cette année et jusqu'au mois d'Avril de la suivante, appuya cette opinion, et je dois moins douter qu'un autre de son intention à cet égard, après les lettres que je vis à Paris entre les mains du cardinal de Bourbon.

Mais malheureusement pour le duc de Mayenne, les Bourguignons n'étoient point d'humeur à choisir un sujet pour en faire leur maître. Jamais ils n'ont donné de preuves si éclatantes de leur fidélité pour leur souverain. Le Duc ayant commencé par vouloir s'assurer de Beaune, en y faisant entrer une nombreuse garnison, les bourgeois se souleverent contre elle, le battirent et l'obligerent à se retirer dans le château; et comme elle pouvoit leur faire beaucoup de mal de cet endroit, ils se fortifierent avec des barricades contre le château, et appellerent à leur secours le maréchal de Biron, auquel ils permirent de se loger pour six semaines avec sa petite armée dans l'enceinte de leurs murs. Ensuite ils attaquèrent en forme le château avec une batterie de douze pieces de canon, et pousserent leurs ouvrages si vivement, qu'ils chasserent enfin tout-à-fait la garnison ligueuse. Je parlerai bientôt des expéditions en Bourgogne, je les laisse pour reprendre les affaires de la capitale.

Je voyois le cardinal de Bourbon baisser si prodigieusement de jour en jour, que ne doutant point que sa derniere heure ne fût très-proche, je me tins à Paris pour en donner aussi-tôt avis au Roi. Il mourut sans avoir fait cette destination de ses bénéfices (*) qui avoit paru lui tenir si fort au cœur. Sa Majesté fut sensible à sa perte, comme à celle d'un bon parent et d'un serviteur plein d'affection. Elle m'écrivit qu'elle étoit accablée de gens qui convoitoient la dépouille du Cardinal, et que pour s'en défaire, elle leur répondoit à tous qu'elle en avoit déjà disposé. Voici quelles étoient ses vues sur ces bénéfices. Comme dans l'accommodement avec l'abbé de Tiron, on lui avoit cédé certaines abbayes appartenantes au chancelier et au gouverneur

___

(*) Il étoit archevêque de Rouen, abbé de Saint-Denis, de Saint-Germain-des-Prés, de Saint-Ouen, de Sainte-Catherine de Rouen et d'Orcamp, &c. M. de Thou nous le représente comme un Prince aimant les sciences, éloquent, doux et d'un esprit agréable ; mais extrêmement foible. Il mourut le 28 Juillet.

de Pont-de-l'Arche, dont ceux-ci demandoient un dédommagement du double sur les bénéfices du feu Cardinal, le Roi vouloit qu'on portât l'abbé de Tiron à relâcher ces abbayes aux propriétaires, et à recevoir en échange l'archevêché de Rouen, valant au moins trente mille livres de revenu ; mais que sa Majesté chargeoit de quatre mille écus de pension, promis au chevalier d'Oise (*), retenant pour elle-même la maison de Gaillon, en l'achetant de l'Abbé, qu'elle m'ordonna de disposer à prendre cet équivalent. Pour l'abbaye de Saint-Ouen, l'un des plus beaux morceaux de la succession du Cardinal, ce Prince n'en avoit encore gratifié personne, et il avoit la bonté de me marquer qu'il ne le feroit pas sans retenir sur cette abbaye une pension de dix mille livres pour moi.

La plus grande difficulté que je rencontrois en veillant à Paris aux affaires du Roi, étoit d'amener à sa sage économie les directeurs de ses finances et le surintendant par-dessus tous. L'abus de laisser l'argent des finances en proie aux favoris (mal dont on peut trouver la premiere source en remontant jusqu'à Charles VIII), étoit parvenu sous le dernier regne au point que l'homme du monde le plus laborieux, le plus intelligent, le

---

(*) George de Brancas-Villars, frere de l'amiral de Villars.

plus integre, à la tête des finances, n'auroit peutêtre pas pu remédier aux mauvais effets d'une aussi prodigieuse dissipation, et malheureusement d'O (1) n'étoit rien moins que tout cela. Son tempérament naturellement porté à la dissipation, à la mollesse et à l'indolence, avoit encore été gâté par tous les vices dont on faisoit gloire à la cour de Henri III ; le grand jeu, la débauche outrée, les dépenses folles, le dérangement domestique et les prodigalités de toute espece. Pour tout renfermer en un mot, d'O avoit eu place dans le catalogue des Bellegarde (2), Souvrai l'oncle,

____

(1) François d'O, seigneur de Fresnes, de Maillebois, &c. premier gentilhomme de la chambre, gouverneur de Paris et Isle de France, surintendant des finances, &c. « Il sur- » passa en excès et prodigalité les Rois et les Princes ; car jus- » qu'à ses soupers, il se faisoit servir des tourtes composées » de musc et d'ambre, qui revenoient à vingt-cinq écus ». *Journal de l'Etoile, année 1594, page 37.*

(2) Roger de Saint-Larry de Bellegarde ; Gilles de Souvrai ; René de Villequier ; Jacques Levis de Caylus, ou Quélus ; François d'Epinai de Saint-Luc ; François de Maugiron ; Paul Stuard de Caussade, sieur de Saint-Maigrin ; Jean d'Arces de Livarrot ; Anne de Joyeuse ; Jean-Louis et Bernard de Nogaret ; Henri de Joyeuse, comte du Bouchage, depuis capucin et cardinal ; Jean de Saint-Larry ; de Thermes, ou Auguste, baron de Thermes ; Souvrai, quoiqu'il fût un des favoris de Henri III, ne doit pas être mis au nombre des mignons de ce Prince. C'étoit un homme de mérite et d'une probité reconnue. Henri III disoit que s'il n'étoit ni Roi ni Prince, il voudroit être Souvrai. Il refusa la commission dont Henri III voulut le charger, de poignarder le maréchal de Montmorency dans sa prison. *De Thou, liv. 61.*

Villequier,

Villequier, Quélus, Saint-Luc, Maugiron, Saint-Mégrin, Livarrot, Joyeuse, Epernon, la Valette, du Bouchage, Thermes et quantité d'autres favoris moins déclarés; et le titre de mignon étoit toute la recommandation qu'il avoit eue pour une charge, que les Princes les plus inappliqués exceptent pour leur propre intérêt, de celles dont ils récompensent cette sorte de serviteur.

Voilà par quel homme les finances étoient conduites, dans un temps où les mignons et les maîtresses étant exclus du conseil, il semble qu'elles auroient dû prendre une toute autre forme, et ce qu'on trouvera de plus surprenant, c'est que le Roi dans ses plus grands besoins, ne put pas jouir du moins du privilege de partager ses propres revenus avec le surintendant. D'O s'embarrassoit fort peu de lui faire manquer une ville ou un gouverneur, pour une somme souvent très-légere, pendant qu'il ne vouloit rien refuser à ses plaisirs. Lieramont (*), gouverneur du Catelet, s'adressa à moi pour solliciter auprès de d'O le paiement de sa garnison. Je trouvai la chose si importante, que je vainquis ma répugnance et m'acquittai de ma commission, mais avec peu de succès. Le surintendant, après que je l'eus quitté, dit à MM. d'Edou-

(*) François de Dampierre, sieur de Lieramont ou Liermont.

ville (1) et de Moussy, qu'il aimoit mieux voir cette place entre les mains des Espagnols que des Protestans (Lieramont étoit de la religion). Moussy, qui étoit mon parent, me l'ayant rapporté, je déclarai au surintendant que je le rendois responsable de cette place, si elle venoit à être perdue faute de ce paiement; il ne fit pas grand cas de ma menace.

Le bonheur du Roi voulut que peu de jours après une rétention d'urine le délivrât de ce mauvais serviteur. Ce qu'il y eut de singulier dans cette mort, c'est que cet homme riche de plus de quatre millions, ou, pour mieux dire, riche de tout l'argent du royaume, dont il disposoit presque absolument, plus splendide dans ses équipages, ses meubles et sa table que le Roi même, n'étoit pas encore abandonné des médecins, que ses parens qu'il avoit toujours fort affectionnés (2), ses domestiques et quelques autres à titre de créanciers, le dépouillerent comme à l'envi, et si parfaitement, que long-temps avant qu'il expirât, il n'y avoit plus que les murailles nues dans la cham-

___

(1) N... sieur d'Edouville ; N. Boutillier, sieur de Moussy.

(2) Il n'eut point d'enfans de Charlotte-Catherine de Villequier, sa femme. « Henri IV jouant à la paume avec » M. d'O, lui fit remarquer que le marqueur voloit leurs » balles, et dit ensuite tout haut, d'O, vous voyez bien que » tout le monde nous dérobe ». *Le Grain. liv.* 7.

bre où il mourut, comme si la fortune avoit cru devoir finir avec lui, du moins par un acte de justice (1).

Le Roi revint à Paris traiter d'une treve que le duc de Lorraine lui demandoit instamment, et de l'accommodement du duc de Guise, qui l'en recherchoit par la (2) duchesse de Guise sa mere, cousine germaine de sa Majesté, et par Mademoiselle de Guise sa sœur. On peut dire que le duc de Guise étoit celui de tant de personnes qui avoient porté les armes contre le Roi, qui méri-

(1) « S'il faut, dit M. de Grillon, que chacun rende ses
» comptes là-haut, comme l'on dit : je crois que le pauvre
» d'O se trouvera bien empêché à fournir de bons acquits
» pour les siens.... On disoit qu'il mouroit fort endetté,
» voire de plus qu'il n'avoit vaillant, et qu'il y avoit vingt-
» cinq ou trente sergens en sa maison, quand il mourut.
» Les trésoriers le regretterent merveilleusement, et l'ap-
» pelloient leur pere ; même on disoit que trois d'entr'eux
» avoient donné cinquante écus chacun à Collot, pour lui
» donner courage de le mieux panser. M. le Grand son bon
» ami, en étoit comme désespéré ; car il lui bailloit tous les
» ans cent mille francs à dépenser. Madame n'y eut point de
» regret, parce qu'il la faisoit mourir de faim ; ceux de la
» religion aussi peu, car il ne leur vouloit point de bien.
» Madame de Liancourt le pleura, parce qu'elle en faisoit ce
» qu'elle vouloit, et si l'entretenoit aux bonnes graces du
» Roi.... M. le doyen Seguier, qui lui assista jusqu'à la
» fin, comme firent aussi Messieurs ses freres, lui crioit,
» comme il se mouroit : *Miserere mei, Deus.* L'une des
» dernieres paroles qu'il dit, fut : Recommandez-moi bien
» au Roi, il sçaura mieux après ma mort de quoi je lui
» servois, qu'il n'a sçu pendant ma vie ». *L'Etoile, ibid.*

(2) Catherine de Cleves, femme du duc de Guise tué à Blois. Charles de Lorraine, duc de Guise.

toit le plus d'indulgence. Aux motifs communs de religion et d'indépendance qui sembloient rendre tout permis, il joignoit celui d'un pere assassiné par ordre du Roi, prédécesseur de Henri. Madame de Guise fut celle qui le porta le plus fortement à faire cette démarche. Elle ne cessoit de représenter à son fils, que la révolte des Princes et des grands du royaume, que la religion pouvoit avoir justifiée dans le commencement, devenoit criminelle depuis que Henri avoit levé le seul obstacle qui pût l'empêcher de jouir de ses droits légitimes à la couronne.

Dans tout autre siecle, où l'on n'auroit pas perdu comme dans celui-ci la véritable notion des vertus et des vices, cette femme auroit été l'ornement de son sexe, par le caractere de son cœur et celui de son esprit. C'étoit une droiture si vraie et si naturelle, qu'on s'appercevoit qu'elle n'avoit pas même l'idée du mal, soit pour le suivre, soit pour le conseiller ; et en même-temps, un si grand fond de douceur, qu'elle ne connoissoit pas davantage le plus petit sentiment de haine, de malignité, d'envie, ou simplement de mauvaise humeur. Je ne crois pas que jamais femme ait eu une conversation plus remplie de graces, et joint à un tour d'esprit fin et délié, une naïveté et une simplicité plus agréables. Ses réparties étoient pleines de sel et de légéreté. On la trouvoit tout ensemble douce et vive, tranquille et gaie. Le Roi ne fut pas long-temps sans connoître parfaitement Madame de Guise; et dès ce moment non-seulement il oublia tout son ressentiment, mais encore il agit à son égard avec toute la familiarité et la franchise d'un ami sincere. Il consentit à donner les passe-ports nécessaires aux sieurs de la Rochette, Pericard, et Bigot, que le duc de Guise envoyoit proposer ses demandes; et vaincu par les instances de ces deux Dames, il nomma de son côté trois agens pour traiter avec ceux du Duc, le chancelier de Chiverny, le duc de Retz, et Beaulieu-Rusé, secretaire d'état.

Ces trois personnes, pour se montrer fins négociateurs, commencerent d'abord à user de tous les détours, que la politique des affaires a mis si mal-à-propos à la place de cette conduite franche et ouverte, qui sans tromper personne, produiroit le même effet. On conféra pendant dix jours de suite, et au bout de ce temps on n'étoit point encore demeuré d'accord du moindre préliminaire. Madame de Guise que toutes ces longueurs affectées mettoient à la torture, vint trouver le Roi, un jour que sa Majesté me faisoit l'honneur de s'entretenir avec moi, en me tenant par la main; et ayant mis la conversation sur le traité de son fils, elle se plaignit au Roi avec son enjouement ordinaire, mêlé d'un petit mouvement d'impatience, de ce qu'il lui avoit mis en tête trois hommes, « qui alloient, disoit-elle, par trois » chemins tout différens à ne rien conclure. Le » premier, en ne disant jamais rien de plus précis » que ces mots, *il faut voir, il faut aviser,* » *faisons mieux* ; le second en ne s'entendant pas » lui-même, quoiqu'il parlât presque continuel- » lement ; et le troisieme, en ne sortant jamais » du ton grondeur ». C'étoit-là en effet le vrai caractere des trois négociateurs. Cette digne femme se laissant ensuite emporter à son zele pour le Roi, et à sa tendresse pour son fils, prit les mains de sa Majesté ; et en les lui baisant malgré Henri, elle le conjura de vouloir bien tendre les bras au duc de Guise, et lui donner à elle-même la consolation de voir rentrer sa famille dans les bonnes graces de son Roi. Elle parloit avec une effusion de cœur si vive, que le Prince touché lui-même jusqu'aux larmes, ne put s'empêcher de lui répondre : « Hé bien, ma cou- » sine, que desirez-vous de moi ; je ne veux » rien vous refuser. Rien autre chose, reprit-elle, » sinon de nommer pour traiter avec mon fils, » celui que votre Majesté tient par la main. » Quoi ! répartit le Roi, ce méchant Huguenot ? » Vraiment, je vous l'accorde fort volontiers, » quoique je sçache qu'il est votre parent, et

» qu'il vous aime infiniment ». Il ôta dans le moment même la connoissance de cette affaire aux trois commissaires, et m'en fit expédier un brevet scellé du grand sceau, non-seulement pour le regard du (1) duc de Guise, mais encore pour toute la province de Champagne. On s'imagine aisément que le chancelier ne m'en sçut pas meilleur gré; mais il est d'un vieux et fin courtisan de faire d'autant plus de caresses à ceux qui sont en faveur, qu'on leur garde dans le cœur un ressentiment plus vif; et (2) Chiverny sçavoit mieux que personne être courtisan.

Le duc de Guise avoit débuté par des propositions véritablement excessives, et qui auroient rendu son traité impossible; sans doute parce que connoissant ceux à qui on l'avoit adressé, il avoit cru que pour pouvoir obtenir quelque chose, il devoit demander beaucoup. Il ne prétendoit pas moins que rentrer dans la charge de grand-maître de la maison du Roi, qu'il eût fallu ôter à M. le comte de Soissons, qui en avoit été pourvu après l'assassinat du duc de Guise; posséder le gouvernement de Champagne, aussi donné au duc de Nevers; jouir de tous les bénéfices du cardinal

(1) Voyez M. de Thou, *liv.* 111, qui se donne aussi quelque part dans cet accommodement du duc de Guise.

(2) Philippe Hurault de Chiverny, chancelier de France, mort en 1599, âgé de soixante-douze ans.

de Guise son oncle, et en particulier de l'archevêché de Reims, actuellement entre les mains de M. du Bec, parent de Madame de Liancourt, maîtresse du Roi. Il y avoit encore plusieurs autres articles : mais ces trois-ci étoient ceux qui souffroient le plus de difficultés. Le duc de Guise apprenant son changement de commissaires, se résolut sans peine à rabattre tout ce qu'il y avoit d'outré dans ses demandes ; et il écrivit à Madame sa mere et à ses agens, de finir avec moi à des conditions raisonnables, et même à quelque prix que ce fût. Il avoit depuis peu un nouveau motif de conclure au plutôt, que j'ignorois absolument. Il avoit découvert que la ville de Reims, qui étoit le plus beau présent qu'il avoit à faire au Roi, voulant se faire un mérite de rentrer de son propre mouvement dans l'obéissance, faisoit solliciter le reste de la province de s'unir à elle, et en avoit déjà entraîné une partie. Le duc de Guise ayant voulu, pour prévenir cet inconvénient, y faire entrer une garnison, les Rémois lui déclarerent qu'ils prétendoient garder leur ville eux-mêmes ; et ce refus ayant causé une contestation, ils répondirent aux menaces du Duc par d'autres menaces.

Dès la seconde conférence que j'eus avec les agens du duc de Guise, il ne fut plus question, ni de la grande-maîtrise, ni du gouvernement de

Champagne, ni des bénéfices ; et ces trois obstacles étant levés, je ne voyois pas qu'il restât beaucoup de difficultés. J'avois proposé au Roi l'idée qui m'étoit venue, de tirer le duc de Guise de la Champagne, et de le transporter en Provence, dont on lui donneroit le gouvernement pour récompense, afin que son propre intérêt l'unissant dans cette province avec Lesdiguieres et d'Ornano, qui y soutenoient le parti du Roi contre d'Epernon, on y fît tomber une bonne fois la puissance de ce redoutable sujet. Le Roi y avoit donné les mains d'autant plus volontiers, qu'il jugea par la maniere dont la maison de Guise agissoit avec lui, qu'il pouvoit faire fond sur sa fidélité ; et il m'ordonna de finir sur ce plan. J'en fis la proposition aux agens du duc ; et sur un commandement réitéré de sa Majesté, je m'employai si diligemment à convenir de tout le reste, que dès le lendemain au soir, le traité avec le duc de Guise fut conclu, et signé de moi au nom du Roi, de Madame de Guise, et des trois commissaires du Duc pour lui.

Le lendemain arriverent à Paris six députés de la ville de Reims, qui furent adressés chez moi. Ils me dirent que le Roi pouvoit s'épargner la peine de donner de grandes récompenses au duc de Guise, parce que non-seulement il n'étoit plus le maître de la reddition de Reims, mais encore que ceux de Reims offroient de le livrer lui-même au Roi. Ils ne demanderent point à parler à sa Majesté : ils dirent seulement qu'il leur suffisoit d'avoir son aveu par écrit, ou simplement le mien, se remettant au Roi de leur accorder après telle récompense qu'il jugeroit à propos. Tout ceci fut accompagné de la part des six députés, de l'offre d'un présent de dix mille écus pour moi, suivant l'usage. Je refusai le présent, que je ne voulois ni ne pouvois plus accepter. Je les remerciai au nom du Roi, de leur bonne volonté, et je les assurai qu'il en recevroit le témoignage avec plaisir. Je remis à leur rendre réponse, après que j'en aurois conféré avec sa Majesté, à qui j'allai incontinent rapporter le tout. Le Roi fit sortir tout le monde, excepté Beringhen, de son petit cabinet où il étoit en ce moment, et m'écouta en se promenant, en se grattant la tête, et en souriant par réflexion sur l'inconstance et la légéreté naturelle du peuple. Ensuite il me tira vers la fenêtre, et me demanda à quel point j'en étois avec le duc de Guise. Dès que je lui eus appris que le traité étoit consommé, il ne balança point s'il l'observeroit ; mais il ne voulut pas pour cela se montrer insensible à l'affection de la ville de Reims. Je lui amenai les députés qu'il remercia en Roi. Il leur accorda une gratification considérable, et d'un air si gracieux, qu'ils s'en retournerent pleins de joie et d'admiration.

Le traité du duc de Guise ayant été, selon la forme ordinaire, signé de (*) Gêvres pour le Roi, Madame et Mademoiselle de Guise demandèrent à sa Majesté la permission qu'il vînt lui-même l'assurer de son obéissance. Je lui écrivis de ne point chercher d'autre sûreté que cette permission même : il n'en fit aucune difficulté. Il ramassa le plus qu'il put de ses amis, et il vint se jetter aux genoux du Roi, avec les marques d'un repentir si sincere, que le Roi qui lisoit dans le fond de son cœur, au lieu de reproches, ou d'un silence plus accablant, en ces occasions, que les reproches mêmes, ne s'attacha qu'à le rassurer. Il l'embrassa par trois fois, l'honora du nom de son neveu, lui fit mille caresses ; et sans éviter ni affecter de rappeller le passé, il lui parla du feu duc de Guise avec éloge. Il dit qu'ils avoient été fort amis dans leur jeunesse, quoique souvent rivaux auprès des Dames. Que les bonnes qualités du Duc et une grande conformité d'inclination, les avoient tous deux unis d'aversion contre le duc d'Alençon. Un ami qui cherche à se raccommoder avec son ami, après une légere brouillerie, ne pourroit rien faire de plus ; et tous ceux qui furent

───────────────

(*) Louis Potier de Gêvres, secretaire d'état. De lui est descendue la branche de Gêvres, et de Nicolas Potier de Blancmenil, son frere aîné, celle de Novion.

témoins de cet accueil, ne pouvoient assez admirer qu'un Roi qui avoit tant de qualités pour se faire craindre, n'employât jamais que celles qui font aimer.

Le duc de Guise, que ce discours acheva de gagner, répondit au Roi qu'il n'oublieroit rien pour se rendre digne de l'honneur qu'il faisoit à la mémoire de son pere, et des sentimens qu'il témoignoit pour lui-même. Il sçut si bien le convaincre, que son respect et son attachement seroient désormais inviolables, que dès ce moment ce Prince oubliant tout ce qu'un autre en sa place auroit appréhendé du rejeton d'une maison qui avoit fait trembler les Rois, vécut avec lui familiérement, et l'admit dans toutes ses parties de plaisir avec les autres courtisans ; car tel étoit le caractere de Henri, que l'extérieur grave dont la Majesté royale semble imposer la nécessité, ne l'empêcha jamais de se livrer aux plaisirs que l'égalité des conditions répand dans la société. Le vrai grand homme sçait être tour-à-tour, et suivant les occasions, tout ce qu'il faut être, maître ou égal, Roi ou citoyen. Il ne perd rien à s'abaisser ainsi dans le particulier, pourvu que hors de là il se montre également capable des affaires militaires et politiques : le courtisan se souvient toujours qu'il est avec son maître.

Madame de Guise étant entrée quelques jours

après dans la chambre du Roi, et dans le moment que son fils présentoit la serviette à sa Majesté, pour un léger repas que Henri faisoit après son dîner, elle en prit encore occasion de lui témoigner sa reconnoissance, et dit avec vivacité, que si jamais son fils venoit à manquer à son devoir, elle le désavoueroit pour son fils et le déshériteroit. Le Roi courut l'embrasser, en lui disant que de son côté il prenoit pour le duc de Guise et pour toute sa famille les plus tendres sentimens d'un pere.

On ne manqua pas de se récrier fortement contre le traité que je venois de faire avec le duc de Guise. Les ennemis particuliers de ce Duc, et cette autre espece de gens dont la cour fourmille, qui n'ont d'autre occupation que de déchirer la conduite des personnes en place, s'unirent contre moi, ameutés secrétement par ceux à qui l'on avoit ôté la connoissance de cette affaire, et firent retentir par-tout que je ne m'étois chargé de la commission, que pour gratifier Madame de Guise. Le duc d'Epernon ne s'oublia pas. Il répétoit sans cesse, en parlant du duc de Guise et de lui, que j'avois obligé l'un sans aucun sujet, et désobligé l'autre contre toute raison. Ces discours furent si souvent rebattus aux oreilles du Roi, que ce Prince vint aussi à penser que j'avois agi peut-être avec un peu trop de précipitation, sans que pour cela sa Majesté m'en sçût plus mauvais gré.

Il ne m'étoit pas difficile de me justifier : c'est ce que je fis dans une apologie par écrit, que je présentai au Roi. J'y appuyois ma défense sur les raisons suivantes : Qu'il n'étoit pas au pouvoir du Roi d'accorder au duc de Guise les trois points que j'ai marqués plus haut, sans faire une infinité de mécontens ; qu'il auroit pourtant fallu les lui céder, si l'on n'avoit pas eu un gouvernement à lui donner; ce qui étoit la moindre récompense qu'il pouvoit espérer en remettant celui de Champagne, et en renonçant à tant d'autres prétentions ; qu'à l'égard du gouvernement qu'on lui donnoit pour équivalent, on ne pouvoit en choisir un qui tirât moins à conséquence que celui de (*) Provence, parce que supposé que le duc de Guise devînt capable dans la suite d'oublier ses nouveaux sermens, on auroit peu à craindre de sa part dans une province sans communication avec la Lorraine, les Pays-Bas, et sur-tout la Bourgogne ; d'ailleurs qu'en n'accordant au duc de Guise de toutes ses demandes, que de le continuer dans le gouvernement de Champagne, on risquoit à perpétuer la guerre dans ces contrées. Qu'il étoit de l'in-

(*) Ce gouvernement lui fut ôté depuis par le cardinal de Richelieu, qui ôta pareillement celui de Picardie au duc d'Elbeuf, et celui de Bourgogne au duc de Bellegarde.

térêt du Roi de pouvoir disposer de la Champagne en faveur d'un homme, non-seulement intérieurement attaché à son service, mais encore si bien connu, que les rebelles de Bourgogne désespérassent de pouvoir jamais lier aucun commerce avec lui. J'y joignois à l'égard de la Provence le motif du duc d'Epernon, dont j'ai déjà touché quelque chose. Je rappellois au Roi en peu de mots tous les sujets de plaintes que cet homme lui avoit donnés : sa révolte presque continuelle, ses brigues pour détacher tous les Catholiques du parti de sa Majesté, la maniere dont il s'étoit hautement vanté qu'il ne reconnoîtroit jamais aucun supérieur dans son gouvernement, son dernier procédé au siege de Villemur, et tant d'autres endroits, qui assurément n'embelliront pas l'Histoire de ce sujet orgueilleux. C'étoit un chef de la Ligue auquel on en opposoit un autre, que mille motifs, outre celui de son intérêt personnel, qu'on doit toujours regarder comme le plus puissant, jettoient dans un système tout contraire à ses premieres vues.

Je passois ensuite à la personne du duc de Guise, sans m'arrêter sur les ordres que sa Majesté m'avoit donnés à ce sujet, ni sur le danger d'un long délai. Quand même le traité fait avec le Duc n'auroit pas été aussi avantageux au Roi, qu'il étoit facile de montrer qu'il l'étoit, sa Majesté avoit-elle dû agir à toute rigueur avec un homme qui avoit refusé constamment les offres et les promesses les plus flatteuses de la part de l'Espagne, des ducs de Savoie et de Lorraine, et de tous les ennemis de l'état (*), pour le porter à soutenir une guerre, laquelle, quelque peu qu'elle eût duré, auroit beaucoup plus incommodé le Roi, que tout ce qu'il accordoit au duc de Guise ? Je veux encore qu'on compte pour peu de chose d'avoir gagné un homme que son nom et sa naissance pouvoient mettre à la tête d'un parti puissant ; quelque chose qu'en disent ses ennemis et les miens, je leur accorde même, s'ils le veulent, que ce seigneur n'ait fait après tout qu'un sacrifice frivole de prétentions injustes et incertaines. Enfin mettons tout au plus bas, et n'envisageons rien ici qu'une pure générosité du Roi : il s'attachoit par-là non un homme seul, mais une maison entiere, recommandable par ses alliances, ses biens et son crédit : peut-on appeller cela une générosité perdue ?

Le Roi fut frappé de ces raisons, et me parut surpris de me voir si exactement informé sur le chapitre de d'Epernon. Il ne jugea pas à propos

_____

(*) Le duc de Guise étoit mal-voulu de la Ligue, surtout depuis qu'en dernier lieu il avoit tué de sa main, dans une émeute, le sieur de Saint-Paul, son lieutenant en Champagne, fort affectionné à la Ligue.

que

que cet écrit fût rendu public, parce qu'il étoit rempli de vérités, que le temps n'étoit pas encore venu de révéler. J'y consentis sans peine, parce que je me suis toujours fort peu embarrassé des efforts de l'envie, espece de maladie incurable. Je puis dire que toute la conduite du duc de Guise dans la suite, me servit d'une meilleure apologie encore. Il commença son gouvernement par une déclaration si nette et si précise de ses sentimens, qu'il ôta toute espérance aux factieux de pouvoir jamais le tenter. Il se porta en toutes rencontres au service du Roi et au bien de l'état, avec autant de fermeté que de prudence. La réduction de (*) Marseille, qui a passé avec raison pour un coup des plus habiles dans ce genre, fut son

---

(*) Cette ville étoit sur le point d'être livrée au roi d'Espagne par deux de ses bourgeois, nommés Charles Casault et Louis d'Aix, lorsque le duc de Guise trouva le moyen de s'en rendre le maître, d'intelligence avec Pierre et Barthelemi Libertat, freres, aussi bourgeois de cette ville. Ils tuerent Casault, battirent les troupes du parti Espagnol, et donnerent entrée par la porte Réale au duc de Guise, qui acheva cette entreprise avec beaucoup de conduite. Voyez *de Thou*, liv. 116; *d'Aubigné*, tome 3, liv. 4, chap. 12, &c. Henri IV apprenant la réduction de Marseille, dit : « C'est » maintenant que je suis Roi ». Dans la campagne suivante, le duc de Guise montra beaucoup de valeur, en poursuivant les Espagnols à Gray, et tua de sa main un cavalier des ennemis qui lui fit un défi : Henri IV l'embrassa, et dit ces belles paroles : « Il faut que ceux qui trouvent de vieux exem-» ples de vertu devant eux, les imitent et renouvellent pour » ceux qui viennent après eux ». *P. Mathieu*. tome 2, liv. 1, page 192.

ouvrage. Aidé de Lesdiguieres et de la comtesse de Sault, il battit et réduisit si bien l'orgueilleux d'Epernon, qu'il mit enfin un frein à son humeur mutine, et qu'on vit cet esprit intraitable obligé de se mettre à la merci du Roi, et devenir un des plus assidus courtisans.

Je suis prêt à rendre justice au duc d'Epernon, et je le fais de bon cœur. On me trouvera toujours le premier à appuyer sur les services qu'il rendit, soit de sa personne, soit de ses troupes, à Limoges, à Saint-Germain, à Ville-Blois (*), à Chartres, à Boulogne, à Montaufon, à Antibe, et même, si on le veut, à Villemur. Je suis fâché que la nécessité du sujet me jette dans une discussion, qui peut rabattre des sentimens qui lui sont honorables; mais enfin puisque c'est ici un endroit qu'on ne peut ni cacher, ni déguiser, que peut-on penser de sa maniere de se comporter en Provence? c'est assurément bien ménager sa réputation, et lui faire grace,

___

(*) Voyez sur chacune de ses actions l'*Histoire de la vie du duc d'Epernon*, imprimée à Paris en 1665. Villebois est une ville d'Angoumois, qui porte aujourd'hui le nom de la Vallette. On peut aussi consulter cette Histoire sur les reproches que nos Mémoires font à ce Duc. On ne sçauroit entreprendre de le justifier sur-tout : son Historien même regarde cette justification comme impossible. Tout ce qu'on peut dire, c'est que M. de Sully s'est plu à grossir des fautes, que les dernieres années de la vie du duc d'Epernon ont presqu'entiérement effacées.

que de mettre tout sur le compte de sa catholicité. Ses panégyristes qui ont tout fait retentir des éloges de ses moindres actions, devoient être un peu plus modérés sur tant de témoignages si marqués, de désobéissance et de révolte, ou commencer par bien établir qu'un sujet peut, sans être reprochable, manquer à son Roi et à sa patrie; brouiller et renverser tout au gré de son ambition, et mettre la violence à la place du droit. S'il y a quelque louange à donner ici, c'est sans doute au Roi, qui après tout cela reçoit encore d'Epernon à bras ouverts, et ne l'exclut pas des graces, dans un état où elles étoient en toutes manieres pures graces pour lui.

Après la mort de d'O, il parut sur les rangs un homme qu'on jugea devoir bientôt remplir la place de surintendant : c'est Nicolas de Sancy (*), qui ne manquoit ni de capacité, ni d'expérience en cette matiere. Sancy étoit ce qu'on appelle proprement un homme d'esprit, à prendre ce terme dans le sens qu'on lui donne ordinairement pour marquer de la vivacité, de la subtilité et de la légéreté; mais comme ces qualités ne sont rien moins qu'inséparables de l'excellent jugement, il les gâtoit par une vanité, un caprice, une fougue qui le rendoient quelquefois insupportable. Ce

(*) *Nicolas de Harlay de Sancy.*

que je pense en général de ces esprits d'une imagination vive et forte, c'est que, quoiqu'ils soient communément sujets à deux grands défauts, celui de trop de subtilité dans leurs idées, et de peu d'ordre et d'arrêt dans leurs projets, on ne doit pourtant pas les regarder comme tout-à-fait incapables des affaires, parce que souvent il leur arrive de rencontrer des expédiens qui auroient échappé aux esprits froids et phlegmatiques, mais qu'ils ont presque continuellement besoin d'être veillés et redressés.

Sancy avoit servi long-temps et utilement Henri III et le Roi régnant, soit en Allemagne, soit en Suisse. Il s'étoit insinué dans l'esprit de Henri par beaucoup de complaisance, par des manieres déliées, par un art très-raffiné de le flatter dans ses divertissemens et de l'amuser dans ses galanteries : par-là il s'étoit mis avec ce Prince dans les termes de la plus privée familiarité. Pour lui faire sa cour en toutes manieres et aussi par jalousie, il crioit sans cesse contre la dissipation des finances ; et comme un flatteur en dit presque toujours plus qu'il n'a envie, en frondant le surintendant, il n'avoit pu s'empêcher d'invectiver aussi contre la surintendance, comme contre une charge ruineuse à l'état ; en quoi il ne s'étoit pas montré pour cette fois homme d'esprit. Mais il avoit mis à son élévation à cette charge ; un obstacle bien plus essentiel encore, c'est que non-seulement il ne s'étoit pas attaché à plaire à Madame de Liancourt (*), actuellement en faveur auprès du Roi, mais encore que par une intempérance de langue, à laquelle ses pareils sont sujets, il avoit offensé cette Dame par un endroit des plus sensibles.

Je ne sçais si le conte que je vais rapporter, a jamais été en effet autre chose qu'un conte : en ce cas Sancy n'en auroit que plus de tort de lui avoir donné cours : quoi qu'il en soit, voici comme il courut dans Paris. Alibour, premier médecin du Roi, ayant été envoyé par sa Majesté visiter Madame de Liancourt, qui avoit mal passé la nuit (c'étoit au commencement de ses poursuites amoureuses près de cette Dame), vint lui redire qu'à la vérité il avoit trouvé un peu d'émotion à la malade, mais que sa Majesté ne devoit point s'en mettre en peine, et qu'assurément la fin en seroit bonne. « Mais ne la voulez-vous pas
» saigner et purger, lui dit le Roi ? Je m'en
» donnerai bien de garde, répondit le bon vieil-
» lard avec la même candeur, avant qu'elle soit
» à mi-terme. Comment, reprit le Roi, surpris

_____

(*) C'est la belle Gabrielle, mariée à Nicolas d'Amerval, seigneur de Liancourt. Elle fut contrainte par son pere, dit-on, à ce mariage, qui n'étoit point de son goût, mais Henri IV sçut bien empêcher qu'il ne fût consommé.

L 3

» et ému au dernier point ; que voulez-vous dire,
» bon homme ? je crois que vous rêvez, et n'êtes
» pas en votre bon sens ». Alibour appuya son
sentiment de bonnes preuves, que le Prince crut
bien détruire en lui apprenant plus particulièrement en quels termes il en étoit avec la Dame.
« Je ne sçais, répartit le vieux médecin avec
» beaucoup de phlegme, ce que vous avez fait
» ou point fait » ; et il le remit pour la preuve
complette, à six ou sept mois de-là. Le Roi
quitta Alibour extrêmement en colere, et s'en alla
de ce pas gronder la belle malade, qui sçut bien
rhabiller tout ce qu'avoit dit ignoramment le bon
homme ; car on ne vit aucune mésintelligence
entre le Roi et sa maîtresse. Il est bien vrai que
l'effet fut de tout point conforme à la prédiction
d'Alibour ; mais on conjecture que Henri fut
amené après un meilleur examen, à croire que
tout le mécompte étoit de son côté, puisqu'au
lieu de désavouer l'enfant dont Madame de Liancourt accoucha à Coussy pendant le siege de
Laon, il s'en expliqua hautement, et voulut qu'on
lui donnât le nom de César.

Sancy se donnoit carriere en faisant ce conte,
et il n'y oublioit pas la circonstance de (*) la

(*) La Renardiere étoit une espece de bouffon, « moitié
» soldat, moitié procureur, moitié gentilhomme, qui disoit
» tout ce qui lui venoit à la bouche ». C'est ainsi qu'il en

Renardiere, qui ayant voulu, dit-il, un jour prendre la liberté de donner à sa Majesté certains éclaircissemens qui ne lui plurent pas, fut peu de jours après chassé de la cour : on chercha pour prétexte, qu'il avoit rompu en visiere à l'Amiral (*). Sancy trouvoit à parler jusques sur la mort du bon homme Alibour, et il l'auroit trouvée plus naturelle, si elle ne fût point arrivée avec l'accomplissement de sa prédiction. S'il glosoit ainsi sur la naissance du fils, il n'en faisoit pas moins sur toute la vie de la mere. Sancy éprouva à ses dépens ce que peut la haine d'une femme, sur-tout d'une maîtresse du Roi. Henri l'aimoit et lui vouloit du bien : quoiqu'il penchât de lui-même à supprimer la surintendance des finances, il l'auroit encore conservée uniquement pour la lui donner, mais Madame de Liancourt sçut bien l'en empêcher.

En la place de surintendant des finances, sa

est parlé dans les aventures du baron du Fœneste, *liv.* 4, *chap.* 7, où il y a plusieurs contes de lui.

(*) Le Journal de l'Etoile et la confession de Sancy, confirment toute cette plaisanterie, aussi-bien que le soupçon qu'elle finit d'une maniere tragique pour le vieux M. Alibour, premier médecin du Roi, empoisonné, disoit-on, par ordre de la maîtresse du Roi ; mais tout cela est dit sans preuves. On peut encore lire à ce sujet, ce que Sauval a rapporté sur la foi des bruits publics et des libelles satyriques, touchant les intrigues de galanteries entre la belle Gabrielle et le duc de Bellegarde.

Majesté forma un conseil composé de huit conseillers, le chancelier de Chiverny, le duc de Retz, MM. de Belliévre, dont Matignon tint la place dans la suite, de Schomberg, de Maisse, de Fresne, protégé par Madame de Liancourt, de la Grange-le-Roi et de Sancy, qui se trouva encore fort heureux qu'on lui conservât une simple (1) place dans ce corps. Le Roi jugea à propos de donner à ce conseil, pour la forme seulement, et sans aucune distinction, un chef honoraire, qui fut le duc de Nevers. Cette forme de gouvernement dans les finances dura quelque temps, quoiqu'avec quelques légers changemens que je marquerai en leur temps; car on doit s'attendre à voir traiter dans ces Mémoires tout ce qui regarde les finances, avec toute l'étendue que peut y donner un homme qui en a fait si long-temps son étude et son occupation.

La suite fit bien voir au Roi que ce nouveau changement dans le (2) conseil, n'étoit rien

(1) Messieurs de Thou et Péréfixe, disent que M. de Sancy fut quelque temps surintendant avant M. de Rosny; ce qui ne doit s'entendre, je crois, que de l'autorité qu'il prit de lui-même parmi tous ses confreres, comme M. de Sully le dit dans la suite. Les écrivains de ce temps-là conviennent qu'on ne peut parler avec certitude sur l'état du conseil des finances, jusqu'au temps où M. de Rosny en fut enfin déclaré le chef. On ne risque rien à croire tout ce qu'il nous dit sur le chapitre des finances.

(2) Péréfixe parle de cette nouvelle forme du conseil des finances, comme M. de Rosny, *année* 1598, *page* 224.

moins que capable d'apporter au mal le remede qu'on cherchoit. Je le compris, malgré mon peu d'expérience en ces matieres. Ce n'est pas le gouvernement d'un seul homme qui fait que les finances vont mal, puisqu'il est inévitable qu'elles passent par quelques mains; moins on en peut employer, plus elles demeurent entieres. L'abus est dans le choix de cet homme, et aussi dans la constitution des finances ; et à ces deux égards, c'est perpétuer le mal que de distribuer ces fonctions sur tant de têtes. S'il est difficile de trouver dans tout le royaume un seul homme, tel qu'il le faut pour cet emploi, comment pourra-t-on se flatter d'en trouver un si grand nombre ? L'erreur n'est pas moins visible, de s'imaginer que toutes ces personnes y apportant chacune de leur côté une bonne qualité différente, il en résultera le même effet que d'un homme qui les auroit toutes: puisque c'est supposer que cette bonne qualité ne sera pas rendue inutile, et par ses propres défauts, et par ceux de ses associés. Presque tous ceux qui entrent dans les charges, n'y apportent point de plus forte disposition, qu'un penchant invincible à s'élever et à s'enrichir, eux et tous leurs parens. Si cette soif des richesses ne se fait pas sentir à eux dans le commencement, elle naît bientôt, croît et s'irrite par tout l'argent qu'ils touchent. Dans la dépendance et la crainte mutuelle où ils sont les uns des autres, chacun d'eux se représente l'intégrité comme une qualité qui lui seroit inutile, ou même nuisible, et dont l'honneur se répandant sur tous ses confreres, l'incommodité seule lui resteroit. Le Roi n'eut pas de bonheur dans le choix des membres de ce nouveau corps. Une partie de ceux qui le composoient, outre la malignité de la nature, étoient dans une situation toute propre à les corrompre. Ils avoient des dettes à éteindre et des affaires domestiques à rétablir.

Sa Majesté m'y avoit aussi destiné une place, et dans ses entretiens avec moi, elle me parloit depuis long-temps de l'envie qu'elle avoit que je commençasse à me mettre au fait de la finance; mais je ne m'accommodai nullement des airs impérieux du duc de Nevers, qui nous morguoit à tout propos de sa qualité de Prince, dans un endroit où elle est comptée pour peu de chose. Je pris la liberté, un jour que je me sentis poussé à bout, de le prier de faire attention que le comté de Nevers n'étoit entré dans la maison de Gonzague, qu'après être sorti de celle de Béthune. On ne pouvoit porter à cet homme, bouffi de vanité, un coup plus sensible : il dit et redit à tous ceux qui voulurent l'entendre, que j'étois Huguenot de pere en fils, et pour répondre à mon anecdote, qu'il avoit vu mon grand-pere faisant une triste figure à Nevers. Je le laissai exercer sa vengeance, qui ne pouvoit aller qu'à me tirer d'un conseil où je me soucios fort peu d'entrer avec lui. Il eut satisfaction. Le Roi qui avoit encore mille égards à conserver, ne jugea pas à propos de nous laisser ensemble. Il me dit obligeamment qu'il étoit contraint de remettre à un temps plus éloigné le témoignage de sa bienveillance à mon égard. Je demeurai content en l'attendant, de la charge de secrétaire d'état, avec deux mille livres de gages, et d'une pension de trois mille six cent livres, dont sa Majesté me gratifia.

La nécessité de mettre une réforme dans les finances, frappant les plus aveugles, le nouveau conseil voulut dans son commencement que cet honneur lui fût dû, et il en fit composer un projet par ceux d'entr'eux qui se piquoient d'avoir dans l'esprit plus de pénétration et de méthode, Fresne et la Grange-le-Roi; mais après qu'ils eurent enfanté sur cette matiere un fort gros volume, il en arriva comme de la plupart des systêmes qu'on a inventés et qu'on inventera: rien de plus merveilleux dans la spéculation, rien de plus scabreux dans la pratique; et le Roi, qu'ils avoient entretenu des plus magnifiques espérances, ne s'en trouva pas plus avancé au bout de l'année, qu'il avoit passée à

Paris, attendant de jour en jour l'effet de leurs promesses.

Il y fut plus utilement retenu par le traité avec la Lorraine, qui se détacha enfin de l'Espagne, et fit avec la France une ligue offensive et défensive. Sancy s'y employa fort utilement, et en eut presque tout l'honneur. Le Roi ne manqua plus d'occupation, dès que le duc de Bouillon fut arrivé à Paris. Il y vint presser en personne l'exécution des desseins dont il m'avoit entretenu à Sedan, et particuliérement la déclaration de guerre contre l'Espagne, dont il faisoit la base de son agrandissement du côté des Pays-Bas. Il en parla avec des raisonnemens si plausibles, qu'après avoir gagné à demi le Roi, et attiré dans son opinion la plupart des courtisans (*), il ne balança

---

(*) M. de Thou ne doute point que le duc de Bouillon n'ait été le principal auteur de cette guerre; et son historien convient de bonne foi qu'en donnant ce conseil, Bouillon consulta bien moins l'avantage de l'état et la gloire du Roi, que son intérêt personnel et celui du parti Calviniste, qui avoit nécessairement besoin de la guerre, pour obtenir les conditions favorables qui lui furent accordées par l'édit de Nantes. Malgré les raisons de déclarer la guerre à l'Espagne, qu'on voit détaillées dans les *manuscrits de la bibliothèque du Roi*, volume marqué 8955, *et dans la déclaration du Roi, rapportée au tome* 6 *des Mémoires de la Ligue*; tous les bons écrivains et les esprits judicieux ne forment qu'une seule voix en faveur du sentiment du duc de Sully, sur la précipitation et l'imprudence avec laquelle Henri IV se porta à cette entreprise, dont les suites pouvoient être encore bien plus fâcheuses qu'elles ne le furent.

pas à en faire la proposition en plein conseil. Il y avoit deux sortes de personnes qui ne la trouvoient pas de leur goût: ceux en qui il restoit encore un germe d'attachement à la Ligue et à l'Espagne, ils n'étoient pas en petit nombre; et ceux qui jugeoient que dans l'état de foiblesse et d'épuisement où se trouvoit alors le royaume, la guerre étoit tout-à-fait hors de saison. Ce dernier avis n'avoit que très-peu de partisans, mais très-forts en raisons, si on avoit voulu les écouter.

Je ne voulus pas avoir à me reprocher d'avoir gardé le silence en cette occasion; je tâchai par toutes sortes de moyens de dissuader le Roi de la guerre; mais ce Prince, que son propre penchant entraînoit toujours un peu de ce côté-là, crut avoir trouvé l'occasion qu'il cherchoit de se venger d'un voisin, qui s'étoit fait une étude d'entretenir le feu qui consumoit le centre de son royaume. On étoit assuré des troupes Lorraines. L'Angleterre et la Hollande faisoient espérer par leurs ambassadeurs une puissante diversion. A entendre le duc de Bouillon, il n'avoit qu'à dire une parole pour faire rendre tout le Luxembourg. Sancy faisoit les plus belles promesses de la part des Treize-Cantons. Ils devoient remplir et ravager toute la Franche-Comté. Tant de belles apparences déterminerent le Roi, et la guerre fut déclarée en forme à l'Espagne, au mois de Janvier de l'année suivante.

L'Espagne parut s'en mettre peu en peine, et n'y répondit qu'en témoignant beaucoup de mépris pour le conseil de Henri, et pour Henri lui-même, auquel elle ne donnoit point d'autre qualité que celle de prince de Béarn. Pendant qu'elle se préparoit à se défendre, ses émissaires en France travailloient à lui en épargner la peine, par un dessein si noir, qu'on ne sçauroit presque se persuader qu'elle ait pu recourir à un si lâche artifice.

Le 26 Décembre, le Roi étant à Paris dans sa chambre du (1) Louvre, où il donnoit audience à MM. de Ragny et de Montigny, avec lesquels il étoit entré un monde considérable; dans le moment qu'il se baissoit pour embrasser l'un d'eux, il reçut dans le visage un coup de couteau que le meurtrier laissa tomber, pour songer à s'échapper à la faveur de la foule (2). J'étois présent. J'ap-

(1) Selon d'autres dans la chambre de la marquise de Monceaux, à l'hôtel de Schomberg, derriere le Louvre; mais ce n'est véritablement ni au Louvre, ni à l'hôtel de Schomberg que ceci se passa. Un registre de l'hôtel de ville de Paris, cité par Piganiole, *tome 2 de la description de Paris*, fait foi que la belle Gabrielle demeuroit dans l'année 1595 à l'hôtel d'Estrées; et que c'est en cet endroit que Henri IV fut blessé. Cet hôtel s'est appelé ensuite *l'hôtel du Bouchage*, et fut acheté en 1616 par M. de Berulle, pour loger les peres de l'Oratoire, qui y demeurent encore aujourd'hui.

(2) « A l'instant, le Roi qui se sentit blessé, regardant

prochai plus mort que vif, voyant le Roi tout couvert de sang, et craignant avec raison que le coup n'eût porté dans la gorge. Ce Prince nous rassura avec un air doux et tranquille, et nous vîmes bientôt qu'il n'avoit en effet eu d'autre mal qu'une levre fendue. Le coup ayant été porté trop haut, avoit été arrêté par une dent qui en étoit éclatée. Le parricide fut découvert sans peine, quoique caché dans la foule : c'étoit un écolier, nommé Jean Châtel : il répondit aux premieres questions qu'on lui fit, qu'il sortoit du college des Jésuites ; et il chargea griévement ces peres (*).

» ceux qui étoient autour de lui, et ayant avisé Mathurine
» sa folle, commença à dire : *Au diable soit de la folle !*
» *elle m'a blessé* : mais elle le niant, courut tout aussi-tôt
» fermer la porte, et fut cause que ce petit assassin n'échap-
» pât ; lequel ayant été saisi, puis fouillé, jetta à terre
» son couteau encore tout sanglant ». C'est ainsi qu'en
parle l'Etoile. Les manuscrits de la bibliotheque du Roi,
portent au contraire, *vol.* 9033, que le Roi se sentant
frappé, dit à l'un de ces deux Messieurs : « Ah ! cousin, tu
» *m'as blessé* : » et que se jettant à ses pieds, ce gentilhomme lui répondit : « A Dieu ne plaise, Sire, que j'aie la
» pensée de toucher ni blesser votre Majesté. Je n'ai rien
» sur moi que l'épée qui est à mon côté ». M. de Thou
dit que M. le comte de Soissons arrêtant le meurtrier, dit
tout haut que c'étoit l'un d'eux deux qui avoit fait le coup,
et qu'on apperçut à ses pieds le poignard qui brilloit à la
lueur des flambeaux. *Liv.* III.

(*) Lorsqu'il est question d'imputations personnelles, ou faites à tout un corps, je me crois obligé avant tout de rappeller la remarque que j'ai faite dans la préface de cet Ouvrage, que les Mémoires de Sully sont composés de pieces authentiques et originales, qui doivent les faire re-

Le Roi qui l'entendit, dit avec une gaieté, dont peu de personnes auroient été capables en pareille occasion, qu'il sçavoit déjà par la bouche de quan-

garder comme dignes de toute la foi qu'on a pour les Auteurs graves, et de plus, comme la véritable production du duc de Sully. Telles sont les lettres, mémoires particuliers, entretiens, réflexions, &c. mais qu'ils sont aussi mêlés de récits qu'on peut bien attribuer uniquement à ceux qui ont recueilli et compilé ces pieces, et dont l'autorité n'a rien de bien respectable. Or c'est dans ces pages de narration que se trouve une grande partie des faits et paroles contre les Jésuites; et on ne doit point les admettre sans de sûrs garans, sans de solides preuves. On en trouvera contre l'énoncé de nos Mémoires, sur l'affaire de Châtel, dans les Mémoires pour servir à l'Histoire Universelle de l'Europe, *tome 1, page* 110 *et suiv*. Et si l'on a plus de déférence pour le témoignage des Auteurs contemporains : « Châtel, dit l'Etoile, *dans son Journal sur l'année* 1595, » fut interrogé le 28, et par son interrogatoire, déchargea » du tout les Jésuites, même le P. Guéret son précepteur; » dit qu'il avoit entrepris le coup de son propre mouve- » ment, &c. » En effet, lorsque ce parricide fit le coup, il y avoit sept mois qu'il étoit sorti du college, et qu'il avoit fini ses études. A cette autorité de l'Etoile qui n'est pas suspecte, se joint celle du manuscrit royal que je viens de citer, de M. de Thou, de Mathieu, *tome 2, liv. 1, page* 183, de Cayet, *liv. 6, page* 432, et des Mémoires de la Ligue. Selon tous ces écrivains, Châtel déclara bien à la vérité qu'il avoit fait ses études aux Jésuites, et que par leur doctrine il est permis de tuer les Rois, comme l'enseignoient les écrits du pere Guignard, bibliothécaire du college de Clermont, qu'on alla saisir à l'heure même: mais en même tems il disculpa formellement, et son professeur, et tous les Jésuites, de lui avoir jamais conseillé d'assassiner le Roi, et même d'avoir eu, non plus que son pere, aucune connoissance de son dessein; quoique, selon l'Etoile, Lugoly, lieutenant de la maréchaussée, se fût déguisé en confesseur, pour arracher de Châtel son secret. Messieurs de Sully et d'Aubigné ont donc très-grand tort de faire

cité de gens de bien, que la société ne l'aimoit point ; qu'il venoit d'en être convaincu par la sienne propre. Châtel fut livré à la justice (1) : et les poursuites contre les Jésuites qui avoient été suspendues, ayant été reprises plus fortement qu'auparavant, elles ne finirent que par l'expulsion de tout cet Ordre (2) hors du royaume. Le pere Jean Guignard (3) fut pendu pour ses theses criminelles

juger par la maniere dont ils s'énoncent l'un et l'autre, que les Jésuites pousserent Châtel à cet assassinat. Le P. de Châlon s'exprime d'une maniere assez ambiguë, lorsqu'il dit, *tome 3 de son Histoire de France, page* 245, que Châtel avoua à l'interrogatoire : « Que les principes et les discours » des Jésuites l'avoient porté à cette criminelle action »; mais on apperçoit pourtant que le sens de ces paroles est fort éloigné du précédent.

(1) « Après avoir été mis à la question ordinaire et extraor-
» dinaire, qu'il endura sans rien confesser, fit amende
» honorable, eut le poing coupé, tenant à sa main l'homi-
» cide couteau duquel il avoit voulu tuer le Roi; puis fut
» tenaillé et tiré à quatre chevaux en la place de Gréve ;
» son corps et ses membres jettés au feu, et consumés en
» cendres, et les cendres jettées au vent..... Le sire Châ-
» tel, pere du parricide, fut banni pour neuf ans du
» royaume de France, et de la prévôté et vicomté de Paris
» à toujours; condamné à quatre mille écus d'amende ; sa
» maison fut rasée, et au lieu d'icelle, une pyramide élevée,
» contenant le discours de tout le fait ». *L'Etoile, ibid.*
On croit que la petite place qui est devant les Barnabites, est le sol de la maison de Châtel.

(2) « Les Jésuites obéissant à leur arrêt, sortirent de la
» ville de Paris, conduits par un huissier de la cour. Ils
» étoient trente-sept, desquels une partie dans trois char-
» rettes, et le reste à pied ; leur procureur étoit monté sur
» un petit bidet, &c. ». *L'Etoile, ibid.*

(3) Le P. Guignard n'enseignoit pas la pernicieuse doc-

contre l'autorité et la vie des têtes couronnées.
Jean Guéret (*), Pierre Varade, Alexandre Mayus,
François Jacob et Jean Lebel, autres membres

trine qu'on lui reprochoit, dans le temps, de l'affaire de
Châtel. Il pouvoit l'avoir enseignée pendant les fureurs de la
Ligue; comme la Sorbonne elle-même l'avoit fait, avec un
grand nombre de Prêtres et de Religieux. A s'en tenir aux
pieces du procès de ce pere, on doit convenir, 1°. Que s'il
avoit écrit et parlé en faveur de la Ligue, ce crime lui étoit
pardonné, puisque l'amnistie avoit été accordée à tous les
Ligueurs; 2°. Qu'il n'a subi la rigueur des loix, que pour
avoir conservé quelques écrits et quelques livres, qui étoient
favorables à ce parti. Sur quoi le P. Daniel, *Hist. de
France*, in-folio, tome 3, page 1796, remarque que si on
avoit fait le procès à tous ceux qui étoient dans le même
cas, il auroit fallu condamner à mort la plupart des Prêtres
et des Religieux chargés du soin des cabinets et des biblio-
theques, où de semblables écrits étoient gardés, et où ils se
sont conservés jusqu'à nos jours. « Il dit qu'il mouroit inno-
» cent..... Exhorta le peuple à la crainte de Dieu, obéis-
» sance au Roi; même fit une priere tout haut pour S. M.
» pria le peuple de n'ajouter foi légèrement aux faux rap-
» ports qu'on faisoit courir d'eux; qu'ils n'étoient point
» assassins des Rois, et que jamais les Jésuites n'avoient
» procuré ni approuvé la mort de Roi quelconque, &c. ».
Mém. de l'Etoile, ibid. « Il ne voulut point faire amende
» honorable au Roi, disant qu'il ne l'avoit point offensé ».
Cayet, ibid.

(*) L'Auteur se trompe encore. Jean Gueret fut condamné
par un arrêt particulier au bannissement perpétuel : mais il
n'est fait nulle mention expresse de Pierre Varade, d'Alexandre Mayus, &c. lesquels furent seulement compris avec tous
les autres, et sans être spécialement nommés dans l'arrêt
qui proscrivoit en général toute la société. C'est une insigne
calomnie dans Morisot, d'avoir avancé (*chapitre* 33) que
François Jacob, à qui l'on vint dire que Henri IV venoit
d'être tué par Châtel, se vanta qu'il auroit poignardé ce
Prince, si Châtel ne l'avoit pas prévenu. Je ne connois
aucun Historien qui ait dit rien de pareil.

de la société, suspects de complicité, furent condamnés à faire amende honorable, et à être bannis à perpétuité.

Le Roi n'en fut que plus animé à poursuivre la guerre contre l'Espagne. Il tira un favorable augure du succès qu'eurent les premiers actes d'hostilités. Les troupes Lorraines, aussi-tôt après leur traité avec la France, s'étoient répandues d'elles-mêmes dans la Bourgogne, sous la conduite de Tremblecourt et (1) de Saint-George, et y avoient jetté la terreur. D'un autre côté, la garnison de Soissons, place toute dévouée à la Ligue, ayant à sa tête Conan et Bellefond (2), fut défaite presqu'entiérement par Moussy (3), d'Edouville, de Bays et

C'est une autre calomnie aussi noire, d'avoir cherché à les faire passer pour les auteurs de l'écrit qui a pour titre: *Apologie de Jean Châtel:* écrit frivole, et en même temps abominable par l'abus qu'on y fait de toutes les loix divines et humaines, et de l'écriture même. Ils prouverent dès ce temps-là leur innocence à cet égard; et selon le même Historien, P. Mathieu, ils furent encore mieux justifiés par l'aveu du véritable auteur de cette piece, qui est Jean Boucher, ce même prêtre dont toutes les Histoires ont rendu le nom si odieux. Avec cet écrit, qui n'auroit jamais dû voir le jour, on vient d'imprimer tout récemment l'histoire du procès de Châtel, par pieces tirées tant du manuscrit de la bibliotheque du Roi, dont il vient d'être parlé, que des actes du Parlement.

(1) N. d'Aussonville, sieur de Saint-George, et Louis de Beauveau, sieur de Tremblecourt, gentilshommes Lorrains.

(2) Bernardin Gigault de Bellefond.

(3) Le 15 Février, dans les plaines de Villers-Cotterets

de Gadancourt, lieutenant de ma compagnie. Le duc de Montmorency (1), pour se rendre digne de la dignité de connétable dont il venoit d'être revêtu, étoit allé fondre dans le Dauphiné, le Lyonnois et la Bresse, avec un corps de quatre mille hommes d'infanterie, et quatre cent chevaux très-aguerris, avoit chassé ce qui y restoit des troupes des ducs de Savoie et de Nemours ; pris Vienne par composition sur Dizimieux qui en étoit gouverneur pour le duc de Nemours, et ensuite Montluel. Le maréchal de Biron, après l'expédition de Beaune, s'étoit rendu maître de Nuits, d'Autun et de Dijon (2). Le duc de Bouillon qui étoit allé se mettre à la tête des troupes Sédanoises, aussi-tôt après la déclaration de guerre, étoit entré dans le Luxembourg, où, avec le secours du comte Philippe de Nassau, il avoit défait huit ou dix partis de cavalerie, conduits par Mansfeld.

Henri ne douta point qu'en unissant tous ces petits corps d'armées en un seul, il ne fût en état de faire trembler la province où il le conduiroit.

en Vallois. Le baron de Conan est nommé Conas, ou Conac, dans M. de Thou ; et il faut lire Beyne, au lieu de Bays.

(1) Henri II, fils du connétable Anne de Montmorency. Il fut fait connétable en 1593.

(2) Voyez toutes ces différentes expéditions en Bourgogne, dans de Thou et d'Aubigné, *année* 1595.

Il est vrai qu'après cela on cessoit de faire tête par-tout, comme auparavant; mais l'avantage que sa Majesté espéra retirer du premier dessein, le lui fit préférer. Ayant à choisir entre la Picardie, la Champagne et la Bourgogne, ce Prince se détermina pour la Bourgogne, où MM. de Montmorency, de Biron et de Sancy lui donnoient espérance de plus grands succès. Voyons quels étoient les motifs secrets de ces trois personnes.

Le connétable de Montmorency avoit pris l'allarme des grands préparatifs qu'il voyoit faire à l'Espagne en Lombardie, où le connétable de Castille avoit eu ordre d'abandonner le Milanois, quelque nécessaire qu'y fût sa présence, pour entrer en France, et y tenter quelque grand exploit après sa jonction avec le comte de Fuentes, général des troupes Espagnoles dans les Pays-Bas : Montmorency craignoit d'avoir toutes ces forces sur les bras. Le maréchal de Biron, qui étoit dans les mêmes quartiers, où après s'être saisi de la ville de Dijon, il s'étoit attaché au château de cette ville et à celui de Talan, tous deux très-forts, appréhendoit aussi d'être obligé d'en lever le siege, s'il n'étoit secouru.

Quant à Sancy, il cherchoit à se faire honneur de la conquête de la Franche-Comté, vers laquelle il poussoit sans cesse le Roi. Convaincu par son expérience du pouvoir de Madame de Liancourt, il songea à lui mettre ce dessein dans la tête. Il n'étoit pas assez bien avec cette Dame, pour l'entreprendre par lui-même; mais il sçavoit bien de quelle maniere, en se tenant caché, on peut à la cour porter un adroit contre-coup. Il fit glisser au chancelier de Chiverny, et par son moyen à une Dame qui ne pouvoit manquer d'en faire sa cour à Madame de Liancourt, que le Roi pouvoit sans peine faire un riche apanage à son fils César : il ne s'agissoit que de chasser les Espagnols de la Franche-Comté, et de lui en donner la jouissance, sous la souveraineté des Treize-Cantons, que leur intérêt portoit à favoriser cette entreprise. Je suis sûr que Madame de Liancourt ne se flatta pas de pouvoir faire entrer le Roi dans une idée si ridicule, et qu'elle n'osa même la lui communiquer, quoique ce Prince eût pour elle un si grand foible (*), qu'il n'étoit plus ignoré de personne; mais il n'en fallut pas davantage à cette Dame, pour se ranger du côté de ceux qui conseilloient à sa Majesté le voyage de Bourgogne. Voilà quelle est la cour ; et voilà comme on trompe les Rois. Qu'ils appren-

---

(*) « Il passoit au travers de Paris ayant cette Dame à » son côté ; la menoit à la chasse ; la caressoit devant tout » le monde ». *Journal de l'Etoile, ibid.* On peut aussi juger de l'attachement de Henri IV pour cette Dame, par les lettres qu'il lui écrivoit. Elles ont été extraites des manuscrits de la bibliotheque du Roi, et imprimées dans le 1 *tome du Journal du regne de Henri III, page* 281 *et suiv.*

nent de-là, que quelque idée qu'ils aient conçue de l'habileté ou de la sagesse de leurs ministres, il est toujours plus sûr de bien étudier par rapport à chaque affaire, le penchant, l'intérêt et les dispositions secretes de ceux qui les approchent.

Pour remédier en quelque sorte à l'inconvénient de laisser la frontiere de Picardie exposée aux efforts des troupes Espagnoles qui étoient en Flandre, le Roi qui ne s'abusoit pas comme les autres sur ces secours si puissans, promis par l'Angleterre et la Hollande, laissa sur cette frontiere MM. de Nevers, de Bouillon, de Villars et de Saint-Paul (*), à la tête chacun d'un détachement; leur enjoignit de se secourir dans le besoin, et ne leur recommanda rien tant que la bonne intelligence. En cas de réunion, le duc de Nevers fut celui que sa Majesté désigna commandant. Il pourvut avec la même attention aux affaires du dedans, en établissant un conseil, lequel, outre les finances, devoit connoître des traités à faire avec les provinces, villes et gouverneurs, des affaires de la guerre, et de l'administration du royaume.

Aussi-tôt que sa Majesté se fut expliquée publiquement sur la formation de ce conseil, M. le comte de Soissons souhaita d'en être nommé le président, et commença à en insinuer quelque chose

―――
(*) François d'Orléans, comte de Saint-Paul, gouverneur de la province.

en présence du Roi. Afin de lui faire oublier ce que j'avois fait pour traverser son mariage, je sollicitai pour lui ce titre plus honorable qu'effectif, et qui, suivant les apparences, devoit être de courte durée ; mais le Roi qui sentoit croître de jour en jour son aversion pour le Comte, avoit déjà jetté les yeux sur le prince de Conty, et s'en expliqua à son dîner devant toute la cour ; ensuite se tournant vers M. le Comte, il lui dit que connoissant que son humeur le portoit tout entier vers la guerre, il le retenoit près de sa personne pour cette campagne, et lui ordonna d'aller mettre en état sa compagnie de gendarmes. Le prince de Conty répondit par une profonde révérence, parce qu'il s'exprimoit avec peine ; et le comte de Soissons en fit autant, parce que le dépit l'empêcha de parler : tout ce que lui disoit sa Majesté étant accompagné d'éloges de sa valeur, et d'un air de distinction dont il falloit faire semblant d'être content.

Les membres du nouveau conseil furent presque tous pris de l'ancien. On y ajouta trois intendants, Heudicourt, Marcel et Guibert : le nombre en fut dans la suite augmenté jusqu'à huit ; en joignant à ces trois-ci Incarville, des Barreaux, Atichy, Santeny et Vienne ; et un secrétaire qui fut Meillant. Quoique le duc de Nevers n'y fût plus, le Roi ne trouvoit pas moins de difficulté à m'y faire entrer que dans le premier. Il ne l'osa d'abord, tant il avoit d'égards pour les Catholiques, qui ne pouvoient souffrir un Protestant en place. Cependant il franchit le pas trois jours après ; et la raison qu'il en apporta aux autres conseillers, fut que la confiance que le prince de Conty avoit en moi, leur rendoit mon association nécessaire par rapport à eux-mêmes.

Le chemin de sa Majesté s'adonnant par Moret, je l'accompagnai jusques-là, moins pour l'y recevoir, puisque Madame de Rosny auroit pu le faire sans moi, que pour avoir le temps de m'entretenir en particulier avec ce Prince, et pour recevoir ses instructions secretes sur les choses qui devoient se traiter dans le conseil en son absence. La bonne intelligence n'y régna pas long-temps. Mes collegues s'appercevant par les dépêches particulieres que je recevois du Roi, que j'avois l'oreille de sa Majesté, se liguerent tous par jalousie contre moi, me regardant comme celui qui auroit tout l'honneur de ce que le conseil pourroit faire de louable. Ils crurent me dégoûter, ou me forcer au silence, en se réunissant tous constamment contre mon avis ; comme ils virent que je n'en allois pas moins mon chemin, ils prirent le parti de s'entretenir dans les assemblées de toute autre chose que des finances, dont ils remettoient à conférer en secret, tantôt chez le chancelier, tantôt chez Sancy : c'est-là que tout se régloit sans ma participation. Je ne leur dissimulai point ce que je pensois de cette prévarication : je leur déclarai que je ne prétendois plus être compris dans leurs résultats ; et au lieu de signer leurs arrêtés, je protestai contre, et me retirai à Moret. MM. du conseil qui n'avoient pas même de prétexte à apporter du mécontentement qu'ils me donnoient, craignirent les reproches de sa Majesté et me firent prier par M. le prince de Conty lui-même de revenir au conseil. J'ai toujours été naturellement incapable de flatter personne, ni de rien dire contre mon sentiment. Je leur répondis que puisqu'on ne remédioit à aucun des abus qui s'étoient introduits dans les finances, quoiqu'on les connût, je ne voulois pas du moins qu'il me fût reproché d'y participer, et je demeurai à Moret, plutôt que d'être le témoin des malversations que je voyois commettre impunément.

Le Roi trouva tant de conformité entre sa situation et la mienne, lorsque je lui mandai tout ce qui m'étoit arrivé, qu'il crut ne pouvoir mieux me consoler qu'en m'en instruisant à son tour. Il avoit affaire à des esprits intraitables. M. le comte de Soissons, qui ne l'avoit suivi qu'à regret, s'en vengeoit en lui faisant essuyer tous ses caprices et sa mauvaise humeur. Il eut beau faire, il ne put pousser sa Majesté, quelqu'irritée qu'elle fût, jusqu'à en arracher un ordre de se retirer, qui étoit tout ce qu'il demandoit ; et il fut enfin obligé de se retirer de lui-même sur un prétexte si frivole, qu'à peine peut-on l'appeller un prétexte. Sur le bruit de l'approche du connétable de Castille, le Roi s'étant fait amener par le connétable de Montmorency et le maréchal de Biron les deux corps de troupes qu'ils commandoient, M. le Comte prétendit que sa charge de grand-maître de la maison du Roi lui donnoit le droit de conduire en chef toutes ces troupes en l'absence de sa Majesté ; et il le lui déclara à elle-même. Le Roi ne jugea pas devoir seulement parler au connétable et au maréchal de souffrir un passe-droit de cette nature, et s'efforça de faire revenir le comte de Soissons de cette ridicule idée. Il le sollicita, le pria comme il auroit pu faire son fils ou son frere, ce sont les termes dont ce Prince se servoit en me mandant ce détail, mais inutilement. Le Comte, qui ne péchoit pas par ignorance, le quitta avec un feint mécontentement, et engagea une partie des gens de guerre, qu'il avoit sous sa conduite, à en faire autant. Le Roi dépêcha aussi-tôt un courier chargé de lettres pour son conseil, qu'il avertissoit de prendre de justes mesures sur la fuite du comte de Soissons. Le même courier en laissa une pour moi en passant par Moret. Henri ne sçavoit pas encore que je m'y étois retiré ; mais nous étions ainsi convenus, afin de dérober à mes ennemis la connoissance de mon commerce avec sa Majesté.

Trois ou quatre jours après la réception de cette lettre, mes domestiques vinrent m'avertir qu'il venoit d'arriver des gens de guerre, qui prétendoient avoir leur logement à Saint-Mamert, village sur le confluent de la Seine et du Loin, de la dépendance de Moret, et qui n'en est distant que d'un quart de lieue. J'envoyai Camord sçavoir qui ils étoient, et quel étoit leur dessein. Non-seulement ils ne me rendirent point par ce gentilhomme les civilités usitées en pareil cas, mais encore ils lui répondirent insolemment qu'ils étoient en droit de loger par-tout où leurs chevaux se trouvoient fatigués, sans qu'on pût exiger d'eux que de ne faire aucun dégât. Ils refuserent de nommer leur capitaine, et dirent seulement qu'ils étoient à M. le comte de Soissons. Pour mettre encore davantage ces officiers dans leur tort, je crus devoir leur écrire une seconde fois, que puisqu'ils appartenoient à M. le Comte, qui me faisoit l'honneur de m'aimer, ils devoient venir loger à Moret, que je leur ferois donner place dans les hôtelleries et chez les bourgeois, où ils seroient plus commodément. J'y glissai seulement un mot pour leur montrer que je sentois bien la maniere dont ils avoient reçu mon député. Camord, que je voulus charger de ce second message, me dit que cela ne serviroit qu'à accroître l'insolence de ces officiers, qui n'étoient venus que dans un dessein prémédité de m'insulter : ce qu'il me confirma par plusieurs autres circonstances de sa réception, qu'il m'avoit cachées pour éviter un plus grand malheur. Madame de Rosny, qui étoit présente à ce rapport, commença à se laisser aller à des frayeurs de femme ; et en accusant Camord d'imprudence, elle dit qu'elle aimoit mieux que tout le village de Saint-Mamert fût ruiné de fond en comble, que de me voir pour si peu de chose brouillé avec M. le Comte, et exposé à un démêlé avec ces officiers.

J'imposai silence à mon épouse, et commençant à faire arrêter cinq ou six de ces cavaliers, qui étoient venus faire raccommoder leurs équipages dans Moret, et acheter des denrées, je renvoyai Camord vers ces officiers impolis. Il fut encore plus mal reçu cette fois. Peu s'en fallut qu'on n'usât de main-mise. On se plaignit avec de grandes menaces de la détention des soldats. Il n'étoit plus possible de dissimuler ; et il ne me restoit d'autre parti à prendre que de me faire raison à moi-même, en continuant d'user de toute la modération possible. Je fis retenir douze autres cavaliers qui venoient d'entrer dans Moret ; et rassemblant en deux heures cent cinquante arquebusiers et trente chevaux, je pris avec moi les trente chevaux, cinquante des arquebusiers et trente piquiers, avec lesquels je m'avançai vers Saint-Mamert, par le chemin de terre qui y conduit, et qui est fort couvert; pendant que le reste de ma troupe fit le même trajet par la riviere, sur un bateau plat et couvert de planches, et arriva en même temps que moi sous les maisons du village qui bordent la riviere. Mes agresseurs voyant cette double escorte, détacherent quelques-uns des leurs, qui s'adressant à moi, me demanderent ce que cela signifioit : « Rien » autre chose, leur répondis-je froidement, sinon » que ce village étant à moi, j'y mene loger mes » gens de pied, qui en font leur quartier ». Les officiers comprirent à ces paroles que je n'étois pas d'humeur à leur céder. Ils renvoyerent me faire des excuses, et me dire qu'ils alloient se retirer dans le moment ; n'ayant point compté loger sur mes terres malgré moi, ce que M. le Comte ne leur auroit pas pardonné. En effet ils payerent ce qu'ils avoient acheté, et remonterent tous à cheval, sans seulement demander leurs prisonniers, que je leur renvoyai lorsqu'ils furent sur le côteau de Dormeilles. Ils m'en remercierent, et me firent des offres de service, qui acheverent de m'appaiser. J'envoyai même aux officiers douze bouteilles de vin et deux pâtés. Après quoi je montai à cheval, pour aller, suivant l'ordre que je venois de recevoir de sa Majesté, prendre avec M. le prince de

Conty, des mesures contre la désertion de M. le comte de Soissons.

Ce malheur n'est rien auprès de celui qui arriva en Picardie. La jalousie du commandement brouilla dès l'abord le duc de Nevers avec le duc de Bouillon. Le comte de Fuentes et Rosne qui commandoient les troupes Espagnoles et qui sans doute en furent informés, profiterent de cette désunion, et vinrent assiéger le Catelet et la Capelle. La premiere de ces deux places manquoit de vivres et de munitions de guerre, et la seconde avoit un gouverneur sans honneur ; mais la principale cause de leur perte vint des deux généraux (*) François, qui, en haine de l'un de l'autre, ne firent aucune démarche pour les secourir.

Les choses étoient en cet état, lorsque le gouverneur de Ham, place Espagnole, mécontent de sa garnison, résolut de remettre au Roi le château de Ham, qui entraînoit la reddition de la ville. Il s'adressa au duc de Longueville, et le pria de lui prêter main-forte, ayant en tête une garnison nombreuse. Longueville fit part de la chose à ses officiers généraux, et sur-tout au duc de Bouillon, qui lui promit un prompt secours. Sur cette

___
(*) Brantome justifie le duc de Nevers sur l'échec arrivé aux François à Dourlens, et marque qu'il s'avança à grande journée, et qu'il manda qu'on l'attendît. Ce que les autres commandans ne jugerent pas à propos de faire. *Tome 6, page 362. édit. de* BASTIEN. 1787. 8 *vol. in-*8°.

assurance, le duc de Longueville, pour ne pas perdre par trop de délai une occasion si favorable, accourut d'abord du côté de Ham, avec d'Humiéres (1) suivi de quelques troupes Picardes, et en jetta partie dans le château, partie aux environs, cherchant à réduire la ville par l'escalade et le pétard. La garnison ennemie se défendit avec un courage de lions. Elle les repoussa plusieurs fois. Il ne s'est peut-être jamais rien passé de plus vif en ce genre. Enfin les François, animés par leurs braves chefs, qui virent qu'ils attendoient inutilement le duc de Bouillon, s'attacherent aux retranchemens du château, les forcerent et entrerent dans la ville. La garnison Espagnole les y attendit de pied ferme. Forcée de plier, elle se rallia plusieurs fois, et donna une infinité de petits combats dans les places, les carrefours, les maisons mêmes, jusqu'à ce qu'elle fût toute taillée en pieces au nombre de mille ou douze cent hommes. Mais les François acheterent fort cher cet avantage. Il leur en coûta trente de leurs meilleurs officiers, du nombre desquels furent du Cluseau (2) et la Croix, mestre-de-camp, et d'Humiéres (3) lui-même, le plus

───────

(1) Charles, seigneur d'Humiéres.

(2) N. Blanchard du Cluseau.

(3) On ne peut rien ajouter à l'éloge que fait de ce seigneur M. de Thou, qui dit, *liv.* 112, que le Roi et tout le royaume le pleurerent. Sa vie et ses belles actions remplissent le *vol.* 8930 *des mss. de la bibliotheque du Roi.*

brave

brave et le plus capable officier qui fût en toute la Picardie.

Messieurs de Saint-Paul, de Bouillon et de Villars ayant joint leurs troupes pendant cet intervalle, crurent ne pouvoir mieux les employer qu'à faire lever le siege de Dourlens, que Fuentes et Rosne avoient attaqué après le Catelet et la Capelle. Le duc de Bouillon menoit quatre cent chevaux, Villars autant et Saint-Paul cinq cent ; et toute leur infanterie pouvoit monter à deux mille hommes qu'ils comptoient jetter dans la ville, s'ils ne réussissoient pas à en chasser les assiégeans.

A demi-lieue de Dourlens, Bouillon ayant fait avancer cinq cent pas devant lui cinquante de ses cavaliers, pour gagner le sommet d'une montagne d'où l'on découvroit en plein la ville et le camp des assiégeans, quatre de ces cinquante chevaux qui précédoient les autres, apperçurent une troupe des ennemis qui venoit droit à eux entre le camp et le côteau : c'étoit l'armée entiere en ordre de bataille, qui avoit été instruite du dessein des nôtres. Mais ces quatre cavaliers, à qui la peur ne permit de voir la chose que confusément, firent un faux rapport au duc de Bouillon, qui croyant n'avoir en tête qu'un détachement, doubla le pas de ce côté avec son escadron. Arrivé sur le haut de la montagne, il vit clairement sa méprise. Un parti de cent chevaux précédoit deux escadrons de six cent chevaux chacun, qui se tenoient derrière environ mille pas, et étoient soutenus de trois autres escadrons de pareil nombre et d'une infanterie de sept à huit mille hommes. Les cent chevaux n'eurent pas si-tôt apperçu Bouillon, qu'ils vinrent à lui au trot, suivis au grand pas des deux premiers escadrons; tous armés de pied en cap et la lance sur la cuisse; ce qui ne lui permit plus de douter que les François n'eussent été découverts, et qu'il ne fallût en venir aux mains, quoique la partie fût si inégale, que les Espagnols étoient plus forts au moins de deux tiers, à moins qu'il ne trouvât le moyen de leur cacher son petit nombre.

Bouillon envoya un gentilhomme dire à l'Amiral qu'il vînt promptement à son secours. Villars qui étoit la bravoure même, sans répondre un seul mot, haussa les bras au milieu de ses cavaliers et leur fit mettre casque en tête, en leur disant, pour toute exhortation, de ne songer qu'à le suivre; et dans l'instant Bouillon le vit à son côté. Le trouvant si bien disposé, il lui dit qu'il falloit empêcher les ennemis de reconnoître leurs derrieres, en faisant la plus furieuse charge qu'on pourroit. L'Amiral ne se le fit pas dire deux fois. Croyant être parfaitement secondé par Bouillon, il prit par émulation le devant avec sa troupe, et marchant intrépidement vers l'ennemi au grand trot, il attaqua brusquement la gauche et se jetta le pistolet à la main au travers de cette forêt de lances. Il mit l'épouvante parmi les six cent premiers chevaux, et il les auroit taillés en pieces et peut-être mieux fait encore, s'il avoit eu un aussi bon second; mais Bouillon ne fit de son côté qu'une fausse attaque, après laquelle il se retira en caracolant ; et il a toujours soutenu , qu'il n'étoit convenu que de cela seul avec (*) l'Amiral, quoique tous ceux qui accompagnoient ce dernier, aient unanimement déposé pour une attaque véritable.

Cette méprise, si c'en fut une, eut toute la suite fâcheuse qu'on en devoit attendre. L'escadron ennemi que Bouillon avoit attaqué et ensuite esquivé, fut le premier qui tomba sur les bras de Villars vainqueur du sien, et dans l'instant il s'y joignit d'autres troupes fraîches en si grand

---

(*) Si nous n'en croyons pas l'Historien qui a écrit sa vie, croyons-en M. de Thou, qui disculpe entièrement le duc de Bouillon. Il dit de plus, que l'amiral de Villars fut encore averti par le comte de Saint-Paul de se retirer, mais qu'il ne prit cet avis que pour une espece d'ordre du duc de Bouillon, auquel il refusa de déférer par vanité, et par une bravoure qu'on ne peut excuser de témérité, *liv.* 112. D Aubigné parle comme de Thou, *tome* 3, *liv.* 4, *chap.* 9, les Mémoires de la Ligue, *tome* 6, et Mathieu, *tome* 2, *liv.* 1. Le sentiment de Cayet est que l'amiral de Villars voulut profiter de l'avis que le duc de Bouillon lui fit donner de se retirer, mais qu'il étoit alors trop engagé. *Chronol. Novenn. liv.* 7, *page* 504.

nombré, que son escadron accablé ne vit plus d'autre parti à prendre que la fuite. Villars, incapable de fuir ou de trembler, fit des efforts incroyables avec un petit nombre de braves gens qui ne l'abandonnerent point; mais enfin assaillis et enveloppés de tous côtés, ils furent tous portés par terre et expirerent percés de coups (*), ou massacrés de sang-froid.

Il ne servit de rien à Bouillon d'avoir ainsi mis à la boucherie son collegue. L'ennemi victorieux s'attacha à sa troupe, et celle de Saint-Paul à l'infanterie. Leur chef ne leur avoit pas inspiré l'exemple de se défendre, et ne fit encore rien moins en ce moment. Bouillon et Saint-Paul prirent la fuite et leur cavalerie avec eux, laissant l'infanterie sans aucune espérance de salut; aussi fut-elle hachée par morceaux. La ville assiégée demanda en vain après cela à capituler. L'ennemi enivré de sa bonne fortune, n'écouta rien, força la place lorsqu'elle parlementoit, et fit main-basse par-tout avec une horrible inhumanité. Je tiens ce détail de Lafont, qui repassa à mon service

(*) L'amiral de Villars fut de ces derniers. Ayant été fait prisonnier par quelques Napolitains, un capitaine Espagnol, nommé Contrera, entra exprès en dispute avec eux pour l'avoir, et se servit de leur refus pour le tuer. L'Etoile dit que la haine que les Espagnols lui portoient depuis qu'il avoit quitté le parti de la Ligue pour celui du Roi, fut la véritable cause de sa mort. Il lui donne les même louanges que de M. de Rosny. *Journal de P. de l'Etoile, année* 1595.

après avoir perdu son maître, et on peut s'assurer qu'il est exactement vrai, puisque cet homme mérite toute la foi qu'on doit à un homme d'honneur et témoin oculaire de tout ce qu'il rapporte. Il observe qu'il périt en cette occasion plus de trois mille François, et ce qui est bien déplorable, plus de vaillans hommes qu'il n'en avoit péri dans les trois grandes batailles ensemble que le Roi avoit livrées à Coutras, à Arques et à Ivry. Dans le seul Villars, la France dut compter avoir fait une perte irréparable. Aux regrets communs à tout le royaume, je joins particuliérement celui d'avoir perdu un véritable et rare ami.

Une autre lettre aussi fidele du sieur Baltazard, auquel j'avois expressément recommandé de ne rien perdre de tout ce qui se feroit dans l'armée du Roi, me met en état d'en instruire le public. On verra avec plaisir en lisant ce récit, un Roi que les délices du trône avoient laissé tel qu'il étoit auparavant. Ses succès paroissent tels en toutes leurs circonstances, qu'on ne sçauroit les attribuer qu'à sa valeur et à sa bonne conduite ; et leur gloire redouble par l'opposition des malheurs qui arrivoient par-tout où il n'étoit point. Aussi cette campagne de Henri en Franche-Comté l'emporte dans l'esprit de bien des connoisseurs, sur tout ce qu'on lui avoit vu faire jusques-là.

J'ai remarqué plus haut, que le maréchal de Biron étoit occupé à secourir les bourgeois de Dijon, qui tenoient assiégée la garnison ennemie dans leur château. Il y arriva fort à propos. Le vicomte de Tavannes (1) ayant amené un renfort considérable à cette garnison, d'assiégée elle étoit devenue assiégeante à son tour. La bourgeoisie pressée de toutes parts et réduite aux abois, ne faisoit plus que se défendre dans quelques bouts de rues où elle étoit acculée, et ne disposoit plus que d'une seule des portes de la ville. L'arrivée de Biron lui fit reprendre courage. Ils rechassèrent ensemble le vicomte de Tavannes et l'investirent dans les châteaux de Dijon et de Talan (2). C'est sur ces entrefaites que Biron apprit que le duc de Mayenne, qui étoit sensiblement affligé du succès des armes du Roi en Bourgogne, avoit si instamment sollicité le connétable de Castille, que celui-ci étoit sur le point de passer enfin les Monts à la tête d'une armée et d'entrer en Bourgogne. Biron cachant au Roi ce qu'il avoit appris, se contenta d'envoyer le prier de venir au plutôt lui aider à réduire le château de Dijon.

(1.) Jean de Saulx, fait maréchal de France par la Ligue, et lieutenant en Bourgogne pour le duc de Mayenne.

(2) A demi-lieue de Dijon, où commandoit un Italien, nommé Francisque.

Le Roi arrivoit à Troyes, lorsqu'il reçut la dépêche du Maréchal, et devinant par pure conjecture ce que Biron sçavoit par un bon avis; je veux dire, que le connétable de Castille, qu'il croyoit devoir bientôt passer en Flandre, prendroit sa route par Dijon, pour y rétablir en passant avec le duc de Mayenne les affaires de la Ligue; il y marcha en diligence et mit tout en œuvre, afin qu'ils ne trouvassent plus rien à faire à leur arrivée.

Il est, sans contredit, que ces deux généraux auroient encore pu prévenir le Roi, et se conserver le château de Dijon, s'ils ne s'étoient pas arrêtés mal-à-propos à prendre sur leur chemin Vesoul et quelques autres petites places en Franche-Comté, dont les troupes Lorraines s'étoient saisies. Après ce retardement volontaire, ils se trouverent ensuite arrêtés malgré eux à Gray, où ils trouverent le passage de la Saône impraticable par le débordement de cette riviere. Le connétable de Castille, pour lever cet obstacle, fit un pont au-dessous de cette ville; mais il conduisit son ouvrage si lentement, qu'il sembloit craindre de s'engager dans le cœur de la France, laissant tant de rivieres derriere lui. La vérité est que ce général sçavoit déjà qu'il auroit en tête la personne du Roi.

En partant de Troyes, le Roi fit prendre les

devans au comte de Torigny (1), avec huit ou neuf cent chevaux, qui firent bien plaisir au maréchal de Biron. Henri arriva à Dijon quatre jours après; et sans descendre de cheval, il alla reconnoître les dehors et tous les environs de cette place, principalement du côté où il conjecturoit que les ennemis pourroient arriver. Il y fit faire de bons retranchemens, et coupa la communication des deux châteaux. Cela fait, le Roi voyant que ces châteaux pouvoient malgré tous ses efforts tenir encore assez long-temps, il prit, à son ordinaire, le parti de s'avancer lui-même sur la route des ennemis avec un simple détachement, afin de retarder leur marche et de donner le temps au reste de ses troupes d'achever l'entreprise. Il jugea que ce seroit un avantage considérable pour lui, s'il pouvoit les trouver encore occupés au passage de la Saône, n'eût-il avec lui qu'une poignée de monde. Il donna donc rendez-vous à toute sa troupe à Lux et à (2) Fontaine-Françoise; prit les devans avec trois cent chevaux seulement, dont une moitié étoient arquebusiers, et vint avec cette petite escorte jusques sur la Vigenne, près du bourg de Saint-Seine. Là il

(1) Odet de Matignon, comte de Torigny, fils aîné du Maréchal.

(2) Sur la frontiere de Bourgogne et de Franche-Comté: cette expédition se fit au commencement de Juin.

détacha le marquis de (*) Mirebeau avec cinquante ou soixante chevaux, pour aller prendre langue; et pendant ce temps-là il passa la riviere de Vigenne avec cent ou cent vingt chevaux, uniquement dans le dessein de connoître le terrein et la forme d'un pays où il seroit peut-être obligé d'avoir une affaire.

Il n'avoit guères fait plus d'une lieue, qu'il vit revenir à lui assez en désordre, Mirebeau, qui lui dit qu'il avoit été chargé par trois ou quatre cent chevaux qui l'avoient empêché de bien reconnoître l'ennemi. Qu'il croyoit pourtant que ces quatre cent chevaux avoient été envoyés se saisir du poste de Saint-Seine, et qu'ils étoient suivis de près par toute l'armée. Le maréchal de Biron qui arrivoit en ce moment auprès du Roi, offrit d'aller sçavoir des nouvelles plus positives. Au bout de mille pas, il trouva une garde avancée sur une colline, d'environ soixante chevaux, qu'il chargea, et ayant pris sa place, il vit clairement toute l'armée Espagnole s'approcher en ordre de bataille, et en particulier quatre cent chevaux plus avancés que le reste de l'armée, qui en poursuivoient cent cinquante François. C'étoit d'Aus-

(*) Jacques Chabot, marquis de Mirebeau, comte de Charny, conseiller d'état, et lieutenant pour le Roi en Bourgogne, mort en 1670.

sonville (1) que sa Majesté avoit envoyé à la découverte d'un autre côté. D'Aussonville en fuyant, détourna l'orage sur le maréchal de Biron. Le détachement ennemi l'attaqua à droite et à gauche en se séparant en deux bandes; sans doute dans la même intention que Biron, de découvrir ce qui pouvoit être derriere. La différence entre eux étoit que les ennemis, soutenus de près de six cent autres chevaux, étoient supérieurs de plus des deux tiers aux deux troupes de MM. de Biron et de Mirebeau, qui ne faisoient en tout que trois cent chevaux.

Malgré l'inégalité, Biron ne laissa pas de faire face. Il sépara ses trois cent chevaux en trois pelotons égaux. Mirebeau fut placé avec le premier à la droite; le baron de Lux (2) à la gauche avec le second, et le Maréchal se tint au milieu avec le troisieme. Les ennemis chargerent en même-temps par cent cinquante hommes d'un et d'autre côté. De Lux fut fort maltraité et même jetté par terre avec plusieurs autres. Biron, qui avoit eu l'avantage par son endroit, vola à son secours,

(1) N. baron d'Aussonville de Saint-George, gentilhomme Lorrain.

(2) Edme de Malain, baron de Lux ou de Luz. Il fut conseiller d'état, capitaine de cinquante hommes d'armes, et lieutenant du Roi en Bourgogne. Il en sera parlé à l'occasion de la conspiration du maréchal de Biron, dans laquelle il trempa.

et rétablit sa troupe ; mais ensuite il fut chargé si impétueusement lui-même par tous les escadrons ennemis réunis, vers lesquels il en vit encore s'avancer d'autres de la grande armée, qu'il prit le parti de la retraite. Cette retraite fut changée en une fuite véritable, si-tôt que cette cavalerie ennemie se fut mise à ses trousses. Il arriva en cet état à la vue du Roi, qui envoya d'abord cent chevaux pour le soutenir. Rien n'est plus difficile que d'arrêter une troupe qui fuit, sur-tout lorsqu'elle a l'ennemi sur ses talons. Ces cent hommes prirent eux-mêmes le mouvement de ceux qu'ils venoient appuyer, et revinrent en fuyant.

Le Roi voyant qu'il ne lui restoit de ressource que dans lui-même, s'avance vers les fuyards ; sans se donner le temps de prendre son casque ; s'expose à la rencontre des escadrons victorieux, qui composoient plus de huit cent hommes ; appelle ses principaux officiers par leur nom, et en se portant par-tout sans aucun ménagement pour sa personne, il fait tant qu'il arrête une partie des fuyards. Il fait deux corps du tout, et se mettant à la tête de cent cinquante chevaux, il revient à la charge d'un côté, pendant que la Trémouille (*) en fait autant de l'autre par son ordre, avec pareil nombre. Sans cette intrépi-

_____
(*) Claude de la Trémouille, duc de Thouars.

dité, il ne seroit peut-être pas échappé un seul de ces trois cent hommes, ainsi engagés au-delà d'une riviere, devant un corps de cavalerie victorieux. Le Roi (*) donnant l'exemple à ses soldats, se mêle ensuite la tête nue au milieu de ces six

(*) Le Roi disoit que dans les autres occasions où il s'étoit trouvé, il avoit combattu pour la victoire, mais qu'en celle-ci il avoit combattu pour la vie. Péréfixe, Mathieu, Cayet, le Grain et d'Aubigné, rapportent les actions de cette journée de la même maniere, M. de Thou, et le *vol.* 8929 *des manuscrits royaux*, avec quelque difference. D'Aubigné dit que le Roi ne se montra parfaitement content que des seuls ducs de la Trémouille et d'Elbeuf, qui se joignirent ensemble de bonne grace. « Pour abattre, dit-il, la rosée devant sa Majesté ». *Tome* 3, *liv.* 4, *chap.* 8. Mais selon de Thou, il loua devant le Parlement le marquis de Mirebeau, la Curée et plusieurs autres.

« Je n'ai point besoin de conseil, mais d'assistance,
» répondit Henri IV à ceux qui lui conseilloient de s'enfuir
» sur un excellent cheval Turc qu'on lui tenoit prêt ; il y a
» plus de péril à la fuite qu'à la chasse. *Mathieu, tome* 2,
» *liv.* 1, *page* 187. Mainville, ajoute cet Historien, qui
» étoit auprès de lui, et qui gardoit son coup de pistolet
» pour en servir le premier des ennemis qui s'en approche-
» roit, en choisit un si à propos, qu'il lui perça la tête de
» part en part, et la balle vint siffler autour des oreilles
» du Roi, qui ne parla jamais de pistolet, qu'il ne se sou-
» vînt de ce coup, disant n'en avoir jamais vu de plus
» grand ; aussi étoit-il chargé de deux carreaux d'acier ».
Au rapport du même, le duc de Mayenne demanda quatre cent chevaux seulement au général Espagnol, pour charger la troupe du Roi, que l'Espagnol lui refusa, persuadé que Henri ne cherchoit qu'à le faire tomber dans une embuscade. Cette défiance des ennemis fut son salut à Fontaine-Françoise, comme elle l'avoit été à Aumale. Ce qui est plus surprenant, c'est que ce Prince ne perdit que six hommes dans une action si chaude, pendant qu'il demeura du côté des Espagnols, six vingt morts, outre deux cent blessés et soixante prisonniers. *Chronol. Noyenn. liv.* 7, *page* 497.

escadrons, les ouvre et les fait plier. Biron profitant de l'occasion, rassemble quelques cent vingt chevaux de ceux qui fuyoient, revient à l'appui du Roi, et tous ensemble ils menent la cavalerie ennemie battant jusques dans le gros de l'armée du duc de Mayenne.

Henri ne se laissa pas si fort emporter, qu'il n'apperçût à droite et à gauche deux bois farcis de fusiliers, dont il alloit essuyer la décharge, et ensuite courir risque d'être enveloppé, si dans l'ardeur du combat il se fût permis d'insulter l'armée Espagnole. Il suspend sa course et se tient sur ses gardes. Dans le moment il apperçoit deux autres corps de cavalerie, qui sortoient du milieu de l'un de ces bois, pour venir fortifier l'avant-garde vaincue. C'étoit encore là un de ces momens critiques, où le plus léger manque de précaution est suivi d'une perte inévitable. Le Roi, qui observoit de l'œil la manœuvre de ces deux troupes, fait faire cependant halte à la sienne, et la rapproche pour être en état de les recevoir. Il ne s'agissoit que de cela seul ; car dans l'ardeur de sa victoire, elle eut bientôt renversé tout ce qui vint à sa rencontre, et se trouva au large devant tous ces bataillons, étonnés des prodiges qu'ils voyoient. Henri comprit que cette surprise ne pouvoit pas être fort longue, et qu'il alloit avoir sur les bras un monde, animé par la vue d'une poignée de gens, à réparer la honte d'une défaite presque incompréhensible. Il profita de l'inaction de l'ennemi pour regagner sans être poursuivi, du moins le premier lieu du combat, et se dégager du milieu de l'armée ennemie : ce qu'il fit avec tant d'ordre et de supériorité, que l'ennemi ne se racquitta en rien de sa perte ; et que ce Prince remporta dans un même jour et presque dans le même moment, l'honneur de la plus belle victoire et de la plus belle retraite dont l'histoire nous fournisse l'exemple.

En arrivant à son premier poste, il trouva le comte de Chiverny (*), le chevalier d'Oise, MM. de Vitry, de Clermont, de Rissé, d'Arambure, de la Curée, d'Heures, de Saint-Geran et de la Boulaye, qui arrivoient aussi avec leurs compagnies ; elles composoient avec celles du Roi environ huit cent chevaux. Les ennemis n'oserent l'attaquer après ce renfort. Persuadés que toute son armée le suivoit, et encore consternés de ce qu'un peloton de ses gens en venoit de battre six fois autant, ils rebrousserent chemin, faisant

―――――

(*) Henri Hurault, comte de Chiverny. Georges de Brancas-Villars. Louis de l'Hôpital-Vitry. George de Clermont-d'Amboise. N. de Créquy Rissey. Jean d'Arembure. Gilbert Filbet de la Curée. Il fut du combat, où il combattit sans armures et mal monté. Une voix qu'il reconnut pour être celle du Roi, lui cria : *garde, Curée* : c'étoit un des ennemis qui étoit prêt à lui passer sa lance au travers du corps, et qu'il tua. *Vol.* 8929. *Manuscrits de la bibliotheque du Roi.*

passer leur cavalerie à leur tête, afin que l'infanterie la mît à couvert. Le Roi ne laissa pas de les poursuivre ; et il ne cessa point de les harceler, qu'il ne leur eût fait repasser la Saône sur leur pont au-dessous de Gray. Comme ils n'oserent plus après cela tenter ce passage, la Bourgogne demeura, par cet exploit, à la discrétion du Roi, qui la prit toute en peu de jours, à l'exception de Seure (*). Il s'empara encore de quantité de petites villes en Franche-Comté, qu'il mit en liberté à la priere des Suisses. Tous ces avantages furent les fruits de la journée de Fontaine-Françoise.

Henri avoua qu'ils n'égaloient pas ce qu'il avoit perdu, quand il eut appris la déroute arrivée en Picardie. Il se hâta de quitter la Bourgogne et le Lyonnois, et revint en diligence à Paris. Il passa par Moret, où ayant sçu en détail les motifs de ma sortie du conseil, il me rendit justice, et jugea que les marques qu'il avoit laissé paroître de sa confiance en moi, et le desir que j'avois de m'en rendre encore plus digne, étoient les vraies causes qui m'avoient attiré tant d'ennemis. Il eut la bonté de m'en consoler, en m'assurant que ce déchaînement ne faisoit qu'accroître sa bonne volonté pour moi. Je convins en même-temps

(*) Seure, ville sur la Saône : elle a changé de nom, et s'appelle aujourd'hui Bellegarde.

que sa Majesté ayant à ménager tout le monde, dans une conjoncture où l'échec arrivé devant Dourlens pouvoit causer une révolution, elle étoit obligée de dissimuler et de n'accuser personne. Ce fut avec moi seulement que le Roi se plaignit des auteurs de ce cruel accident, et qu'il déplora les pernicieux effets de l'inimitié des chefs, presque l'unique cause des plus grands désastres dans la guerre. Il me parut sensiblement touché de la perte de l'amiral de Villars, et il ne m'en parla qu'avec mille louanges. Il avoit bien sçu démêler la vérité au travers de tout ce que les parties intéressées avoient avancé, pour mettre sur le compte du mort tout ce qui étoit arrivé.

Ce Prince comprit en ce moment, et m'avoua qu'il s'étoit laissé aller mal-à-propos à l'avis d'une guerre, dont on lui avoit assuré le succès infaillible. Il eut même la sincérité de la traiter de faute si capitale, qu'elle étoit capable de replonger la France dans des misères plus grandes que celles dont elle sortoit. Le Roi, en parlant ainsi, ne considéroit que la grandeur d'une perte telle que le Catelet, la Capelle, Ardres (*), Dourlens,

---

(*) Ardres fut rendu aux ennemis par le comte de Belin, presque sans faire de défense. Il en fut disgracié : on lui ôta ses charges, on le relégua dans ses terres, &c. *Bongars, Epist.* 75. *ad Camer. Morisot*, chap. 33.

Cambrai

Cambrai, dont Balagny venoit d'être chassé, et Calais par-dessus tout, qu'on regardoit déjà comme pris, quoiqu'il ne le fût pas encore. Pour moi, je trouvois que la France avoit encore plus risqué dans ces occasions, où le Roi n'avoit sauvé la Bourgogne et sa propre vie, que par un prodige de valeur et de bonheur. Depuis cela, Henri avoit coutume de dire, qu'une déclaration de guerre est la chose du monde qui doit être le plus mûrement pesée; et que quelqu'attention qu'on croie y apporter, elle ne l'est presque jamais assez. Les Princes peuvent encore tirer de cet exemple une autre leçon qui n'est pas moins utile : c'est qu'ils ne doivent jamais avoir de haine envenimée contre leurs voisins; et que la prudence exige en bien des occasions, que malgré le ressentiment le plus violent et même le plus juste, ils paroissent toujours disposés à la réconciliation.

Le Roi se garda bien de rien témoigner en public de ce qu'il pensoit. Au contraire, cherchant à relever les courages abattus, il répondit aux Parisiens, qui vinrent le complimenter sur sa perte, qu'elle étoit facile à réparer, si de leur part ils vouloient joindre les effets aux paroles. Ils lui firent d'assez belles offres : mais sa Majesté ayant plusieurs fois éprouvé combien peu elle devoit s'y arrêter, prit ses mesures d'ailleurs; et sans en attendre l'accomplissement, elle repartit de Paris dès le lendemain, avec la joie d'avoir appris, par un courier arrivé de Rome, que le Pape s'étoit enfin porté à lui donner (1) l'absolution qu'il faisoit solliciter depuis si long-temps : nouvelle qui n'étoit rien moins qu'indifférente dans la conjoncture présente.

Le saint Pere mit pour conditions (2) à cette

---

(1) « Ce qui fit, dit M. de Péréfixe, que le Pape tarda tant à accorder l'absolution, c'est, disoit-il, que lui seul avoit le pouvoir de réhabiliter les relaps. Il étoit fort en colere de ce que les Prélats de France avoient entrepris de l'absoudre, quoiqu'ils ne l'eussent absous que par provision *ad Cautelam* seulement ».

(2) Outre ces conditions qu'on peut voir en original dans le vol. 8778 *des mss. de la bibliotheque du Roi*, où l'acte de l'absolution de Henri IV est rapporté tout au long en Italien, le saint Pere y impose encore pour pénitence à ce Prince d'entendre tous les Dimanches et Fêtes une Messe conventuelle dans la chapelle royale, et la Messe privée tous les jours de la semaine ; de dire le rosaire tous les Dimanches, le chapelet tous les Samedis, et les litanies tous les Mercredis ; de jeûner tous les Vendredis ; de se confesser et communier publiquement au moins quatre fois l'année. Je remarque dans cet acte, que le Pape après avoir donné l'absolution à Henri, le nomma alors seulement, roi de France et de Navarre. A chaque verset du *Miserere*, le saint Pere donnoit légèrement un coup de la baguette du Pénitencier sur les épaules de MM. du Perron et d'Ossat qui y sont nommés *procuratori di Navarra* : ce qui est une formalité ordinaire de cette sorte de cérémonie, sur laquelle les écrivains Protestans n'ont pas manqué de gloser avec malignité, en disant que Henri IV s'étoit soumis à recevoir des coups de fouet par procureur, et autres traits semblables. Mais ces mauvaises plaisanteries n'en ont plus imposé à personne, depuis que M. de Thou et tous les critiques sensés ont fait voir qu'elles étoient injustes et sans fondement. M. de Sully, à ce qu'il paroît, s'étoit mis au-dessus de cette erreur populaire,

Année 1595. Liv. VII.

absolution : que le Roi excluroit les Protestans de toutes les charges et dignités, et qu'il travailleroit de tout son pouvoir à les éteindre tout-à-

mais je ne sçais s'il observe la même équité par rapport au cardinal d'Ossat.

Ce qu'il en dit ici et en plusieurs autres endroits de ses Mémoires, m'a donné la curiosité de lire avec attention le recueil des Lettres de ce Cardinal, qui jouit parmi nous de la réputation d'avoir été aussi bon François qu'habile négociateur. Je dirai librement ma pensée sur chacun des griefs qui fournissent au duc de Sully occasion de l'attaquer, à mesure qu'ils se présenteront ; et pour commencer par celui de l'absolution de Henri IV, il me semble qu'après avoir examiné tout ce qu'il dit sur ce sujet, *pages 45, 48, 105, 107, 115, 129, 208, et suiv. ancienne édition in-fol.* on ne peut se dispenser de reconnoître, d'un côté, qu'il y trouva de grandes difficultés dans l'esprit du Pape, et de véritables obstacles de la part du conclave ; qu'il s'appliqua avec travail et avec fruit à les surmonter ; et que tout autre que lui auroit eu bien de la peine à y réussir : témoin ce qui arriva au duc de Nevers, au cardinal de Retz, au marquis de Pisany et autres ; qu'il est fort éloigné d'approuver les subterfuges auxquels la cour de Rome eut souvent recours dans les formalités ; et même que tout ce manège l'impatienta souvent aussi-bien que la supercherie dont il se plaint qu'on usa dans la bulle d'absolution. Cependant au travers de tout cela on sent, d'un autre côté, dans ces mêmes endroits, et bien plus encore dans tous ceux qui ont quelque rapport aux Protestans, aux Jésuites, au concile de Trente, &c. que cette éminence ne fut point fâchée que l'affaire de l'absolution du Roi passât avec les conditions dont M. de Sully se plaint si amèrement : soit que d'Ossat n'y apperçût point cette prétendue lésion de l'honneur de la couronne, et ce préjudice aux libertés de l'Eglise Gallicane, ce que je laisse aux savans à discuter : soit qu'il crût que toutes ces précautions devenoient nécessaires pour l'intérêt de la religion : soit enfin qu'il fût un peu prévenu en faveur des maximes de la Ligue ; ce qui ne m'empêche pas de souscrire aux éloges qu'ont donnés à ce Cardinal tous nos bons Historiens, et

fait; qu'il rétabliroit la Messe en Béarn ; qu'il feroit restituer aux Catholiques tous les biens ecclésiastiques qui leur avoient été pris par les Huguenots; qu'il résoudroit le prince de Condé à se faire Catholique romain ; qu'il publieroit et feroit recevoir le concile de Trente ; enfin qu'il rétabliroit les Jésuites en France. Celles de ces conditions qui regardoient les Protestans et le concile de Trente, demeurerent sans effet : le Roi satisfit aux autres. Ceux qui trouvent qu'en cette occasion sa Majesté reçut la loi du Pape, ne doivent s'en prendre qu'à du Perron, et plus encore à Arnault d'Ossat, alors agent immédiat de cette affaire à Rome. Bien loin de rejetter ces conditions, ces deux ecclésiastiques auroient été bien fâchés que la chose se fût exécutée autrement. Si l'on doit ajouter foi à un mémoire qui me fut envoyé de Rome plusieurs années après, et dont je parlerai plus au long en son temps, on y trouvera la preuve complette de ce que je viens de dire, du moins quant à d'Ossat.

Ce mémoire avance deux choses au sujet de l'absolution du Roi, qui en fait un des articles

en dernier lieu Amelot de la Houssaye, dans la vie qu'il nous a donnée du Cardinal d'Ossat, à la tête de l'édition de ses Lettres à laquelle je renvoie le lecteur. L'abbé du Perron et M. de Villeroy rendirent aussi d'importans services à Henri IV dans l'affaire de son absolution. *Mathieu. tom. 2, liv. 2, pag. 210 et suiv.*

principaux : l'une, que le Pape et tout le sacré College souhaitoient si passionnément que ce Prince eût recours à Rome pour cette formalité, qu'ils ne pouvoient cacher la crainte que quelquefois les nouvelles leur donnoient, que Henri ne se portât à la mépriser ou à la regarder comme inutile. Il en prend la preuve dans leurs propres lettres. L'autre, que d'Ossat, loin d'instruire le Roi de cette disposition de la cour de Rome, comme il devoit, pour peu qu'il eût eu en recommandation l'honneur du Roi et de la couronne, faisoit au contraire entendre à ce Prince, qu'il ne pourroit obtenir sa réconciliation du saint Pere, qu'en souffrant qu'on donnât atteinte aux libertés de l'Eglise Gallicane, et en l'achetant par toutes les conditions qui viennent d'être marquées. Henri ne laissa pas de récompenser ses deux agens par les plus éminentes dignités de la prélature.

En trois jours sa Majesté se rendit à Péronne, où elle fut saluée d'abord par Balagny. Cet homme, à qui une folle vanité (*) venoit de faire perdre

___

(*) M. de Péréfixe dit que Cambrai fut pris par famine ; d'autres, comme Mathieu, en accusent la mésintelligence des ducs de Nevers et de Bouillon ; et d'autres, la lâcheté de Balagny. Les Mémoires de la Ligue, *tome 6*, marquent que trois compagnies Suisses, qu'il ne payoit point, l'obligerent à rendre sa place. Tous les Historiens ont parlé du courage de Renée de Clermont, femme de Balagny, et sœur du brave Bussy d'Amboise, qui après avoir inutilement fait tous ses efforts pour inspirer de la résolution à sa

gouvernement, biens, femme et honneur, au lieu de rougir et de se cacher, affectoit de se produire, parloit haut, et vouloit qu'en cet état, qui étoit son état naturel, on eût pour lui tous les égards qu'on conserve pour les souverains malheureux. Le Roi, résolu de tout tenter pour secourir Calais, voyant qu'il n'avoit aucunes troupes avec lui pour entreprendre de forcer le camp des assiégeans, prit le seul parti qui lui restoit, de se jetter lui-même dans la place, à la tête d'un parti considérable. Il s'embarqua par deux fois dans ce dessein; mais le vent contraire le rejetta sur la terre. Comme il désespéroit de son entreprise, Matelet, gouverneur de Foix, vint lui offrir d'essayer pour une troisieme fois l'entrée dans Calais; et lui promit que s'il vouloit lui donner quatre ou cinq cent gentilshommes, il feroit tant, soit par mer, soit du côté de la

garnison et à son mari, ne voulut pas survivre à la perte de sa principauté, et se laissa mourir de faim ou de douleur. « Voilà en un chapitre l'abrégé des plus grands affronts, » que de mémoire d'hommes la France ait reçus par les » étrangers ». C'est d'Aubigné qui parle ainsi, en finissant le *chap.* 9 *du liv.* 4, *tome* 3 de son Histoire, dans lequel il a rassemblé la prise du Catelet et de la Capelle, la défaite de Dourlens, la prise d'Ardres, Cambrai et Calais. Balagny dit à un officier Espagnol, qui paroissoit étonné de lui voir emmener sa maîtresse avec lui, et dans le même bateau, que l'amour adoucissoit les traits de la fortune: « Vous avez » raison, répartit l'Espagnol, et sur-tout à présent que » vous aurez moins d'affaires que vous n'aviez ». *P. Mathieu, tome* 2, *liv.* 2, *page* 219.

terre, qu'il s'ouvriroit un passage. Le Roi l'ayant loué de sa résolution, lui donna l'escorte qu'il demandoit, avec laquelle Matelet vint effectivement à bout de son entreprise, et entra dans Calais, après avoir surmonté mille obstacles (*): mais il fit bientôt oublier sa belle action, lorsqu'on vit qu'il ne s'étoit joint à la garnison de cette place, que pour partager sa peur et consentir à la capitulation. Ainsi, le Roi eut le chagrin de ne s'être avancé jusqu'à Calais, que pour le voir rendre sous ses yeux.

On me demandera où étoient pendant ce temps-là tous ces seigneurs et officiers François, qui s'étoient montrés si ardens à conseiller la guerre; et pourquoi ils laissoient sa Majesté en supporter seule le fardeau, et recevoir échec sur échec. Il faut le dire à la honte du nom François, ils son-

―――

(*) Les Historiens ne sont pas d'accord sur cette action. Les uns, comme de Thou et d'Aubigné, n'en disant rien, paroissent la révoquer en doute : d'autres l'attribuent au sieur de Campagnole le cadet; Davila et nos Mémoires, à Matelet, gouverneur de Foix. Elisabeth offrit de défendre Calais contre les Espagnols, à condition qu'on remettroit cette place aux Anglois eux-mêmes. Sancy, qui étoit alors ambassadeur à Londres, répondit à cette Reine, que le Roi l'aimoit encore mieux dans les mains des Espagnols, que dans celles des Anglois : et Henri IV disoit aussi, que s'il avoit à être mordu, il aimoit autant que ce fût d'un lion que d'une lionne..... Ce qui fut cause qu'Elisabeth refusa depuis d'assiéger cette ville, pendant que Henri IV assiégeoit celle d'Amiens, quoiqu'on lui offrît alors de la lui engager. *Mathieu, ibid. page 223.*

geoient à tirer parti pour eux-mêmes des malheurs que leur imprudence avoit causés, et que leur nonchalance augmentoit; et ils tramoient cependant des desseins plus ruineux à l'autorité du Roi, que la guerre étrangere la plus cruelle. On va en être instruit dans un moment.

Le Roi, supérieur à la mauvaise comme à la bonne fortune, consola ceux qui étoient sortis de Calais; pourvut à la sûreté de Boulogne (*), Abbeville, Montreuil, Monthulin et autres châteaux et places; et marcha vers Saint-Quentin, dans la crainte que les ennemis, qui n'étoient pas éloignés de ces quartiers, ne surprissent quelqu'un des seigneurs et officiers généraux, qui s'y rendoient enfin l'un après l'autre. Ils choisirent ce moment pour travailler auprès du Roi à l'exécution du dessein qu'ils avoient formé ensemble avant que de partir de Paris. Ce fut le duc de Montpensier qui se chargea de cette commission; non qu'il fût le plus mal-intentionné, mais il étoit le plus facile et le plus foible. Il aborda le Roi à Saint-Quentin, et lui proposa de la part des principaux seigneurs François, comme l'unique moyen de résister à ses ennemis, d'abandonner aux gouverneurs des provinces, la propriété de leurs gouvernemens, à droit d'hérédité, et sans

(*) Villes et forteresses de Picardie.

être obligés à rien envers le Roi qu'à l'hommage-lige.

On ne comprend pas comment une proposition, qui tendoit si visiblement à rejetter la France dans l'état d'anarchie qui l'avoit remplie de sang et d'horreur dans ses premiers siecles, pût sortir de la bouche d'un François, d'un Prince, et sur-tout d'un Prince du sang. Henri ne trouva point de parole dans ce premier moment, tant il se sentit surpris et frappé de l'affront qu'on faisoit à la dignité royale. M. de Montpensier continuant un discours, concerté de longue-main, voulut prouver à sa Majesté que tous ces gouverneurs, ou, pour mieux dire, tous ces petits princes, s'obligeant à lui tenir pour tous ses besoins des troupes toujours prêtes, elle ne se trouveroit plus dans la situation où elle étoit actuellement, de paroître sans soldats devant ses ennemis. De tous les sentimens qui agitoient l'esprit du Roi, ce Prince ne montra au duc de Montpensier que celui d'une grande compassion, de lui voir faire un personnage si indigne de lui. Il l'arrêta, en lui disant, sans la moindre aigreur, qu'il n'en avoit déjà entendu que trop ; qu'il voyoit bien qu'on avoit abusé de sa facilité, pour le charger d'un rôle dont il n'avoit pas senti toute la bassesse; lui Prince du sang, et beaucoup plus proche de la couronne, que n'en avoit été autrefois

Henri lui-même. Ce Prince ajouta encore beaucoup de choses sur le même ton. Il étoit si éloigné de craindre de se voir jamais obligé à donner les mains à une pareille proposition, et si déterminé à périr mille fois, plutôt que de couvrir de cette infamie la famille et la dignité royale, qu'il n'eut pas même la pensée d'entrer à cet égard dans aucune discussion, ni de répondre un seul mot sur le fond de la proposition (*).

M. le duc de Montpensier sentit sa faute, par l'air et le ton dont sa Majesté lui parloit. Il en rougit, en demanda pardon, et pria le Prince d'oublier qu'il eût été capable de se dégrader ainsi lui-même de son rang. Le Roi, après avoir fait connoître au Duc tout son tort, lui enseigna le moyen de le réparer en quelque maniere, auprès de ceux qui le lui avoient fait commettre; et pour lui, il assura M. de Montpensier, qu'il vouloit bien l'oublier et continuer à le regarder comme étant de son sang. M. le duc de Montpensier convint qu'à la premiere occasion où les auteurs de la proposition le mettroient sur ce chapitre, il déclareroit, qu'il avoit fait ses réflexions sur ce qu'ils avoient exigé de lui; qu'ils pouvoient charger un autre d'une proposition qu'il désavouoit formellement; que s'il en parloit

---

(*) « Nous sommes tous gentilshommes », disoit quelquefois Henri IV devant les Princes du sang.

jamais à sa Majesté, ce ne seroit que pour l'en détourner, et qu'ils devoient s'attendre qu'il en empêcheroit l'effet lui-même, par tous les moyens imaginables : ce qu'il exécuta ponctuellement et d'un air si naturel, qu'il déconcerta tous ces seigneurs, et leur ôta pour toujours l'envie de tenter sa fidélité.

C'étoit donc pour jetter le Roi dans la nécessité de les rendre ses égaux, que les princes et les gouverneurs des provinces de France l'aidoient si mal des secours qu'ils lui avoient promis. Le duc de Bouillon fut un de ceux qui se firent le plus acheter. Comme sa Majesté ne doutoit pas de la part qu'il avoit dans le complot, elle en voulut tirer la conviction de l'embarras du Duc, sans lui faire connoître qu'elle en eût rien appris d'ailleurs. Bouillon étoit assez dissimulé et assez beau parleur, pour bien cacher ce qu'il ne vouloit pas qu'on découvrît ; mais outre que Henri n'avoit pas moins de talens pour pénétrer jusques dans le fond du cœur de ceux qu'il entretenoit, la présence du souverain est seule un poids capable d'abattre un homme qui se sent coupable. Le Roi commença par s'assurer que M. de Montpensier ne lui avoit point fait une seconde trahison auprès du duc de Bouillon. Il le mit ensuite sur la défaite de Dourlens, en lui demandant sans détour et avec une espece de confiance, comment avoient pu manquer ces intelligences si sûres, que lui duc de Bouillon avoit dans Liege, Namur et tant d'autres places du Luxembourg et du Hainaut, et sur lesquelles, comme il sçavoit, on s'étoit porté à entreprendre la guerre.

Bouillon, embarrassé de la question et de l'air simple dont elle étoit faite, au lieu de répondre juste sur ses prétendues intelligences, se jetta dans de grands discours sans suite, qui le trahissoient mieux que l'aveu le plus sincere. Il accusa tout le monde ; le duc de Nevers, qui lui avoit, disoit-il, débauché ses officiers et empêché ses levées ; les Anglois, qui n'avoient point fait la diversion qu'ils avoient promise ; les Hollandois, qui avoient profité de cette conjoncture, pour s'agrandir eux-mêmes du côté de l'Over-Issel et de la Frise. Sur quoi le duc de Bouillon, qui ne cherchoit qu'à détourner de plus en plus la conversation, dit au Roi, que la premiere cause de tous les malheurs ne venoit que de ce que sa Majesté n'avoit aucune personne de confiance et de poids à la cour de Londres, pour hâter le secours qu'elle avoit promis, et en même-temps il s'offrit pour cette ambassade et même la sollicita instamment. Le Roi jugeant qu'il étoit inutile de presser davantage le Duc sur sa faute, cessa de lui en parler, et pour l'ambassade d'Angleterre, il y consentit à la fin, considérant qu'il perdoit fort peu en perdant la présence du Duc. Il lui en fit expédier la commission, et Bouillon partit peu de jours après pour l'Angleterre.

C'est de la bouche de sa Majesté que je tiens le détail de cette conversation avec le duc de Bouillon, aussi-bien que de celle qu'elle eut avec M. le duc de Montpensier, dont il vient d'être parlé. Le Roi n'eut pas plutôt quitté Bouillon, qu'il fit réflexion que le Duc, au lieu de le servir utilement à la cour de Londres, pouvoit bien ne demander cet emploi, que pour y donner de mauvaises impressions de sa conduite, ou du moins, qu'il ne travailleroit que pour lui seul. Ce Prince m'envoya chercher de fort grand matin par Jacquinot, pour me communiquer sa crainte. M'étant mis à genoux sur un carreau près du lit de sa Majesté, il me demanda d'abord ce qu'on disoit et ce que je pensois moi-même du long entretien qu'il venoit d'avoir avec le duc de Bouillon. Je répondis que chacun en conjecturoit à sa maniere, et qu'apparemment l'affaire de Ham et de Dourlens, et la proposition faite par M. de Montpensier, y avoient eu la meilleure part. Le Roi me dit que je me trompois, qu'il connoissoit assez le duc de Bouillon, pour ne point douter que les reproches qu'il lui auroit pu faire sur tous ces sujets, loin de le corriger, n'auroient servi qu'à l'engager tout-à-fait dans la révolte. Ensuite, sa Majesté n'ayant redit presque mot pour mot tout ce qui s'étoit dit entr'eux sur l'ambassade d'Angleterre, elle me proposa d'y accompagner le duc de Bouillon, pour éclairer ses démarches.

Tout se fait par souterreins à la cour. Au sortir de sa conversation avec Bouillon, le Roi ayant dit à MM. du conseil des finances, qu'elle envoyoit le Duc en Angleterre, ces Messieurs, après en avoir conféré ensemble, n'avoient trouvé rien de plus propre à satisfaire leur jalousie contre moi, que de persuader au Roi qu'il devoit me joindre au duc de Bouillon. Ma capacité dans les négociations reçut de leur part des éloges, dont ils comptoient bien de se racquitter, d'abord qu'une fois ils seroient parvenus à m'éloigner du Roi. Ce Prince ne pénétrant point leur intention, trouva cette idée de son goût, mais je ne donnai pas dans le piege. Je fis appercevoir à sa Majesté le vrai motif de la feinte générosité de ces Messieurs à mon égard. Dès le moment que le duc de Bouillon auroit eu le moindre soupçon que je l'observois et que je détruisois son ouvrage, il n'auroit pas manqué d'éclater contre moi, et de l'esprit dont il étoit, sa haine ingénieuse auroit trouvé le moyen de me charger du mal qu'il auroit fait et du bien qu'il n'auroit pas voulu faire. C'est ce que mes envieux avoient aussi-bien senti que moi, sa Majesté en convint, et s'étant rendue à mes raisons, elle ne me pressa plus.

Messieurs du conseil ne s'en tinrent pas là. Lorsqu'ils revirent le Roi, ils furent les premiers à avouer qu'ils avoient eu tort de vouloir me joindre avec le duc de Bouillon ; mais comme ce Duc ne devoit être que fort peu de temps à Londres, ils imaginerent de me faire remplir sa place, avec le même titre et les mêmes honneurs. Tout leur étoit égal, pourvu qu'ils fussent défaits de moi. Le Roi tomba encore dans leur sentiment, et me déclara son intention quelques jours après, avec un ordre de faire dès-à-présent tous mes préparatifs pour ce voyage, de me pourvoir d'argent, et de disposer mon épouse à me suivre, si je jugeois à propos de la mener avec moi, ce que sa Majesté ne trouvoit pas nécessaire, mon voyage ne devant être, disoit-elle, que de sept ou huit mois au plus. Ce Prince, qui s'apperçut d'abord de ma répugnance, accompagna son ordre de tout ce qu'il put imaginer d'obligeant. Il me dit que la nécessité des temps l'empêchant de me charger seul de ses finances, il se reprocheroit d'exposer aux dangers d'un siege long et rude, le seul homme de son royaume, qu'il jugeoit digne de remplir cette importante place. Sa Majesté venoit de se déclarer hautement sur le siege de la Fere.

J'admirois, pendant que le Roi me tenoit ce

discours, l'opiniâtreté de mes adversaires à me persécuter et le fond de leur malice. Sous l'apparence d'un titre d'honneur vain et ruineux, ils éloignoient, et peut-être pour toujours, les occasions de m'avancer : car, qui auroit parlé pour moi en mon absence ? Qui les auroit empêchés encore de prolonger à leur gré mon séjour hors du royaume, jusqu'à ce que les affaires ayant pris en France un état fixe et durable, ils n'y eussent plus laissé de part à un homme, qu'une si longue absence auroit fait regarder ensuite comme un étranger ? Toutes ces pensées firent que je tins ferme. Je suppliai le Roi de ne me point contraindre à un voyage, pour lequel je me sentois un éloignement invincible, et j'eus le bonheur que Henri disposé à croire de lui-même que je lui serois d'une plus grande utilité à Paris que dans Londres, pendant le siege qu'il alloit entreprendre, m'y renvoya pour me faciliter la levée de l'argent et l'envoi de toutes les choses nécessaires à faire réussir ce siege pour y recevoir ses ordres, en faire part au conseil et y faire prendre de sages résolutions. Quand j'aurois choisi moi-même ma vengeance, je n'en aurois pas pu prendre une autre.

Fin du Livre septieme.

LIVRE

LIVRE HUITIEME.

Mémoires de l'année 1596 — 1597. Siege de la Fere : maladie du Roi. Entreprises militaires exécutées et manquées. Morts des ducs de Nemours et de Nevers. Malversations dans les finances. Rosny va trouver Henri à Amiens : ce qui lui arrive avec un Astrologue : péril que court Madame de Liancourt. Voyage de Rosny à Rouen. Il est député vers Madame, pour la résoudre à épouser le duc de Montpensier : traitement qu'il reçoit de cette Princesse : il court risque d'être disgracié à cette occasion : il rentre dans les bonnes graces de Madame. Succès des armes du Roi dans différentes provinces. Opposition des Financiers à l'entrée de Rosny dans le conseil des finances : irrésolutions de Henri, qui enfin le met dans le conseil. Traité du duc de Mayenne avec le Roi, qu'il vint trouver à Monceaux. Rosny va visiter les généralités : calomnies de ses ennemis à cette occasion : utilité dont ce voyage est au Roi. Démêlés de Rosny avec Sancy : il découvre les artifices et les fraudes du conseil des finances. Assemblée des notables, tenue à Rouen : réflexions sur les états du royaume : bon conseil donné à Henri par Sully : résultat de cette assemblée : établissement du conseil de raison, *qu'on est obligé de supprimer. Travaux de Rosny dans les finances.*

CE qui détermina le Roi à entreprendre un siège aussi difficile que celui de la Fere, c'est que ses ennemis ayant séparé leurs troupes après leurs succès, sa Majesté ne voulut pas laisser inutiles les siennes, qui s'étoient à la fin rassemblées, et qu'il étoit important de rassurer la Picardie ébranlée par tant de pertes. Le parti que j'aurois préféré à tout autre, eût été de demeurer pendant ce siege auprès du Roi, dont je ne goûtois point les ménagemens pour ma personne : mais je n'osai refuser la commission qui m'alloit retenir à Paris; et pour en adoucir l'ordre, sa Majesté m'assura que de long-temps il ne se feroit rien de considérable devant la Fere, et que je pourrois dans la suite y faire quelque voyage. En effet, j'y en fis deux ou trois; mais je n'y étois pas plutôt arrivé, que la nécessité de pourvoir à la subsistance des troupes, m'en faisoit repartir presqu'aussi-tôt. Ce qui m'en consola, c'est que rien n'ayant manqué dans l'armée, moyennant les soins que je pris, je puis me flatter d'avoir un peu contribué à la réussite de ce siege. Il dura six mois : c'est le plus long que Henri ait fait. Aussi cette place, outre l'avantage de ses fortifications, avoit une garnison très-nombreuse, composée de soldats choisis, et commandée par deux excellens officiers ; l'un François (1), sénéchal de Montelimart, et l'autre Espagnol, nommé Osorio.

Béringhen (2), à la persuasion d'un ingénieur son ami, ou même son parent, et venu exprès de Flandre où il demeuroit, se mit dans la tête qu'on pouvoit submerger la Fere, et il répondit si bien de la réussite, sur la caution de son ingénieur, que le Roi, contre son sentiment, se laissa aller à permettre qu'on tentât cette voie. Elle auroit, en effet, bien abrégé le siege ; mais on a pu remarquer que presque tous les projets de cette nature sont sujets à échouer ; le plus léger mécompte suffit pour cela, et il est fort rare qu'on n'y en fasse pas. C'est l'idée de détourner le Tésin, qui fit autrefois perdre une bataille et la liberté à François I. Je trouvai cette proposition sur le tapis, dans un des voyages que je fis au camp. J'en jugeai l'exécution impossible, et je la combattis de tout mon pouvoir ; mais l'ingénieur ne manquoit point de raisons plausibles pour opposer aux nôtres. A l'entendre, c'étoit une affaire de peu de temps et de peine ; il ne s'agissoit que d'élever une chaussée. On la fit donc,

(1) Il se nommoit Colas. Les Espagnols avoient promis de le faire comte de la Fere.

(2) Pierre de Béringhen étoit lui-même Flamand, né à Bruxelles.

et parce que l'eau la força deux ou trois fois, on la refit autant de fois. Une derniere se trouva à l'épreuve de l'eau : qu'arriva-t-il ? que l'eau ne put monter jusqu'à la hauteur qu'on s'étoit promise. Il est vrai qu'il ne s'en falloit que de six pieds; mais on n'en fut pas moins contraint d'abandonner l'ouvrage (1), après y avoir consumé beaucoup de temps et d'argent.

Le siége de la Fere souffrit encore de la maladie qu'eut le Roi à Traversy (2), où étoit son quartier. A la premiere nouvelle qui m'en vint, je volai vers ce Prince, et je ne le quittai qu'après que je le vis entiérement rétabli. Sa maladie fût assez considérable, pour me faire craindre la plus grande perte que la France pût faire. Le gouverneur de la Fere se voyant manquer de tout, remit enfin cette place au Roi, qui la fit réparer. A la priere de Madame de Liancourt, il en donna le gouvernement à son fils César, dont Manicamp (3), parent de cette Dame, fit les fonctions, en qualité de lieutenant.

(1) D'Aubigné n'en parle pas d'une maniere si méprisante, *ch.* 12, *ibid.* « La chaussée, dit-il, ayant fait refouler » la riviere d'Oise dedans la ville de la Fere, elle pourrit » tous les magasins qu'ils tenoient dans le bas..... C'étoit » une grande machine de plus d'un quart de lieue de long... » Entreprise qui ne sentoit ni un Roi, ni un royaume » abattus de tant d'incommodités ».

(2) Mieux, Travecy.

(3) Philippe de Longueval, sieur de Manicamp.

Sa Majesté s'avança ensuite vers la frontiere d'Artois, emporta d'assaut le château d'Imbercourt (1), et crut en faire autant par le pétard, de la ville d'Arras. Le maréchal de Biron (2) fut cause que cette derniere entreprise échoua, parce qu'il ne se munit pas d'une assez grande quantité de pétards. Les trois premiers qu'on appliqua jouerent assez heureusement ; le quatrieme ayant été jetté sans effet dans le fossé, avec celui qui l'attachoit, tua et blessa plusieurs des nôtres. Il est triste qu'une conquête si considérable, et qui auroit garanti Amiens du malheur qui lui arriva bientôt après, ait été manquée, faute de deux ou trois pétards de plus. Biron s'éloigna pour éviter les justes reproches qu'on pouvoit lui faire, et alla décharger sa colere sur le pays des environs de Bapaume, où il fit un horrible dégât.

Le mauvais succès d'Arras fut avantageusement compensé par plusieurs événemens favorables, arrivés sur la fin de l'année précédente, et au commencement de celle-ci, que je ne ferai qu'indiquer à mon ordinaire : je parle de la réduction de Toulouse (3), de la prospérité des armes du Roi en

___

(1) En Picardie.

(2) Biron à son tour en accusoit hautement, avec murmures, l'avarice du Roi.

(3) Consultez sur ces faits les historiens ci-dessus nommés, année 1595 et 1596.

Provence, et de la réunion des chefs de la Ligue au parti du Roi. Joyeuse (1), qui avoit quitté le froc pour endosser le harnois, et se payoit avec usure des mortifications du cloître, fit son traité avec le Roi en ce temps-là. Le duc de Nemours suivit; mais sur le point que le sien alloit être conclu, il mourut (2) de regret, à ce qu'on croit, de voir tant de grands projets réduits à si peu de chose. Saint-Sorlin (3), son frere, continua le traité pour lui-même. La mort du duc de Nevers (4) délivra encore le Roi d'un serviteur aussi

---

(1) Henri de Joyeuse, le seul qui resta des sept fils de Guillaume, duc de Joyeuse. Il entra chez les Capucins, et y mourut sous le nom de P. Ange.

(2) « Il jetta par la bouche et par tous les pores, jusqu'à » la derniere goutte de son sang. *Peréfixe, ibid.* Cayet en » fait une description très-touchante, *ibid, page* 519 ».

(3) Henri de Savoie-Nemours.

(4) Louis de Gonzague mourut de la dyssenterie à Nesle en 1595, âgé de cinquante-six ans, de chagrin, dit-on, de ce que s'entretenant avec Henri IV, auquel il donnoit un conseil au sujet de la ville de Calais; ce Prince lui avoit répondu : « C'est bien à vous à me conseiller là-dessus, vous » qui n'avez jamais approché de cette place, de plus près que » de sept lieues ». Quoique M. de Thou, *liv.* 113, *et* Brantome, *tome* 6, *page* 362, louent beaucoup ce seigneur; le reproche que lui fait le duc de Sully, d'avoir toujours été un serviteur extrêmement à charge à son maître, se vérifie aisément, et par les propres lettres de ce général à Henri IV, dont nous avons un recueil dans les Mémoires de Nevers, *tome* 2, *pages* 207, 376. « Si votre Majesté, lui dit-il dans » une de ces lettres, ne peut ou ne veut pas venir de par- » deçà, je m'en éloignerai de telle sorte, que l'on n'aura » plus sujet d'attendre aucun secours de moi. En vérité,

incommode qu'inutile. Enfin, ce fut en ce temps-là que le duc de Mayenne, entiérement dégoûté de la mauvaise foi des Espagnols, commença à chercher sérieusement les moyens de rentrer dans les bonnes graces du Roi.

Il avoit paru si important au Roi de se rendre maître d'Arras, qu'après avoir essayé inutilement de le surprendre, il avoit formé le dessein d'en faire le siege dans les formes. Je crois être le seul à qui il s'en ouvrit. Le secret étoit d'une si grande conséquence en cette occasion, que n'osant confier à personne le soin d'observer cette place, il s'en chargea lui-même. J'avois séjourné tout cet hiver à Paris, occupé du service de sa Majesté; je faisois seulement de temps en temps un tour à Moret, où je me plaisois beaucoup. Un jour que

» Sire, vous ne me traitez pas de la façon que je vous
» sers, et il semble à tout le monde que vous ne faites
» pas grand état de moi.... Jamais je n'ai été traité de la
» façon que vous me traitez, par les Rois vos prédéces-
» seurs; j'avois cependant reçu d'eux plusieurs bienfaits,
» qui m'obligeoient à les servir aveuglément, et je suis
» encore à en recevoir le premier de votre Majesté; si ses
» commissions ruineuses ne sont les bienfaits et les faveurs
» que je reçois d'elle: je vous dirai librement que je n'en ai
» point reçu d'autres, depuis qu'il vous a plu de me com-
» mander de venir par-deçà, &c. » *page* 348, et il y en a un assez grand nombre sur ce ton. C'est sur celles-là que le duc de Sully, auquel Henri IV communiquoit les secrets de son cabinet, jugeoit des dispositions du duc de Nevers, et non sur celles qu'il écrivoit à différens particuliers, lesquelles ne marquent, en effet, que beaucoup d'attachement et de zele pour la personne du Roi.

je m'y occupois à faire niveler les hauteurs, à deux mille pas de la maison, pour y conduire deux ruisseaux, qui sont les deux nappes d'eau qu'on voit aujourd'hui à côté de la grande allée, je vis arriver un courier de Madame de Liancourt, chargé d'une lettre de cette Dame, et d'une autre de sa Majesté, par laquelle Henri m'informoit de ses desseins sur Arras, et des moyens de les faire réussir. Je n'ai jamais vu ce Prince dans une aussi grande colere, qu'il me parut l'être dans cette lettre, contre « les » maltôtes et les friponneries, je me sers de ses » termes, de huit mangeurs, qu'il s'étoit donnés, » disoit-il, au lieu d'un seul qu'il avoit auparavant. » Ces coquins, ajoutoit-il, avec cette prodigieuse » quantité d'intendans qui se sont fourrés avec eux » par compere et par commere, mangent le cochon » ensemble, et ont consommé plus de cent mille » écus, qui étoit somme suffisante pour chasser » l'Espagne de la France ». Il n'y a en tout ceci rien qui ne soit exactement vrai. Je ferai bientôt toucher sensiblement la chose au doigt, lorsque j'entrerai dans le détail des finances: je vais seulement en rapporter d'avance deux ou trois traits.

Messieurs du conseil des finances ne doutant point qu'ils ne fussent chargés d'apurer les comptes, pour les fournissemens du siege de la Fere, en quoi pourtant ils furent trompés, le Roi m'en ayant attribué seul la connoissance, ils les firent prendre à Descures, la Corbiniere et autres partisans, avec lesquels ils étoient si bien d'accord, que ces derniers ne faisoient que leur prêter leur nom, ou tout au plus, n'y étoient intéressés que pour une légere somme. Ensuite ils traiterent, toujours sous ces noms empruntés, avec les marchands et pourvoyeurs qui les fournissoient ordinairement, au plus bas prix qu'ils purent, dans l'intention d'employer en compte le double ou le triple de ce qu'il en auroit réellement coûté au Roi.

Je tiens du Roi lui-même le fait que voici. Il étoit dû par le trésor royal aux Suisses, Reîtres et autres étrangers à la solde de la France, des arrérages considérables. Le conseil aposta un nommé Otoplote, qui fit entendre aux receveurs commis par ces étrangers, qu'ils ne devoient pas s'attendre à être jamais payés, à moins qu'ils ne se réduisissent d'eux-mêmes à une somme si modique, qu'on pût la leur donner, sans épuiser l'épargne. On convint de la réduction ; mais MM. du conseil chargerent leur compte de toute la somme dûe, et en déroberent ainsi le surplus au Roi, ou plutôt aux légitimes créanciers.

On pourroit joindre ici bien d'autres traits de cette espece. Aussi ces Messieurs nageoient dans l'abondance, pendant que le Roi étoit, lui et sa maison, dans la disette de tout. Ce Prince leur ayant mandé peu de jours avant celui où il m'écrivoit, qu'il avoit besoin de huit cent écus pour une entreprise importante (le siege d'Arras) il les pria, les conjura de lui faire cette somme. Il parloit à des sourds : ils ne lui répondirent autre chose, sinon que bien loin de pouvoir lui fournir ce qu'il demandoit, ils ne sçavoient plus comment faire rouler sa maison. C'est une chose curieuse de voir comment ils la faisoient rouler, cette maison. « Je » suis, m'écrivoit ce bon Prince, fort proche de » mes ennemis, et n'ai quasi pas un cheval sur » lequel je puisse combattre, ni un harnois complet que je puisse endosser : mes chemises sont » toutes déchirées, mes pourpoints (*) troués au » coude, ma marmite est souvent renversée, et » depuis deux jours je dine chez les uns et les » autres ; mes pourvoyeurs disant n'avoir plus » moyen de rien fournir pour ma table ». Celle de MM. du conseil étoit sur un bien meilleur pied. Henri déploroit dans sa lettre des abus si crians, moins à cause de lui, qu'à cause de ses sujets, qu'il regardoit, disoit-il, comme ses enfans, le Ciel ne lui en ayant point donné d'autres ; et il me proposoit l'idée d'assembler les états du royaume,

---

(*) « Je lui ai vu, dit le Grain, *liv.* 8, un pourpoint de » toile blanche unie, étant toute sale de la cuirasse, déchiré » par la manche, et des chausses fort usées, et rompues » du côté du porte-épée ».

pour chercher un remede à toutes ces malversations.

J'obéis à l'ordre que le Roi me donnoit de brûler
sa lettre ; mais ce ne fut qu'après en avoir réservé
une copie; et aujourd'hui que les raisons de garder
le secret ne subsistent plus, je me fais un devoir
d'en rapporter le contenu, comme un témoignage
de la bonté et de la sagesse de ce Prince. La
lettre finissoit par un commandement de sa Majesté
de venir la trouver en Picardie, et d'y amener sa
maîtresse. Nous étions les seuls avec lesquels ce
Prince pût ouvrir librement son cœur. Pour le
billet de Madame de Liancourt, il ne contenoit
que deux mots : qu'elle partiroit le Mardi suivant,
pour aller coucher le Mercredi à Maubuisson,
où elle avoit une sœur (*) abbesse, et qu'elle
m'attendroit jusques-là à Paris.

Je vins coucher le Samedi à Corbeil, et je
m'attendois à passer une partie du Dimanche et
même tout le Lundi à Paris, où j'avois quelques
emplettes à faire au Palais. En entrant dans la
rue de la Coutellerie, je rencontrai un messager
de Madame de Liancourt, qui me faisoit sçavoir
que sur de nouvelles lettres du Roi, et sur un
avis de la maladie de l'abbesse de Maubuisson,
elle s'étoit déterminée à partir avant le jour dési-

(*) Angélique d'Estrées.

gné, et que je pourrois la rejoindre à Pontoise. Je soupçonnai que cette Dame avoit peut-être intention de faire sa cour au Roi aux dépens de ma paresse, et changeant de dessein, je dis à mes gens que je voulois aller dès ce même soir à Maubuisson, sans m'arrêter à Paris, qu'autant de temps qu'il en falloit pour manger un morceau, et pour faire repaître mes chevaux dans la premiere hôtellerie que je rencontrerois, qui fut les *trois Pigeons* : je ne me serois pas souvenu de ce nom, sans une petite aventure comique qui m'arriva en cet endroit.

Etant monté seul dans une fort grande chambre, j'y trouvai un homme qui s'y promenoit à grands pas, et si absorbé dans ses pensées, qu'il ne me salua ni ne m'apperçut, comme je crois. En le considérant plus attentivement, tout me parut singulier dans sa personne, port, physionomie, habillement, un corps long et effilé, un visage sec et décharné, une barbe claire et fourchue, un large chapeau qui lui ombrageoit tout le visage, un manteau boutonné jusqu'au collet, des bottes énormes, une épée traînante, et dans sa main une grande gibeciere double, de celles qu'on attache à l'arçon d'une selle. Je lui demandai assez haut s'il étoit logé dans cette chambre, et pourquoi il rêvoit si profondément. Mon homme dédaignant la question, me répondit brusquement, et sans me saluer ni me regarder, qu'il étoit dans sa chambre, et qu'il pensoit à ses affaires, comme moi aux miennes. Quoiqu'un peu ému de la sottise du personnage, je ne laissai pas de le prier fort honnêtement de me faire part de la chambre, seulement pour le temps de dîner, proposition qui fut reçue en grondant et suivie d'un refus des moins polis. Trois de mes gentilshommes, mes pages et quelques valets étant entrés en ce moment, mon brutal crut devoir adoucir son visage et sa parole; il ôta son chapeau, et m'offrit tout ce qui étoit à lui; puis tout d'un coup s'étant mis à me regarder fixement, il me demanda d'un air un peu égaré, où j'allois: « trouver le Roi, lui dis-je. Quoi! » Monsieur, reprit-il, le Roi vous a mandé! Je » vous prie de me dire à quel jour et à quelle » heure vous avez reçu ses lettres, et aussi à » quelle heure vous êtes parti ».

Il me fut aisé de reconnoître un astrologue à toutes ces questions, qu'il me fit d'un air si sérieux, que rien ne fut capable de le faire sortir de sa gravité. Il fallut encore lui dire mon âge, et lui donner mes deux mains à considérer. « Vraiment, » Monsieur, me dit-il, après tout ce cérémonial, » d'un air de surprise et de respect, je vous cede » bien volontiers ma chambre : il y en aura beau- » coup d'autres avant qu'il soit peu, qui vous » quitteront leur place avec plus de regret que

» je ne fais la mienne ». Plus je feignois être surpris de son habileté, plus il s'efforçoit de m'en donner des preuves. Il me promit richesses, honneurs, autorité, les devins, pour l'ordinaire, n'en sont pas chiches, et il ajouta, que si je voulois lui envoyer l'heure de ma naissance, il me diroit tout ce qui m'étoit arrivé et ce qui m'arriveroit; mais pourtant sans vouloir sçavoir mon nom, ni que je sçusse le sien. Il jugea à propos de sortir assez précipitamment après ces paroles, en me donnant pour excuse de ce qu'il ne m'entretenoit pas plus long-temps, qu'il étoit pressé de porter des papiers à son avocat et à son procureur. Je ne cherchai point à le retenir. Il n'en étoit pas de même de mes gens, que je voyois saisis de respect et de crainte à chacune des paroles que proféroit cet extravagant. Je réjouis mon épouse de cette petite scene, dans la premiere lettre que je lui écrivis.

J'arrivai le soir à Maubuisson, qui sert comme de fauxbourg à Pontoise : j'y trouvai encore Madame de Liancourt, avec laquelle je pris le lendemain la route de Clermont. Je marchois sept ou huit cent pas devant la litiere où étoit cette Dame, et qui étoit suivie, à quelque distance, d'un grand et lourd carrosse, où étoient ses femmes; devant et derriere le carrosse, marchoient quelques mulets chargés de bagage A une lieue de Clermont, dans un endroit où le chemin rétréci par un côteau escarpé et par un vallon en précipice, ne laissé que la place assez juste pour passer deux voitures, le cocher du carrosse étant descendu pour quelques nécessités, un des mulets, en passant à côté de ce carrosse arrêté, effraya tellement par son hennissement et par ses sonnettes, les chevaux qui malheureusement étoient jeunes et ombrageux, qu'ils prirent le frein aux dents : ils commencerent à emporter le carrosse et toute sa charge avec une si grande roideur, que rencontrant d'abord deux des mulets, ils les culbuterent. Les femmes enfermées, qui comprirent le danger où elles étoient en voyant mille abîmes ouverts sous leurs pieds, se mirent à pousser des cris douloureux. Le cocher et les muletiers avoient beau crier et appeller, s'efforcer, les chevaux ne s'arrêtoient point. Ils n'étoient déjà plus qu'à cinquante pas de la litiere, dans le moment que Madame de Liancourt, effrayée du bruit qu'elle entendoit, mit la tête à la portiere. Elle jetta un cri épouvantable, ne voyant aucun moyen d'empêcher sa litiere d'être précipitée. Je me retournai aussi, et je frémis du danger de cette Dame et de toute sa troupe, mais sans pouvoir y apporter de remede, à cause de la distance où j'étois : « Ah ! mon ami, dis-je à la Font, que ferons-nous ? voilà notre femme qui va être mise en pieces : que deviendrons-nous ? et que dira le Roi »? En disant ces paroles, je ne laissois pas de pousser mon cheval de toutes mes forces, mais cela ne me servoit de rien, et je serois arrivé trop tard.

Par un de ces coups heureux, et qui tiennent du miracle dans le fort du danger, l'essieu des petites roues étant sorti des moyeux, par une violente secousse qui cassa les chevilles, ces deux roues tomberent chacune de leur côté, le carrosse donna en terre et y demeura ; un des chevaux de derriere fut renversé de la secousse, et retint l'autre. Les chevaux de volée rompirent les traits et vinrent passer si près de la litiere, qui rasa le bord du précipice, qu'il est clair que s'ils avoient encore traîné le carrosse, elle en auroit été accrochée et renversée. Je les arrêtai, et les fis prendre par mes domestiques ; ensuite je courus rassurer Madame de Liancourt, qui étoit demi-morte de frayeur : Je passai jusqu'au carrosse, d'où je tirai toutes les femmes, dont la peur n'étoit pas moindre. Elles penserent étrangler leur cocher, et j'eus la complaisance de lui donner une volée de coups de canne. Enfin, la peur étant entiérement dissipée, et la voiture bien raccommodée, nous nous remîmes en marche, et jusqu'à Clermont, je ne quittai plus la portiere de Madame de Liancourt.

Le Roi s'étoit avancé jusqu'en cet endroit au-devant de sa maîtresse, et il y arriva un quart-d'heure après nous. Pendant le récit de l'aventure arrivée,

arrivée, dont on ne manqua pas de l'instruire d'abord, j'observois ce Prince, et je le voyois se troubler et pâlir. A ces mouvemens, que je ne lui avois jamais remarqués dans les plus grands dangers, il me fut facile de juger de la grandeur de sa passion pour cette femme.

Les premiers momens ayant été donnés à la tendresse, le Roi me mit sur ses affaires, dont la plus pressante étoit l'avis qu'on lui donnoit par une lettre écrite de Rouen, que le duc de Montpensier, rengagé plus que jamais avec les factieux, tramoit contre sa personne royale, un dessein important, qu'on ne déclaroit pas, et qu'il s'attachoit par toutes sortes de moyens des créatures. Le Roi en ressentoit d'autant plus de chagrin, qu'il aimoit naturellement le duc de Montpensier, et que la politique l'empêchant de s'allier par le mariage de Madame sa sœur, avec le comte de Soissons, ni avec aucun des Princes Lorrains, il s'étoit accoutumé à regarder ce Prince comme celui qui devoit être son beau-frere. Il voulut que suspendant toutes les autres affaires pour celle-là, j'allasse à Rouen faire rentrer M. de Montpensier dans son devoir, ou rendre ses brigues inutiles.

J'y passai six jours, et pendant ce temps-là j'eus lieu d'être pleinement convaincu, que l'imputation faite à ce Prince étoit absolument fausse, et un artifice de ceux qui cherchoient à jetter du trouble dans le gouvernement. Ce Prince, bien éloigné des sentimens dont on le taxoit, ne laissoit rien voir dans ses démarches et ses discours, qui ne justifiât son attachement à la personne du Roi. Ceux avec qui il avoit eu à ce sujet les plus étroites liaisons, n'osoient plus parler autrement en sa présence, et désespéroient de le gagner. Un jour qu'il m'avoit fait l'honneur de m'inviter à dîner, il me parla de ses dispositions, avec une candeur et une franchise, dont ceux qui l'ont connu, sçavent bien qu'il n'auroit pas été capable, s'il se fût senti criminel; et quoiqu'il ne cherchât point à se justifier, l'innocence a certaines preuves muettes, auxquelles on ne peut guères se méprendre. Il m'embrassa plusieurs fois, comme un homme qui lui étoit cher par son dévouement pour le Roi, et en cette qualité, il me fit une promesse de son amitié, dont j'ai reçu depuis toutes sortes de preuves. Je lui parlai de son mariage avec Madame, comme d'une affaire dans laquelle le Roi conspiroit pour son bonheur autant que lui-même. Il m'avoua qu'il n'avoit jamais rien desiré aussi ardemment que la possession de cette Princesse; mais qu'il n'osoit plus s'en flatter, ne voyant en lui, disoit-il, rien de capable de gagner son cœur, et de vaincre l'ascendant du comte de Soissons sur lui. Je demeurai entiérement satisfait des sentimens de M. de Montpensier, et je résolus d'en rendre bon compte à sa Majesté. J'employai le reste de mon séjour à Rouen, à renouer avec mes anciens amis, le premier président de Boquemare, MM. de Lanquetot, de Grémouville, de Bouterode, de Berniere, tous membres du Parlement ; les abbés de Tiron et de Martinbault, les sieurs de Motteville, des Hameaux, du Mesnil, capitaine du vieux Palais, de la Haulle, de Menencourt, du Mesnil-Basil, et autres, dont je fus traité, et que je traitai à mon tour. J'étois descendu chez la Pile, un de mes amis particuliers.

Je trouvai encore le Roi à Amiens, (*) où ariverent peu de jours après des députés des principales villes de la Provence et du Languedoc, dont sa Majesté reçut les complimens et les harangues avec sa bonté ordinaire. Le député de Marseille, qui parloit pour une ville si ancienne, et de tout temps si fidele à ses souverains, fut celui qui se fit écouter avec le plus de plaisir.

Le Roi non-seulement détrompé sur mon rapport, de tout ce qu'on avoit voulu lui faire croire contre M. le duc de Montpensier, mais encore plus convaincu qu'auparavant de son affection, résolut de faire un dernier effort en sa faveur, et je fus assez malheureux, pour qu'il me chargeât

―――――――――
(*) « Les députés de la ville d'Amiens, lui parlant dans » leur harangue de la bonté de Henri III ; Oui, leur dit-il, » c'étoit un bon Prince ; mais il vous craignoit, et moi je » ne vous crains ni ne vous aime ». *Le Grain. Décade de Henri le Grand, liv.* 10.

de cette nouvelle commission. M'ayant fait venir un soir auprès de son lit, il me dit qu'il falloit que j'allasse trouver Madame Catherine, sous prétexte d'une simple visite de sa part, mais en effet pour l'obliger à prendre pour M. de Montpensier, les sentimens qu'elle conservoit toujours pour son (*) rival, depuis le sacrifice de la promesse de mariage. Après ce qui m'étoit arrivé à Chartres à ce sujet, je ne voyois que de la témérité à m'embarquer dans cette affaire, et une impossibilité absolue d'y réussir. Je conjurai le Roi de m'épargner auprès de cette Princesse et du Comte, cette derniere raison de me haïr éternellement. Il se refusa à mes instances, quelque pressantes qu'elles fussent; et me répondant par le proverbe, *à bon maître, hardi valet*, il ne me laissa que le seul parti de l'obéissance.

Mon dernier recours fut de demander ma commission par écrit, afin qu'elle me servît de préservatif contre le sort de tant de courtisans disgraciés pour avoir servi trop aveuglément leur maître contre des personnes de ce rang. J'exigeai du Roi, qu'outre la lettre de simple compliment pour la Princesse, dont il vouloit me charger, il m'en confiât encore une seconde, dans laquelle il déduisît le motif de

---

(*) Elle disoit ordinairement à ceux qui lui en parloient de la part du Roi: « Avant toutes choses, je veux voir le » Comte ». *Mathieu, tome 2, liv. 2, page* 628.

mon voyage, la nature de ses ordres, la maniere et les raisons dont il vouloit que je les appuyasse. A cette proposition, ce Prince, toujours un peu vif sur le point d'honneur, me répondit que ses plus grands ennemis ne lui avoient jamais demandé caution de sa parole. Je repliquai que je lui promettois de n'en faire usage qu'à l'extrémité, et que cet écrit pouvoit m'être nécessaire auprès de Madame, dans la supposition qu'elle se montrât disposée à se rendre à sa volonté, pourvu que je la lui justifiasse clairement. Sa Majesté se rendit à cette derniere raison, et muni de cette piece authentique, je pris le chemin de Fontainebleau, où la Princesse étoit alors, extrêmement embarrassé de mon personnage.

Je ne séjournai que vingt-quatre heures à Paris, et j'arrivai près de Madame qui m'attendoit avec quelque impatience : le Roi l'ayant fait prévenir quelques jours auparavant par Loménie sur mon voyage, sans lui en marquer le sujet. Elle se flattoit (car en amour si l'on craint tout, on se flatte aussi de tout), que peut-être je venois rendre le comte de Soissons heureux ; et cette pensée me rendit heureux moi-même, tant qu'elle lui dura, c'est-à-dire, les deux premiers jours, que je crus devoir donner à la civilité et aux complimens. Elle changea de ton le troisieme, lorsqu'elle vit que je ne la mettois sur le chapitre de ses amours, que pour lui déclarer qu'au point où M. le Comte s'étoit fait haïr du Roi par toutes ses imprudences, elle ne devoit plus penser à en faire son époux; car je crus devoir commencer par en éloigner un, avant que d'entreprendre d'en faire recevoir un autre.

Quoique j'usasse, en parlant de M. le comte de Soissons, de tous les termes les plus doux que je pusse imaginer, il avoit dans la personne de Madame, un ardent défenseur. Sa réponse ne fut qu'un tissu d'épithetes toutes des plus fortes, et de menaces de me faire perdre les bonnes graces du Roi. Etourdi d'un emportement si subit et si violent, je ne songeai qu'à l'appaiser, autrement ma commission eût été finie dès ce moment. Je la priai donc de m'écouter; et commençant un long discours, dont j'ignorois quelle alloit être la suite, je fis marcher avant tout une longue et éloquente protestation de respect, d'attachement, de passion de la servir, pendant laquelle j'appellois inutilement mon imagination à mon secours, pour me fournir de quoi la calmer; parce que tout ce que j'avois de plus raisonnable à lui faire entendre, je veux dire, les excès auxquels M. le Comte s'étoit porté contre le Roi, étoit précisément ce qui la révoltoit le plus. Je franchis pourtant le pas, et je la priai de faire sérieusement réflexion, si ce Prince, par toute sa conduite, avoit mérité que le Roi travaillât à faire son bonheur. L'espérance seule qu'avoit la Princesse, qu'un discours si peu de son goût, finiroit peut-être d'une maniere plus agréable pour son amour, l'obligea, comme malgré elle, d'y prêter attention. Je le jugeai par les fumées de colere, qui de temps en temps peignoient son visage de rouge et de pâle.

Je continuai à lui exposer, avec toute la modération possible, tous les sujets de mécontentement que M. le Comte avoit donnés au Roi, et en particulier, son écart en Bourgogne, certainement inexcusable, même à une amante : avec la précaution de ne pas oublier à répéter souvent, que pour moi je croyois M. le Comte fort éloigné des sentimens qu'on lui pouvoit attribuer sur sa conduite. J'appuyai sur les suites qu'elle devoit naturellement avoir dans la conjoncture du procès actuellement intenté contre la princesse de Condé, par lequel le Prince son fils, encore Huguenot, vivoit incertain de son état, et dans une espece d'exil à la Rochelle. Cette affaire étant de celles où le bon droit tout seul ne suffit pas, les partisans du jeune Prince auroient réussi difficilement à dissiper les accusations faites contre la mere, et à assurer au fils son rang de premier Prince du sang et de présomptif héritier de la couronne, si le Roi, en supprimant les pieces de ce procès, comme il fit dans la suite, ne se fût mêlé lui-même de la justification de l'une, et de la défense de l'autre. Je fis sentir à Madame, que M. le Comte tenoit son sort entre ses mains ; mais qu'il usoit si mal de la bonne volonté du Roi à son égard, que dans une occasion où il ne s'agissoit de rien moins pour lui que de prendre la place du prince de Condé, il jetteroit infailliblement sa Majesté dans les intérêts de son concurrent. Enfin, je crois pouvoir dire qu'avec toute autre, j'aurois mis le Prince dans son tort.

Madame, qui pendant ce discours étoit tombée dans une rêverie, causée par un chagrin cruel, plutôt que par de sages réflexions, m'interrompit en cet endroit, pour hâter cette conclusion que je lui avois laissée entrevoir favorable, et qui s'éloignoit à mesure que je parlois. Quand une fois elle eut repris la parole, elle ne fut plus la maîtresse de s'arrêter ; et son dépit se rallumant, elle éclata pour la seconde fois contre moi, qui ne cherchois, disoit-elle, qu'à la tromper, et contre le Roi son frere, qui l'aimoit si fort, disoit-elle ironiquement, qu'il ne pouvoit se résoudre à se défaire d'elle. Elle s'engagea, pour preuve, dans une longue énumération des soupirans qu'elle avoit eus, parmi lesquels il m'auroit été facile de lui montrer qu'elle avoit manqué son établissement par sa faute ; comme lorsqu'elle avoit refusé le roi d'Ecosse. Elle n'épargna ni la Reine sa mere, ni le roi Henri III, qui avoient tous conspiré contr'elle pour le célibat. Son cœur qui cherchoit les louanges après tant d'invectives, la ramena tout naturellement sur le comte de Soissons; et cet article fut traité dans un goût opposé, encore plus amplement.

Enfin, elle se souvint qu'elle ne m'avoit interrompu, que pour entendre les conseils, moyennant lesquels je lui avois dit que le passé pouvoit se réparer; et elle me les demanda positivement, mais avec ce même ton de raillerie et de malignité, qui me fit encore mieux comprendre que son esprit étoit atteint d'un mal incurable à toute l'éloquence humaine : « En faisant, lui répondis-je, » pressé par la question, tout le contraire de ce que » M. le comte de Soissons a fait jusqu'ici ». Le temps que je mis à proférer ce peu de paroles, suffit pour me persuader qu'inutilement je proposerois M. le duc de Montpensier. Je regardai ma commission comme achevée, ou plutôt comme tout-à-fait manquée; et je ne songeai plus qu'à me tirer de ce mauvais pas, avec des mots si vagues et si généraux, que la Princesse n'en pût prendre aucun avantage sur moi, ni soutenir après, que je n'avois pas tenu ce que je lui avois promis. De tous les genres de discours, c'est celui-là qui coûte le moins. D'abord je me jettai sur les devoirs des Rois, et je m'y étendis beaucoup, quoique je n'en voulusse rien conclure autre chose, sinon que de ce côté-là il n'y avoit aucun reproche à faire au Roi. La conséquence devint elle-même un autre discours en forme, partagé en plusieurs parties, où la douceur de Henri ne fut pas traitée légérement. Pour finir par quelque chose de plus positif, puisque, contre mon attente, Madame avoit la bonté de ne point s'ennuyer d'une si longue harangue, je l'assurai succinctement que du caractere dont étoit Henri, on en obtenoit facilement tout ce qu'on lui demandoit de raisonnable.

Madame, surprise d'une chûte si précipitée, me demanda avec quelque raison, ce semble, si je n'avois rien davantage à lui dire ; car il est vrai que j'avois beaucoup marché, et fait peu de chemin. Je lui répondis qu'il me restoit encore une infinité de choses. Je voyois que la nuit étoit venue pendant une si longue conversation ; et je comptois avoir assez lassé la Princesse, pour me faire donner un congé absolu. Je fus trompé, elle ne me le donna que jusqu'au lendemain, et me congédia avec un air tout ensemble mutin et malin, qui accompagné d'un coup-d'œil, et de quelques interjections que j'entendis en sortant, sur le tour que je lui avois joué à Chartres, me parut de très-mauvais augure.

Il auroit fallu être le plus présomptueux de tous les hommes, pour se flatter après tout cela de la persuader : aussi étois-je fort éloigné de cette pensée ; et quelle joie n'aurois-je pas ressentie, si en me quittant, elle m'avoit ordonné de ne plus reparoître devant elle ! J'y retournai le lendemain à l'heure qui m'avoit été marquée, à la sortie de son dîner. Madame étoit rentrée dans son cabinet de meilleure heure que de coutume, et s'y étoit enfermée avec Mesdames de Rohan, de la Guiche, de la Barre et de Neufvy, toutes femmes dont je n'attendois rien moins que de bons offices. Je demeurai dans sa chambre à m'entretenir avec Mesdames de Gratains et de Pangeac, et deux autres Demoiselles, aussi-bien intentionnées que les autres l'étoient mal. Je leur dis que je n'aurois pas été fâché qu'elles eussent pris dans le cabinet de Madame, la place de celles qui y étoient ; et que j'étois sûr qu'elles y donnoient en ce moment à la Princesse de fort mauvais conseils. Elles me répondirent que je ne devois pas le croire ; mais d'un ton qui me le confirma encore davantage.

Madame sortit au bout d'une heure au moins, qu'elle avoit employée à bien se préparer, et m'appercevant, elle me dit qu'elle alloit me faire sa réponse. Je pouvois la deviner aisément, à l'air composé, froid et méprisant dont elle prononça ces paroles. Je la suivis, souffrant une cruelle peine. Elle m'épargna celle de lui parler ; et commença par me dire qu'elle me tenoit quitte de tout ce que j'avois promis de lui dire, et que je n'avois rien autre chose à faire que de l'écouter moi-même : puis mettant une nouvelle nuance de hauteur et de mépris sur son visage, elle me traita en présence de tant de témoins, je suis obligé de l'avouer, comme le dernier des hommes, qui tranchoit, dit-elle, de l'homme d'importance et d'habile politique ; lorsque je n'étois en effet qu'un vil et un lâche flatteur, qui ne cherchois qu'à arracher de sa bouche l'aveu de fautes que M. le Comte et elle n'avoient point commises, pour en faire ma cour au Roi, indigné lui-même du personnage que je jouois. Madame ne put s'empêcher de se montrer femme, par l'abondance des paroles qui trahirent le maintien concerté qu'elle avoit pris. Il lui revint en mémoire quelque chose de ce que j'avois dit la veille sur sa conduite et sur celle de M. le Comte en Béarn, dont elle fit une apologie déplacée. Pangeac fut traité de gros buffle, qui n'avoit pas encore eu tout ce qu'il méritoit. Elle trouva mauvais que j'eusse censuré les Rois. Elle revint de cet écart ; et me dit que pour tout renfermer en deux mots, et pour m'ôter l'envie de me vanter de ma commission, elle m'avertissoit que j'étois bien imprudent et bien étourdi, de me mêler des affaires d'une personne si fort au-dessus de moi ; que je n'étois qu'un simple petit gentilhomme, dont le plus grand honneur étoit d'avoir été nourri jeune dans sa maison, et qui n'avoit subsisté, aussi-bien que tous les miens, qu'en faisant ma cour aux princes de Navarre ; que le sort de mes pareils qui se méconnoissoient et osent mettre leurs doigts entre l'arbre et l'écorce, est d'être sacrifiés tôt ou tard, sans avoir même l'honneur de l'éclat. Tout cet endroit étoit bien travaillé, et de main de femme. Comme Madame sçavoit bien qu'il n'y avoit personne, pas même le comte de Soissons, tout Prince du sang qu'il étoit, qui eût osé me tenir un pareil discours, elle ajouta, comme tout ce qu'elle put imaginer de plus sanglant, qu'en me parlant ainsi, ce n'étoit pas moins au nom de M. le Comte qu'au sien, qu'elle me parloit. La péroraison répondit à tout le reste. Ce fut une menace très-emportée de m'accabler d'un seul mot auprès du Roi, et une défense de paroître devant elle, par-tout où elle se trouveroit.

Je ne crois pas qu'il puisse y avoir de distinction de rang et de sexe, qui autorise à employer un tissu de termes si outrageans. Il n'y a pas assurément de vanité de ma part à les rapporter. Mais comme Madame joignit l'effet aux paroles, et qu'elle m'obligea, pour ma défense, à faire quelques démarches, où je m'éloignai, pour la première fois, de la soumission que je devois à une Princesse sœur de mon Roi, j'ai cru n'en pouvoir mieux justifier la nécessité, qu'en rapportant fidélement les conversations, et jusqu'aux propres paroles qui y donnerent lieu. Quoique mon amour-propre souffrit étrangement d'un si indigne traitement, j'eus pour le moment assez de retenue, et même assez de politique pour n'en laisser rien paroître ; je dis assez de politique, car pour peu que j'eusse montré d'altération sur mon visage, et d'aigreur dans ma réponse, Madame se seroit éloignée sans m'entendre, et auroit remporté un triomphe, qu'il étoit naturel que je cherchasse du moins à rabaisser devant les personnes qui en étoient complices, ou témoins.

Je repris donc la parole, avec la fausse timidité d'un homme qui cherche à se disculper ; et pour engager la Princesse à m'entendre jusqu'au bout, je commençai par lui dire, que j'étois bien fâché que de mauvais conseils lui eussent fait appercevoir dans mes paroles, ce que je n'avois eu aucune intention d'y mettre, et m'eussent attiré de sa part un traitement que je ne méritois point ; qu'il m'étoit facile de lui faire connoître mon innocence sur tous les reproches qu'elle m'avoit faits ; que pour commencer par M. le Comte, elle sçavoit que dans tout ce que j'avois dit à son sujet, j'avois ajouté que personnellement j'étois persuadé de la droiture de ses intentions. J'arrêtai Madame par ce début : elle crut jouir du plaisir de me voir à ses pieds solliciter un pardon.

Je poursuivis avec le même sang-froid : que pour lever le scrupule qu'elle sembloit avoir, qu'on eût député vers elle un petit gentilhomme, indigne de l'approcher, je lui apprenois que quoique, par le mauvais ménage de mes ancêtres, je n'eusse ni le bien, ni les dignités auxquelles je pouvois prétendre, cependant il étoit sorti en différens temps, de ma maison, plus de cent mille écus qui avoient été portés par des filles, dans les maisons de Bourbon et d'Autriche : (*) que cette preuve tenoit lieu de mille autres que je pouvois y joindre ; que loin d'avoir été à charge au Roi depuis que j'étois à son service, ce Prince m'avoit quelquefois donné le plaisir de le voir recourir à moi dans ses besoins ; que j'avouois cependant qu'aucune raison n'auroit pu me justifier d'avoir passé les ordres que j'avois reçus de sa Majesté, si réellement j'avois été capable de le faire. En ce moment je tirai de ma poche le second écrit du Roi, aussi en forme de lettre,

(*) Je renvoie sur ces paroles, à l'explication que j'ai donnée au commencement de ces Mémoires, des alliances de la maison de Béthune.

adressée à cette Princesse ; ensuite profitant de l'étonnement où je l'avois jettée, je lui dis que pour achever mon message, avant de la quitter pour toujours, je lui déclarois, comme son serviteur, que le Roi lui tenant lieu de pere, et étant d'ailleurs son maître et son Roi, elle n'avoit point d'autre parti à prendre, que de se soumettre à sa volonté ; que sans écouter tout ce que pouvoit lui suggérer M. le comte de Soissons, elle devoit se résoudre, ou à prendre un époux de la main du Roi, son frere, ou à encourir sa disgrace ; qu'il lui seroit bien sensible en ce dernier câs, après avoir soutenu un état de Reine, de se voir réduite à un bien très-médiocre : puisqu'elle n'ignoroit pas qu'outre les largesses du Roi, ce Prince, dans l'abandon qu'il lui avoit fait des biens dont elle jouissoit, avoit plutôt consulté son cœur, que les loix et les coutumes de Navarre, qui lui en auroient laissé fort peu.

Ces dernieres paroles tirerent Madame, malgré elle, de la froideur et du dédain qu'elle s'efforçoit de montrer, pour la faire entrer dans le plus grand emportement dont une femme soit capable. Après l'avoir exhalé par tout ce que la colere peut inspirer, (car ce récit n'est déjà que trop long) elle rentra furieuse dans son cabinet; et moi, je me retirai doucement vers l'escalier. Comme je descendois, je vis accourir Madame
de

de Neufvy, qui me dit que Madame l'envoyoit me demander la lettre que je lui avois montrée : nouvel artifice de ces quatre femmes, qui avoient persuadé à Madame, qu'elle travailleroit plus efficacement à ma perte auprès du Roi, si je pouvois paroître avoir sacrifié la lettre de sa Majesté. Je sentis le piege, et je répondis à Madame de Neufvy, qu'il me paroissoit fort étonnant qu'après avoir refusé d'entendre le contenu de la lettre, Madame me la fît demander au même moment ; que je ne pouvois la communiquer qu'à la Princesse seule, et lui en faire une simple lecture, en ayant besoin pour moi-même. Ce n'étoit pas là le compte de la messagere, qui s'en retourna sans rien repliquer.

Je vins le même jour coucher à Moret, où étoit mon épouse ; et après y avoir séjourné seulement vingt-quatre heures, je m'avançai jusqu'à Paris au-devant du courier que j'avois fait partir de Fontainebleau pour porter mes dépêches au Roi. Au lieu de mon courier, je fus fort surpris de ne voir arriver que le jeune Boësse, maître-d'hôtel de Madame, chargé d'une lettre qui me surprit encore davantage, lorsque je reconnus qu'elle étoit du Roi : je sçavois que Boësse étoit celui que de son côté Madame avoit dépêché vers le Roi. Je vis que cette lettre avoit été envoyée toute ouverte à la Princesse, et qu'on ne me la remettoit qu'après qu'elle avoit passé dans les mains de Madame, qui y avoit mis son cachet. A toutes ces marques, je ne doutai plus de mon malheur : un triste pressentiment m'en avertit encore, et je n'ouvris la lettre qu'en tremblant. Je n'en avois que trop de sujet. Au lieu des louanges, des témoignages de bonté et de confiance, dont les lettres du Roi pour moi étoient ordinairement pleines, mes yeux ne furent frappés que d'un ordre rigoureux de faire satisfaction à Madame : sa Majesté « ne pouvant » souffrir (c'est ainsi qu'elle s'exprimoit) qu'un » de ses sujets offensât une Princesse, sa sœur, » sans l'en punir aussi-tôt, s'il n'effaçoit sa faute » par ses soumissions ».

Je fus terrassé, je l'avoue, de ce coup accablant, et d'autant plus, que ne pouvant présumer que mon postillon n'eût pas porté ma lettre au Roi, je voyois que c'étoit même après l'avoir lue, qu'il me traitoit ainsi. Quelles réflexions ne fis-je pas alors sur le malheur d'être employé à raccommoder les grands, et sur le danger de servir les Rois ? Je ne me reprochois rien à l'égard du Roi. Je l'avois servi pendant vingt-quatre ans, avec une assiduité et un zele que rien n'avoit refroidi. C'étoit malgré moi que je m'étois chargé d'un emploi si désagréable. Il y avoit dans l'écrit que je m'étois fait donner par Henri, mille choses plus dures que tout ce que j'avois dit à Madame ; et je les lui avois épargnées, dans un moment où j'aurois peut-être été excusable de les aggraver. Je n'étois coupable tout au plus que d'obéir trop fidélement ; et cependant sa Majesté me sacrifioit cruellement, sans aucun égard, ni pour mes raisons, ni pour ses propres ordres. J'étois pénétré de cette injustice ; et toutes mes pensées alloient à former de fortes résolutions d'abandonner pour jamais la cour.

Mais à peine les avois-je formées, ces résolutions, que je trouvois aussi-tôt mille motifs pour les combattre. Henri, comme je l'avois déjà souvent éprouvé, avoit pris un si grand empire sur toutes mes volontés, qu'après mille sermens de ma part, un seul mot de la sienne me ramenoit à lui, comme par enchantement. A cette considération se joignoit celle de mon intérêt. J'allois donc m'exposer à perdre les justes récompenses de mes services au moment même que j'y touchois, et lorsque dépouillé de cinquante mille livres de rente par l'exhérédation du vicomte de Gand, épuisé par un service long et coûteux, ayant une maison à rétablir, menacé d'une nombreuse famille par la fécondité de mon épouse ; ces récompenses étoient toute ma ressource, et le seul fonds que j'avois cultivé. Mais, d'un autre côté, comment prendre sur soi d'aller essuyer en criminel les hauteurs d'une Princesse avec laquelle je venois de soutenir un personnage si différent, et que je ne pouvois douter qui ne rendît pour moi ce calice aussi amer qu'il le pouvoit être? Je crois que tout le monde se met ici en ma place, et qu'on se peint facilement mon agitation et mon serrement de cœur.

Je pris enfin un parti assez sage, mais qui n'étoit rien moins que capable de suspendre les chagrins dont j'étois dévoré. Je feignis d'être malade, et il me prit dès ce moment une noire mélancolie bien capable en effet de faire passer dans mon corps une partie de la mauvaise disposition de mon esprit. Je ne m'ouvris à personne sur la cause de mes chagrins. J'envoyai chercher un médecin, qui me faisant trembler sur les suites d'un mal tout entier de ma façon, promit pourtant de m'en tirer à force de saignées et de purgations.

Sur les quatre heures après-midi arriva un autre médecin, auquel il étoit réservé de me redonner la santé : c'est Picaut, mon courier, que j'attendois impatiemment, pour prendre, sur son rapport, une derniere résolution ; et qui, après m'avoir appris que l'accident qui lui étoit arrivé de se démettre le pied en route, l'avoit fait devancer auprès du Roi par le courier de Madame, me remit une lettre de la main de ce

Prince, qui guérit tous mes maux. Henri me mandoit que je devois actuellement être bien en colère de sa premiere lettre, qu'il l'avoit écrite dans ce premier mouvement de vivacité que je lui connoissois, et sur les plaintes exagérées, jointes aux instances et à l'importunité de sa sœur : mais que pour me rassurer, il me donnoit sa parole de ne me désavouer en rien, et qu'il me permettoit en ce cas de me servir de sa lettre même contre lui. Il finissoit par ces mots :
« Venez me trouver, pour m'informer encore
» plus particuliérement de tout ce qui s'est passé,
» et vous assurez d'être aussi-bien reçu de moi,
» que vous l'ayez jamais été, quand je devrois
» prendre la vieille devise de Bourbon, *qui*
» *qu'en grogne* : adieu, mon ami ». A cet air de cordialité et de familiarité, je reconnus mon ancien maître. Cette lettre étoit datée du 17 Mai, et la premiere du 15, toutes deux d'Amiens, où je m'acheminai dès la pointe du jour, et où j'arrivai le lendemain. Je ne supprimai, ni ne déguisai rien de tout ce qui s'étoit dit et fait à Fontainebleau, entre Madame et moi, et sa Majesté me témoigna par un redoublement de caresses, qu'elle approuvoit toute ma conduite.

Pour ne pas couper trop souvent le fil de l'histoire, par un récit qui peut trouver par-tout également sa place, j'acheve en peu de mots ce qui concerne cette affaire. La Varenne, qui étoit chargé de veiller à la cour aux intérêts de Madame Catherine, ne manqua pas de l'instruire du bon accueil que le Roi m'avoit fait, et de lui faire part en même-temps de la nouvelle qui se répandoit, que j'allois être le dépositaire absolu des finances. La Princesse comprit aisément sur ce rapport, non-seulement qu'il falloit renoncer à sa vengeance, mais encore que son intérêt étoit de ménager dans la suite un homme, de la main duquel alloient sortir désormais toutes les ordonnances pour l'entretien de sa maison : ou elle convint de son tort, ou bien si elle persista à me l'imputer, elle eut la générosité de me le pardonner ; et de quelque maniere que ce soit, j'avoue, à la louange de cette Princesse, que c'est une marque de grandeur d'ame, dont fort peu d'autres auroient été capables. Si l'on avoit retranché du caractere de Madame les excès d'une vivacité qu'il lui étoit impossible de surmonter, et qui, dans l'affaire dont il s'agit, joignoit à sa force, celle de la plus impétueuse de toutes les passions, on n'auroit plus trouvé qu'un cœur naturellement bon et facile, capable même d'amitié et de reconnoissance.

Elle choisit Madame de Pangeac, qui étoit de mes amies, pour lui faire part de son changement à mon égard. Elle fit même les premieres démarches auprès de Madame de Rosny. Je l'avois laissée en couche à Moret. Après qu'elle fut rétablie, elle alla un jour au prêche à Fontainebleau, et s'en retourna sans voir Madame, prétextant une légere indisposition qui retenoit cette Princesse au lit. Madame de Pangeac lui en ayant fait quelques reproches, comme d'elle-même, mais en effet par ordre de Madame, mon épouse se trouva obligée de lui répondre que les termes où Madame en étoit avec moi, lui défendoient cet honneur. A un second voyage que Madame de Rosny fit à Fontainebleau, Madame lui fit dire que la raison qu'elle avoit apportée à Madame de Pangeac, ne devoit point l'empêcher de venir la voir, et elle lui fit un accueil tout-à-fait gracieux. Elle lui avoua naturellement qu'elle n'étoit pas encore entiérement revenue à mon égard, parce qu'elle avoit cru devoir attendre toute autre chose de moi pour les marques d'amitié que j'avois reçues d'elle dans ma jeunesse. Elle l'entretint de plusieurs parties de plaisir, soit à Pau, soit chez M. de Miossens (*), où elle m'avoit fait l'honneur de m'admettre avec elle, et en particulier d'une course de bague, où ayant remporté le prix, qui étoit une bague de médiocre valeur, allant la recevoir de la main

━━━━━━

(*) Henri d'Albert, baron de Miossens.

de cette Princesse, elle changea la bague, et en mit une de deux mille écus. Elle n'oublia pas que mon pere avoit souvent porté la Reine entre ses bras. Après tout cela, Madame dit fort obligeamment à mon épouse, que son ressentiment contre moi ne s'étoit jamais étendu jusqu'à elle, dont elle aimoit l'humeur et le caractere. Elle lui dit mille choses gracieuses, soit sur M. de Saint-Martin, oncle de mon épouse, qui avoit été premier gentilhomme de la chambre du Roi, soit sur Madame de Saint-Martin, sœur de M. de Miossens, et par conséquent parente assez proche de la Princesse.

Madame de Rosny se retira extrêmement satisfaite, et résolue de ne rien oublier pour me faire rentrer dans les bonnes graces de Madame. Elle ne lui en marqua rien cette premiere fois, mais dans la suite elle s'y employa utilement. Un jour qu'elle lui faisoit valoir l'attention que j'avois à expédier les assignations pour le paiement des officiers de sa maison, et qu'elle lui représentoit qu'il n'y avoit eu que des ordres réitérés de sa Majesté qui m'avoient fait vaincre la répugnance que je sentois à me charger de la commission qui l'avoit si fort offensée, Madame de la Force, qui étoit en ce moment dans la ruelle de Madame, se joignit à mon épouse. Elles furent appuyées par Madame de Pangeac, et ce qui me surprit beaucoup, par Mesdames de Rohan et de la Barre, et toutes ces femmes engagerent Madame à m'envoyer chercher à l'heure même. Depuis ce moment, où elle reconnut mon innocence, elle m'affectionna au point qu'elle n'eut plus d'autre confident de tous ses secrets ; qu'elle proposa et favorisa de tout son pouvoir le mariage de ma fille aînée avec le duc de Rohan, son plus proche parent (*), du côté de la feue Reine sa mere, et héritier de ses biens en Navarre. Le Roi ne goûta pas ce mariage pour lors ; et cependant il y revint de lui-même dans la suite. Enfin, lorsque Madame partit pour la Lorraine, assez mécontente, comme l'on sçait, de la cour de France, elle dit hautement qu'elle n'avoit à se louer que de trois personnes, et j'étois l'une des trois.

Les hostilités entre le parti du Roi et celui de la Ligue continuerent pendant les années 1595 et 1596, dans les mêmes endroits du royaume, que les années précédentes. En Bretagne, entre MM. d'Aumont et de Saint-Luc, et le duc de

---

(*) Henri II du nom, duc de Rohan, &c. qui épousa en effet Marguerite de Béthune, comme on le verra dans la suite de ces Mémoires, étoit petit-fils de René I du nom, vicomte de Rohan, et d'Isabelle d'Albret, fille de Jean, roi de Navarre. Voyez dans tous les généalogistes, les autres alliances de cette illustre maison avec la maison de France.

Mercœur, et dans les provinces du midi de la France, où il arriva mille petites rencontres entre MM. de Vantadour, de la Rochefoucault, de Châteauneuf, de Saint-Angel, de Lostange, de Chambaret, et autres officiers pour le Roi (1), et MM. de Pompadour, de Rastignac, de Saint-Chamant, de Montpézat, de la Chapelle-Biron, et autres ligueurs. La défaite des Crocans, le siege de Blaye, la prise d'Agen, la mort du duc de la Rochefoucault, sont les événemens (2) les plus remarquables dans le Limosin

(1) Anne de Lévis, duc de Ventadour, gouverneur du Limosin, et lieutenant-général pour le Roi en Languedoc: il mourut en 1622. François de la Rochefoucault, prince de Marsillac; René de Sainte-Marthe, sieur de Châteauneuf; Charles de Rochefort de Saint-Angel; Louis-François de Lostange; N. de Chambaret, ailleurs nommé Chambert, gouverneur du Limosin; Louis, vicomte de Pompadour; N. de Rastignac; Jean de Saint-Chamant, ou Antoine son frere: ils passerent depuis dans le parti du Roi; Henri des Prés de Montpézat; N. de Charbonniere, sieur de la Chapelle-Biron.

(2) La plupart des événemens que l'auteur indique ici, sont arrivés avant l'année 1595. Le duc de la Rochefoucault étoit mort dès l'année 1591, tué, comme on l'a vu ci-devant, au combat de Saint-Yrier-la-perche. Le vicomte de Pompadour étoit aussi mort en 1591. La prise d'Agen par le comte de la Roche, fils du maréchal de Matignon, est pareillement de l'année 1591. Blaye fut assiégé en 1593, par le même maréchal, qui, malgré la défaite d'une escadre Espagnole, fut obligé d'en lever le siege. Les Crocans, ainsi nommés de Croc, village en Limosin, où ils commencerent à s'attrouper, furent aussi défaits en ce temps-là par Chambert, ou Chambaret, gouverneur de cette

et aux environs. Lesdiguieres continua la guerre avec le même succès en Dauphiné, en Provence et dans le Piémont, tantôt contre le duc de Savoie, tantôt contre le duc d'Epernon. La fin de toutes ces expéditions fut l'entiere défaite du duc de Savoie, qui, croyant profiter de la désunion des ducs de Guise et d'Epernon, s'étoit avancé jusqu'en Provence, d'où il se vit chasser honteusement, et celle de d'Epernon, qui, succombant sous son rival, le duc de Guise, aidé du même Lesdiguieres, d'Ornano et du parti de la comtesse de Sault, fut accablé sans ressource, et se vit réduit à implorer la clémence du Roi, par des lettres extrêmement soumises que sa Majesté reçut à Gaillon. Il suivit lui-même ses lettres de fort près, et vint se jetter aux pieds du Roi : ce qui fut une espece de triomphe pour Henri, qui mettoit cette humi-

province ; et depuis, le maréchal de Matignon acheva de les dissiper en Languedoc, plus par adresse que par la force. Consultez sur tous ces faits les Historiens ci-dessus cités. Cherchez-y encore, et dans l'histoire particuliere du connétable de Lesdiguieres, les expéditions de cet homme célebre par les victoires d'Epernon, de Poncharra, de Vinon, &c. par les prises du fort d'Exiles, de Cahours, et d'une infinité d'autres places, qui le rendirent maître de toute la Savoie et d'une partie du Piémont.

Outre la guerre, la France fut affligée en cette année 1596, de la peste et de la famine, causées par le dérangement des saisons. L'Etoile dit qu'on eut l'été en Avril, l'automne en Mai et l'hiver en Juin.

liation de d'Épernon, avec celle des ducs de Bouillon et de la Trémouille, au nombre des choses qu'il souhaitoit le plus passionnément.

Pendant son séjour à Amiens, le Roi fit plusieurs nouvelles démarches au sujet de mon entrée dans le conseil des finances. Ce Prince qui, par un effet de sa droiture naturelle, ne pouvoit se représenter les hommes aussi corrompus qu'ils le sont, ni par un effet de sa douceur recourir aux voies extrêmes qu'après avoir tenté toutes les autres, se figura long-temps qu'il ameneroit enfin ce corps à administrer les revenus de l'Etat avec économie ; et que cette importante réforme n'étoit pas si difficile, qu'elle ne pût être produite par les seuls conseils d'un homme integre et laborieux, qu'il associeroit à ceux qui le composoient. Dans cette vue, il parla et en public et en particulier, à Messieurs du conseil, de me recevoir parmi eux. Quelque répugnance qu'ils y eussent, ils n'oserent rejetter ouvertement une proposition, qui, faite de cette maniere, ressembloit bien plus à une priere qu'à un ordre.

J'avoue plus naturellement, que de ma part ce tempérament ne trouva pas tant de docilité. Sa Majesté m'ayant déclaré dans un entretien secret, qu'elle exigeoit de moi, que je cherchasse Messieurs du conseil, que par quelque complaisance je leur fisse perdre le soupçon qu'ils avoient, que je n'entrerois dans leur société que pour leur rendre de mauvais offices, enfin que je les engageasse par mes manieres, à lui demander eux-mêmes mon association ; je ne balançai pas à lui répondre, que je ne trouvois point de plus mauvaise voie d'être introduit dans le conseil des finances, que d'en avoir l'obligation à ceux qui les gouvernoient, et que connoissant, comme je faisois, l'esprit de ce corps, je ne pouvois en même-temps le servir et servir l'Etat. Le Roi, qui n'aimoit pas à être contredit, et qui se souvenant d'ailleurs de mes démêlés avec le duc de Nevers, s'imaginoit que je pouvois avoir quelque ressentiment contre ces Messieurs, crut appercevoir dans ma réponse de l'orgueil, ou du moins de l'attachement à mon sens. Il me repliqua assez vivement qu'il n'avoit pas envie de se mettre tout le monde à dos, pour moi seul : qu'ainsi, sans songer davantage à me faire entrer dans les finances, il me chercheroit quelque autre emploi, pour occuper mon esprit qui ne pouvoit, disoit-il, demeurer oisif.

Il étoit encore à demi fâché, lorsqu'au sortir de cette conversation, il entra chez Madame de Liancourt, qui en ayant sçu le sujet, lui représenta qu'il ne seroit en effet jamais bien servi, jusqu'à ce qu'il eût rencontré un homme, qui, par le pur motif de l'intérêt public, ne craignît point de s'attirer la haine des financiers. Pour moi, je regardai après cela mon engagement dans la finance, comme plus éloigné que jamais; et considérant que mon emploi alloit désormais être réduit aux traités et aux négociations au-dehors : office qui mene à une ruine presque certaine, tout homme qui veut y soutenir son rang avec dignité, et sa réputation avec honneur, je résolus de m'en ouvrir à sa Majesté, et de lui faire agréer un projet qui m'auroit assuré du moins le remboursement de toutes mes avances. Mais Henri ne me donna pas le temps de lui faire ma proposition. Si-tôt que je l'eus abordé, il m'avoua que sur la représentation de Madame de Liancourt, il étoit revenu à mon avis, et que sans un plus long délai, il alloit déclarer publiquement sa volonté, après en avoir prévenu, pour la forme, le Connétable, et Villeroi, à qui il appartenoit de m'expédier mes provisions. Ces deux Messieurs entrerent fort à propos dans la chambre du Roi, et reçurent cet ordre, le Connétable en baissant la tête, et Villeroi en disant qu'il me mettroit mes provisions aux mains, si-tôt qu'il en auroit recouvré un modele.

L'après-midi, pendant que le Roi étoit à la chasse, j'allai remercier la marquise de Monceaux; c'est le nom qu'avoit pris depuis peu Madame de Liancourt, et je crus devoir aussi une visite à M. de Villeroi, à qui je demandai, au défaut de provisions, un brevet qui fît le même effet. Villeroi biaisa dans sa réponse, et pendant trois ou quatre jours que je le pressai, sur différens prétextes, il remit toujours l'affaire au lendemain. Au bout de ce temps, le Roi quitta Amiens pour venir à Monceaux, et passa par Liancourt, où Liancourt, son premier écuyer, le reçut et le traita splendidement : c'est-là qu'on avoit résolu de faire contre moi les derniers efforts.

Liancourt, à la sollicitation de Villeroi, fit venir chez lui pendant le séjour qu'y fit sa Majesté, le chancelier, qui étoit son ami intime, et les autres membres du conseil s'y étant aussi rendus par ordre du Roi, ils profitèrent de la liberté que cette occasion leur donna auprès de ce Prince, pour travailler efficacement à m'exclure du conseil. Le moyen dont ils se servirent, ne fut pas de m'attaquer directement, mais d'insinuer au Roi que je n'étois pas propre à cet emploi, dans lequel, disoient-ils, faute de cette expérience, qu'il n'y a que le long usage qui puisse donner, on ne peut éviter de commettre mille fautes, dont la moindre est capable de ruiner sans ressource le crédit, et par conséquent de perdre l'Etat. Ces discours furent répétés si souvent en présence du Roi (car on faisoit à dessein tomber la conversation sur cette matière), et avec une si grande apparence de sincérité, que ce Prince se sentit à la fin ébranlé ; et lorsque dans le même temps il voyoit ces Messieurs former avec facilité les plus magnifiques projets, discourir avec beaucoup de netteté sur les forces et les intérêts de l'Etat, en calculer les revenus avec la derniere précision ; enfin posséder en apparence dans toute son étendue, la science du commerce et les autres moyens dont on rend un Etat florissant, et par-dessus tout, s'entretenir entr'eux dans une langue qui n'étoit presqu'intelligible que pour eux seuls : ce Prince, persuadé de plus en plus de cette longue préparation qu'on lui représentoit comme absolument nécessaire pour entrer dans les finances, retomba encore dans sa premiere irrésolution, et crut que le mal présent n'étoit pas le plus grand dont les finances pussent être menacées. Sa Majesté prenant avec cela tout ce que Messieurs du conseil lui disoient pour une marque de leur repentir, et comptant sur un notable changement de leur part, par la crainte qu'elle venoit de leur donner, elle se refroidit entiérement à mon égard.

Villeroi, qui étoit demeuré pendant ce temps-là à Amiens, mais qui n'en étoit pas moins bien informé de toutes les démarches d'un corps, dont il étoit l'ame, prit cette occasion pour envoyer au Roi mes provisions, qu'il ne pouvoit, sans désobéissance,

béissance, se dispenser d'expédier, après l'ordre formel qu'il en avoit reçu du Roi. Lorsqu'elles furent remises à ce Prince, il n'étoit plus à Liancourt, où il n'avoit passé qu'un jour, mais à Monceaux, où, rempli de tout ce qu'il venoit d'entendre, il les donna à Béringhen, en lui disant de les garder sans m'en rien dire, jusqu'à ce qu'il reçût un ordre du contraire. Béringhen, qui étoit de mes amis, me révéla le secret que je lui gardai fidélement. Quinze jours se passerent de cette sorte, sans que le Roi parlât de rien à Béringhen; et MM. du conseil, aveuglés par leur bonne fortune, au lieu de ce repentir si sincere que sa Majesté attendoit d'eux, lui donnerent de nouvelles preuves de malversation, mais si claires, qu'ils la forcerent eux-mêmes, pour ainsi dire, de les accabler du coup, qu'il leur étoit si facile de parer. Le Roi découvrit que le conseil venoit d'affermer les aides de Normandie pour trente mille écus; et que pour frustrer encore l'épargne de cette somme, si éloignée de la vraie valeur de la chose, ils l'avoient imputée toute entiere sur de vieilles dettes du trésor royal. Avec un peu d'attention, il se convainquit de plus, que les cinq grosses fermes n'étoient de même qu'au quart de leur valeur; parce que Zamet, Gondy, et autres traitants, qui s'en étoient chargés par connivence avec MM. du conseil, partageoient avec eux les profits immenses qui en revenoient. L'avidité de ces Messieurs n'étant pas encore rassasiée, ils avoient accordé sur tous les autres revenus royaux des rabais si excessifs, sous ombre des pertes de Calais, Cambrai, Ardres, &c. qu'ils diminuoient à vue d'œil, au lieu d'augmenter.

Dans la juste indignation que cette connoissance donna au Roi, sa Majesté me fit appeller, et me commanda d'aller à Paris, sçavoir d'où provenoit une si grande dissipation de deniers, dont elle ne pouvoit se prendre qu'au conseil. Je répondis à ce Prince, qu'ayant révoqué sans doute l'ordre qu'il avoit donné à Villeroi de m'expédier mes provisions, puisque je ne les avois pas reçues, je n'avois aucun droit d'entrer dans un conseil, ni de m'y faire écouter. « Comment ! dit Henri, » en cachant le reproche qu'il se faisoit inté- » rieurement, Béringhen ne vous a-t-il pas donné, » il y a quinze jours, vos provisions, avec une » lettre de Villeroi ? Vous verrez que ce gros » Allemand les aura oubliées ». Pendant que par ordre du Prince, j'allois me disposer à partir, pour venir ce même jour coucher à Claye, sa Majesté fit la bouche à Béringhen, qui consentit à paroître chargé de tout le tort. Dans ce peu de temps il me vint une pensée, que je communiquai au Roi, en retournant recevoir ses derniers ordres. Je lui dis qu'avant que le jour marqué pour l'ouverture des états, fût arrivé, il me paroissoit à propos que je me transportasse dans quelques-unes des principales généralités du royaume, pour y prendre une connoissance plus sûre des revenus présens du Roi, de la diminution qu'ils avoient soufferte, et des augmentations qu'on pouvoit y faire, afin que sa Majesté réglât les demandes qu'elle avoit à faire aux états, sur cette opération, qui toute imparfaite qu'elle étoit, pouvoit, par proportion, donner des lumieres sur les forces des autres généralités plus reculées, et conséquemment de tout le royaume; qu'outre cet avantage, je ne désespérois pas de lui faire trouver dans ces seules généralités que je visiterois, les trois ou quatre cent mille écus qu'il avoit demandés inutilement au conseil. Je jugeai qu'en vain, et peut-être imprudemment, je me chargerois moi-même de cette vérification, sans une piece, qui me paroissoit être le seul vrai moyen de n'être pas trompé; je veux dire, sans un plein pouvoir de sa Majesté pour suspendre de leurs fonctions, ou même pour révoquer tout-à-fait les receveurs et préposés rebelles, et pour récompenser la probité des mieux intentionnés.

Henri approuva fort le fond de ce dessein; mais changeant quelque chose à la maniere de le proposer dans le conseil, il voulut que j'y ouvrisse cet avis, de façon que ceux qui se piquoient d'avoir le plus d'esprit, comme Sancy, Schomberg, Fresne et La-Grange-le-Roi, en saisissent eux-mêmes la premiere idée, et pussent passer pour en être du moins en partie les auteurs; et qu'il n'y en eût aucun dans la compagnie, qui ne se flattât que cette commission ne pouvoit être donnée à personne qu'à eux-mêmes, ou par leur canal, à des intendans et maîtres des requêtes à leur dévotion. Il n'y avoit rien de plus sage que ce tempérament, qui flattoit également la vanité de quelques-uns, et la cupidité de tous. Je vins prendre place dans le conseil, où par un prodige, qu'on ne voit qu'à la cour, le cœur de mes collegues, dévoré du chagrin le plus cuisant, ne laissa voir sur leurs visages, dans leurs paroles et leurs manieres, que des témoignages de joie. Je fus presque trompé moi-même aux louanges en tout genre dont m'accabla le chancelier, et au ton dont j'entendis prononcer, que j'étois attendu avec la plus vive impatience. Voilà la science des courtisans, ils sont convenus entr'eux, que couverts des masques les plus grossiers, ils ne se paroîtroient pourtant point risibles les uns aux autres.

C'est pendant le séjour du Roi à Monceaux, que fut consommé le traité du duc de Mayenne, déjà arrêté auparavant. Dès le temps que sa Majesté étoit à Amiens, le Duc lui avoit envoyé un nommé d'Estienne, pour lui demander en quel lieu elle auroit agréable qu'il vînt lui rendre ses obéissances, et elle l'avoit remis à Monceaux, par égard pour l'incommodité du Duc, qui ne lui permettoit plus d'aussi longs voyages que celui d'Amiens à Soissons, où il faisoit sa résidence (*). Le duc de Mayenne aborda le Roi qui se promenoit dans l'étoile du parc, seul avec moi et me tenant par la main, mit un genou en terre, lui accolla la cuisse, et joignit à l'assurance de sa fidélité, un remerciement de ce que sa Majesté « l'avoit délivré, disoit-il, » de l'arrogance Espagnole, et des ruses Italien- » nes ». Henri, qui avoit été à sa rencontre, lorsqu'il le vit s'approcher, l'embrassa trois fois, se hâta de le faire relever, l'embrassa de nouveau, avec cette bonté qui n'a jamais tenu contre un repentir; puis le prenant par la main, il le promena dans son parc, où il l'entretint familièrement des embellissemens qu'il alloit y faire. Le Roi marchoit à si grands pas, que le duc de Mayenne, également incommodé de la sciatique, de sa graisse, et de la grande chaleur qu'il faisoit, ne traînant qu'à grande peine sa cuisse, souffroit cruellement, sans oser en rien dire. Ce Prince s'en apperçut, voyant le Duc rouge et tout en sueur : il me dit en se penchant vers mon oreille : « Si je promene

(*) L'Etoile rapporte la chose autrement ; mais le duc de Sully est plus croyable sur ce fait. Péréfixe s'est aussi trompé, lorsqu'il place cette entrevue en 1695. Voyez la Chronologie Novenn. liv. 8, page 599.

» encore long-temps ce gros corps-ci, me voilà
» vengé sans grande peine de tous les maux
» qu'il nous a faits. Dites le vrai, mon cousin,
» poursuivit-il, en se tournant vers le duc de
» Mayenne, je vais un peu vite pour vous ».
Le Duc lui répondit, qu'il étoit prêt à étouffer,
et que pour peu que sa Majesté eût encore continué, elle l'auroit tué sans y penser : « tou-
» chez-là, mon cousin, reprit le Roi d'un air
» riant, en l'embrassant encore et lui frappant sur
» l'épaule ; car, pardieu ! voilà toute la ven-
» geance que vous recevrez de moi ». Le duc de
Mayenne, qu'une maniere si franche pénétra vivement, fit encore ses efforts pour s'agenouiller et
pour baiser la main que sa Majesté lui tendoit ;
il lui jura qu'il la serviroit désormais contre ses
propres enfans. « Or sus, je le crois, lui dit
» Henri ; et afin que vous me puissiez aimer et servir
» plus long-temps, allez vous reposer au château
» et vous rafraîchir ; car vous en avez bon besoin ;
» je vais vous faire donner deux bouteilles de
» vin d'Arbois, car je sçais bien que vous ne le
» haïssez pas ; voilà Rosny que je vous baille
» pour vous accompagner, faire l'honneur de la
» maison et vous mener en votre chambre ; c'est
» un de mes plus anciens serviteurs, et un de
» ceux qui a reçu plus de joie de voir que vous
» vouliez me servir et m'aimer de bon cœur ».

Le Roi continua sa promenade dans le fond du parc, et me laissa avec le duc de Mayenne, que je fis reposer dans un cabinet de verdure, et ensuite reconduire à cheval au château aussi content du Roi et de moi, que nous l'étions tous deux de lui.

Monceaux parut un séjour si agréable au Roi, qu'il s'y arrêta plus long-temps qu'il n'avoit compté d'abord. Il y fit venir d'Amiens le Connétable et Villeroi, et il ordonna au conseil des finances, de venir faire sa résidence à Meaux, pour être à portée de recevoir ses commandemens. Je n'y avois point encore proposé le projet de la visite des généralités. Sa Majesté, persuadée de plus en plus qu'il ne pouvoit produire qu'un bon effet, se chargea d'en parler elle-même. A la première ouverture qu'elle en fit, les conseillers qui s'attendoient que cet emploi ne pouvoit regarder d'autres personnes qu'eux, et qui y envisageoient chacun leur intérêt particulier, sans nuire à l'intérêt général du corps, y donnèrent les mains et furent bien surpris, lorsqu'ils virent que d'eux tous, le Roi ne nomma à cet effet, que La-Grange-le-Roi, qui fut chargé de deux généralités ; les autres commissions furent remplies par sa Majesté, des noms de MM. de Caumartin (*)

___
(*) Louis le Févre, seigneur de Caumartin, fut envoyé dans le Lyonnois, le Berry et l'Auvergne. Il en sera encore

et de Bizouze, chacun pour deux généralités, et de celui des deux autres maîtres des requêtes, chacun pour une généralité ; pour moi, je fus chargé de quatre des principales et des plus étendues. Ce fut pour lors que Messieurs du conseil se repentirent de n'avoir pas empêché l'exécution d'un plan, qui pouvoit mettre en évidence leur mauvaise foi. Ils réunirent tous leurs efforts pour le rendre inutile, ou du moins pour le traverser. Ils me prirent pour le but de tous leurs coups ; parce que la confiance du Roi, et le principal rôle que je jouois dans cette affaire, leur firent deviner une partie de la vérité. Les accusations d'ignorance, de dureté, d'étourderie et quelques autres qualifications plus fortes encore, ne me furent point épargnées. Je n'eus pas plutôt commencé à exercer les fonctions de ma charge, que je m'apperçus que leur prévoyance leur avoit fait prendre les devans auprès des trésoriers de France, des receveurs-généraux et particuliers, contrôleurs, greffiers, et jusqu'aux moindres employés subalternes. Tous ces gens qui, pour la plupart, leur étoient ou vendus, ou aveuglément dévoués, se prêterent à tout ce qu'ils exi-

---

parlé ci-après. Il fut garde des sceaux en 1622, après la mort de M. de Vic, et mourut l'année suivante, âgé de soixante-douze ans. Il a reçu des Historiens les mêmes éloges que lui donne dans la suite M. de Sully.

gerent d'eux ; les uns s'absenterent et laisserent leurs bureaux fermés ; les autres me présenterent des états composés avec toute la finesse qu'on peut attendre de gens qui se sont fait un art de la friponnerie ; d'autres se contenterent de me faire voir des ordres de MM. de Fresne, d'Incarville et des Barreaux, qui leur défendoient de communiquer leurs registres et leurs états à qui que ce pût être.

Je n'employai d'abord contre tant de malice, que la voie de la douceur; j'exhortai, je cherchai à piquer d'honneur et de probité, des gens qui ne connoissent guères plus l'un que l'autre. Ensuite je fis courir un bruit que les états du royaume ne s'assembloient que pour supprimer ce nombre prodigieux de bureaux et d'employés, sur-tout les trésoriers de France, le plus inutile de tous les corps, et pourtant le plus indocile, et qu'on ne conserveroit en place que ceux qui s'en rendroient dignes par une sincérité, qui feroit foi en cette occasion, de leur attachement au bien public. Cette menace n'ayant eu aucun effet sur des personnes qui étoient secrétement rassurées et soutenues par le conseil même, je fus obligé d'user du pouvoir que j'avois reçu. J'interdis la plus grande partie de ces ouvriers, dont je fis exercer les fonctions par provision, à deux de chaque corps, que je choisis parmi tous ceux qui me parurent avoir les principes les plus sains et la conscience la plus droite. Ainsi je me rendis maître de tous les registres, de tous les états, de tous les comptes, et ils me servirent de fil pour entrer dans ce dédale d'injustices et de voleries.

Que ne vis-je pas alors ? Et comment pouvoir détailler les ruses et les raffinemens d'un art si pernicieux, les déguisemens, les suppressions, les falsifications, les doubles emplois, sans parler de cette fausse confusion sous laquelle les malfaiteurs cachés voyoient très-clair, pendant qu'ils ne présentoient aux autres qu'obscurité et ténebres ? Il suffit de dire que des deux seuls vieux débets que je fis appurer, des acquits et lettres de change, tant de l'année courante, que des trois précédentes que je rassemblai, j'amassai sans peine plus de cinq cent mille écus, qui étoient perdus pour le Roi. A combien la somme auroit-elle monté, si l'on avoit exigé de tous ces employés les justes restitutions d'une si longue malversation, et sur tous les différens deniers qui leur avoient passé par les mains ; puisque les assignations pour vieilles dettes, remboursemens de prêts, anciens arrérages, rescriptions en blanc et payables au porteur, faisoient seuls un si gros produit ?

Mes associés ne furent pas si heureux, ou

aussi fermes que moi. A l'exception de Caumartin, qui rapporta au Roi deux cent mille livres, ils ne payerent tous sa Majesté qu'en longs mémoires d'améliorations à faire dans ses fermes, quoique le Roi eût apporté à ce choix une singuliere attention. Je n'en suis point surpris. Pour oser s'exposer à toute la haine d'un corps aussi accrédité et aussi redoutable que l'est en France celui des financiers, pour tenir bon contre les présens et les flatteries, contre les détours et les artifices de toutes leurs créatures, qui ne manquent pas d'intelligence pour la plupart, et qui ne s'en servent que pour vous éblouir, vous corrompre, ou vous tromper; il est certain qu'il faut avoir un courage d'esprit, dont il y a peu de personnes capables.

Cependant Messieurs du conseil, à qui rien de ce que je faisois dans les provinces n'étoit caché, étoient dans une situation qu'on imagine aisément. S'ils ne trouvoient le moyen de détruire mon ouvrage, ou de me détruire moi-même avant mon retour, il y alloit pour eux de toute leur réputation et de tout leur intérêt. Mon absence leur donnoit pour cela toute la facilité qu'ils pouvoient souhaiter. Que ne dirent et que ne firent-ils pas auprès du Roi par eux et par leurs émissaires? On ne parloit de moi que comme d'un tyran qui suçoit le sang du peuple par les exactions les plus violentes, et sans aucun profit pour le Roi, puisque les sommes dont je remplissois avec tant de peine son trésor, étant celles-là même sur lesquelles étoient assignées les pensions des princes du sang et les gages des grands officiers de la couronne, elles n'alloient entrer dans ses coffres, que pour en sortir incontinent après. Malgré les cris et les impostures d'une cabale si terrible, et dont toutes les démarches ne m'étoient pas inconnues, je continuois mon chemin, et je ne songeois qu'à faire exactement mon devoir ; seulement, j'apportois toute la diligence imaginable à achever mon ouvrage, et les plus sages précautions pour pouvoir un jour fermer la bouche à mes accusateurs.

Pour Henri, il ne se prêta point d'abord à leurs rapports ; ensuite il commença à craindre quelque mauvais effet de mon peu d'expérience, et il m'invita simplement par lettres à revenir au plutôt. Mais enfin lorsque mes ennemis eurent si bien lié partie, par eux et leurs amis, qu'il se fit comme un cri général à la cour contre moi, ce Prince vint à appréhender que je n'usasse de mon pouvoir avec une dureté qui le rendît odieux lui-même, et alors au lieu d'une simple invitation, j'en reçus un ordre des plus absolus de revenir à Paris. J'obéis sans repliquer, quoique bien fâché de me voir ainsi arrêter au milieu de mes recherches. Je fis dresser promptement quatre bordereaux pour mes quatre généralités. Je les fis signer des huit receveurs-généraux, et n'ayant pas eu le temps de convertir mes cinq cent mille écus en especes de plus petit volume, j'en fis charger soixante-dix charrettes, que je voulus que les huit receveurs-généraux accompagnassent, sous la garde d'un prévôt et de trente archers de la Maréchaussée, qui les conduisirent à Rouen, où le Roi venoit de se rendre pour l'ouverture des états.

De toutes les calomnies que Messieurs du conseil avoient inventées pour frapper le coup de ma disgrace, aucune ne leur avoit paru plus spécieuse, que de faire entendre au Roi que j'avois rempli les prisons des officiers et commis de ses finances ; et ils jugerent à propos d'y ajouter que par une vaine bravade, j'entraînois à ma suite cinquante des principaux enchaînés. Le Roi ne soupçonnant aucun mensonge dans une imputation si positive, me reçut, lorsque j'allai le saluer en arrivant à Rouen, d'un air qui me fit juger que mes envieux avoient fait jouer d'étranges ressorts. Il me fit l'honneur de m'embrasser, mais avec une indifférence et une froideur qui ne lui étoient pas ordinaires. Il me demanda pourquoi je m'étois chargé si inutilement d'un argent, que des personnes que je sçavois bien qu'il n'avoit

pas envie de mortifier, étoient dans l'usage de toucher par elles-mêmes, et il fut fort surpris d'entendre que de tout ce que j'apportois, sa Majesté n'en devoit pas un denier aux Princes du sang, ni à aucun des pensionnaires de l'Etat, qu'ils étoient tous payés du quartier d'Avril, et qu'ils le seroient aussi exactement de ceux de Juillet et d'Octobre, parce que je n'avois rien anticipé sur les fermages courans. « Pardieu,
» reprit le Roi, après m'avoir fait répéter plu-
» sieurs fois ces paroles, et même m'en avoir
» fait jurer la vérité, voilà de méchantes gens,
» et d'impudentes impostures ! Mais, ajouta-t-il,
» quant à tous ces receveurs et officiers que vous
» retenez prisonniers à votre suite, qu'en ferez-
» vous » ? L'étonnement que cette question me causa, fut capable seul de persuader au Roi que cette accusation étoit sans aucun fondement. Il me fut aisé d'appercevoir en ce moment que la malignité de Messieurs du conseil retomboit toute entiere sur eux-mêmes, et qu'elle déceloit mieux au Roi leurs secrets motifs, que tout ce que je pouvois lui dire. Il ne me demanda aucun autre éclaircissement ; au contraire il me combla de louanges et de caresses.

On lui avoit dit que la somme que j'avois levée ne pouvoit être que très-médiocre. Sur la question qu'il m'en fit, je lui répondis que n'ayant rien voulu retenir par mes mains, ni pour les frais, ni pour ma pension, ni pour ma dépense, afin que les receveurs-généraux retrouvassent la même somme qui étoit couchée sur les bordereaux, et qu'ils apprissent de-là à ne jamais rien détourner de ses finances, sa Majesté en feroit elle-même la déduction sur les quinze cent mille livres. Une somme si considérable fit beaucoup de plaisir au Roi, qui en avoit un besoin extrême. Il me dit qu'il auroit soin que toute ma dépense me fût payée, et qu'outre ma pension de dix mille livres par mois, qu'il haussoit jusqu'à dix-huit mille livres, il m'accordoit en pur don six mille écus, pour récompense de ce service. Il me défendit de rien dire de ce qui venoit de se passer entre lui et moi, et il m'envoya mettre à part sur cette somme ce qu'il falloit pour la montre de six compagnies Suisses, sur le pied de dix-huit cent écus chacune, pour faire, dès le lendemain, ce paiement qui pressoit.

J'allai retrouver mes voituriers, que les archers gardoient dans deux cours du sieur de Martinbault. Je fis décharger et ranger par ordre les barriques dans des appartemens, dont les serrures furent changées et renforcées de gros cadenas à trois clefs ; les deux receveurs en eurent chacun une, et moi la troisieme. J'envoyai dès le lendemain de grand matin aux officiers Suisses, par trois commis escortés de dix archers, les dix mille écus qui leur étoient dus.

Quelques momens après que j'eus fait partir cette escorte, Sancy à qui le Roi avoit dit qu'il falloit payer les Suisses, et qui étoit ordinairement chargé de cet emploi, m'envoya un billet par lequel il me mandoit de faire délivrer au sieur le Charron, qui en étoit le porteur, quatre-vingt-dix mille écus pour la montre des Suisses. Ce conseiller n'agissoit et ne parloit point autrement ; il auroit cru se dégrader s'il étoit descendu à quelque politesse, ou à quelque explication avec ses confreres. Je ne trouvai point de mon goût une lettre si seche, et encore moins l'effronterie avec laquelle il me demandoit le triple de la somme que je sçavois être due. Je répondis aussi dédaigneusement au porteur, que je ne connoissois ni Sancy, ni son écriture, ni ses ordres. « Comment ! vous ne connoissez pas M. de » Sancy ? » me dit Charron, en plaignant mon aveuglement : car à ce nom tout trembloit dans le conseil, et Sancy y tenoit un rang qui approchoit fort de la surintendance. Comme il vit que je ne changeois rien à ma réponse, il vint la rapporter, mais avec toute la timidité d'un valet qui craint un maître de mauvaise humeur. Malheureusement pour Sancy il se la fit faire devant plusieurs témoins, qui le furent aussi de son emportement.

tement. « Hé pardieu ! dit-il, nous verrons s'il
» ne sçait pas qui je suis ». Après m'avoir traité
comme il jugea à propos, il vint de ce pas à
Saint-Ouen trouver le Roi, qui lui dit : « Hé
» bien ! Sancy, n'allez-vous pas faire montre à
» nos Suisses ? Non, Sire, reprit Sancy, d'un air
» mutin, je n'y vais pas : car il ne plaît pas à
» votre M. de Rosny, qui fait l'empereur dans
» son logis, assis sur ses caques d'argent, comme
» un singe sur son bloc, et dit qu'il ne connoît
» personne, et je ne sçais si vous auriez plus de
» crédit que les autres. Que veut dire cela,
» reprit le Roi ; je vois ce que c'est, on ne sera
» jamais las de faire de mauvais offices à cet
» homme-là, parce que je me fie en lui, et qu'il
» me sert bien ». Sa Majesté ajouta qu'elle avoit
d'autant plus de peine à croire mon refus, que
j'étois convenu avec elle-même de donner cet
argent aux Suisses. Sancy se fit appuyer de le
Charron qu'il avoit amené. Le Roi se doutant de
quelque nouveau trait de malignité, se tourna
vers les valets de chambre, et commanda à Briart
de venir me chercher.

Du plus loin qu'il m'apperçut, il me demanda
ce qu'il y avoit entre Sancy et moi. « Je vais
» vous le dire, Sire, » lui répondis-je hardiment ; et sans craindre le ressentiment du redoutable Sancy, je fis le récit de ce qui s'étoit passé,

d'une maniere qui dut mortifier sa vanité. Sancy n'étoit pas homme à plier, il ajouta fierté sur fierté ; et le prenant sur un ton impérieux, il s'éleva bientôt entre nous deux une dispute si vive, quoiqu'en présence du Roi, que sa Majesté fut obligée de nous imposer silence. Je cessai dans le moment même de parler à mon adversaire, et me tournant vers le Roi, je le priai de ne me point donner de supérieur dans les choses où j'agissois par son ordre. La galerie de Saint-Ouen où se passa cette scene, étoit remplie d'un monde infini, dont la plupart, las des hauteurs de M. de Sancy, étoient charmés de lui voir recevoir cette petite disgrace. « Il sera bien difficile, » disoient-ils, comme je l'ai sçu depuis, que ces » deux esprits exercent long-temps les mêmes » fonctions, sans que l'un supplante l'autre ; mais » de l'humeur dont est le Roi, le meilleur mé- » nager sera son homme ». D'autres portoient envie à ma faveur naissante ; d'autres enfin qui vraisemblablement se soucioient peu de l'un et de l'autre, disoient en riant de la nouveauté du spectacle : « Pardieu ! voilà un étourdi qui en a » trouvé un autre, qui ne lui quittera pas aisé- » ment la partie ».

Le bruit des grandes sommes que j'avois fait revenir dans les coffres du Roi, ne fut pas plutôt répandu, que je me vis accablé d'un nombre infini de créanciers sur le Roi, envoyés, pour la plupart, par Messieurs du conseil, qui, outre l'envie qu'ils avoient de voir disparoître dans peu cette somme, étoient convenus avec tous ces solliciteurs, qu'ils retireroient sur leurs créances leurs profits ordinaires. Ma principale vue, en levant cet argent, ayant été de faire un fonds pour les entreprises militaires que le Roi devoit bientôt commencer, sans qu'on fût obligé de surcharger le peuple de nouveaux impôts ; je n'eus garde de la laisser dissiper, je résistai aux importunités, et je tins bon contre les menaces et les fiertés ; mais après que j'eus fait réflexion qu'il étoit indispensable de renvoyer enfin chez eux les huit receveurs-généraux qui avoient seuls connoissance de l'emploi que je faisois de l'argent amassé, je craignis de donner trop de prise à la calomnie, en demeurant après leur départ, saisi seul d'une si grosse somme, et je résolus de la mettre au trésor royal. Le Roi, qui ne trouvoit son argent en sûreté qu'entre mes mains, essaya plusieurs fois inutilement de vaincre mes scrupules ; j'étois déterminé à prévenir sur ce sujet, jusqu'au moindre soupçon, et je persistai à en charger les deux trésoriers, Morfontaine et Gobelin. Je rassurai en quelque maniere sa Majesté, en lui promettant que je veillerois si soigneusement à l'emploi de ces deniers, que rien n'en seroit perdu.

J'en séparai en présence des receveurs, ce qui étoit nécessaire pour payer le service actuel des gens de guerre, les frais d'une artillerie de vingt pieces de canon, avec les équipages doubles, et trois mille coups de poudre à tirer, outre un convoi d'autres ustensiles propres à un siege, comme pics, pelles, &c. que je fis voiturer à Amiens. J'en ôtai encore cinquante mille écus pour les usages particuliers et les menus plaisirs du Roi, qui ne consistoient qu'à gratifier à l'insçu des Catholiques, plusieurs vieux officiers et soldats Protestans, qui l'avoient si utilement servi. Je calculai exactement ce qui restoit (*), montant encore à quatre cent cinquante mille écus, et je gardai avec soin, tant mes anciens bordereaux, que ceux qui constatoient les sommes prises sur le total. Mais voulant éprouver une seconde fois de quoi Messieurs du conseil et leurs receveurs généraux étoient capables, j'affectai une fort grande négligence sur cette distraction de deniers, et lorsque ceux-ci, prêts à partir pour leurs bureaux, vinrent me demander un double de mes bordereaux, je leur répondis que ne prenant plus aucun intérêt à une somme qui avoit passé en d'autres mains, et eux-mêmes ayant été présens à tous les emplois de deniers, j'avois déchiré

(*) Dans ce calcul, l'Auteur joint sans doute la somme portée par M. de Caumartin, à la sienne.

toutes ces pieces comme inutiles, ce que ces receveurs ne manquerent pas de faire sçavoir à leurs maîtres.

Un mois se passa, pendant lequel on prit sur la somme portée au trésor royal, le montant de quelques paiemens, dont je feignois pareillement ne tenir aucun compte ; mais ici l'erreur étoit impossible, parce que rien ne se payant que sur les ordonnances du conseil, qu'on ne sçauroit supprimer, il suffisoit d'en tenir, comme je faisois, un mémoire exact. Ces ordonnances montoient à-peu-près à cinquante mille écus, et par conséquent il en devoit rester encore dans la caisse quatre cent mille : cependant le Roi ayant demandé quelques jours après, une somme de deux cent mille écus, pour être envoyée à Amiens, où l'on faisoit déjà les préparatifs projettés, et en particulier celui de prendre Hedin, Sancy et les autres répondirent tous, qu'ils croyoient que cette somme pouvoit encore se trouver dans l'épargne ; mais aussi qu'après cela, elle alloit être à sec ; et ils firent venir d'Incarville, qui devoit être plus au fait, comme tenant les registres, et qui assura qu'à grande peine restoit-il deux cent mille écus dans les coffres. Le Roi, à qui j'avois dit trois jours auparavant, qu'il devoit encore y avoir quatre cent mille écus, fut extrêmement surpris ; mais voyant l'assurance avec laquelle ils lui parloient, il les crut, et me dit que je me trompois. J'étois si certain du contraire, que je soutins en face à d'Incarville, devant tous mes confreres, que sa Majesté avoit fait appeler, qu'il se méprenoit de moitié. D'Incarville repliqua que ses registres étoient plus sûrs que ma mémoire, et offrit d'apporter le lendemain un extrait de toute la dépense. Je voyois d'où leur venoit une si grande confiance, et je voulus les laisser se flatter jusqu'au dernier moment qu'ils alloient remporter sur moi une pleine victoire. J'eus même assez de courage pour cacher au Roi l'artifice dont je m'étois servi, et pour essuyer sans rien dire, tous les reproches qu'il me fit de m'être défait, contre son avis, de la somme entiere.

Les états ayant été apportés le lendemain, et bien vérifiés, il ne se trouva dans la dépense aucune erreur ; elle auroit été trop facile à découvrir ; elle étoit toute entiere dans la recette, et fondée sur ce qu'on croyoit que j'avois réellement perdu les bordereaux, qui faisoient foi de la quantité et de la qualité des especes, portées à différentes fois au trésor royal. J'admirois secretement avec quelle finesse on avoit jetté sur tout ce chapitre de recette, une obscurité impénétrable à tout autre, qui n'auroit pas eu la preuve en main, et avec quel art on donnoit pourtant à cette obscurité, un air de vérité et même d'évidence. Je demandai à voir les récépissés, avec une feinte humeur, qui paroissoit à ces Messieurs un aveu de ma défaite. Le conseil offrit de faire déposer les receveurs-généraux, sur la quantité et la qualité des voitures faites au trésor royal. Je répondis que la discussion seroit trop longue. D'Incarville, à qui mon embarras simulé donnoit beau jeu, repliqua que je vinsse donc sur les lieux, visiter les registres des finances, parce qu'ils ne devoient point sortir du bureau. Quoique je comprisse facilement, qu'il n'étoit pas impossible que ces registres mêmes, tout publics et tout authentiques qu'ils sont, ne fussent falsifiés comme le reste, je n'en imaginois pourtant pas trop la maniere, chacune des voitures devant avoir son récépissé, signé de Arnaud et de l'Hôte, dont je connoissois l'écriture; je fus donc curieux de voir ces registres. Tout m'y parut dans l'ordre et la forme ordinaires. Messieurs du conseil commencerent alors à m'insulter; et ils usoient fort mal de leur prétendu avantage.

Je crus qu'il étoit temps de leur fermer la bouche, et de les couvrir à leur tour d'une véritable confusion. Je produisis, d'un côté, les états et bordereaux signés des receveurs-généraux; de l'autre, un mémoire fidele de toutes les ordonnances: ce qui fit tomber en un instant toute leur arrogance. Ils alloient être réduits à convenir de leur friponnerie, lorsqu'ils s'aviserent d'un stratagême si grossier, qu'à mon avis, il leur en laissa toute la honte. Un commis dressé par d'Incarville, vint trouver le Roi, et lui dit que l'Hôte, qui gardoit la clef de la salle des registres, s'étant trouvé absent, un jour qu'il arriva une de ces voitures, la plus considérable, et les receveurs qui la conduisoient étant fort pressés de s'en retourner, il avoit cru pouvoir inscrire la somme contenue dans la voiture, sur une simple feuille volante, dans le dessein de la faire ensuite viser et signer de d'Incarville, et insérer dans les registres; mais qu'étant allé lui-même chez d'Heudicourt, il en avoit perdu la mémoire, dont il demandoit pardon à sa Majesté. Le Roi se contenta d'ordonner, avec une légere réprimande, qu'on eût dans la suite plus de soin des registres; et s'avançant vers le Connétable, qui entroit dans ce moment par le bout de la galerie où ceci se passoit, et qui s'étoit montré dans tout ce démêlé, plus favorable à Messieurs du conseil qu'à moi, il lui cria de fort loin, et en présence de beaucoup de monde, que son argent étoit retrouvé, et qu'il alloit lui faire connoître une bonne fois, ceux à qui il devoit se fier.

Au milieu de toutes ces contestations, arriva le jour marqué pour l'ouverture des états du

royaume, ou plutôt de l'assemblée des notables ;
car c'est ainsi qu'on les appela ; et la raison de
substituer ce nom (*) en la place du premier
qu'ils devoient naturellement porter, vint uniquement des gens de robe et de finance, qui
sentant que leurs richesses et leur autorité pouvoient leur donner en cette occasion une supériorité sur les autres conditions, qu'ils ne vouloient partager qu'avec le Clergé, trouvoient
honteux de se voir ravalés à la classe du peuple :
ce qui seroit arrivé, si la forme usitée dans les

(*) Péréfixe dit, que c'est parce que le Roi n'avoit pas
eu le temps d'assembler les états en corps : « Les Rois, dit
» d'Aubigné, avec sa malignité ordinaire, usent de telles
» sortes d'assemblées, quand celle des états-généraux leur
» est longue, difficile, ou suspecte. Le but de ces petits
» états étant de trouver de l'argent pour soutenir la guerre
» contre l'Espagne ; il en fut proposé et arrêté diverses
» inventions. La pancarte en fut la principale, très-mal
» reçue en divers endroits du royaume, &c. ». Tome 3.
liv. 4. chap. 14. De Thou n'en dit presque rien, liv. 117,
ni Davila non plus. Tout ce qui est dit dans ces Mémoires sur
cette assemblée, ne se trouve, que je sçache, nulle part
ailleurs ; et pour le rendre encore plus sensible, j'ai usé de
la permission que je demande dans la préface de cet Ouvrage,
de rapprocher les unes des autres, des idées que les compilateurs des écrits de M. de Sully ont employées dans leurs
Mémoires, sans ordre et sans liaison. Comme on doit supposer qu'elles avoient une suite, et aussi leur objet, dans
l'esprit de ce grand homme d'état, c'est répondre à ses
vues, que de les appliquer aux sujets, auxquels elles conviennent naturellement ; et tout ce qu'on peut demander,
ce me semble, c'est de ne jamais changer le fond des
pensées de mon original : à quoi je me suis principalement
étudié.

états, et sur-tout la distinction des trois ordres avoient eu lieu. Ils y parurent en effet avec une pompe et une magnificence, qui firent qu'on compta pour rien la noblesse, les gens de guerre et les autres membres de l'Etat : ceux-ci n'ayant pour éblouir les yeux, ni le brillant des équipages, ni l'éclat de la dorure, ni l'appareil d'un train nombreux, éternels objets de l'envie, des respects et des adorations du peuple, ou plutôt éternelle preuve de notre dépravation et de notre folie.

Voilà déjà en grande partie l'idée qu'on doit se former de ces grandes assemblées, qu'on nomme *augustes*. Ces hommes, qu'on s'imagine devoir y apporter un esprit plein de la sagesse, de l'amour du bien public, du zele dont étoient animés les anciens législateurs, ne s'y occupent pour la plupart que d'une ridicule montre de luxe et d'un étalage de leur mollesse, qui paroîtroient le comble de l'infamie, à des yeux moins prévenus que les nôtres. La désunion des corps qui composent ces assemblées, la dissention, l'opposition d'intérêts, l'envie de se supplanter, la brigue et la confusion qui achevent d'en donner une juste idée, naissent de cette source impure, aussi-bien que la bassesse avec laquelle on y prostitue l'éloquence. Par quelle fatalité arrive-t-il donc que ce qu'un siecle acquiert de lumieres sur ceux qui l'ont précédé, ne tourne jamais au profit de la vertu, et ne lui sert qu'à raffiner le vice ?

Ce n'est pas qu'il ne se trouve dans ces assemblées un petit nombre de personnes également vertueuses et capables, et qu'elles ne soient même connues pour telles ; mais au lieu de faire violence à leur modestie, on affecte pour eux un oubli et un mépris qui étouffent avec leur voix celle de l'utilité publique. Aussi connoît-on par une longue expérience, qu'il est fort rare que la convocation des états du royaume ait produit le bien, à quoi on l'a crue propre. Pour cela, il faudroit que ceux qui les composent fussent partagés de lumieres égales sur la bonne et la vraie politique ; ou du moins que l'ignorance et la méchanceté se tussent devant ce peu de personnes integres et éclairées. Mais malheureusement parmi la multitude, pour un sage, il y a une infinité de fous ; et avec cela la présomption est le premier appanage de la folie : c'est là plus encore que par-tout ailleurs, qu'il est vrai que les grandes vertus, au lieu du respect et de l'émulation, n'excitent que la haine et l'envie.

D'ailleurs, si le Prince sous lequel se tiennent les états est puissant et entêté de son pouvoir, il sçaura bien les réduire au silence, ou rendre leurs projets inutiles. Si c'est un Prince foible, et qui ignore les droits de son rang, la licence y prendra bientôt le plus court chemin, pour plonger le royaume dans tous les malheurs qui suivent l'avilissement de l'autorité monarchique. Il seroit donc nécessaire que le Souverain et les sujets y parussent également instruits et de leurs droits et de leurs engagemens réciproques. La premiere loi du Souverain est de les observer toutes. Il a lui-même deux Souverains, Dieu et la loi. La justice doit présider sur son trône ; la douceur en doit être l'appui le plus solide. Dieu étant le vrai propriétaire de tous les royaumes, et les Rois n'en étant que les administrateurs, ils doivent tous représenter aux peuples celui dont ils tiennent la place par ses qualités et ses perfections ; sur-tout ils ne régneront comme lui qu'autant qu'ils régneront en peres. Dans les états monarchiques héréditaires, il y a une erreur qu'on peut aussi appeler *héréditaire* : c'est que le Souverain est le maître de la vie et des biens de tous ses sujets ; et que moyennant ces quatre mots, *Tel est notre plaisir*, il est dispensé de faire connoître les raisons de sa conduite, ou même d'en avoir. Quand cela seroit, y a-t-il une imprudence pareille à celle de se faire haïr de ceux auxquels on est obligé de confier à chaque instant sa vie ? Et n'est-ce pas tomber dans ce malheur, que de se faire accorder de force une chose, en témoignant qu'on en abusera ?

A l'égard des sujets, la premiere loi que la religion, comme la raison et la nature leur imposent, est, sans contredit, l'obéissance. Ils doivent respecter, honorer, craindre leurs Princes, comme l'image même du souverain Maître, qui semble avoir voulu se rendre visible par eux sur la terre, comme il l'est au ciel par ces brillans chefs-d'œuvres de lumiere. Ils leur doivent encore ce sentiment par un motif de reconnoissance de la tranquillité et des biens dont ils jouissent à l'abri du nom royal. Au malheur d'avoir un Roi injuste, ambitieux, violent, ils n'ont qu'un seul remede à opposer, celui de l'appaiser par leur soumission, et de fléchir Dieu par leurs prieres. Tous ces justes motifs, qu'on croit avoir de leur résister, ne sont, à bien les examiner, qu'autant de prétextes d'infidélité très-subtilement colorés, et jamais avec cette conduite on n'a ni corrigé de Princes, ni aboli d'impôts ; on a seulement ajouté aux malheurs dont on se plaignoit déjà, un nouveau degré de misere, sur lequel il n'y a qu'à interroger le menu peuple, sur-tout celui de la campagne.

Voilà sur quels fondemens il seroit facile d'établir le bonheur réciproque des peuples et de ceux qui les gouvernent, si de part et d'autre on se montroit bien pénétré de la vérité de ces maximes dans les assemblées générales de la nation ; mais dans cette supposition, la convocation des états seroit encore plus inutile, puisqu'on n'y a recours que dans le cas de la mésintelligence entre le chef et les membres. On peut conclure de-là, qu'autant que les états généraux du royaume sont une ressource vaine par l'objet qu'on leur donne et par la forme qu'on y observe; autant pourroit-on en tirer de fruit pour le maintien de la discipline et des bonnes mœurs, si le Prince, alors véritablement chef de tous les membres réunis, ne s'y proposoit que de se faire rendre, à la face de tout un royaume, par ceux qui sortent des charges, un compte de leur administration ; d'y choisir avec sagesse et discernement ceux qui doivent les remplir ; de les encourager à s'en acquitter dignement et par ses discours et par une distribution publique de la louange et du blâme, des récompenses et des châtimens (*).

En attendant le jour destiné pour ouvrir l'assemblée des notables, Henri fit un voyage à Arques, Dieppe, Caudebec, &c. pour revoir les lieux où s'étoient passées tant d'actions

---

(*) On ne peut, ce me semble, rien ajouter à la justesse de ces idées : il ne faut qu'y renvoyer ceux qui, comme Comines, Boulainvilliers, &c. ont pris le parti des états et de l'autorité aristocratique.

mémorables. Je l'accompagnai dans tous ces endroits.

Le Roi revint à Rouen faire l'ouverture de l'assemblée par un discours prononcé avec toute la dignité d'un grand Prince, et avec une sincérité que les Princes ne connoissent point. Il y déclara, que pour éviter tout air de violence et de contrainte, il n'avoit pas voulu que l'assemblée se fît par députés nommés par le Souverain, et toujours aveuglément asservis à toutes ses volontés ; mais qu'on y admît librement toutes sortes de personnes, de quelqu'état et condition qu'elles pussent être, afin que les gens de sçavoir et de mérite eussent le moyen d'y proposer sans crainte ce qu'ils croiroient nécessaire pour le bien public. Qu'il ne prétendoit encore en ce moment leur prescrire aucunes bornes. Qu'il leur enjoignoit seulement de ne pas abuser de cette permission, pour l'abaissement de l'autorité royale, qui est le principal nerf de l'Etat, de rétablir l'union entre ses membres, de soulager les peuples, de décharger le trésor royal de quantité de dettes auxquelles il se voyoit sujet sans les avoir contractées, de modérer avec la même justice les pensions excessives, sans faire tort aux nécessaires ; enfin d'établir pour l'avenir un fonds suffisant et clair pour l'entretien des gens de guerre.

Le Roi ajouta qu'il n'auroit aucune peine à se soumettre à des moyens qu'il n'auroit point imaginés lui-même, d'abord qu'il sentiroit qu'ils avoient été dictés par un esprit d'équité et de désintéressement ; qu'on ne le verroit point chercher dans son âge, dans son expérience et dans ses qualités personnelles, un prétexte bien moins frivole que celui dont les Princes ont coutume de se servir pour éluder les réglemens ; qu'il montreroit au contraire par son exemple qu'ils ne regardent pas moins les Rois pour les faire observer, que les sujets pour s'y soumettre (*).

Ce discours achevé, Henri se leva en disant qu'il ne vouloit pas même assister, soit par lui, soit par son conseil, à des délibérations que rien ne devoit gêner ; et il sortit en effet avec les conseillers, me laissant seulement dans l'assemblée

―――――――――

(*) « Si je faisois gloire, dit-il, de passer pour un excel-
» lent orateur, j'aurois apporté ici plus de belles paroles
» que de bonne volonté ; mais mon ambition tend à quel-
» que chose de plus haut que de bien parler ; j'aspire aux
» glorieux titres de libérateur et de restaurateur de la
» France.... Je ne vous ai point ici appellés, comme fai-
» soient mes prédécesseurs, pour vous obliger d'approuver
» aveuglément mes volontés. Je vous ai fait assembler pour
» recevoir vos conseils, pour les croire, pour les suivre ;
» en un mot, pour me mettre en tutelle entre vos mains :
» c'est une envie qui ne prend guères aux Rois, aux barbes
» grises et aux victorieux comme moi ; mais l'amour que
» je porte à mes sujets, et l'extrême désir que j'ai de con-
» server mon état, me font trouver tout facile et tout hono-
» rable ». *Péref. seconde part.*

pour

pour y communiquer les états, les mémoires, et tous les papiers de l'état dont on pouvoit avoir besoin.

Comme à l'occasion des derniers états tenus à Paris, je me suis étendu sur les pratiques et sur les différentes manœuvres qu'on met en usage dans ces grandes et nombreuses assemblées, je me contente de dire qu'au sujet près, ceux-ci n'eurent rien de différent ; et lorsqu'il fut enfin nécessaire de venir à la conclusion, qui rouloit principalement sur la nature des subsides et sur la maniere de les répartir, aussi-bien que sur celle de les lever, on crut qu'il n'y avoit rien de mieux à faire que de compiler un tas d'anciens réglemens inutiles, et même contraires à la conjoncture présente ; car au lieu de faire réflexion que les états doivent se traiter comme les corps, pour lesquels il convient d'user de remedes extraordinaires contre des maladies nouvelles et inusitées, ou de changer d'opération à proportion des progrès qu'on fait dans la connoissance de son méchanisme : telle est la force du préjugé, qu'on s'obstine toujours à chercher la guérison des maux présens dans des moyens dont l'insuffisance est démontrée de cela seul qu'ils n'ont pu ni les prévenir, ni en arrêter le cours. Un respect inconsidéré pour l'antiquité, une fausse idée des causes occasionnée par l'éloignement des temps, un jugement peu réfléchi sur le passé, le défaut de vues plus nettes et plus justes pour l'avenir, dont l'amour-propre empêche qu'on ne convienne : voilà ce qui éternise les anciens abus. Il ne faut, dit-on, rien changer aux loix et aux usages. Je suis grand partisan de ce principe, excepté les cas où l'utilité, et encore plus la nécessité, demande qu'on y déroge (*).

On s'amusa donc à tirer de la poussiere les

(*) Le caractere d'esprit de la nation Françoise, dit-on encore, est tel, que cela seul peut rendre extrêmement dangereux pour nous tout changement, même le plus utile et le plus nécessaire. Un système, dont il semble que tout le monde convient aujourd'hui que le fonds étoit excellent, et qui malgré cela a eu des suites très-fâcheuses, fait qu'on insiste plus que jamais sur cette considération. Le duc de Sully qui a vécu dans un temps où les preuves des défauts qu'on reproche à la Nation ne lui manquoient pas, auroit répondu à cela que deux choses sont absolument nécessaires, et avec quelque Nation que ce soit, pour assurer le succès de ces sortes d'entreprises. La premiere, une autorité dans le législateur assez grande pour qu'il ne se voie point obligé par crainte, par politique, par condescendance, à rien changer ni affoiblir dans son plan. La seconde, une sagesse aussi grande à en préparer tous les moyens. Parmi un grand nombre de changemens réels, faits dans les différentes parties du gouvernement, qu'on verra dans la suite de ces Mémoires, on y remarquera un plus grand nombre encore de projets, qui n'ont point été exécutés, quoique formés dès il y avoit long-temps. Pourquoi cela ? parce que Henri-le-Grand et son Ministre voyoient et attendoient les temps, les circonstances, &c. qui devoient les rendre infaillibles. Je ne craindrai point de dire que la parfaite habileté n'est pas à imaginer, mais à connoître les risques de la trop grande précipitation et de la trop grande lenteur ; à sentir l'occasion ; en un mot, à sçavoir conduire et préparer.

vieux réglemens, et on alloit grossir un recueil déjà si infructueux ; mais une impossibilité réelle se présenta et rompit le projet. C'est que la plupart de ces antiques constitutions n'ayant pour objet qu'un gouvernement où l'autorité royale, décorée d'un vain titre, n'étoit dans le fond qu'une véritable servitude ; elles ne pouvoient convenir à un temps où l'intérêt public a établi pour base de la commune sûreté, et concentré dans un seul toute l'autorité qui auparavant étoit répandue sur une infinité de têtes.

A cette idée en succéda une autre à laquelle on s'arrêta par je ne sçais quoi de spécieux qu'elle offrit, quoiqu'en effet les inconvéniens n'en fussent pas moindres : c'est l'établissement d'un conseil qu'on jugea à propos d'appeller *conseil de raison*, dont les membres seroient nommés par l'assemblée, et dans la suite par les cours souveraines. Mais quoi ! n'y avoit-il pas déjà un conseil ? et ce conseil n'étoit-il pas lui-même la cause trop marquée du désordre des finances et de la misere des peuples ? N'importe, toute cette multitude se laissa si fort éblouir par un beau nom et par un choix nouveau, qu'on y proposa et qu'on y approuva de guérir par le mal le mal même. Il fut décidé que le nouveau conseil partageroit en deux portions égales tous les revenus royaux, qu'on estima, sans trop d'examen, à (*) trente millions. Qu'il retiendroit la premiere par ses mains, et qu'il en acquitteroit les pensions, gages d'officiers, arrérages et autres dettes et engagemens de l'Etat. Qu'il prendroit encore sur cette somme de quoi faire réparer les villes, bâtimens, chemins et autres ouvrages publics, sans que le Roi ni les cours souveraines pussent jamais prendre connoissance de cette somme, ni en faire justifier l'emploi. Quelle occasion de flatter l'avidité des membres de ce conseil, qu'une disposition si absolue d'une moitié des revenus de l'Etat! Et supposé pour un moment une gestion infidele, que de parties en souffrance! quelle confusion! quelle ruine!

On laissoit avec une égale indépendance la seconde moitié au Roi, pour la régir par lui ou par ses ministres, avec la charge de toutes les dépenses militaires, en y comprenant l'artillerie et les fortifications; des affaires étrangeres, négociations et ambassades; de l'entretien de sa maison, de ses bâtimens, de ses équipages; enfin, des gratifications de ses officiers et de ses menus

---

(*) L'Auteur a raison de dire que cette estimation n'est pas juste, puisque, malgré l'augmentation des revenus royaux, et l'extinction des dettes arrivées sous son ministere, et qu'on verra dans la suite de ces Mémoires monter à une somme très-considérable, le cardinal de Richelieu n'évaluoit tous les revenus de l'Etat, après les changemens que lui-même y avoit ajoutés, qu'à trente-cinq millions. *Test. pol.* 2 part. page 152.

plaisirs. Sur la levée et l'administration de ces deux parts, on ne prescrivoit rien à aucun des deux partis, pour ne pas blesser cette mutuelle indépendance, dont les inventeurs s'applaudissoient : comme si la force d'un royaume ne dépendoit pas de prêter, suivant l'exigence des cas, aux parties affligées, le secours dont elles ont besoin, et d'y faire couler, pour ainsi dire, le sang surabondant de celles qui sont plus saines.

Comme les trente millions à quoi avoient été évalués les revenus royaux, parurent une somme un peu enflée, il fut résolu qu'on créeroit un nouvel impôt : ce fut la levée du sol pour livre sur toutes les marchandises (1) et denrées, vendues et achetées dans le royaume, tant en gros qu'en détail. Lorsqu'on eut calculé le produit du commerce des particuliers et les dépenses, soit de nécessité, soit de simple commodité, ou même de luxe, on crut ne rien risquer en estimant ce nouvel impôt à cinq millions, et on bénit mille fois une idée aussi heureuse, quoiqu'elle ne fût pas moins chimérique que le nouveau calcul étoit (2) défectueux.

(1) Le bled seul en fût excepté.

(2) M. de Sully pense et parle de l'établissement du sol pour livre, comme presque tout le monde en pensoit et en parloit en ce temps-là. Le Grain donne néanmoins son suffrage à cet impôt. *Liv.* 6. Mathieu ne le désapprouve pas;

Lorsque l'assemblée eut ainsi détaillé et perfectionné son système, elle envoya des députés le proposer au Roi, qui les reçut au milieu de son conseil. L'indignation qu'y causa le projet, fut marquée dans l'instant par des cris et des murmures si confus, que le Roi eut beaucoup de peine à faire opiner séparément ceux qui le composoient. Le champ étoit vaste, le chagrin et la colere rendirent tout le monde éloquent. Mon tour étant venu, je me contentai de dire froidement que je n'avois rien à ajouter à tous ces beaux discours. Le Roi, qui m'observoit attentivement, surpris de ma réserve, voulut m'entretenir avant que de joindre sa voix, qui devoit emporter la décision pour ou contre le projet de l'assemblée des notables, et remit à achever la délibération au lendemain, en présence des mêmes personnes. Aussi-tôt que je fus seul avec ce Prince, il me demanda avec empressement les raisons de mon silence, et je lui fis faire les observations suivantes.

Il est certain que dans l'assemblée des notables

et ce qui est d'un plus grand poids, le cardinal de Richelieu le trouve d'autant plus juste, qu'il est établi, dit-il, en différens états, et qu'il avoit déjà été résolu en corps d'état sous François I. Cependant les obstacles et les inconvéniens dont M. de Sully fait mention dans la suite sont réels, et en partie les mêmes qui font que Richelieu est le premier à détourner Louis XIII de cet établissement. *Test. pol.* 2 *part. chap.* 9, *sect.* 7.

on étoit si fort infatué du nouveau plan, qu'en suivant l'opinion du conseil qui vouloit que le Roi le rejettât et l'annullât avec hauteur, sa Majesté s'exposoit à y faire naître un mécontentement d'autant plus grave, que les états assemblés ne reconnoissoient point de supérieur qui eût droit de les réformer, pas même le Roi. Une des plus importantes maximes pour le gouvernement monarchique, est que le Prince doit sur toutes choses se donner de garde de réduire ses sujets au point de lui désobéir d'effet, ou seulement de parole. D'ailleurs le Roi alloit directement contre la parole qu'il avoit donnée de se conformer aux résolutions de l'assemblée. Enfin, tous ceux qui avoient donné l'idée du projet, et ceux qui l'avoient adopté, de cela seul que le Roi l'auroit rejetté, s'opiniâtreroient toujours à le regarder comme le vrai système des affaires, tant qu'un commencement de pratique ne les détromperoit pas de cette opinion, et ils feroient entendre dans la suite qu'il n'avoit tenu qu'au Prince seul qu'on ne vît enfin établi en France cet ordre, après lequel on soupiroit depuis si long-temps. On sçait assez quel est le penchant des peuples, sur-tout de ceux qui ont l'esprit vif, à médire des actions du Souverain.

D'un autre côté, il n'est pas moins certain que le projet étoit également ruineux, et d'impossible exécution. Il suffisoit, pour en être pleinement convaincu, de la plus légere connoissance des affaires de finance. Outre les obstacles que je viens de marquer, combien n'en devoit-il pas naître de la seule jalousie que produiroit le choix des membres du nouveau conseil qui devoient être pris également de toutes les provinces du royaume ? Cette apparence d'égalité et de justice, qui remettoit nécessairement la conduite de l'Etat à des hommes nouveaux et sans expérience, combien ne devoit-elle pas occasionner de mécomptes et de bévues, lorsqu'il s'agiroit d'appliquer au détail un projet simplement ébauché ? Il étoit indubitable que la tête tourneroit dès l'abord au nouveau conseil, et que toutes les démarches qu'il feroit, ajouteroient faux pas sur faux pas.

De cette impossibilité même de tirer aucun fruit du projet de l'assemblée, je prenois le motif pour le Roi d'y donner pleinement les mains. Par-là il remportoit devant tout son peuple la gloire d'entrer avec douceur dans les vues qu'il avoit tracées lui-même, et bien loin que cette complaisance allât à la diminution de l'autorité royale, elle ne pouvoit manquer de lui procurer dans la suite l'avantage que toutes les parties des finances lui reviendroient avec plus d'indépendance, lorsque le nouveau conseil auroit fait la triste expérience de ses forces. Comme c'étoit l'assemblée et le conseil qui en alloit être tiré, qui avoient fait eux-mêmes la supputation des revenus royaux, et qu'on devoit supposer qu'ils avoient eu tous les égards nécessaires, pour les deniers d'un recouvrement plus difficile et plus coûteux, ils ne pouvoient trouver mauvais que le Roi choisît pour ses quinze millions, les effets qui lui agréeroient le plus. En composant sa part du revenu des cinq grosses fermes, et des parties casuelles, du domaine et des aides, il pouvoit s'attendre, sans trop présumer, à la voir dans peu doubler, et même tripler. J'en parlois avec pleine certitude, parce que je m'étois déjà assuré de personnes solvables, qui s'étoient engagées à prendre ses fermes à une augmentation considérable. Il n'en devoit pas être de même de tout ce qui resteroit au conseil de raison, et je me serois bien rendu caution à sa Majesté, que le sol pour livre entr'autres ne pouvoit rapporter de bon, tous frais faits, plus de deux cent mille écus.

La raison qui m'avoit porté à ne point opiner dans le conseil conformément à cette idée, c'est que je crus qu'il étoit à propos qu'elle parût venir du Roi seul. Ce Prince, après m'avoir écouté attentivement, craignit long-temps qu'avec cet avis je ne le jettasse dans une fausse démarche, dont l'erreur auroit été en quelque sorte irremédiable. Mais après qu'il eut fait les réflexions les plus sérieuses sur les raisons que je lui avois alléguées, il se détermina à le suivre.

Le lendemain, le conseil assemblé opina comme la veille, et moi comme le conseil. Le Roi déclarant qu'il ne pouvoit suivre l'avis de ses conseillers, les laissa dans la derniere surprise, et passa dans l'assemblée, où il déclara hautement, que dans la disposition où il étoit de seconder de toutes ses forces les inclinations d'un corps si sage, il recevoit sans aucune restriction, ni modification, le projet qu'on étoit venu lui proposer, et qu'il réduisit à trois articles, l'érection d'un nouveau conseil indépendant, le partage des facultés de l'Etat, et la création du sol pour livre; que l'assemblée eût à nommer dans vingt-quatre heures ses conseillers, et à faire un mémoire de trente millions, en y comprenant le sol pour livre, pour cinq millions, afin qu'il prît la moitié; qu'on verroit par sa conduite s'il céderoit en économie au nouveau conseil. On donna mille louanges à la bonté et à la facilité du Roi, et l'assemblée se trouvant en quelque sorte finie par un accord si unanime, qu'il ne laissoit plus de matiere de discussion, du moins entre le maître et les sujets, on ne songea plus qu'à revenir à Paris mettre la derniere main à ce chef-d'œuvre de politique.

La formation du nouveau conseil ne se fit pas avec la tranquillité qu'on s'étoit promise. L'altération des esprits qui en retarda l'exécution, fut si grande, que les plus éclairés convinrent dès ce moment que la voix de la multitude n'avoit embrassé qu'une chimere. La nomination se fit à la fin, le Clergé s'y mêla fort avant, et le cardinal de (*) Gondy, connu par ses talens singuliers pour l'économie, en fut déclaré le chef, comme si l'Etat se conduisoit par les mêmes loix que la maison d'un particulier. Le conseil de raison tint des assemblées régulieres dans un appartement du palais épiscopal, que le Prélat céda à cet usage.

Mais dès qu'on eut commencé à mettre papiers sur table, pour le recouvrement de 1597, nos nouveaux financiers se trouverent si embarrassés, qu'ils sçavoient à peine comment il falloit s'y prendre. A mesure qu'ils alloient en avant, leur embarras ne faisoit qu'augmenter. Ils ne trouverent personne qui voulût se charger du sol pour livre. On leur demanda les autres fermes, mais à un rabais qui les déconcerta. Malheureusement encore, la chose ne pouvoit souffrir de retardement.

___
(*) Pierre de Gondy, évêque de Paris, frere d'Albert de Gondy, duc de Retz, pair et maréchal de France, dont il a été parlé ci-devant.

Tous les pensionnaires de l'Etat leur tomberent sur les bras, et ne parloient que par millions, à des gens qui n'avoient pas la premiere obole. Le chagrin et le dépit rompirent bientôt l'union dans le nouveau conseil. Les contestations succéderent avec les reproches mutuels d'ignorance et de précipitation.

La chose étant venue, après quelques semaines, au point que le conseil de raison ne pouvoit plus rien faire de raisonnable, on eut recours à d'Incarville et à moi, et on nous supplia de venir du moins, une fois la semaine, dans les assemblées, pour y donner les mêmes conseils, avec lesquels on voyoit la part du Roi abonder et fleurir de jour en jour. Je m'en dispensai sur mon emploi, qui me demandoit tout entier. On s'adressa au Roi, qui, avec sa bonté ordinaire, voulut que j'y allasse; mais je n'y perdis pas de vue ce que le bien de son service exigeoit de moi en cette occasion. Je plaignis l'état des affaires du conseil. Je ne trouvai de débouché à rien, et je ne fis valoir que les difficultés. Enfin, trois mois s'étoient à peine écoulés, que ces habiles gens, à bout de toute leur subtilité, et succombant sous le faix, vinrent prier le Roi de les en décharger. Ce Prince, qui commençoit à goûter, comme je le crois, le nouvel ordre qui le mettoit à son aise, les exhorta à avoir bon courage, et à surmonter des commencemens toujours difficiles : il les renvoya battus par leurs propres raisons. Ils revinrent à la charge, et convertirent leurs prieres en importunités. Ils convinrent qu'ils avoient eu grand tort d'aspirer à gouverner un royaume, et témoignerent mille fois plus de joie, lorsqu'on eut reçu la démission de leur emploi, qu'ils n'en avoient senti à le prendre.

Ce fardeau me revint avec celui dont j'étois déjà chargé ; et mon travail devint si excessif, que je fus obligé d'y donner le jour et la nuit. Le rétablissement des finances m'occupant avec une espece de passion, je fis des recherches prodigieuses dans les anciens registres du conseil d'état, des Parlemens, des Chambres des Comptes et des Cours des Aides, et même dans les mémoires particuliers des anciens secretaires d'état ; car les nouveaux ne voulurent pas me communiquer les leurs. Je fis les mêmes opérations dans les bureaux des trésoriers de France, dans la chambre du trésor, et dans les papiers des trésoriers de l'épargne (*). Je fouillai jusques dans ce recueil immense, où sont gardées inscrites toutes les ordonnances. Dans le dessein où j'étois de travailler à la confection

---

(*) « Rosny, avant qu'il entrât dans la charge de surintendant, s'étoit pourvu de toutes les connoissances nécessaires pour s'en bien acquitter. Il sçavoit parfaitement tous les revenus du royaume, et toutes les dépenses qu'il y falloit faire. Il communiqua tout ce qu'il en sçavoit au Roi, qui de son côté avoit aussi bien étudié toutes ces choses, &c. ». *Peref. page* 225.

d'un état général des finances pour l'année 1597, qui étoit le motif de toutes ces recherches, je crus ne devoir rien négliger pour approcher le plus qu'il seroit possible, dès cette premiere année de ma gestion, de la justesse où je souhaitois passionnément que fût porté cet état général. Quelque fraude et quelque erreur qui se fût glissée dans les finances, j'imaginois que ni l'une ni l'autre ne pouvoit être si secrete, ni si générale, qu'on n'en trouvât enfin la source et la conviction, soit par la confrontation de toutes les pieces que je viens de marquer, soit par l'induction qu'on en peut tirer en gardant toujours les proportions que demandent les temps et les conjonctures.

Messieurs du conseil du Roi pâlirent à la vue de mon projet, et commençant à croire qu'il ne resteroit plus rien qui ne fût dévoilé, ils s'accuserent plus fortement que jamais de n'avoir pas fait encore tout ce qu'ils pouvoient faire, pour empêcher mon entrée dans le conseil. Maisses à qui je rends la justice, qu'aussi-tôt qu'il eut pénétré mon intention, il joignit ses efforts aux miens, m'instruisit de leurs craintes et de leurs regrets. Pour les y confirmer davantage, je déclarai publiquement que j'avois trouvé des éclaircissemens si heureux sur les finances, qu'on alloit les voir incessamment sur un autre pied, et je demandai à travailler avec le contrôleur-général, les intendans des finances, les trésoriers de France et ceux de l'épargne, et les receveurs-généraux, à la confection de cet état général, qui étoit pour eux une si terrible piece : j'eus la précaution d'y tenir toujours la plume moi-même.

Je ne pus pourtant encore éviter de tomber cette fois dans plusieurs erreurs considérables, ni empêcher d'être la dupe de tous ces vieux routiers. Je ne crois pas qu'il y ait de la honte à en faire l'aveu. Ils firent encore cette année un profit d'un cinquieme; ce qui est exorbitant, quoiqu'infiniment moindre que leurs profits accoutumés. Je me proposai bien d'y remédier l'année suivante, aussibien qu'à une autre inadvertence que j'avois eue. Un des principaux artifices des financiers, étoit de faire ensorte que la dépense de l'année courante parût toujours excéder de beaucoup la recette et prendre sur l'année suivante, afin de jetter sur la dépense de cette année suivante, et successivement de toutes les autres, une confusion dont ces Messieurs tiroient plusieurs avantages. Premiérement, celui de paroître n'avoir jamais de deniers qui ne fussent engagés de long temps, et de payer de cette raison le Roi et tous ceux qu'ils n'étoient pas disposés à satisfaire; en second lieu, de se servir de cet argent; enfin, d'acquitter à vil prix les anciennes dettes, et cependant de les porter en entier sur leurs états. Ce défaut d'attention de ma part, coûta encore cette année au royaume deux millions.

Je corrigeai cette faute l'année suivante, pendant mon séjour en Bretagne, de maniere que dans la suite, le produit de la recette quadra exactement avec celui de la dépense : et cependant pour remplir le vuide que cette méprise avoit fait, je retirai les parties casuelles, les gabelles, les cinq grosses fermes et les péages des rivieres, des mains du duc de Florence, qui les tenoit sous les noms de Gondy, Senamy, Zamet, le Grand, Parent, l'Argentier, et autres anciens partisans qui n'eurent plus de part aux nouvelles finances. J'augmentai heureusement ces fermes des deux millions d'erreur. Ce dernier coup consterna les traitans et Messieurs du conseil leurs associés : mais pour cette fois leur courroux se perdit en l'air ; le Roi m'appuyant depuis quelque temps, avec un éclat qui ne leur laissoit qu'un inutile désespoir. Le fruit de sa conduite à l'égard de l'assemblée, avoit été de le rendre maître, non-seulement du prétendu conseil de raison, mais encore du sien propre, dont l'autorité étoit sur son déclin ; et sa Majesté n'appréhendoit plus de voir échouer, comme auparavant, ses desseins par cet endroit.

Le dessein qui l'occupoit actuellement étoit le siege d'Arras, qui ayant été proposé dans le conseil de guerre, où, excepté le seul secretaire, il n'entroit

aucun

aucun homme de plume, y avoit passé tout d'une voix ; mais on tenoit cachée cette résolution, parce que le secret seul pouvoit en assurer la réussite. Pour n'en rien donner à entendre aux marchands, avec lesquels je convins pour les fournissemens de toutes les provisions nécessaires, je leur nommai une grande quantité de villes en Picardie et surtoute cette frontiere, en mettant Arras du nombre, où ils s'obligerent également de rendre cinquante mille pains par jour, pendant toute une campagne. Santeny, Robin de Tours, Mauleville et Lambert, chevalier du guet d'Orléans, se chargerent de même de toutes les autres voitures, sur-tout de celle de vingt-cinq canons. Le bail en fut passé à un prix si médiocre, que si le malheur qui arriva à Amiens bientôt après, n'avoit pas obligé à tourner contre cette place les forces destinées contre Arras, ils y auroient perdu considérablement, au lieu qu'ils firent encore un profit raisonnable.

Fin du huitieme Livre.

LIVRE NEUVIEME.

MÉMOIRES de l'année 1597—1598. *Divertissemens à la cour. Les Espagnols surprennent Amiens: moyens imaginés par Rosny, pour reprendre cette place. Il est mis à la tête du conseil des finances, en l'absence du Roi: ses travaux dans les finances, et ses démêlés avec le conseil. Siege d'Amiens, auquel Rosny pourvoit. Nouvelle mutinerie des Protestans pendant ce siege, et leurs desseins. Mort de Saint-Luc; Henri promet la grande maîtrise de l'artillerie à Rosny, et la donne à d'Estrées. Rosny est fait gouverneur de Mante. Les Espagnols essaient en vain de secourir Amiens: sa prise. Détail des lettres de Henri sur différens sujets. Entreprises exécutées et manquées après le siege d'Amiens. Négociations pour la paix. Henri IV passe en Bretagne; se laisse fléchir en faveur du duc de Mercœur: liberté de Rosny sur cette faute. Séjour et services de Rosny en Bretagne. Cabales des Calvinistes, pour obtenir un édit favorable. Audience donnée par Henri aux ambassadeurs Anglois et Hollandois, qui ne peuvent lui persuader de continuer la guerre. Edit de Nantes. Conversation de Henri avec le duc de Bouillon: autre conversation singuliere de Henri IV avec Rosny, sur la dissolution de son* mariage, et sur son attachement pour la duchesse de Beaufort. Henri revient à Paris, passe en Picardie. Conclusion et cérémonies de la paix de Vervins.

CES préparatifs de guerre n'empêchoient pas qu'on ne goûtât à Paris les plaisirs que l'hiver amène ordinairement. La douceur du gouvernement assurant la tranquillité publique, on s'y livroit sans aucun mélange de cette amertume qui avoit si long-temps empoisonné les divertissemens ; la galanterie, les spectacles, les jeux, partageoient tous les momens de la cour, et le Roi qui les aimoit par goût, les autorisoit par politique. Monsieur et Madame de Fervaques me prièrent d'agréer la recherche que M. de Laval (*), fils de cette Dame, faisoit de ma fille aînée. Je les renvoyai au Roi, sans l'aveu duquel je ne pouvois plus disposer de ma fille, depuis qu'il avoit été proposé par Madame Catherine de lui faire épouser M. de Rohan. Le Roi pour lors mécontent de ce dernier, donna son agrément à M. de Laval.

(*) Guillaume de Hautemer, comte de Grancey, et seigneur de Fervaques, depuis maréchal de France. Sa femme étoit Andrée d'Allemagne, veuve de Guy, comte de Laval, dont le fils s'appelloit aussi Guy, vingtième de ce nom, comte de Laval, de Montfort, &c. qui fut tué quelque temps après en Hongrie. En lui finit cette branche de Laval, ou plutôt de Rieux, qui ne subsistoit plus que par les femmes, ce Guy, comte de Laval, étant de la maison de Coligny.

Plusieurs engagemens semblables donnoient à la cour chaque jour le plaisir de nouvelles fêtes. M. le Connétable en donna une des plus superbes à l'occasion de la solemnité du Baptême de son fils : mais on sçavoit qu'elle n'en étoit que le prétexte, et qu'une jeune Dame des plus belles de toute la cour, mariée depuis peu à un vieillard, étoit l'objet de ces galanteries. Montmorency choisit pour son bal, parmi tous les courtisans, douze seigneurs, qu'il crut devoir y paroître avec le plus de magnificence, et il me fit commander par le Roi d'être de ce nombre. Je n'ai jamais rien vu de si bien ordonné dans ce genre, ni qui fît plus de plaisir, par cette justesse et cet à-propos, qui donne le prix à ces sortes de divertissemens. Celui-ci emporta hautement la préférence sur tous ceux qui l'avoient précédé : aussi fut-il le dernier, et la fin en fut étrangement troublée.

Je m'étois retiré à deux heures après minuit, et il y avoit environ une heure et demie que j'étois couché, lorsque je vis entrer Béringhen dans ma chambre, avec un visage si consterné, qu'il ne put me rien dire autre chose, sinon que le Roi me demandoit, et me répondre qu'il n'étoit rien arrivé de fâcheux à sa personne : car ce fut la premiere question que je lui fis, et sa réponse me consola en quelque maniere d'avance ; ne voyant de maux absolument irrémédiables, que ceux qui menaceroient sa vie. Je m'habillai précipitamment ; je courus au Louvre, avec une extrême inquiétude. Etant entré dans la chambre du Roi, je vis ce Prince qui se promenoit à grands pas, en déshabillé, les mains jointes et passées sur le dos, la tête baissée et le visage couvert des marques d'un profond (*) chagrin. Les courtisans étoient debout, de côté et d'autre, collés contre les murs, sans proférer une seule parole.

Le Roi s'avança aussi-tôt vers moi, et en me serrant fortement la main : « Ah ! mon ami, me » dit-il, quel malheur ! Amiens est pris ». Je l'avoue ; je demeurai frappé de ce coup imprévu, comme tous les autres. Une place si forte, si bien pourvue, si voisine de Paris, et la seule clef du royaume du côté de la Picardie, prise en un instant, et sans qu'aucune nouvelle précédente eût appris seulement qu'elle étoit menacée ! Je ne trouvois rien de si incroyable, et la consterna-

_____

(*) « Etant comme étonné de ce coup, et regardant » cependant à Dieu, comme il fait ordinairement plus en » l'adversité qu'en la prospérité, il dit tout haut : Ce coup » est du ciel.... Puis songeant un peu, dit : C'est assez faire » le roi de France, il est temps de faire le roi de Navarre, » et se tournant vers la Marquise qui pleuroit, il lui dit : » Ma maîtresse, il faut quitter nos armes et monter à » cheval pour faire une autre guerre ». *Journal de l'Etoile*, *ibid.*

tion publique me paroissoit tout-à-fait bien fondée. Je pris pourtant fort promptement mon parti, et pendant que le Roi qui avoit reçu cette nouvelle, prêt à se mettre au lit, me contoit de quelle maniere les Espagnols avoient surpris (*) cette importante place, je convins en moi-même qu'au lieu d'augmenter inutilement la terreur, le plus sage étoit de rassurer les esprits, et de consoler le Roi. Je lui dis que fort à propos je venois de mettre la derniere main à un projet qui pourroit sans peine lui rendre non-seulement Amiens, mais encore plusieurs autres places.

Cette ouverture seule parut ôter tout d'un coup la moitié du malheur arrivé; quoiqu'elle n'empêchât pas que le Roi ne sentît vivement toutes les difficultés d'une entreprise qui pouvoit avoir des

---

(*) Le 11 Mars, Hernard-Teillo de Porto-Carrero, Espagnol, auteur de cette entreprise, fit déguiser en paysans et paysannes, apportant des denrées à vendre au marché, une trentaine d'Espagnols qui embarrasserent une des portes de la ville, et amuserent le corps-de-garde, en versant à l'entrée une charrette de sacs pleins de noix, dont l'un se délia: et pendant ce temps-là, des troupes Espagnoles, cachées à la faveur des haies, s'approcherent, firent main-basse sur le corps-de-garde, et s'emparerent de la ville. Voyez ce détail dans tous les historiens sous l'année 1597. Hernard-Teillo fut tué en défendant courageusement cette ville contre Henri IV. Il disoit que les trois plus grands capitaines qu'il connoissoit, étoient Henri pour la conduite d'une grande armée, le duc de Mayenne pour le siege d'une ville, et le maréchal de Biron pour une bataille. *Mathieu, tome 2, liv. 2, page 231.*

suites très-fâcheuses. Cependant comme la tête avoit tourné à tous les courtisans, et qu'ils n'avoient eu rien que de désespérant à répondre au Roi, lorsqu'il les avoit interrogés, sa Majesté se sentit extrêmement soulagée. Elle me demanda quels étoient les moyens dont je prétendois me servir. Je lui répondis qu'elle en seroit informée par les pieces mêmes, et je sortis, comme pour aller les chercher : laissant du moins l'esprit du Roi dans une situation plus tranquille. S'il avoit été témoin de l'agitation où je me trouvai, lorsque je fus rentré dans mon cabinet, il auroit sans doute diminué quelque chose des louanges qu'il me donna, en parlant aux courtisans, lorsque je l'eus quitté. Ce fut en ce moment que par les différentes réflexions dont mon esprit se remplit, je sentis tout ce qu'il y avoit d'accablant dans la conjoncture présente. Les coffres du Roi étoient vuides : il n'y avoit pas un seul régiment en état de servir : cependant il falloit de l'argent et des troupes, l'un et l'autre abondamment et sans délai.

Je feuilletai mes mémoires. Je repassai sur tous les moyens de recouvrer de l'argent, dont je m'étois occupé dans mon loisir, comme prévoyant que le Roi en auroit bientôt besoin. On peut en général réduire ces moyens à deux especes différentes, les uns plus simples, où il ne s'agit que de mettre une augmentation sur la taille et sur les impôts déjà établis : les autres plus difficiles, qui consistent à imaginer de nouvelles sources d'où l'argent puisse sortir. Il ne me paroissoit point qu'il fût de la bonne politique d'avoir recours aux premiers ; parce qu'après tous les fléaux qui étoient tombés sur le peuple de la campagne, le surcharger encore par une augmentation dont il est la seule victime, et dans le temps qu'il ne faisoit que commencer à respirer, c'étoit achever de ruiner l'Etat, et ôter pour l'avenir au Roi lui-même, ses plus fécondes, et en un sens ses seules véritables ressources.

Je me tournai donc du côté des autres, et je m'en tins au projet suivant. Demander un don gratuit au Clergé pour une, ou même pour deux années, en l'obligeant d'en faire l'avance ; faire une nouvelle création d'offices par une augmentation aux anciens : quatre en chaque cour souveraine, outre quatre maîtres des comptes en chaque chambre, deux dans chaque bureau des finances, deux charges de conseiller en chaque présidial, d'assesseur en chaque siege royal, et d'élu en chaque élection ; ajouter à tous les officiers de finance (*), un triennal ; retarder d'une demi-

(*) Les offices de finances étoient possédés par deux personnes en charge. Le premier s'appelloit *l'ancien* ; le second, qui avoit été établi depuis, s'appella *alternatif*, et on

année le paiement des arrérages des sommes empruntées aux partisans sous le dernier regne ; augmenter le sel de quinze sols par minot, et même le laisser toujours sur ce pied; parce qu'au moyen de cette augmentation, on pourroit dans la suite supprimer certains offices fort à charge à l'Etat ; tiercer les entrées et droits des rivieres par une simple réappréciation : et comme ces établissemens ne donnoient, pour la plupart, de l'argent qu'en espérance, commencer par faire un emprunt de douze cent mille livres sur les plus riches, tant de la cour, que des principales villes du royaume, et leur assigner le remboursement sur pareille augmentation faite dans les gabelles et les cinq grosses fermes; et pour le surplus de ce qu'on auroit actuellement besoin de deniers comptans, obliger, par les poursuites d'une chambre de justice, les derniers traitans qui avoient fait des fortunes considérables, à souffrir une taxe, aussi en forme d'emprunt.

Ce plan, comme on voit, étoit assez étendu, et mon intention n'étoit pas qu'on mît tous ces moyens en usage à la fois : mais ignorant combien de temps la guerre devoit durer, on pouvoit s'en servir successivement, en faisant précéder les

---

nomma ce troisieme, *triennal*, parce qu'il rouloit de trois en trois ans, avec les deux autres, auxquels seulement il fut permis de rembourser le triennal.

moins onéreux. A l'égard des troupes nécessaires, je crus qu'on ne pouvoit mieux faire que de les prendre dans les provinces du royaume, qui n'en avoient plus besoin pour leur défense. Ainsi, je taxai l'Isle de France, en y joignant le Berry, à un régiment complet ; l'Orléanois avec la Touraine devoient en fournir un second, la Normandie seule, un troisieme. Ces régimens devoient être de quinze cent cinquante hommes, fournis et entretenus aux frais de leurs provinces, du jour de leur arrivée devant Amiens, parce que ces provinces jouiroient du droit de leur faire porter leur nom, et d'en nommer les officiers.

Je portai, cinq jours après, ce projet au Roi, avec les preuves contenues dans treize états en bonne forme. Sa Majesté s'enferma pour les examiner avec moi, en présence de Frontenac, d'Arambure, de Loménie, de Béringhen et l'Oserai. Après que j'en eus fini la lecture, je dis au Roi qu'avec ces secours, rien ne devoit plus retarder son départ pour l'expédition d'Amiens : puisque d'ailleurs toutes ses provisions étoient déjà faites pour un camp en Picardie ; de maniere que j'osois lui répondre que son armée y trouveroit non-seulement des vivres en abondance, mais encore toutes les marchandises qu'on cherche pour la simple commodité, avec la même facilité, et au même prix, que dans une ville. J'ajoutai, que de quelque ressource que ce projet fût pour le Roi dans les besoins présens, sa Majesté ne devoit pas penser qu'il pût s'exécuter sans ajouter encore aux anciennes plaies dont il s'en falloit de beaucoup que la France fût guérie; qu'il suffisoit de faire une légere attention aux dettes et aux engagemens immenses dont elle étoit surchargée; que tout nouvel impôt, de quelque maniere qu'on le déguise, est presque égal pour un Etat épuisé; qu'on ne devoit donc recommencer la guerre, que dans la vue de parvenir plus facilement à une paix avantageuse, devenue absolument nécessaire; que quelque grande que fût la misere publique, j'osois répondre que douze ans d'une paix continue, suffisoient pour rendre les affaires du royaume florissantes.

Je ne doutai point que de la maniere dont le Roi me paroissoit disposé à se conduire, les ennemis, malgré leur avantage, ne fussent bientôt les premiers à souhaiter la fin de la guerre; et je m'ouvris dès ce temps-là au Roi, sur une pensée, dont l'événement vérifia la justesse: c'est que les premieres avances pour la paix, se feroient par le roi d'Espagne, dont la politique ne permettroit pas que dans l'état de caducité et d'infirmité, où le cours des choses humaines l'avoit réduit, il exposât sa couronne aux revers de la guerre, toujours à craindre, mais plus ordinaires dans les commencemens du regne d'un Prince encore enfant. Je m'avançai même jusqu'à prédire que l'Espagne acheteroit la paix, en rendant toutes les villes qu'elle avoit prises sur la France.

L'idée du projet pour la levée de nouveaux deniers fut trouvée par le Roi si heureuse, qu'il voulut la proposer lui-même en plein conseil. Il la communiqua auparavant dans une espece de petit conseil de guerre, composé du duc de Montpensier, de MM. de Montmorency, de Mayenne, d'Auvergne, de Biron, d'Ornano, de Bellegarde, de Saint-Luc, de Fervaques, de Roquelaure et de Frontenac. Ensuite il assembla en conseil extraordinaire tout ce qu'il y avoit dans Paris de personnes capables d'y être admises, et sur-tout les notables de l'assemblée de Rouen qui y séjournoient encore. Le Roi ne pouvoit s'y prendre plus heureusement pour établir son autorité sur l'impuissance de cette grande assemblée, reconnue par elle-même. Il se contenta d'abord de déplorer la perte d'Amiens ; d'exposer la nécessité de reprendre cette ville au plutôt, avec le plan tout-à-fait juste de tout ce qui étoit nécessaire pour cela. Il finit par demander aux assistans leurs avis sur les moyens de le mettre en exécution, en se plaignant, pour mieux cacher ceux qu'il avoit à leur proposer lui-même, qu'il ne trouvoit jamais que des obstacles à ses entreprises les plus utiles.

Le Roi s'arrêta après ce discours, comme pour attendre les délibérations de l'assemblée, où l'on se regardoit sans dire un seul mot. Le silence ne fut rompu par les grands que pour remettre la chose aux financiers, qui à leur tour dirent qu'ils s'en rapportoient aux grands. Henri redoublant ses instances, on jetta quelques propositions vagues de nouvelles levées, qui furent aussi-tôt combattues par une moitié; et tous les conseillers recouvrerent la parole, pour fronder indistinctement tout ce qui pouvoit être mis en avant par l'un et l'autre des partis. Le Roi prit le moment où l'animosité poussée de part et d'autre jusqu'où elle pouvoit aller, ne laissoit plus d'apparence de conciliation; et tirant le mémoire de sa poche, il dit que quoique peu versé dans les matieres de finance, il alloit proposer son avis, toujours prêt à l'abandonner pour un meilleur, et il se mit à en faire la lecture, qui jetta toute l'assistance dans une attention profonde, et ensuite dans une surprise qui la rendit comme immobile, et privée de l'usage de la parole. Henri laissa passer deux instans de ce silence, et déclara qu'il le prenoit pour un consentement unanime. Il ajouta que comme il ne vouloit pas faire usage de tous ces moyens à la fois, il alloit commencer par l'emprunt des douze cent mille livres. Il exhorta les grands et les opulens du royaume à entrer d'eux-mêmes dans la nécessité présente, et à compter sur sa parole royale que les prêteurs seroient remboursés dans deux ans de leur principal, sans rien perdre des intérêts. Sa Majesté fit marcher ensuite par ordre les quinze sols sur le sel, l'établissement des triennaux, et la recherche contre les malversateurs dans les finances. L'affaire fut arrêtée et l'arrêt dressé sur ce plan. On eut dans fort peu de temps trois cent mille écus de prêt volontaire. La création des triennaux en jetta douze cent mille, et on en tira autant sur les maltôtiers, en y joignant les trésoriers de France, qui pourtant se taxerent eux-mêmes.

Le conseil des finances, en possession de trouver sa joie dans la calamité du peuple, se consola bientôt de ces nouveaux subsides, pourvu qu'ils lui passassent par les mains. Ils représenterent au Roi, en exaltant fort son mémoire, que le succès dépendoit d'en charger des personnes d'une grande expérience, d'un travail prompt, et munies d'une pleine autorité. Le Roi leur répondit que quant à l'autorité, celui qu'il emploieroit agiroit avec toute la sienne ; et que pour les autres qualités, il n'en choisiroit point d'autre que moi, (j'étois présent à ce discours) comme le plus laborieux et le plus soigneux, quoique le plus jeune. Il s'expliqua dans des termes encore plus forts à Schomberg, chez lequel sa Majesté se transporta sur le point de son départ, parce que son incommodité (*) le retenoit au lit; et aux conseillers qui se trouverent alors dans la chambre du malade, il leur dit que comme il ne vouloit s'en prendre qu'à moi seul, s'il venoit à manquer de quelque chose, pendant qu'il ne s'occuperoit uniquement qu'à se battre, aussi prétendoit-il que tout se réglât dans le conseil à ma volonté, et il ne partit qu'après m'avoir revêtu solemnellement de toute son autorité : ce qui mortifia si fort Schomberg, qu'il aima mieux aller servir au siege, que de voir les finances soumises à mes ordres. Sancy disparut aussi du conseil, et alla tenir son rang de colonel des Suisses.

Je n'en avois que plus de sujet de me défier de Messieurs du conseil, comme je l'éprouvai dans l'affaire des triennaux. Après avoir fait vérifier l'édit qui en ordonnoit la création, je ne songeai qu'à tirer le plus d'argent que je pourrois de ces offices. Pour ôter à Messieurs du conseil tout

---

(*) Gaspard Schomberg, comte de Nanteuil. Cette incommodité étoit une difficulté de respirer, provenant de ce que la membrane qui couvre le cœur étoit devenue chez lui osseuse du côté gauche du cœur, aussi-bien que quelques-unes des autres parties voisines : ce qu'on reconnut en ouvrant son corps après sa mort, qui arriva deux ans après. Il fut employé à la confection de l'édit de Nantes, comme il sera marqué ci-après, et il rendit plusieurs autres services à l'Etat. M. de Thou donne beaucoup de louanges au caractere de son habileté dans la guerre et dans les affaires. *Liv.* 122.

moyen d'en gratifier à vil prix, comme c'étoit l'ordinaire, quelque parent ou quelque ami, je tins moi-même la plume, comme auroit pu faire un greffier ou un trésorier des parties casuelles. Non content de cette précaution, je donnois un billet de ma main à l'acheteur, qui étoit obligé de le porter au trésorier, dont il retiroit une quittance en lui donnant son argent, et l'un et l'autre devoient m'être représentés.

Toute surprise devenant inutile, les traitans eurent recours à un moyen qui sans doute avoit manqué fort rarement jusques-là de leur réussir : ils essayerent de me corrompre par des présens. Le boiteux Robin de Tours, gros partisan, après en avoir conféré avec le conseil, qu'il avoit mis dans son parti, vint chez moi, et pria un de mes secretaires de le faire parler à mon épouse, à laquelle il offrit un diamant de six mille écus pour moi, et un autre de deux mille pour elle, afin que je ne m'opposasse point à ce que le conseil lui adjugeât tous les offices triennaux des généralités de Tours et d'Orléans pour la somme de soixante et douze mille écus. Il me fut présenté par Madame de Rosny, qui ne comprit le mal qu'on avoit voulu lui faire faire, que par la sévere réprimande que je lui fis en présence du traitant. Je ne l'épargnai pas lui-même, afin d'ôter à tous les autres l'envie de faire à l'avenir de pareilles tentatives ; et je le
renvoyai

renvoyai fort étonné, comme je crois, et fort mécontent de mon procédé. Je venois de refuser d'un autre partisan soixante mille écus de la seule moitié de ce qu'il me demandoit en total pour soixante-douze; et dès ce soir même cette moitié me rendit quatre-vingt mille écus, parce que je la distribuai en détail.

Cette occupation m'arrêta chez moi tout le jour et le lendemain, et je crus devoir la faire marcher avant les prieres que me fit faire par deux fois le chancelier par un huissier du conseil, de m'y rendre pour conclure une affaire où le Roi devoit, disoit-il, toucher soixante-quinze mille écus argent comptant. J'y courus si-tôt que je fus dégagé, ne pensant plus à Robin de Tours. Le chancelier voulut me faire en entrant dans la chambre du conseil, quelques petits reproches de négligence, auxquels je répondis assez brusquement, que j'avois été plus utile au Roi dans mon cabinet: « Nous ne l'avons pas moins été ici, répartit le » chancelier »; et il affecta de me faire d'autant plus valoir son argent comptant, que le Roi en avoit demandé au conseil par deux lettres consécutives. Lorsque je sçus que cette somme étoit la même que le traitant de Tours étoit venu m'offrir, augmentée seulement de trois mille écus, je fis sentir assez vivement à ces Messieurs, que ne pouvant ignorer que Robin s'étoit adressé à moi, ils n'avoient pas dû conclure sans moi une affaire que je n'avois pas trouvée bonne.

Comme je vis qu'ils cherchoient à m'en imposer par un ton mêlé d'autorité et de plainte, je leur dis plus nettement que si j'avois été homme à me laisser gagner par des présens, le marché ne leur seroit pas revenu ; mais que puisque le Roi se reposoit sur ma fidélité, je l'étendois jusqu'où elle devoit aller. Le chancelier, Fresne et la Grange-le-Roi, piqués au vif du reproche renfermé sous ces paroles, oserent soutenir d'abord qu'un marché par lequel le Roi perdoit plus de moitié, lui étoit pourtant plus avantageux, lui étant payé argent comptant, que les miens par lesquels je donnois ordinairement aux acheteurs le terme de six mois pour le paiement de la seconde moitié. Ils ne s'en tinrent pas là, ils me reprocherent de m'ériger en réformateur des finances, et me déclarerent avec un air de mépris, qu'ils sçauroient bien soutenir leur marché contre le mien, et qu'un simple particulier ne devoit pas présumer de faire casser un arrêté de tout le corps ; sur cela passant outre, le conseil statua que son adjudication à Robin de Tours auroit lieu.

Je ne jugeai pas à propos de lâcher un seul mot davantage sur cette injustice, non plus que sur le réglement qui fut fait en conséquence, qu'on n'auroit désormais aucun égard dans le conseil aux billets particuliers ; mais lorsque le secretaire Fayet m'apporta ce bel arrêt à signer, je refusai de le faire, jusqu'à ce que j'eusse reçu du Roi la réponse à une lettre dans laquelle, comme je le dis à Fayet, je n'épargnois ni la vérité, ni les personnes. Cette lettre fit peur à Fayet, et je ne le disois pas à autre intention : il me pria de la lui montrer, et je feignis de me laisser aller à ses instances. Elle rouloit toute entiere sur les souterreins que Robin avoit pratiqués pour gagner Messieurs du conseil, et que j'avois heureusement découverts. Le Roi y auroit appris que ce qui avoit mis le conseil si fort dans les intérêts de Robin, c'est que ce partisan étoit allé faire à la marquise de (*) Sourdis, maîtresse du chancelier, les mêmes offres que j'avois rejettées, et qu'il y avoit joint

―――――――――――――――――

(*) Isabelle Babou de la Bourdaisiere, femme de François d'Escoubleau, marquis de Sourdis. Elle avoit une sœur aînée nommée Françoise, qui fut mariée à Antoine d'Estrées, et mere de la belle Gabrielle, et une cadette, qui épousa Claude de Beauvilliers, comte de Saint-Aignan. Toute cette famille est étrangement décriée dans les Amours du grand Alcandre, et autres libelles satyriques de ce temps-là. A remonter jusqu'à la grand'mere de ces trois Dames, nommée Marie Gaudin, toutes les filles de ce sang eurent la beauté en partage. Léon X fut si charmé de celle de Marie Gaudin à Boulogne où il la vit lorsqu'il s'y aboucha avec François I, qu'il lui donna un diamant, appellé par tradition domestique, *le diamant Gaudin*. C'est Amelot de la Houssaye qui parle ainsi, et il a ramassé sur toute cette famille plusieurs anecdotes pareilles, auxquelles je renvois le lecteur curieux à l'article *Babou de la Bourdaisiere*.

d'autres présens à Madame de Deuilly, autre maîtresse de Fresne, et parente du même chancelier. Le contenu de ma lettre ayant été rapporté par Fayet aux intéressés, on le renvoya bien vîte me conjurer de ne pas faire partir la lettre. L'arrêt fut supprimé avec le marché de Robin.

C'est ainsi que je partageois mon travail entre le soin de percevoir les deniers de l'Etat et celui de les employer si utilement pour les besoins de l'armée, qu'elle ne manquât de rien, soit pour les vivres, soit pour l'artillerie pendant tout le temps que dura le siege d'Amiens. Je faisois régulièrement tous les mois un voyage au camp, faisant voiturer avec moi chaque fois quinze cent mille écus, ce qui m'attiroit l'amitié de tous les colonels, peu accoutumés à une si grande régularité dans le paiement. J'étendis mon attention jusques sur le simple soldat, en établissant dans le camp un hôpital si bien et si commodément servi, que plusieurs personnes de qualité s'y retirerent pour se faire guérir de leurs maladies ou de leurs blessures (*).

Le soin en quelque maniere excessif que le Roi prenoit pour la conservation de ma personne, me

---

(*) d'Aubigné rapporte qu'on disoit alors que Henri IV avoit mené Paris devant Amiens, pour marquer l'abondance qui régnoit dans son camp. Mais il fit aussi venir sa maîtresse à Pecquigny, dont le maréchal de Biron et les autres officiers généraux murmurerent beaucoup.

payoit avec usure de toutes mes peines. Saint-Luc, entre les mains duquel le comte de la Güiche s'étoit démis de la charge de grand-maître de l'artillerie, m'ayant invité à dîner dans le troisieme de ces voyages, me mena voir tous ses logemens, sçachant mon affection pour cette partie de l'art militaire : ce qui m'engagea fort avant dans les tranchées et dans d'autres endroits qui n'étoient pas sans danger. Le Roi, à qui on le rapporta, m'en fit une réprimande des plus séveres, et y joignit une défense très-positive de me trouver à aucun poste où il y auroit le moindre risque à courir : il dit hautement à cette occasion, que j'avois des ennemis jusques dans le camp si animés à me perdre, qu'ils s'exposeroient eux-mêmes volontiers à périr, pourvu qu'ils me fissent partager ce danger avec eux. Il étoit bien difficile d'avoir été homme de guerre sans sentir rallumer sa premiere passion aux côtés d'un Prince qui ne trouvoit aucune fonction au-dessous de lui, et qui les remplissoit toutes avec une assiduité et un courage capables de réchauffer les plus insensibles.

Son exemple ne produisit pourtant pas cet effet sur tout le monde. Il se formoit au milieu de son camp même une cabale de Protestans mutins, ayant à leur tête MM. de la Trémouille, de Bouillon et Duplessis, qui lui donnoit le plus cruel chagrin. Etant allé prendre congé de ce Prince sur le point de mon départ pour revenir à Paris, je le trouvai dans une profonde tristesse. Il venoit de recevoir des nouvelles certaines que ces trois Messieurs, de concert avec les deux Saint-Germain, de Clan et de Beaupré (1), d'Aubigné, la Case, la Valliere, la Saussaie, la Bertichere, Préaux, Bassignac, Regnac, Bessais, Constant et quelques autres réformés, au nombre d'environ une vingtaine, avoient tenu une assemblée de tout le corps des religionnaires, dans laquelle ils avoient ouvert et favorisé de toutes leurs forces l'avis de profiter de la conjoncture du siege (2) d'Amiens,

---

(1) C'est l'historien d'Aubigné, toujours nommé d'Aubigny dans ces Mémoires; son nom est Théodore-Agrippa d'Aubigné. Sa naissance, ses services et son esprit lui acquirent beaucoup de crédit dans le parti calviniste. Il se retira en 1620 à Geneve, où il mourut en 1631, âgé de quatre-vingt ans, laissant un fils, Constans d'Aubigné, dont feue Madame la marquise de Maintenon (Françoise d'Aubigné) étoit fille. Abdias de Chaumont, seigneur de la Bertichere, frere de Jean de Chaumont, marquis de Guitry; sa postérité subsiste encore aujourd'hui. Hector de Préaux.

(2) Il est certain que c'est à la conjoncture du siege d'Amiens et aux mouvemens que se donnerent les Calvinistes de France pour en profiter, qu'ils eurent l'obligation du fameux édit de Nantes, qui leur fut accordé l'année suivante. Le duc de Bouillon ne s'en défend pas: on peut voir toutes les raisons dont il justifie cette conduite, dans Marsolier, *liv.* 5. La meilleure de toutes est la protestation que font le duc de Bouillon et Duplessis-Mornai, que quelque parût être l'objet des Calvinistes dans ces assemblées de Saumur, de Loudun, de Vendôme, convoquées coup sur coup avec beaucoup de chaleur; ni eux, ni les autres chefs du parti n'ont jamais eu intention qu'on y mît en délibé-

qui ne pouvoit être achevé sans eux, pour arracher du Roi un édit qui leur donnât une entiere satisfaction, ou, à son refus, sé faire raison par les armes. Heureusement cet avis avoit trouvé beaucoup d'opposans dans l'assemblée, aussi-bien que dans une partie des grandes villes qu'on avoit tâché d'y amener. C'est ce qui rassuroit un peu sa Majesté : mais elle avoit sujet d'appréhender que les plus échauffés ne l'emportassent à la fin. Elle m'ordonna d'écrire à quelques-uns des principaux pour leur faire prendre, s'il étoit possible, des sentimens plus raisonnables, et sur-tout

---

ration de prendre les armes ; mais seulement de travailler à obtenir à l'amiable des conditions équitables. On souhaiteroit seulement, pour l'entière justification du duc de Bouillon, qu'on n'eût pas à lui reprocher qu'il refusât de suivre le Roi à son expédition d'Amiens, et que la surprise de cette ville par les Espagnols n'eût pas été suivie de la part des Calvinistes, d'une translation de l'assemblée protestante de Vendôme à Châtellerault, où les opérations furent si violentes, que le Roi fut obligé d'y envoyer Messieurs de Schomberg, de Thou, de Vic, de Calignon et de Monglat, chargés d'offrir des conditions qui suffisent pour montrer que Henri IV croyoit avoir tout à craindre de leur part. Lorsque les Calvinistes ont rempli l'Europe de leurs plaintes sur la révocation de l'édit de Nantes, c'est qu'un espace de temps de plus de quatre-vingt ans, leur avoit fait perdre de vue les moyens dont ils s'étoient servis pour l'arracher. Voyez sur la remarque précédente *les Mémoires du duc de Bouillon. Son Histoire par Marsolier. Histoire de l'édit de Nantes, la vie de Duplessis-Mornai. Procès-verbal des assemblées de Vendôme et de Châtellerault, &c.* Mais sur-tout d'Aubigné, *tome 3. liv. 4, chap. 11*, où il rapporte fort au long tous les projets du corps des Calvinistes, et le nouvel ordre qu'ils travaillerent à mettre dans leurs affaires.

au duc de la Trémouille, qu'on sçavoit être le principal promoteur du complot.

J'avois conservé jusques-là une assez grande liaison avec la Trémouille. Il avoit même cru devoir me faire part de ces assemblées; mais il m'en avoit déguisé le sujet, et il s'étoit servi en m'écrivant de termes si concertés, qu'il m'étoit facile de juger que j'étois regardé de ces Messieurs comme un homme infidele à son parti, et que la Trémouille n'étoit pas éloigné de se porter à la désobéissance. Je ne laissai pas pour cela de me servir de ce reste de commerce que j'avois encore conservé avec lui pour essayer de le faire rentrer dans son devoir. Je lui mandai que quand même il seroit vrai que le Roi fût à son égard tel qu'il le supposoit, il n'y avoit pour lui ni honneur, ni grandeur à en extorquer une déclaration due à la seule nécessité; mais que le Prince conservoit pour tout le corps ses anciens sentimens; qu'il n'étoit point la cause du peu de justice que les Catholiques leur rendoient, puisqu'il n'en avoit pas moins à souffrir lui-même. Qu'au reste il fît attention que les suites de cet édit, obtenu à contre-temps, ne seroient pas autant à leur avantage qu'ils se l'imaginoient, parce que les Catholiques, toujours plus forts qu'eux, étoient bien en état de l'empêcher pour le présent, et que pour l'avenir, le Roi, justement indigné de la violence qu'on lui auroit faite, perdroit le dessein de leur accorder un jour de son plein gré, ce qu'ils vouloient mal-à-propos anticiper aujourd'hui ; qu'ils n'alloient faire autre chose que mettre en garde contr'eux, et jetter dans la défiance le parti catholique, par l'éclat d'une affaire manquée. Je rappellois à la Trémouille l'exemple de ces illustres Protestans qui disoient en toute occasion, et montroient par leur conduite qu'un Protestant qui conforme ses actions à sa croyance, ne perd jamais de vue le bien de l'Etat, ni le véritable intérêt de son Roi. La Trémouille, peu touché de ma lettre, la montra à tout le monde, et en fit des railleries publiques. Mais ces desseins échouerent, faute d'un assez grand nombre de partisans.

La grande maîtrise de l'artillerie vint à vaquer pendant le quatrième séjour que je fis au camp. Saint-Luc (*) regardant entre deux gabions, où à peine y avoit-il passage pour un boulet de canon, son mauvais destin y en apporta un qui le renversa mort. Je m'entretenois seul avec le Roi, lorsque Villeroy et Montigny vinrent lui apprendre cette nouvelle: ce qu'ils firent en secret, à cause des prieres qu'ils avoient à y joindre au sujet de cette charge. M'étant rapproché lorsqu'ils

(*) François d'Epinai de Saint-Luc : on ne l'appelloit que le brave Saint-Luc. Voyez son éloge dans Brant. Vies des Hommes illustres, article Saint-Luc, tome 5, pag. 179.

eurent quitté sa Majesté, elle m'apprit la mort de Saint-Luc, et la demande que Villeroy et Montigny venoient de lui faire de la grande maîtrise; le premier, pour son fils d'Alincourt, ou son neveu Châteauneuf-l'Aubepine (1), et Montigny pour lui-même. Saint-Luc étoit homme d'esprit et d'invention, prompt, industrieux, plein de courage: on ne pouvoit lui reprocher que le défaut de se livrer si fort à l'abondance de ses idées qui lui fournissoient projets sur projets, qu'il donnoit à l'imagination une partie du temps que demandoit l'exécution: cependant le Roi ne trouvoit aucun des proposés capable de le bien remplacer. D'Alincourt manquoit de fermeté, « et » avoit, disoit ce Prince, les ongles trop pâles ». Châteauneuf (2) cachoit un manque d'esprit réel sous un extérieur composé d'affectation et de grimaces. Montigny étoit à la vérité vaillant et affectionné; mais ces qualités, destituées d'un esprit de ressource, d'ordre et d'économie, ne suffisent pas dans un poste aussi considérable.

En discourant de la sorte avec moi, sa Majesté ne me parut balancer à m'en gratifier moi-même, que parce qu'elle croyoit cette fonction incom-

(1) Charles de l'Aubepine, marquis de Châteauneuf. François de la Grange, seigneur de Montigny.

(2) Il fut fait garde des sceaux en 1630, et s'en démit en 1633.

patible avec celle de surintendant des finances. Il ne me fut pas difficile de la détromper, et elle me donna dès ce moment sa parole : mais elle remit cet effet de sa bonne volonté après le siege, pendant lequel elle alloit laisser cette charge vacante, ma présence lui paroissant nécessaire à Paris. Je ne vis point le Roi de tout le jour suivant ; et malheureusement pour moi il vit Madame de Monceaux, qui n'omit rien pour le faire changer de résolution en faveur du vieux d'Estrées (*) son pere. Le Roi tint bon contre les prieres et même contre les larmes : mais il céda à la menace que la Dame fit de se jetter dans un couvent, s'il lui refusoit cette grace, et elle ralluma si bien par cette feinte toute la passion du Prince pour elle, qu'elle obtint enfin la grande maîtrise. Le Roi m'apprit le jour suivant ce qui s'étoit passé, avec quelque confusion de sa foiblesse. Il avoit encore ménagé mes intérêts, du moins en une chose : c'est la condition qu'il avoit mise que M. d'Estrées, qui étoit en toute maniere incapable d'exercer cette charge par lui-même, s'en déferoit pour la premiere charge de la cou-

(*) Antoine d'Estrées. « Lui mort (Saint-Luc) M. d'Estrées a succédé à sa place, comme le méritant bien, pour l'avoir bien appris de son brave pere : ainsi, quoiqu'il tarde, le droit et la vérité rencontrent leur tour ; car on lui avoit fait tort qu'il n'eût cette charge après la mort de son pere : enfin, la vérité et le droit ont vaincu là pour lui ». Brant. *Vies des Hommes illustres*, tome 5, page 180, article de M. d'Estrées.

ronne qui viendroit à vaquer, et absolument, s'il survenoit une guerre considérable, en faveur de celui que sa Majesté lui nommeroit, et elle m'engagea de nouveau sa parole qu'elle n'en nommeroit point d'autre que moi.

Je me contentai de cette assurance, et je repris le chemin de Paris, où peu de jours après je reçus du camp la nouvelle de la mort de mon jeune frere, gouverneur de Mantes (*), que j'avois laissé en bonne santé. De quatre freres, cette seconde mort nous réduisit à deux. Le Roi refusa tous les prétendans au gouvernement de Mantes pour m'en revêtir, même sans que je lui demandasse. J'en reçus le don par la même lettre que sa Majesté m'écrivit sur cette mort, avec les pieces nécessaires pour passer dans tous les droits de mon frere, mort sans enfans. J'envoyai Baltasar, mon secretaire, à Amiens, prendre les provisions de gouverneur, et si-tôt que je les eus reçues, j'allai me faire recevoir à Mantes, où je ne voulois passer que quatre jours.

Messieurs du conseil, qui crurent que mon absence seroit beaucoup plus longue, et même qu'elle seroit suivie d'un abandon des affaires des

---

(*) Salomon de Béthune, baron de Rosny, gouverneur de Mantes, c'est le troisieme des quatre freres dont il est parlé au commencement de ces Mémoires : il n'avoit que trente-six ans lorsqu'il mourut.

finances, n'en sentirent pas peu de joie. Et pour commencer à en profiter, ils prirent leurs mesures pour s'approprier une partie des fonds destinés au siege d'Amiens. Ils signerent tous une lettre écrite à sa Majesté au nom du conseil, dans laquelle ils l'avertissoient que n'ayant manqué de rien depuis cinq mois, elle ne devoit pas être surprise en apprenant que ses fonds étoient entiérement épuisés, n'y ayant plus que quelques méchans restes et appoints de paiemens. Henri, qui ne me sçavoit point à Mantes, et qui, par un effet de sa vivacité ordinaire, n'examina point les signatures de cette lettre, en fut d'autant plus surpris, que je l'avois assuré très-positivement que j'étois en état de lui fournir les sommes ordinaires pendant quatre mois, qui étoit tout le temps que pouvoit durer le siege. Il invectiva contre Messieurs du conseil d'une étrange maniere en présence des principaux officiers de son armée, et pour cette fois je ne fus guères plus épargné qu'eux. Mais ayant jetté les yeux par réflexion sur les noms souscrits dans la lettre, parmi lesquels il ne trouva point le mien, et ayant sçu du courier que j'étois à Mantes, il condamna aussi-tôt sa précipitation, et afin que rien ne manquât à la réparation qu'il m'en fit, il lut ma réponse à la lettre qu'il venoit de m'écrire en présence des mêmes témoins.

Il étoit de son intérêt de les rassurer. Un siege

assurément très-pénible les rebutoit quelquefois eux et leurs soldats, au point que le tarissement des fonds auroit été capable de les faire déserter, puisque sur le moindre retardement des voitures, le Roi ne pouvoit empêcher que plusieurs ne l'abandonnassent. Tout alla bien jusqu'à la fin. Si les assiégés se défendirent avec vigueur et firent sorties sur sorties, on les attaqua de même, et ils furent toujours défaits.

La sape étoit poussée jusqu'aux remparts, et les assiégeans venoient de s'emparer de deux casemates, qu'on rendoit inutiles aux assiégés, lorsque le Cardinal-Archiduc, avec le comte de Mansfeld, qui lui servoit de lieutenant-général, jugea qu'il étoit temps de faire un effort pour empêcher la réduction de la place. Il s'y achemina avec une armée de douze à treize mille hommes d'infanterie, et de deux mille cinq cent à trois mille chevaux, et passa la riviere d'Authie, dans l'intention de livrer bataille, ou du moins de jetter un secours considérable dans Amiens. Tous ceux qu'il essaya d'y faire entrer, furent repoussés (*). Le Roi alla

(*) « Péréfixe rapporte encore ce fait très-différemment.
» L'Archiduc, dit-il, se présenta au quartier de Long-pré
» (le 15 Septembre, à deux heures après-midi) lorsqu'on
» ne s'y attendoit point..... Il ne tint qu'à lui de jetter trois
» mille hommes dans Amiens : tant l'épouvante fut grande
» au camp. Henri douta du succès de la journée.... Ah !
» Seigneur, dit-il à haute voix, s'appuyant sur l'arçon de sa
» selle, ayant le chapeau à la main, et les yeux levés au

reconnoître lui-même l'armée ennemie, il la vit pardevant et par derriere, et il n'auroit pas balancé à l'attaquer, malgré la supériorité du nombre, parce qu'il trouva une multitude confuse, sans conduite, ni discipline: mais à la premiere démarche qu'il fit, l'Archiduc ne songea qu'à se retirer avec précipitation (*). Il n'étoit peut-être

» Ciel, si c'est aujourd'hui que tu me veux punir comme
» mes péchés le méritent: j'offre ma tête à ta justice,
» n'épargne pas le coupable: mais, Seigneur, par ta sainte
» miséricorde, prends pitié de ce pauvre royaume, et ne
» frappe pas le troupeau par la faute du berger.... Voyant
» que rien ne paroissoit, il se retira mal satisfait, disoit-il
» galamment, de la courtoisie des Espagnols, qui n'avoient
» pas voulu s'avancer d'un seul pas pour le recevoir, et
» avoient refusé de mauvaise grace, l'honneur qu'il leur
» faisoit ». *Péref. 2 part.* Presque tous les Historiens conviennent que les Espagnols laisserent échapper une des plus belles occasions qu'ils eussent jamais eues de battre l'armée du Roi, et ce Prince disoit lui-même depuis, qu'il y eut des principaux officiers de son armée, qui lui dirent que tout étoit perdu. *Mathieu, tome 2, liv. 2, page 234.*

(*) Le Roi dit du Cardinal-Archiduc, qu'il étoit venu en capitaine, et s'en étoit retourné en prêtre. La Curée demande au Roi avec instance qu'il lui permît d'aller reconnoître l'armée ennemie, en faisant souvenir sa Majesté que les Espagnols étoient entrés quatre fois en France, et que toutes les quatre fois il les avoit attaqués et battus le premier. Henri lui répondit: « M. le Curé, ne vous mettez » point en colere », et le lui permit. La Curée se fit remarquer en cette occasion, par sa bravoure, et par la belle retraite qu'il fit devant cette armée, campée à Betancourt, à quatre lieues d'Amiens. Il disoit pourtant ensuite là-dessus, que lorsque trois ou quatre cent hommes se retirent ainsi devant une armée entiere, c'est la faute seule de cette armée, s'ils ne sont pas défaits. C'étoit un homme intrépide. Il s'enfonça au milieu des ennemis, un jour que son bras

pas impossible de forcer les Espagnols au combat, et de les battre sans discontinuer le siege, du moins Henri eut toujours cette opinion ; il se rendit néanmoins à l'avis du plus grand nombre, qui vouloit qu'on laissât retirer l'Archiduc. On ne s'attacha donc plus après cela qu'au siege. Le ravelin ayant été emporté, et les mineurs attachés au corps de la place, Amiens se rendit à la fin de Septembre de cette année, que ce siege avoit remplie presque toute entiere.

Lorsque je jette les yeux sur le grand nombre de lettres que je reçus du Roi pendant l'expédition d'Amiens, je suis surpris qu'un Prince, chargé des opérations d'un grand siege, et du détail de tout un camp, n'en fût pas moins appliqué à toutes les affaires du dedans de son royaume, et qu'il embrassât avec la même facilité des métiers si contraires. J'épargne au lecteur la peine de lire toutes ces lettres; et j'en userai de même à l'égard de celles que sa Majesté m'a fait l'honneur de

---

engourdi par son pistolet, ne lui permettoit pas de se servir de ses armes. Il y avoit jusqu'à des femmes, qui combattoient dans l'armée Françoise, habillées en hommes. On en connoissoit quatre entr'autres, qui se distinguerent, jusqu'à faire des prisonniers de leur main, et une sur-tout, connue sous le nom de *Capitaine gascon*. Ces particularités sont tirées du *Vol. 8929 des manuscrits royaux*. Voyez encore sur ce sujet le *tome 6 des Mémoires de la Ligue*, où l'on donne de grandes louanges à l'habileté, à la promptitude et à la valeur de Henri IV.

m'écrire

m'écrire dans la suite. J'en compte plus de trois mille, sans celles que j'ai négligé de ramasser, ou qui ont été perdues par la faute de mes secrétaires; il seroit trop ennuyeux de vouloir rendre compte de chacune au public. Il y en a quelques-unes à l'égard desquelles je respecte l'ordre que ce Prince m'a donné de les supprimer, parce qu'elles intéressent des personnes que sa Majesté n'auroit pas voulu blesser, et que je dois sans doute bien davantage m'abstenir d'offenser, en mettant au jour des brigues politiques, ou simplement des intrigues galantes qui sont demeurées dans le secret. Et pour ce qui est de toutes les autres, elles ne roulent que sur des emplois de deniers, des comptes, des paiemens, des pensions, et autres choses de cette nature, si seches et si peu amusantes, qu'elles en deviennent un nouveau sujet de louanges pour Henri.

Sur le chapitre de ses finances, par exemple, on le verroit porter l'exactitude, jusqu'à se faire rendre compte par moi tous les huit jours, des deniers reçus, et de leur usage (*). Il ne lui échappe pas que dans une fonte, on a voulu détourner une piece de canon dans une remise de six ou sept mille écus, que la nécessité obligea d'accorder aux peuples sur les tailles. Il liquide lui-

___
(*) On ne pouvoit pas dépenser cent écus, dit Péréfixe, sans qu'il sçût s'ils avoient été bien ou mal employés.

même ce qui doit revenir de gratification à certaines paroisses plus affligées. Il calcule exactement chacun des offices vendus, et l'argent qui en est provenu. Il ne perd de vue aucun de ceux à qui l'Etat est redevable, ou qui rendent quelque service dans les provinces éloignées, ou dans les royaumes voisins, et il leur assigne à tous un fonds particulier, avec le dernier discernement. Son grand soin est qu'on n'affecte jamais aucun paiement étranger, sur les fonds uniquement destinés pour la guerre, comme il parut dans l'affaire où il s'agissoit de faire toucher une récompense au sieur de Vienne, qui avoit fait rentrer la ville de Tours dans l'obéissance, ou lorsqu'il fut question de rendre à Madame de Beaufort les quatre mille écus qu'il avoit empruntés d'elle.

Par rapport à la guerre, ces lettres sont d'un détail immense. Ce qu'il lui faut d'argent, tant pour la confection des tranchées et des autres travaux, que pour la solde militaire, y est toujours calculé si juste, qu'il ne faut point craindre de se tromper en le suivant. L'ordre de la marche de ses troupes n'y est pas réglé avec moins de prudence que celui des convois d'argent qui arrivoient à son armée, afin qu'ils ne fussent ni retardés ni interceptés.

Tout cela ne faisoit encore qu'une partie de ses soins. La lettre où il parle des réparations de

Montreuil, de Boulogne et d'Abbeville; celles où il s'étend sur la maniere de maintenir l'ordre dans les provinces, l'obéissance dans les villes, la subordination dans les corps, à l'occasion de la Chambre des Comptes, qui lui avoit manqué de respect ; celle où il dit : « Je ne prétends point mêler des » parties de mascarades, avec des deniers destinés » pour mon armée »; parce que Mortier, qui avoit fourni des habits pour une fête, s'étoit fait insérer dans un mémoire de frais militaires ; celle encore où, en répondant sur l'offre que lui avoit faite la ville de Paris, par ses prévôt et échevins, de soudoyer à ses dépens douze cent hommes, il décharge cette ville en considération de ce service, du doublement des aides, et mille autres de cette espece, montrent que de la même main dont il sçavoit tracer un plan d'attaque, il ne sçavoit pas moins bien conduire les affaires du cabinet.

Son entretien personnel étoit le seul qu'on pourroit trouver qu'il négligeoit. Il falloit, pour l'obliger à y penser, que Monglat, son premier maître-d'hôtel, l'avertît que *sa marmite*, c'est ainsi qu'il le dit dans quelques-unes de ses lettres, *est prête à donner du nez en terre*. Il ne rougit point d'avouer une chose, dont il n'y avoit en effet que ses ennemis domestiques qui dussent rougir, qu'il étoit presque nud, sans armes et sans chevaux. Il trouva pourtant le moyen dans la suite de se faire un fonds pour sa subsistance, qui ne pût être confondu avec aucun autre; c'est le marc d'or, provenant des offices vendus, qu'il destine à cet usage. Voilà le sujet d'une partie des lettres de cette année, sur lesquelles on peut juger de toutes celles des années suivantes, que je garde soigneusement en original, mais dont je ne communiquerai au public que ce qu'il y a de plus important. Une chose qu'il ne faut pas oublier de remarquer, c'est que quoiqu'elles soient en très-grand nombre, et pour la plupart très-longues, elles sont pourtant presque toutes écrites de sa main, sur-tout celles qu'il adresse directement au conseil, ou à moi (*).

Je me trouvai au conseil, qui fut tenu après la prise d'Amiens, sur les opérations du reste de la

―――――

(*) J'ai remarqué dans la Préface, les raisons qui m'ont porté à ne pas transcrire ici ce grand nombre de lettres. On peut les voir à la tête du nouveau recueil de lettres de Henri-le-Grand. Les originaux de quelques-unes de ces lettres se voient encore aujourd'hui dans le beau cabinet de M. le duc de Sully, apostillés de la main de Maximilien de Béthune; mais les pièces de ce cabinet, les plus précieuses en ce genre, sont, outre un assez grand nombre de lettres originales de Henri III, et d'autres Princes de ce temps-là, des papiers d'état, lettres, écrits sérieux ou galans, et autres morceaux, écrits de la main de Henri-le-Grand et de celle de son Ministre, ou simplement signés et apostillés par eux. Nous avons déjà parlé de ceux qui concernent l'accommodement de l'amiral de Villars, et des autres gouverneurs et villes, sur-tout de Normandie. Nous aurons encore occasion dans la suite d'en rapporter ou indiquer quelques autres.

campagne. On y mit trois choses en avant ; suivre l'armée ennemie, se saisir par surprise de quelque ville d'Artois, et assiéger en forme Dourlens (*). Sur quoi chacun proposa son avis. Le mien fut qu'il ne falloit pas espérer que le Cardinal-Infant, qui avoit si opiniâtrément refusé le combat, lorsqu'il ne lui restoit que cette ressource pour secourir Amiens, s'y laissât engager, maintenant qu'il sçavoit qu'il auroit sur les bras toutes les forces du Roi, et ayant eu tout le temps de prendre ses mesures pour l'éviter ; qu'il n'y avoit pas non plus d'apparence, que ces entreprises sur les villes d'Artois réussissent dans le voisinage d'une armée si nombreuse ; mais qu'enfin, l'un et l'autre me paroissoit préférable au projet d'assiéger Dourlens, parce que quinze jours suffisoient pour voir ce qu'on devoit attendre de ses desseins ; qu'on pouvoit d'ailleurs manquer sans honte, au lieu qu'on auroit infailliblement le regret d'avoir consumé inutilement pour le dernier, beaucoup de temps, d'argent et de troupes. Il fut arrêté qu'on tenteroit brusquement les deux premiers moyens, sans pour cela renoncer au siege de Dourlens. Les Espagnols se tinrent sur leurs gardes, et à cet égard il ne resta aux François d'autre avantage que l'honneur d'avoir cherché à finir la guerre par

(*) Ville de Picardie.

une action qui contribua bien autant que tout le reste à faire desirer la paix au Roi d'Espagne.

Il en alla tout autrement de l'entreprise de Dourlens, à laquelle on s'obstina. Le Roi me manda à Paris, où j'étois retourné, sa derniere résolution sur ce sujet. Je ne craignis point de lui représenter encore plus fortement les raisons qui m'avoient empêché de goûter cette opinion, que son armée ayant considérablement souffert au siege d'Amiens, elle n'étoit point en état d'en entreprendre un second aussi rude au mois d'Octobre, temps où les pluies rendoient impraticable le terrain de Dourlens, naturellement gras et gluant, et en présence d'une armée qui ne cherchoit qu'à prendre sa revanche. Le Roi ne me sçut point mauvais gré de cette liberté; mais il ne se rendit point à mes raisons. Il me manda que l'expédition de Dourlens étoit absolument nécessaire pour conserver Amiens et Abbeville; qu'en rassurant la Picardie, elle faciliteroit la vente des nouveaux offices, et qu'il tâcheroit de faire en sorte qu'elle ne durât pas aussi long-temps que je l'appréhendois.

Dourlens fut donc investi le neuf Octobre, et dès le treize, les pluies avoient tellement corrompu le terrein et gâté les chemins, que les travaux n'avançoient plus. Villeroi m'écrivit qu'on se repentoit déjà de cette tentative. En effet, le Roi partit presqu'aussi-tôt de son quartier de Beauval, et vint à Belbat, où il donna les ordres pour la levée du siege, quoiqu'il eût peu duré. Les soldats avoient déjà tant souffert, qu'ils furent prêts à se débander. Le Roi leur fit payer la montre, les mit en quartier d'hiver sur la frontiere, y laissa sa cavalerie légere, retrancha une partie des garnisons, que la surprise d'Amiens avoit obligé de jetter dans les places voisines, et revint passer l'hiver à Paris, prenant sa route par Rouen et par Monceaux, où il séjourna une huitaine.

C'est de cet endroit qu'il me donna ses ordres, de faire lever les difficultés que le chancelier de Chiverny faisoit au Parlement, d'ériger en présidial son comté d'Armagnac et de Lectoure, et de destiner les deniers qui en proviendroient au paiement des dépens, auxquels sa Majesté avoit été condamnée au Parlement envers le sieur de Fontrailles (*), comte d'Armagnac, pour un procès porté en cette cour. Comme Madame auroit pu avoir quelques droits sur cet argent, en vertu de la cession que le Roi son frere vouloit bien lui faire de tous ses biens en cette province, ce Prince m'ordonnoit de tenir la chose secrete, et prit la même précaution auprès de Fontrailles et du chancelier; celui-ci obéit fort mal; mais son

(*) Astrac de Fontrailles.

indiscrétion fut inutile, Madame étant sortie peu après de la cour de France. Le Roi m'avertissoit dans la même lettre de payer Demeurat, son procureur à Riom, aussi-bien que la Corbiniere, qui étoit chargé de l'entretien des troupes laissées en Picardie. C'étoit dans ces momens de loisir qu'il portoit son attention jusques sur les plus petits objets. Il me fit donner au sieur de Piles, ancien et fidele serviteur, une gratification de trois mille écus, et une autre de huit mille livres à Gobelin, qui entretenoit sa maison, en le remboursant de seize mille livres qu'il avoit avancées; il n'y avoit point de nom, jusqu'à celui de la pauvre receveuse de Gisors, qui n'eût droit de tenir quelque place dans ses lettres.

La misere du peuple (*), qui assurément étoit excessive, ayant jetté beaucoup de non-valeurs dans le recouvrement des impôts, le Roi se douta que Messieurs du conseil qui étoient fort ardens à représenter, et même à grossir ces non-valeurs, pouvoient bien, après en avoir obtenu une décharge pour le peuple, en retirer dans la suite pour eux-mêmes des sommes considérables, par leur attention à cacher cette décharge. Il

(*) Bongars décrivant dans ses lettres la désolation que les guerres civiles avoient causée dans le royaume, assure entr'autres choses, que les grands chemins étoient si couverts de ronces et d'épines, qu'on avoit de la peine à en appercevoir la trace. *Epist.* 75, *ad Camerar.*

m'ordonna de m'instruire, en premier lieu, si le peuple étoit véritablement autant en retard pour les années 1594 et 1595, que ces Messieurs vouloient le lui faire croire ; ce qui étoit facile, en vérifiant exactement les états de recette et de dépense des receveurs-généraux et particuliers, et en visitant les élections de ces mêmes généralités où je m'étois déjà transporté. Secondement, si ce vuide dans les impôts ne venoit point de fainéantise ou de désobéissance de la part du peuple.

Enfin, une autre affaire importante, dont sa Majesté commença à s'occuper à Monceaux, c'est la confection des articles dont il avoit envie de convenir avec les Protestans. Il en pressoit depuis long-temps le chancelier et Villeroi, et j'étois chargé d'y tenir la main ; mais il se seroit encore plaint long-temps de ce que ces Messieurs répondoient si mal à son intention, s'il n'étoit pas venu exécuter lui-même son projet à Paris (*).

Ces deux dernieres affaires, qui concernent les financiers et les Protestans, auroient demandé un loisir, dont le Roi se trouva bien éloigné, lorsqu'il fut arrivé à Paris. Il lui fallut s'appliquer à faire de nouveaux préparatifs, pour passer au

(*) « Il dit à la maison de ville qui vint le complimenter sur l'expédition d'Amiens, en montrant le maréchal de Biron : MM. voilà le maréchal de Biron, que je présente volontiers à mes amis et à mes ennemis ». *Péref.* 2 *part.*

printemps suivant en Bretagne, où les rebelles se sentant éloignés de la vue du Souverain, perpétuoient impunément le désordre et la désobéissance. Le duc de Mercœur qui étoit à leur tête, n'osoit pourtant favoriser publiquement la révolte; au contraire, les lettres qu'il écrivoit au Roi n'étoient remplies que de témoignages apparens de soumission, et il ne s'étudioit depuis deux ans qu'à l'amuser par de feintes propositions, dont il sçavoit toujours éluder l'accomplissement. Le Roi de son côté avoit toujours pris le parti de dissimuler avec le Duc, et s'étoit contenté jusques-là de tendre les bras aux officiers de cette province, qui, rebutés des longueurs de Mercœur, s'étoient adressés directement à sa Majesté; mais enfin ce Prince jugea qu'il étoit temps d'aller attaquer ce sujet rebelle jusques chez lui (*). C'est à quoi nous nous occupâmes le plus secrétement qu'il fut possible pendant cet hiver.

Il eût été inutile de l'entreprendre, sans un corps de douze cent hommes d'infanterie, de deux mille de cavalerie, et une artillerie de douze

---

(*) Un des amis du duc de Mercœur, lui ayant demandé un jour, s'il songeoit à se faire duc de Bretagne, il lui répondit: « Je ne sçais pas si c'est un songe, mais il y a » plus de dix ans qu'il dure ». La duchesse de Mercœur avoit pour aïeule Charlotte, héritiere de la maison de Ponthievre, dont les droits prétendus sur le duché de Bretagne étoient apparemment le fondement de ceux du duc de Mercœur.

canons au moins, et ces troupes ne pouvoient être prises sur les six mille fantassins, et les douze cent chevaux que le Roi avoit jugés nécessaires à la défense de la frontiere de Picardie, et qu'il avoit commis à la garde du connétable, aidé des conseils de MM. de Bellievre, de Villeroi et de Sillery. Il falloit encore retrouver des fonds nouveaux pour tous les gens de guerre. Il n'étoit plus guères possible d'augmenter les impôts, autrement qu'en s'attachant à en diminuer les frais de perception ; ce qui est une augmentation très-réelle, du moins pour le Roi. Je m'appliquai avec cela à ramasser toutes les dettes restées en arriere, et à rétablir les parties égarées, à quoi je joignis quelques nouvelles levées, mais en petit nombre et peu gênantes.

Sans ces secours, le Roi auroit été obligé d'entendre à la paix, et elle ne pouvoit se faire alors, que d'une maniere fort avantageuse pour l'Espagne. Le pape Clément VIII la désiroit ardemment. Dès long-temps avant la campagne de Picardie, il avoit envoyé le cardinal de Florence, son neveu, en qualité de légat, la proposer au Roi, pendant que Calatagironne (1), patriarche de Constantinople (2), prenoit par ordre de sa Sain-

―――――

(1) Le P. Bonaventure de Calatagironne, général de l'ordre de Saint-François.

(2) Alexandre de Médicis.

teté, la route d'Espagne, à même fin. Le commencement de la négociation n'avoit pas été heureux. Le Roi, plus irrité qu'abattu par l'invasion d'Amiens, s'étoit contenté de répondre fièrement au cardinal de Florence, qu'il remettoit à l'écouter, après qu'il auroit repris cette place. Le roi d'Espagne de son côté, quoiqu'il n'eût vu recommencer la guerre qu'avec chagrin, avoit fondé de grandes espérances sur ses succès en Flandre, et en particulier sur la surprise de la ville d'Amiens, dont la possession pouvoit lui attirer celle de tout le pays voisin de l'Oise jusqu'à la Seine.

Les expéditions de la campagne, plus favorables à la France, rapprocherent l'un et l'autre d'un raccommodement. Philippe connoissoit Henri pour un Prince avec lequel il étoit aussi difficile de garder ses avantages, que d'y en joindre de nouveaux. D'ailleurs, il avoit dès-lors un pressentiment qu'il ne releveroit pas de la maladie dont il se sentoit attaqué. Cette vue le ramenoit sur le malheur de laisser en mourant le Prince son fils aux prises avec un ennemi tel que le roi de France. Il prêta l'oreille aux conseils de Calatagironne, qui ne se fut pas plutôt assuré de ses dispositions, qu'il revint à Rome en informer le Pape, et en fut de nouveau député en France, pour instruire de ses succès le cardinal de Florence, et travailler de concert avec lui.

Ces deux éminences reprirent donc leurs premieres sollicitations auprès de Henri, et lui disoient souvent que la paix ne dépendoit plus en quelque maniere que de lui. Le Roi, qui étoit détrompé à son tour des grandes et flatteuses idées, dont il s'étoit rempli sur la foi de ses courtisans, les vit revenir avec plaisir, quoiqu'il se fît beaucoup rechercher. Enfin, il déclara aux deux négociateurs qu'il ne s'opposoit point à la paix ; mais à condition que l'Espagne lui rendroit tout ce qu'elle possédoit dans ses Etats. Les légats lui laisserent entrevoir qu'il pouvoit l'obtenir, et le Roi leur répondit, que sur ce plan il consentoit qu'ils traitassent et conclussent avec les trois ministres qu'il avoit laissés en Picardie, auxquels il les adressa ; pendant que pour ne pas perdre les armemens qu'il avoit faits, ni consumer en pourparlers un temps précieux, il partit pour la Bretagne.

On étoit au commencement de Mars. Le Roi prit sa route par Angers, et ordonna à son armée de le suivre à petites journées. Il consentit que son conseil suivît aussi, mais après qu'il auroit fait tous les arrangemens nécessaires pour qu'il ne manquât rien, soit à l'armée de Bretagne, soit aux troupes et aux commissaires de la paix en Picardie. Comme j'en avois l'absolue direction, et que rien ne me traversoit, je mis en peu de temps les choses au point que je crus pouvoir sans crainte aller joindre sa Majesté. Je m'attendois à la trouver déjà fort avant dans la Bretagne ; et ce ne fut pas sans une grande surprise, que j'appris en approchant d'Angers, que le Roi n'avoit pas encore passé cette ville. Le duc de Mercœur étoit perdu sans ressource, sans le service que lui rendirent en cette occasion les duchesses de Mercœur (1) et de Martigues (2). Elles commencerent par obtenir, par le moyen de la Marquise de Monceaux, un passe-port pour venir trouver le Roi à Angers (3). Lorsqu'elles y furent arrivées, elles acheverent de mettre la maîtresse du Roi dans leur parti. La duchesse de Mercœur (4) lui offrit sa fille unique, pour en disposer en faveur de celui que sa Majesté jugeroit à propos ; et sous main elle lui donna à entendre qu'il ne tiendroit qu'à elle de marier cette riche héritiere avec César, son fils (5).

(1) Marie de Luxembourg, fille de Sébastien de Luxembourg, duc de Ponthievre, et vicomte de Martigues, femme de Philippe-Emmanuel de Lorraine, duc de Mercœur.

(2) Marie de Beaucaire, fille de Jean, seigneur de Pequillon, veuve de Sébastien de Luxembourg, mere de la duchesse de Mercœur.

(3) Elles y avoient devancé le Roi ; mais on leur en avoit refusé l'entrée. Elles se retirerent au Pont-de-Cé, jusqu'à ce que le Roi fût venu à Angers.

(4) Françoise de Lorraine.

(5) « Les fiançailles furent célébrées à Angers, avec la

Cette alliance flattoit si agréablement la marquise de Monceaux, que dès ce moment regardant l'affaire du duc de Mercœur comme la sienne propre, elle s'y employa avec ardeur, tandis que les deux Duchesses mettoient en usage de leur côté toutes les soumissions, les promesses et les larmes qu'elles croyoient capables d'attendrir un Prince, connu par sa complaisance et son penchant pour les Dames. Henri se laissa désarmer, et ne se souvint plus de châtier le duc de Mercœur.

Je n'eus pas plutôt mis pied à terre dans Angers, que j'allai saluer le Roi. Ce Prince, qui, dès ma premiere parole, et à l'air seul de mon visage, comprit tout ce que j'avois dans l'esprit, m'embrassa étroitement, et me pressant de ses deux bras la tête contre sa poitrine : « Mon ami, » me dit-il, soyez le bien-venu. Je suis très-aise de » vous voir ici; car j'y avois bien affaire de vous. » Et moi, Sire », lui répondis-je, incapable de ces lâches ménagemens que la flatterie inspire, « et moi je suis très-fâché de vous y trouver » encore. Il y a si long-temps que nous nous con- » noissons, reprit ce Prince, en m'interrompant, » que nous nous entendons à demi-mot l'un et » l'autre. Je me doute déjà de ce que vous m'allez

---

» même magnificence que si c'eût été d'un fils de France » légitime. Il n'avoit que quatre ans, et la fille six ». *Péref.* 2 *part.*

» dire ; mais si vous sçaviez ce qui se passe, et
» combien j'ai déjà avancé les choses, vous chan-
» geriez d'opinion ». Je repliquai que quels que
fussent les avantages dont il me parloit, il les
auroit tous obtenus ; et de plus considérables mille
fois, si au lieu de s'arrêter à Angers, il se fût
présenté devant Nantes, à la tête de son armée.
Le Roi chercha à se disculper sur le manque d'instrumens propres à faire le siege de cette ville. Je
répartis qu'il n'en auroit pas été besoin, parce que
Nantes l'auroit prévenu par une reddition volontaire, et peut-être auroit livré le duc de Mercœur (*) entre ses mains. Il y avoit plus que de
l'apparence, sur-tout à l'égard du premier, que
la chose seroit arrivée comme je le disois, et le
Roi en convint. « Je ne reconnois point ici,
» ajoutai-je après cet aveu, mon brave Roi ;
» mais je me tais, parce que je vois bien ce qui
» vous a retenu ». Je ne craignois point avec ce
Prince les effets d'une trop grande sincérité. Il
m'avoua tout avec un peu de confusion, et en s'en
prenant à sa pitié naturelle pour ceux qui s'humi-

(*) Tous les Historiens conviennent que Henri IV étoit
en état de faire repentir le duc de Mercœur de sa désobéissance. Il ne voulut jamais permettre que le duc envoyât
à Vervins quelqu'un de sa part, et il protesta qu'il souffriroit plutôt éternellement la guerre, que de consentir
qu'un de ses sujets parût traiter ainsi en Prince étranger
avec lui.

lioient,

lioient, et à la crainte de désobliger sa maîtresse.

Nous ne nous entretînmes plus après cela que de nouvelles. Sa Majesté venoit de recevoir des lettres de la reine d'Angleterre, par lesquelles elle lui donnoit avis de l'envoi qu'elle lui faisoit d'un ambassadeur, pour le porter, comme on le conjecturoit avec beaucoup de vraisemblance, à continuer la guerre. D'autres lettres de Belliévre et de Sillery, lui apprirent que les légats offroient de la part de l'Espagne de rendre toutes les villes de France prises pendant la guerre, à l'exception de Cambrai. Le passage du Roi en Bretagne avec des troupes, sans pour cela désarmer en Picardie, avoit extrêmement surpris l'Espagne, et satisfait la cour de Londres, toujours attachée à abaisser la grandeur de cette couronne. Je conseillai à Henri de ne pas manquer la paix pour une seule ville, et de se contenter d'avoir mis l'ennemi hors de la Picardie et de la Bretagne.

Cette derniere province, qui soupiroit depuis long-temps après la tranquillité, sentoit tout ce qu'elle devoit à sa Majesté, dont la présence, à la tête d'une armée, pouvoit seule lui procurer ce bien. Le parti de Mercœur devenoit celui du Roi, les Espagnols n'étoient pas en état de tenir long-temps contre leurs troupes réunies.

Blavet (*) et Douarnenès, les deux endroits où ils étoient cantonnés en plus grand nombre, ne pouvoient manquer de subir bientôt le sort commun, et quelques jours suffisoient pour purger entiérement la province de tous les ennemis étrangers. Elle avoit résolu d'assembler ses Etats, afin de témoigner sa reconnoissance au Roi, en lui accordant une subvention considérable. Sa Majesté m'ordonna de continuer ma route en Bretagne, où en attendant qu'elle y fût arrivée elle-même, je ferois faire la montre aux troupes, et les logerois dans les casernes, aux environs de Rennes et de Vitré, avec des ordres étroits d'y observer une exacte discipline ; qu'ensuite je me rendrois à Rennes pour tenir la place de sa Majesté dans les Etats, y hâter les délibérations des sommes promises, et prêter main-forte à en faciliter la levée. Pour Henri, il ne fut pas fâché de passer encore quelques jours à Angers, et il se servit du prétexte qu'il manquoit encore quelque chose au traité du duc de Mercœur.

Je ne pouvois sçavoir mauvais gré à la duchesse de Mercœur d'avoir cherché à se faire accorder des conditions favorables ; cependant j'avois un si grand ressentiment contre elle, de ce que le Roi

---

(*) Blavet, aujourd'hui le Port-Louis, dans l'évêché de Vannes. Douarnenès, autre port et rade dans l'évêché de Quimper.

avoit été la dupe de ses caresses, que je serois parti d'Angers sans la voir, si le Roi ne m'y avoit pas obligé, quoique je fusse allié de cette Dame, par le même côté que j'avois l'honneur de l'être à la maison royale, c'est-à-dire, par la maison de Luxembourg (*).

Il me remontra que si ce motif, avec celui de la politesse françoise, ne me suffisoit pas pour me faire faire cette démarche, la duchesse de Mercœur le méritoit par ses sentimens pour moi, que la connoissance de mes intentions n'avoit pas été capable d'altérer. Effectivement je fus reçu d'elle et de Madame de Martigues, avec une distinction et des égards infinis. Après quelques reproches doux et obligeans, d'avoir cherché à ruiner elle et sa fille, ma petite parente, Madame de Mercœur me dit qu'elle n'avoit rien tant desiré que de pouvoir remettre entre mes mains les intérêts du Duc son mari, pour achever son traité avec le Roi, de la manière dont je l'aurois jugé à propos. Je répondis à la Duchesse, que présentement que mon respect et mon attachement pour elle n'étoient plus arrêtés par le service du Roi, qui fermoit mon cœur à toute autre considération, elle éprouveroit qu'il n'y avoit personne plus disposée à la servir que moi.

(*) Jeanne de Béthune, fille de Robert sixieme, aïeul de M. de Sully, épousa Jean de Luxembourg.

Je vins coucher ce même soir à Château-Gontier (*), et le lendemain à Vitré. Je voyois trop de quelle importance il étoit de mettre une extrême police dans les logemens des gens de guerre, pour rien négliger à cet égard. MM. de Salignac et de Mouy, maréchaux de camp, me furent d'un grand secours. Le calme fut si bien rétabli dans tout ce canton, que les paysans, qui s'étoient d'abord très-retranchés dans les bois, où ils étoient prêts d'en venir aux mains à chaque moment, retournerent dans leurs maisons, et la ville de Rennes crut m'en devoir un remerciement. Elle me fit préparer, pour le séjour que j'allois faire en cette ville pendant la tenue des Etats, un très-bel appartement chez Mademoiselle de la Riviere. C'étoit une femme spirituelle, enjouée et galante, et qui, cherchant les plaisirs pour elle-même, n'en étoit que plus propre à la commission dont elle s'étoit chargée, de me faire goûter tous ceux qu'on trouve ordinairement dans des villes aussi opulentes et aussi polies que Rennes.

Le ministere, s'il ressembloit en tout au temps que je passai dans cette ville, et qui fut d'environ six semaines, auroit réellement toutes les douceurs qu'on lui attribue si faussement. Je n'avois d'autre occupation que d'assister aux Etats, qui se

---

(*) Dans l'Anjou.

prêterent, avec toute la gratitude possible, au service qu'il s'agissoit de rendre au Roi, et lui accorderent, sans opposition, huit cent mille écus, dont cent le premier mois, autant le second, et deux cent chaque mois ensuite, jusqu'à fin de paiement. On créa pour cette somme un impôt de quatre écus par pipe de vin. Les Etats voulurent y en joindre une de six mille écus pour me faire un présent. Je n'examinai point si cette occasion étoit de celles où je pouvois l'accepter sans conséquence, je le refusai. Le Roi, à qui l'on exagéra cette prétendue générosité, et qui donnoit luimême à ma conduite dans les Etats, beaucoup plus de louanges qu'elle n'en méritoit, voulut se charger de mon présent ; et au lieu de six mille écus, il m'en donna dix mille. Je n'avois point encore reçu de don aussi considérable de sa Majesté depuis vingt-six ans que j'étois à son service. Il se fit en cette occasion, comme un combat d'honneur entre le Roi et la province de Bretagne, qui obtint que ces dix mille écus seroient encore ajoutés aux huit cent mille qu'elle lui offroit.

Le traité avec le duc de Mercœur étant consommé, le Roi l'envoya pour être enregistré à la Chambre des Comptes de Rennes. Comme il y avoit dans ce traité quelques articles secrets sur lesquels il n'étoit rien énoncé, cette cour se crut en droit de ne point l'enregistrer, sans certaines modifications, par rapport à ces articles. Henri, qui connoissoit mieux qu'aucun Prince l'étendue du pouvoir des cours souveraines, et qui s'étoit toujours montré fort éloigné d'y donner la moindre atteinte, sentit ce refus aussi vivement qu'il le devoit, et m'adressa avec les dépêches que je recevois réglément chaque jour de sa part, une lettre de jussion pour la Chambre des Comptes. Il y marquoit à cette cour, qu'elle n'avoit pas dû ignorer que pour les traités et actes où il ne s'agit purement que de la guerre, ou de la personne du Roi, le Souverain en France ne prend conseil de personne, et ne demande l'enregistrement de ses lettres que comme une formalité d'ailleurs peu essentielle. Il taxoit de téméraire la conduite de ce conseil, et lui ordonnoit de réparer sa désobéissance par une soumission pure et simple.

Le Roi ne montra pas moins de fermeté dans une autre occasion, où il s'agissoit encore des cours souveraines. Ces corps prétendirent ne fournir d'abord que la moitié de la somme à laquelle ils avoient été taxés par les Etats pour leur contingent, et prendre des termes commodes et reculés pour en achever le paiement. Ils avoient fait les mêmes difficultés, pour leur part des contributions nécessaires à l'entretien des gens de guerre, qu'eux-mêmes avoient demandés. Henri comprit aisément qu'ils n'avoient recours à cet artifice que pour ne plus rien contribuer, si-tôt qu'ils l'auroient vu sortir de la province, et me manda qu'il entendoit qu'ils fournissent aussi leur taxe en entier, ce qui fut exécuté. Leur murmure, au sujet du paiement des troupes, cessa, lorsqu'ils eurent reconnu que de cette régularité dépendoit la tranquillité de leur province, et ils furent ensuite les premiers à approuver ma conduite.

Ces différens ordres me furent adressés de Nantes, où le Roi s'étoit avancé après la confection du traité du duc de Mercœur, pour y vaquer à deux affaires importantes, l'édit pour les réformés, et la réception des ambassadeurs d'Angleterre et de Hollande. Ce Prince, qui croyoit sa présence nécessaire en Picardie pour l'avancement de la paix, dont les négociations continuoient avec le même succès, comptoit s'y acheminer de Nantes dans un mois, sans faire le voyage de Rennes, qu'il regardoit comme inutile, et il avoit déjà donné les ordres pour se faire précéder par les cinq régimens de Navarre, Piémont, Isle de France, Boniface et Bréauté, qu'il tiroit de la Bretagne, pour en fortifier la frontiere de Flandre. Sa Majesté m'ayant fait part de ce dessein, je lui représentai au sujet de ces régimens, que les apparences de la paix étant converties en certitude, il devoit songer à réformer une partie de ses gens de guerre, et à diminuer le nombre de ses garnisons, comme une charge trop pesante pour le royaume, qu'il suffisoit donc de deux de ces régimens en Picardie. En effet, les deux premiers y furent seuls envoyés, sous la conduite du maréchal de Brissac. J'insistai de même sur la nécessité où étoit sa Majesté de se montrer du moins dans la capitale de la Bretagne, en sorte que changeant son projet, le Roi résolut de venir y passer quelques jours avant que de s'en retourner à Paris, et d'expédier pour cet effet, le plus promptement qu'il seroit possible, les deux affaires qui le retenoient à Nantes.

Il étoit devenu plus nécessaire que jamais de régler celle qui regardoit les Protestans. Ce corps prenoit en France une si grande licence, que le Roi même n'étoit pas à couvert de ses emportemens et de sa malignité. Les remontrances que sa Majesté avoit faites aux auteurs du complot dont il vient d'être parlé, loin de les faire rentrer dans leur devoir, sembloient n'avoir servi, au contraire, qu'à leur faire faire les derniers efforts pour porter tout le parti Protestant à prendre dans ses différens Synodes (*), la plus violente résolution. Madame de Rohan n'avoit pas trouvé au-dessous d'elle de briguer, auprès des particuliers, pour y

___

(*) A Saumur, à Loudun, à Vendôme, à Châtellerault; et nous en avons parlé ci-devant à l'occasion des cabales du parti Protestant pendant le siege d'Amiens.

faire agréer, à la pluralité des voix, qu'on prît les armes, et qu'on forçât le Roi à recevoir les conditions qu'on prétendoit lui prescrire ; en quoi elle avoit été merveilleusement secondée par d'Aubigné, connu par sa langue médisante et satyrique (1). C'est lui qui avoit osé soutenir dans ces assemblées qu'on ne devoit plus prendre aucune confiance en un Prince qui avoit abjuré, avec sa religion, tout sentiment d'affection, de bonne volonté et de reconnoissance pour les Calvinistes ; que la nécessité seule forçoit encore à avoir recours à eux, et à les ménager ; qu'après cela il ne se soucieroit plus de rien faire pour leurs consciences, leurs vies et leur liberté ; que la paix, sur le point d'être conclue avec l'Espagne, alloit attirer sur tout le parti les dernieres miseres, parce que le seul motif qui portoit Henri à la faire, étoit de s'unir ensuite avec cette couronne et le Pape, pour les sacrifier à leurs ressentimens communs ; qu'il ne restoit donc plus qu'à profiter de l'embarras du Roi pendant un siege pénible (2), de la disette d'argent où il étoit, du besoin qu'il avoit d'eux, et du pouvoir qu'exerçoit encore le duc de Mercœur en Bretagne, pour obtenir, par

———

(1) On le croit l'auteur de la confession de Sancy, des aventures du baron de Fœneste et autres libelles.

(2) Le siege d'Amiens.

la force, ce que Henri refuseroit ensuite de leur accorder.

Pour mieux soulever ces assemblées, on se croyoit permises les plus noires calomnies. D'Aubigné ne rougissoit point d'y représenter Henri comme un Prince indifférent à toutes les religions (1), et passionné pour celle qui lui assuroit un trône (2); voilà l'idée qu'il vouloit qu'on eût de sa conversion. Les torts prétendus faits aux Protestans ne laissoient point douter, selon lui, du nouveau systême de politique que Henri s'étoit formé. Ces torts ouvroient un vaste champ à d'Aubigné : le moindre y étoit traduit sous le nom de l'outrage le plus marqué, et de la plus insigne perfidie ; et on y mettoit, sans la moindre justice, sur le compte du Roi, tout ce qui partoit du seul parti catholique ou de la cour de Rome. Le duc de Bouillon laissant aux autres les

---

(1) M. de Sully est fort louable de sacrifier à l'amour de la vérité tout intérêt et toute considération de parti, comme il le fait ici, et en mille autres endroits de ses Mémoires, sur-tout étant aussi fortement attaché à sa religion, qu'il a toujours montré l'être ; mais il donne en tous ces endroits des armes bien fortes contre lui-même, et après une pareille exposition des desseins et de l'esprit par lequel le corps des Réformés se conduisoit en France, il n'y a personne qui ne convienne que l'Etat en devoit tout appréhender.

(2) « Il y a trois choses, disoit Henri IV, que le monde » ne veut croire, et toutefois elles sont vraies et bien cer- » taines ; que la reine d'Angleterre est morte fille ; que » l'Archiduc est un grand capitaine, et que le roi de France » est fort bon Catholique ». *Journal de l'Etoile, page* 233.

paroles, appuyoit d'Aubigné, par son adresse singuliere à jetter de la division entre le Roi et tous ceux qui l'approchoient, Catholiques ou Protestans, et à lui susciter assez d'affaires pour qu'il ne pût de long temps se tourner contre lui. La prise de Mende (1) par Fosseuse, et l'équipée du comte d'Auvergne, étoient le fruit de ses conseils.

Toutes ces personnes ne s'oublierent pas auprès des ambassadeurs Anglois et Hollandois, si-tôt qu'ils les virent arrivés à Nantes; et ils comptoient d'autant plus sûrement les entraîner dans leurs vues, qu'on n'ignoroit pas qu'il leur étoit recommandé sur toutes choses d'empêcher la paix avec l'Espagne. Ces ambassadeurs étoient milord Cécile (2), secretaire de la reine Elisabeth, et Justin de Nassau, amiral de la république. Ils envoyerent demander au Roi une audience dans laquelle ils pussent conférer seuls avec sa Majesté, ou du moins n'ayant avec elle que Loménie et moi. Je ne pus pas m'y trouver, étant occupé à Rennes.

Si les deux ambassadeurs en avoient cru les Protestans, ils n'auroient cherché qu'à intimider le Roi, et à le forcer par menaces à se prêter à

(1) Dans le Gévaudan.

(2) Ce n'est pas ce secretaire lui-même qui s'appelloit Guillaume, mais Robert son fils. *De Thou, liv.* 120. Voyez aussi la Chronologie Septénaire, *année* 1598, sur cet entretien de Henri IV avec les ambassadeurs Anglois et Hollandois.

tous leurs desseins ; mais soit que cela ne fût point en leur pouvoir, ou qu'ayant reconnu l'injustice des réformés, ils regardassent comme indigne d'eux, d'épouser leurs passions, ils ne dirent rien au Roi de ce que ceux-ci leur avoient suggéré. Ils avoient d'ailleurs des offres à faire, bien plus capables de séduire un Prince, dont on connoissoit le penchant pour la guerre. L'ambassadeur Anglois offrit, de la part de la Reine sa maîtresse, six mille hommes d'infanterie et cinq cent de cavalerie, exactement entretenus et soudoyés, et Nassau quatre mille hommes de pied, avec une artillerie nombreuse, fournie et servie de tout point ; outre un secours particulier qu'on laissoit entrevoir, qui seroit considérable, si Henri vouloit s'attacher à reprendre Calais et Ardres. Supposé que le Roi se fût montré touché de ces offres, les deux ambassadeurs avoient ordre de conclure, à l'heure même, un traité d'alliance de l'Angleterre et des Pays-Bas avec la France contre l'Espagne, et de ne pas oublier d'y stipuler, que l'une des trois puissances ne pourroit entendre à aucune treve, ni traité avec l'ennemi commun, que du consentement des deux autres.

Heureusement le Roi évita ce piege, et la considération de l'état présent de son royaume l'emporta sur toutes les autres. Ce Prince, en remerciant les ambassadeurs, ce qu'il fit de la maniere la plus polie, commença par les assurer, que pour avoir refusé l'offre de leurs Souverains, il ne se départoit point de l'amitié qui l'unissoit à eux depuis si long-temps, et que la paix qu'il alloit conclure avec l'Espagne (car il ne leur cacha point en quels termes il en étoit avec Philippe), ne l'empêcheroit pas d'entretenir avec eux la même correspondance qu'auparavant, ni de leur donner les mêmes secours d'argent dans leurs besoins, avec la seule précaution que ces prêts paroîtroient être faits à titre d'acquits de dettes, pour ne point donner de sujet de rupture à l'Espagne.

Il leur déduisit ensuite avec la même sincérité tous les motifs qu'il avoit de finir la guerre. Son royaume, ainsi qu'il le leur représenta, n'étoit pas, comme l'Angleterre et la Hollande, muni d'une barriere naturelle, contre les attaques de ses voisins, mais ouvert de tous côtés; ses places sans fortifications ni munitions, sa marine foible, ses provinces désolées, et même en partie réduites en désert. Il passa à une description plus particuliere des abus et des malheurs du gouvernement. La licence des guerres civiles, jointes aux guerres étrangéres, y avoit détruit toute subordination. Son pouvoir y étoit encore incertain et chancelant, et l'autorité royale n'y étoit pas plus respectée que les loix les plus sacrées de l'Etat. Pour peu qu'on tardât à apporter à ces maux le remede que la paix pouvoit seule offrir, la France faisoit vers sa ruine peut-être les derniers pas, et sans que nul secours humain y pût après cela arrêter un mal qui seroit parvenu jusqu'au cœur. Henri n'oublioit pas à fortifier chacun de ces motifs, par la comparaison de sa situation présente, à chacun de ces égards, avec celle où se trouvoient l'Angleterre et la Hollande, dont le repos et l'intérêt s'accommodoient également bien d'une guerre qui faisoit leur plus grande sûreté, et c'étoit avec tant de netteté et de jugement, et une si parfaite connoissance des affaires de ces différens états, que Henri faisoit ce parallele, qui rendoit la chose palpable, et que les deux étrangers ne trouvant rien à repliquer, se regardoient l'un l'autre avec le dernier étonnement. Il leur fit entendre qu'il n'alloit s'occuper à rétablir les affaires de son royaume, que pour revenir après, avec plus d'espérance de succès, à son premier projet contre l'Empire et la maison d'Autriche; mais que ces deux entreprises n'étoient pas de nature à pouvoir marcher ensemble. Les deux ministres crurent devoir, pour la forme, combattre la résolution de sa Majesté : mais ce fut si foiblement, comme ayant été eux-mêmes frappés de la vérité, qu'avant que cet entretien finît, le Roi les amena à tous ses sentimens, et leur fit avouer que la paix qu'il alloit faire, étoit le bien de toute l'Europe. Ils repasserent la mer presqu'aussi-tôt après, et remplirent les pays étrangers de l'opinion avantageuse qu'ils avoient conçue de la capacité et de la sagesse du Roi de France.

En effet, quel déluge de maux ce Prince n'alloit-il pas attirer sur son royaume, si écoutant plus le dépit et la vengeance, que le conseil et la prudence, il eût en ce moment commencé une guerre qu'il ne dépendoit plus de lui d'éteindre ? Quelle idée s'offre à l'esprit, si la fortune, qui tient en ses mains les événemens de la guerre, l'eût rendue malheureuse pour la France ? Et même en la supposant heureuse, peut-on imaginer rien de si déplorable, que des succès qu'un Prince achete par l'aliénation de ses domaines, par l'anticipation et l'engagement de tous ses revenus, par la ruine de son commerce, par le dépérissement de l'agriculture et du pâturage, qui sont les deux mammelles de la France, enfin par l'épuisement et la dévastation de ses provinces ? Qu'avez-vous à mettre dans la balance vis-à-vis de si grands malheurs ? Des conquêtes dont la possession forcée renouvelle vos allarmes à tous les instans, et qui demeurant comme autant de monumens odieux qui rappellent à votre ennemi l'ambition et les offenses de celui qui les a faites, deviennent pour la suite un germe d'envie, de défiance, de haine qui replonge tôt ou tard dans toutes ces mêmes horreurs, dont l'intérieur d'un royaume gémit encore. Je ne crains point de dire par cette raison, qu'il est presque également triste pour les Princes de l'Europe, dans l'état où elle se trouve aujourd'hui, de réussir, ou d'échouer dans leurs entreprises; et que le véritable moyen d'affoiblir un voisin puissant, n'est pas de se charger de ses dépouilles, mais de les laisser partager aux autres.

Toute l'arrogance de la cabale protestante tomba lorsqu'elle vit que les ambassadeurs, sur lesquels elle avoit fait tant de fond, étoient entrés dans tous les sentimens du Roi. Elle jugea que la paix alloit suivre de près cet événement, et ne songea plus qu'à en jouir elle-même à des conditions raisonnables; heureuse, dans une conjoncture très-propre à la châtier de ses mauvais procédés, d'avoir affaire à un Prince, dans lequel la raison se rendît toujours la maîtresse du ressentiment. On travailla donc de part et d'autre à la composition de cet accord fameux, sous le nom d'*édit de Nantes*, par lequel les droits des deux religions alloient être aussi solidement établis dans la suite, que nettement éclaircis. Schomberg, le président de Thou, Jeannin et Calignon furent chargés de le dresser. Je n'en dirai rien davantage, sinon que moyennant cet édit, les Calvinistes François, qui jusques-là n'avoient subsisté que par des treves reprises et continuées, se virent enfin un état fixe et durable (*). Il restoit à faire vérifier

(*) L'édit de Nantes fut signé le 13 Avril. De Thou dit

et autoriser ce traité par les Parlemens et les Cours souveraines, à commencer par celles de Paris : ce qui fut remis après le retour du Roi en cette ville.

Ayant satisfait dans la plus exacte justice à ce qu'il devoit aux Réformés, Henri crut qu'il ne devoit plus si fort ménager les mutins (*) de ce corps, et en particulier le duc de Bouillon, qui avoit le plus de reproches à se faire; et il se disposa à lui parler une fois en maître. Il venoit d'en acquérir le droit, quand même sa qualité de Roi ne le lui auroit pas donné. Il attendit pour le faire qu'il fût arrivé à Rennes, dont il prit la route sans tarder. Le duc de Bouillon étoit logé chez l'Alloué, où sa goutte le retenoit au lit. Sa Majesté s'y transporta, comme pour lui rendre visite; et après le premier compliment,

que la vérification en fut remise après le départ du légat qu'on ne vouloit pas renvoyer mécontent. Ce que cet édit a de plus favorable aux Calvinistes, que ceux qui leur avoient été accordés précédemment, c'est qu'on les admet aux charges de judicature et de finance. Tout le reste n'a rien d'essentiellement différent de l'édit de pacification de 1577. Bayle fait honneur au ministre Chamier, de la composition de l'édit de Nantes. Voyez-le dans Mathieu, *tome* 2. *liv.* 2, et plusieurs autres Historiens. Il y eut aussi quelques articles secrets dont le plus désavantageux pour les Calvinistes, est celui qui leur défend l'exercice de leur religion, dans plusieurs villes et territoires, comme Reims, Soissons, Dijon, Sens, &c. parce que Henri IV s'y étoit engagé par ses traités particuliers avec les différens seigneurs de la Ligue.

(*) Le Grain rapporte un bon mot de Henri IV. Un jour que les Protestans l'importunoient de leurs demandes; « Adressez-vous à ma sœur, leur dit-il, car votre état est » tombé en quenouille ».

ayant fait sortir tout le monde de la chambre du malade, il lui dit d'écouter, sans l'interrompre, tout ce qu'il avoit à lui dire, et commença par le détail de toutes ses différentes manœuvres, afin de lui faire voir qu'il n'en ignoroit aucune. Il s'arrêta principalement sur quelques démarches du Duc, d'autant plus criminelles, qu'il les avoit faites depuis l'édit de Nantes, qui devoit lui avoir interdit toute pensée de se soulever contre un Prince qui se prêtoit si généreusement à sa satisfaction. Le Duc voulut prendre la parole pour s'excuser; mais il fut arrêté par sa Majesté, qui lui dit que sans autre justification, de ce jour elle oublioit tout le passé, et qu'après avoir pardonné tout ce que la malice la plus noire avoit pu suggérer à ses ennemis, elle n'avoit garde d'exclure de ses graces un ancien serviteur dont elle avoit été long-temps satisfaite : mais ensuite le Roi avertit le Duc, en prenant ce ton d'autorité, qui lui siéoit d'autant mieux, qu'il le prenoit plus rarement, de profiter du conseil qu'il vouloit bien lui donner, comme son ami, de ne se souvenir de sa conduite passée, que pour en prendre une directement opposée; parce que s'il arrivoit qu'il se laissât encore aller à manquer de respect pour son Roi et son maître, il étoit résolu, pour l'en punir, d'user de toute la facilité que la pacification de son royaume lui en laissoit. Après quoi, ce Prince, sans vouloir entendre les réponses du Duc, sortit et l'abandonna à ses réflexions.

Les Bretons furent charmés de l'affabilité de leur Roi et de sa complaisance à se trouver à toutes les fêtes, dont les Dames s'empressoient à l'envi de le régaler. Henri partageoit son temps entre les assemblées de ces Dames, les courses de bague, les ballets et le jeu de paume, sans cesser son assiduité auprès de la marquise de Monceaux, qui étoit fort avancée dans sa grossesse.

Au milieu de tous ces plaisirs, il y avoit des momens où le Roi me paroissoit si rêveur, que je devinai sans peine, qu'il se livroit à quelque secret sentiment qui l'inquiétoit. J'en doutai encore moins lorsque sa Majesté, qui prenoit aussi de temps en temps le divertissement de la chasse, m'ordonna deux fois de l'y suivre, pour m'entretenir à l'écart; et cependant ne me parla de rien. Je me rappellai que la même chose étoit arrivée à Saint-Germain et à Angers; et j'en conclus, qu'il étoit question de quelque dessein, sur lequel Henri sentoit quelque répugnance à s'expliquer avec moi, connoissant avec quelle franchise j'osois quelquefois combattre ses sentimens: mais je ne pouvois deviner quel étoit ce dessein. Au sortir de la visite au duc de Bouillon, dont je viens de parler, le Roi étant au bas de l'escalier, d'où il me vit entrer dans la cour, m'appella, et s'écri-

fait ouvrir un fort beau et grand jardin, il y entra en me tenant par la main, les doigts entrelacés dans les siens, selon sa coutume; il fit refermer la porte sur lui, et défendit qu'on y laissât entrer personne.

Ce début me préparoit à quelque grande confidence. Henri n'y vint pas tout d'abord. Il commença, comme pour se rassurer lui-même, à me parler de ce qui venoit de se passer entre lui et le duc de Bouillon. Ce discours fut suivi des nouvelles des négociations de Vervins, et l'amena insensiblement sur les avantages qu'un gouvernement tranquille alloit procurer à la France. Une seule chose faisoit de la peine au Roi, disoit-il, c'est que n'ayant point d'enfans de la Reine son épouse, en vain il alloit se donner tant de peine à pacifier son royaume, puisqu'après sa mort il ne pouvoit manquer de retomber dans ses premieres calamités, par les disputes entre le prince de Condé et les autres Princes du sang, sur la succession à la couronne. Sa Majesté m'avoua, que cette raison lui faisoit souhaiter ardemment de laisser des enfans mâles, sortis de lui. La dissolution de son mariage avec la princesse Marguerite, étoit un point, sans lequel ce contentement étoit absolument interdit à ce Prince : mais la facilité que l'archevêque d'Urbin, et MM. du Perron, d'Ossat et de Marguemont, ses députés à Rome, lui avoient mandé qu'ils trouvoient à cet égard auprès du Pape, donnoient de grandes espérances pour la réussite. En effet, Clément VIII, aussi bon politique qu'aucun Prince de l'Europe, songeant aux moyens d'empêcher la France et les autres royaumes de la chrétienté, de retomber dans la confusion d'où l'on étoit à peine sorti, n'en trouvoit point de meilleur, que d'assurer la succession de France, en autorisant Henri à s'engager dans un second mariage, qui pût lui donner des enfans mâles.

Notre conversation s'étant fixée sur ce chapitre, il me fut aisé d'appercevoir, que c'étoit de-là précisément que partoit l'inquiétude de sa Majesté; mais je ne pus sçavoir encore si-tôt quel en étoit le véritable sujet. Le Roi commença à examiner avec moi, sur quelle princesse de l'Europe il pourroit jetter les yeux, pour en faire son épouse, en supposant son mariage avec Marguerite de Valois, dissous. Mais, à dire le vrai, il faisoit marcher avant cet examen, une déclaration, après laquelle il devenoit fort inutile : c'est que pour n'avoir pas à se repentir, disoit-il, d'un marché aussi hasardeux que celui-là, et pour ne pas tomber dans le malheur, qu'il appelloit le plus grand des malheurs, d'avoir une femme, mal-faite de corps et d'esprit, il demandoit sept choses, dans celle qu'il épouseroit: qu'elle fût belle, sage, douce, spirituelle,

seconde, riche et d'extraction royale : aussi n'en trouvoit-il pas une seule dans toute l'Europe, dont il se montrât entiérement satisfait. « Je m'accom-
» moderois volontiers, disoit ensuite Henri, peu
» d'accord avec ses principes, de l'infante d'Espagne,
» quelque vieille qu'elle puisse être; pourvu qu'avec
» elle j'épousasse les Pays-Bas; quand ce devroit
» être à la charge de vous redonner le comté de
» Béthune. Je ne refuserois pas non plus la prin-
» cesse (*) Reibelle d'Angleterre, si, comme on
» publie, que cette couronne lui appartient, elle
» en avoit été seulement déclarée présomptive
» héritiere : mais il ne faut pas plus s'attendre à
» l'un qu'à l'autre. J'ai encore entendu parler de
» certaines princesses d'Allemagne dont je n'ai pas
» retenu les noms : mais les femmes de ce pays ne
» me reviennent nullement. Je croirois toujours
» avoir un lot de vin couché auprès de moi ; outre
» que j'ai oui dire qu'il y a eu une Reine de cette
» nation, en France, qui la pensa ruiner : tout
» cela m'en dégoûte. L'on m'a aussi parlé des sœurs
» du prince Maurice : mais outre qu'elles sont

(*) La marquise Aibelle, Arbelle, ou Arabelle Stuard : elle étoit fille de Charles, comte de Lenox, petit-fils de Marguerite, reine d'Ecosse, sœur aînée de Henri VIII. Jacques VI, son cousin-germain, ayant été en 1602, déclaré légitime héritier d'Elisabeth, il se fit l'année suivante une conspiration en faveur d'Arabelle, qui mourut prisonniere dans la Tour de Londres. *Voyez les Historiens.*

» toutes Huguenottes, ce qui donneroit de l'om-
» brage à la cour de Rome, certain bruit répandu
» parmi les Catholiques, qu'elles sont filles d'une
» nonnain, et quelqu'autre chose encore que je vous
» dirai une autrefois, m'en détourne. Le duc de
» Florence a encore une niece, que l'on dit être assez
» belle; mais elle est d'une des moindres maisons
» de la chrétienté, qui port ent le titre de Prince:
» n'y ayant pas plus de soixante ou quatre-vingt
» ans, que ses ancêtres n'étoient qu'au rang des
» meilleurs bourgeois de leur ville : outre qu'elle
» est de la même race que la Reine-mere Catherine,
» qui a tant fait de mal à la France, et à moi en
» particulier.

» Voilà, continua le Roi, voyant que je l'écou-
» tois attentivement, toutes les Princesses étran-
» geres, dont j'ai connoissance. A l'égard de celles
» qui sont en France, vous avez ma niece de
» Guise, qui seroit une de celles qui me plairoient
» le plus (*), malgré le petit bruit que quelques
» malins font courir, qu'elle aime bien autant les

_____

(*) Louise-Marguerite de Lorraine : c'étoit une très-belle Princesse. Il fut proposé, dans le temps du siege de Paris, de lui faire épouser Henri IV, pour réunir les deux partis. Les libelles satyriques de ce temps-là lui reprochent un commerce de galanterie avec le duc de Bellegarde, grand-écuyer : et ce que Henri dit ici de Poulet, est d'après une chanson qui fut faite contre Mademoiselle de Guise, et qu'on peut voir dans l'Etoile, *année* 1596. Voyez aussi les galanteries des rois de France, &c.

» poulets en papiers, qu'en fricassée : car pour
» moi, outre que je crois cela très-faux, j'aimerois
» mieux une femme qui fît un peu l'amour, qu'une
» qui eût mauvaise tête : mais j'appréhende la
» trop grande passion qu'elle témoigne pour sa
» maison, et sur-tout pour ses freres ». Le Roi
parcourut de suite et aussi inutilement, les autres
Princesses. Il trouvoit les unes, belles, grandes,
bien faites ; comme l'aînée des deux filles du duc
de Mayenne, quoiqu'un peu noire; les deux d'Aumale et les trois de Longueville : mais, ou bien
elles étoient trop jeunes, ou bien elles ne lui plaisoient pas; il nomma ensuite Mademoiselle de
Rohan, la fille de Madame la princesse de Conti,
de la maison de Lucé, Mesdemoiselles de Luxembourg et de Guémené; mais la premiere étoit
huguenotte, la seconde n'étoit pas assez âgée, les
deux autres n'étoient pas de son goût : enfin toutes
eurent l'exclusion, pour quelques autres raisons
particulieres ; et le Roi finit ce dénombrement
par dire, qu'après tout, quelque parfaites que lui
parussent toutes ces personnes, il ne voyoit rien
qui pût l'assurer, qu'elles lui donneroient des
enfans mâles ; ni qu'il s'accommodât de leur
humeur, et encore de leur esprit : trois conditions
des sept sans lesquelles il ne se résoudroit point
à s'engager ; parce qu'il prenoit une femme dans
le dessein de partager avec elle ses affaires domes-

tiques, et que devant mourir avant elle, suivant le cours de nature, et peut-être laisser des enfans en bas âge, il étoit nécessaire qu'elle pût les élever, et conduire l'Etat pendant une minorité.

Mais quoi ! dis-je enfin à ce Prince, las de chercher le but d'un discours, où il me paroissoit vouloir et ne vouloir pas tout ensemble : « que
» voulez-vous, Sire, avec tout ce pour et contre ?
» et qu'en puis-je conclure moi-même, sinon que
» desirant fort d'être marié, vous ne trouvez pourtant sur la terre aucune femme qui vous soit
» propre ? Du ton dont vous avez parlé de l'infante Claire-Eugénie, les riches héritieres paroissent être assez votre fait : mais attendez-
» vous que le ciel ressuscite une Marguerite de
» Flandre, une Marie de Bourgogne, &c. ou
» du moins, qu'il rajeunisse la reine d'Angleterre » ? J'ajoutai, en riant, que quant à ces autres preuves de fait, qu'il demandoit, je ne trouvois point d'autre expédient, que de faire assembler les plus belles filles de France, depuis dix-sept jusqu'à vingt-cinq ans ; de prendre le soin de connoître lui-même, par des conversations particulieres, la trempe de leur cœur et de leur esprit ; se remettant du reste sur le rapport des matrônes expérimentées, auxquelles on a recours, dans des cas à-peu-près semblables. Je continuai

en reprenant la parole plus sérieusement, que pour moi, mon avis étoit que sa Majesté pouvoit tout d'abord retrancher de son plan, les grands biens et la naissance royale; qu'il suffisoit d'une femme qui pût se faire aimer, et lui donner de beaux enfans; mais qu'à cet égard, encore une fois, on devoit se contenter de la plus simple apparence; se souvenant également et du grand nombre de belles femmes stériles, et des peres illustres, malheureux en enfans; au reste, que quels que fussent les siens, le sang dont ils sortiroient les rendroit toùjours l'objet du respect et de l'obéissance des François.

« Or bien, interrompit le Roi, laissant à part
» votre avis sur cette assemblée de filles, qui
» apprêteroit à rire, et vos galans hommes, qui
» n'ont pas eu de semblables enfans (*) : car
» j'espere en faire, qui vaudront bien mieux que
» moi, puisque vous convenez que ma femme doit
» être complaisante, bien faite, et de taille à
» faire espérer des enfans, songez un peu en
» vous-même, si vous n'en pourriez point connoître quelqu'une, dans laquelle tout cela se
» rencontrât ». Je répondis, que je ne prononçois

―――――
(*) L'Auteur cite assez mal-à-propos à ce sujet, Ninias, Anaxindaris, Nabuchodonosor, Cyrus, Alexandre, Trajan, Constantin et Charlemagne. Je retranche aussi de cette conversation, comme de quantité d'autres endroits, plusieurs discours trop diffus, et pleins d'une inutile érudition.

pas ainsi à la hâte, sur un choix qui demandoit tant de réflexion, et auquel je ne m'étois point encore appliqué. « Et que diriez-vous, répartit » Henri, si je vous en nommois une dont j'eusse » une pleine connoissance sur ces trois choses? » Je dirois, Sire, repliquai-je tout naturelle- » ment, que vous avez eu avec elle une plus » grande familiarité que moi ; et que ce ne peut » être qu'une veuve : rien que cela seul ne me » paroît convaincant sur le chapitre des enfans. » Ce sera tout ce que vous voudrez, reprit le Roi; » mais si vous ne pouvez deviner, je la nom- » merai. Nommez-la donc, lui dis-je; car j'avoue » que je n'ai pas assez d'esprit pour cela. Oh ! la » fine bête que vous êtes, s'écria le Roi ! vous » le feriez bien, si vous vouliez ; et vous ne » faites ainsi l'ignorant, que pour m'obliger à la » nommer moi-même. Ne confessez-vous pas que » ces trois conditions se rencontrent dans ma » maîtresse? Non que je veuille dire par-là, pour- » suivit ce Prince, confus sans doute de sa foi- » blesse, que j'aie pensé à l'épouser ; mais seule- » ment, pour sçavoir ce que vous en diriez, » si faute d'autre cela me venoit quelque jour en » fantaisie ».

Il n'étoit pas difficile de voir au travers de cette foible précaution, que sa Majesté n'avoit déjà que trop pensé, et n'étoit que trop disposée

à cet indigne mariage, pour lequel elle sembloit, par toutes ses paroles, demander grace. Ma surprise fut aussi grande qu'on peut se l'imaginer ; mais je crus devoir la cacher soigneusement. Je feignis de trouver dans les dernieres paroles de Henri, un air de plaisanterie qui n'y étoit point, mais qui me donnoit occasion de mettre dans ma réponse, toute celle qui étoit nécessaire pour faire honte au Roi de cette idée bisarre. Ma feinte ne me réussit pas ; le Roi n'avoit pas fait l'effort d'un aveu si pénible pour en demeurer-là. « Je vous
» ordonne, me dit-il, de me parler librement.
» Vous avez acquis le droit de me dire mes véri-
» tés ; n'appréhendez pas que je me fâche, pourvu
» que vous ne le fassiez qu'en particulier : devant
» le monde, je m'en fâcherois bien fort ».

Je répondis au Roi, que je ne serois jamais assez imprudent, pour dire rien à sa Majesté, en particulier, non plus qu'en public, qui pût lui déplaire ; excepté les cas où il s'agiroit de sa vie, ou du bien de l'Etat. Je lui fis ensuite envisager dans le cas dont il étoit question, la honte dont une alliance criminelle le couvriroit aux yeux de l'univers, et les reproches qu'il auroit à essuyer dans la suite de sa propre part, lorsque les bouillons de l'amour étant éteints, il jugeroit plus sainement de son action. S'il n'avoit recours à ce moyen, que pour ôter à la France tous les malheurs d'une succession incertaine, je lui fis voir qu'il l'exposeroit à tous ceux qu'il voudroit éviter, et à de plus grands encore, la légitimation qu'il pourroit faire des enfans qu'il avoit eus de Madame de Liancourt, n'empêchant pas que l'aîné, incontestablement né d'un double adultere, ne fût, par cet endroit, inférieur au second, qui n'avoit que la honte du simple adultere ; et tous les deux à ceux qu'il pourroit avoir dans la suite de sa maîtresse, devenue sa femme légitime ; ce qui, par l'impossibilité de jamais bien établir leur état, ne pourroit manquer de devenir une source inépuisable de querelles et de guerre. « Je vous laisse, » Sire, poursuivis-je, faire vos réflexions sur tout » cela, avant que de vous en dire davantage. Ce » ne sera pas trop mal fait », reprit le Roi, frappé du seul coup-d'œil de ce que je venois d'exposer ; « aussi-bien vous m'en avez assez dit pour » la premiere fois ». Mais quelle est la tyrannie d'une aveugle passion ! Il revint encore malgré lui dans le moment même à me demander si de l'humeur dont je connoissois les François, et sur-tout les grands, je croyois qu'en épousant sa maîtresse, il y eût quelque soulevement à craindre de leur part de son vivant.

Cette question acheva de me convaincre, que Henri étoit mortellement atteint, je le traitai comme tel. J'entrai dans des explications, qu'il faut épargner au lecteur; aussi-bien il devine lui-même tout ce que je pus dire en cette occasion, et cet endroit n'a sans doute déjà été que trop amplement traité. Nous demeurâmes près de trois heures enfermés; et j'eus la consolation de laisser le Roi persuadé de tout ce que je lui avois représenté.

La difficulté étoit de rompre des nœuds trop forts : ce Prince n'en étoit pas encore venu là ; et il devoit souffrir auparavant de terribles combats avec lui-même (*). Tout ce qu'il put faire

(*) Dans ce combat intérieur, la voix de la raison et de la bienséance ne fut pas la plus forte auprès de Henri IV, et même, quoi que dise ici et ailleurs M. de Sully, on a toujours été persuadé, avec beaucoup de fondement, que si la mort n'avoit pas ôté à ce Prince cette maîtresse si tendrement aimée, ou il l'auroit épousée, ou il ne se seroit point remarié du tout. Il ne s'en tint pas toujours là-dessus au seul conseil du duc de Sully; du moins si nous ajoutons foi à une anecdote assez curieuse, qui se trouve dans le *vol. 9590 des manuscrits de la bibliothèque du Roi.* Elle marque : que Henri IV étant à Saint-Germain-en-Laye, (ce ne peut être que quelques mois au plus après son retour de Bretagne) il fit appeler ses trois ministres, (MM. de Rosny, de Villeroi et de Sillery) pour traiter avec eux cette question si importante de son mariage : que le premier, qui est à coup sûr M. de Rosny, (opina, comme il fait dans cet endroit de ses Mémoires; que le second lui conseilla au contraire, de ne se point marier, et de laisser sa succession au prince de Condé, que le droit de sa naissance faisoit son héritier ; que le troisieme enfin, c'étoit Sillery, le plus fin courtisan des trois) contredisant l'un et l'autre avis, lui dit, qu'il ne pouvoit mieux faire, que d'épouser sa maîtresse, et légitimer l'aîné des enfans qu'il avoit d'elle. Henri IV, continue l'auteur de cette anecdote,

pour le moment présent, fut de remettre à prendre une derniere résolution, après qu'on auroit obtenu du Pape cette permission tant sollicitée, et de garder jusques-là sur tous ses sentimens, le plus profond secret. Il me promit qu'il ne diroit rien à sa maîtresse des miens, de peur de me mettre mal avec elle. « Elle vous aime, me dit-il,
» et vous estime encore davantage ; mais il lui
» reste toujours quelque défiance, que vous ne
» lui soyez pas favorable dans les avantages que
» je suis porté à faire à ses enfans et à elle. Elle
» me dit souvent, qu'il semble, à vous entendre
» mettre sans cesse en avant mon état et ma
» gloire, que vous préférez l'un à ma personne,
» et l'autre à mon contentement ». Je répondis encore, que je ne m'en défendois pas ; que l'Etat et le Souverain ne devoient point être envisagés sous deux regards différens : « Songez, Sire,

qui s'annonce pour être une personne, à laquelle l'un des trois ministres même fit part de ce qui venoit de se passer entre le Roi et eux, Henri IV parut ému de ce discours, et ensuite dit : « Je m'étois promis beaucoup de vos suffi-
» sances et fidélités au conseil que j'ai desiré prendre de
» vous touchant mon mariage..... Et toutefois j'ai peur,
» qu'au lieu de me faire résoudre, vous n'ayez augmenté
» mon irrésolution par la contrariété de vos opinions,
» accompagnées de raisons si puissantes, que je me trouve
» bien empêché au jugement que je dois faire de la meil-
» leure : à cela donc, j'ai besoin d'un peu de temps pour y
» songer, &c. ». Ce qu'ayant dit, il se leva, et donna congé à ces Messieurs.

» ajoutai-je, que votre vertu étant l'esprit qui
» anime véritablement ce grand corps, il doit
» vous rendre, par sa splendeur, la gloire et la
» félicité qu'il tire de vous ; et que vous ne pou-
» vez chercher la vôtre ailleurs ». Cela fait, nous sortîmes du jardin, et nous nous séparâmes pour aller souper, laissant les courtisans se donner la torture, pour deviner le sujet d'un entretien aussi long.

Nous n'avions fait aucune attention, le Roi ni moi, à une circonstance dont le défaut a souvent été un obstacle, dans de semblables occasions ; je veux dire, au consentement de la Reine Marguerite, à la dissolution de son mariage. Je crus devoir entamer cette négociation, en attendant le succès de celle qui se pratiquoit à Rome. Je voulus d'abord sonder quels étoient les sentimens de cette Princesse. La teneur de la lettre que je lui écrivis à ce sujet, étoit : Que souhaitant passionnément son raccommodement avec le Roi, sur lequel la France fondoit son espérance d'un héritier de la couronne, j'avois cru devoir la prier de m'employer pour y travailler. Si la disposition des esprits étoit telle de part et d'autre, que cet effort fût impossible, ou qu'il ne pût conduire à la fin que je lui marquois (ce qui étoit un point dont je sçavois bien que la stérilité de Marguerite devoit la faire convenir secrétement) qu'elle ne s'offensât pas,

pas, si je prenois, dans la suite, la liberté de la porter à un plus grand sacrifice encore, que l'Etat attendoit d'elle. Je ne marquois pas la chose plus clairement ; mais après ce que je venois de lui dire, sur la nécessité de donner des enfans légitimes au sang de France, il n'étoit pas difficile de deviner quel étoit ce sacrifice.

La Reine se donna tout le temps de délibérer sur un parti de cette importance, avant que de me faire réponse. Je ne la reçus que cinq mois après ; elle étoit datée d'Usson (*), où elle faisoit sa résidence ordinaire ; et cette réponse étoit telle qu'on pouvoit la souhaiter, sage, modeste et soumise. Marguerite, sans s'expliquer autrement que j'avois fait moi-même, sur une séparation, dont le bruit n'avoit point encore éclaté, se contentoit de faire parler en sa place une protestation de sa soumission à toutes les volontés du Roi, jointes à des louanges sinceres de la conduite de sa Majesté, et à des remerciemens pour moi, des soins que je prenois.

Le séjour du Roi à Rennes ne fut que de sept ou huit jours, après lesquels il se hâta de retour-

(*) Cette Princesse s'étoit d'abord retirée plusieurs années auparavant à Agen, et ensuite à Carlat. Le roi Henri III, son frere, qui ne la traitoit pas mieux que Henri IV, son mari, la fit poursuivre par-tout, et enfin renfermer dans le château d'Usson en Auvergne, où, après sa mort, elle demeura volontairement.

ner à Paris, pour se trouver en Picardie, au commencement de Mai. Il s'achemina par Vitré (1), d'où je reçus ordre de ce Prince, de donner une gratification à la garnison de Rochefort, et ensuite d'en faire raser le château. De Vitré, sa Majesté prenant le long de la Loire, se rendit à Tours par la Fleche, qu'elle se fit un plaisir de revoir, comme l'endroit où elle avoit passé une partie de sa jeunesse.

Pour moi, après avoir encore demeuré cinq ou six jours à Rennes, pour mettre ordre, soit aux finances, soit au paiement des gens de guerre, à leur départ de Bretagne, et à leur marche au travers des provinces, je vins trouver le Roi à Tours, où ce Prince me manda, pour une affaire importante. Je le laissai continuer sa route vers Paris, où quelque chose qu'il fît, il ne put arriver que sur la fin de Mai. J'étois si las (2) du cérémonial

---

(1) Je substitue ce mot en la place de celui de Villeroi, que porte l'original. Il n'y a jamais eu d'endroit en Bretagne qui ait porté ce nom, et le chemin de Henri IV s'adonnoit en effet par Vitré.

(2) Le Roi ne l'étoit pas moins. L'Etoile rapporte quelques réparties fort agréables de sa Majesté à ces importuns harangueurs. L'un d'eux l'ennuyoit par de longs titres d'honneurs, et répétant souvent, Roi très-benin, très-grand, très-clément, &c. Ajoutez, et très-las, lui dit Henri. Un autre ayant débuté par ces mots: « Agésilaüs, roi de Lacé- » démone, Sire, &c. » le Roi lui dit en l'interrompant: « Ventre-saint-gris! j'ai bien oui parler de cet Agésilaüs; » mais il avoit dîné, et je n'ai pas dîné moi ». Ayant dit

des grandes villes, et des longues harangues surtout, que prenant un chemin écarté, par le Maine et le Perche, je vins seul visiter ma terre de Rosny, où mon épouse étoit occupée à faire commencer la maison que j'y faisois bâtir, et avoit manqué à être écrasée sous les ruines du vieux bâtiment, qu'il avoit fallu abattre.

Je m'y arrêtai fort peu; et cependant je ne trouvai plus le Roi à Paris. Il ne fit qu'y passer, et prit aussi-tôt la route d'Amiens. Cet endroit lui parut commode, pour communiquer facilement avec ses plénipotentiaires, à Vervins, et en même-temps pour visiter toutes les places frontieres, faciliter l'évacuation de celles qu'on alloit lui rendre par le traité, et pourvoir à leur sûreté, pour l'avenir. Tout cela fut fait en huit jours, et sa Majesté ne revint point à Paris, que la paix ne fût signée (*).

par deux fois à un autre, qu'il abrégeât, et voyant qu'il n'en faisoit rien, il le laissa-là, et s'en alla, en lui disant, « vous direz donc le reste à M. Guillaume », c'étoit le bouffon de la cour.

(*) Elle fut signée le 2ᵉ Mai 1598, au nom du Roi, par « messire Pomponne de Bellievre, chevalier, sieur de » Grignon, conseiller en son conseil d'état, et messire » Nicolas Brulart, chevalier, sieur de Sillery, aussi con- » seiller dudit sieur Roi, en son conseil d'état, et président » en sa cour du Parlement de Paris, au nom du cardinal » d'Autriche, ayant pouvoir du Roi d'Espagne; par messire » Jean Richardot, chevalier, chef et président du conseil » privé dudit sieur Roi et de son conseil d'état; messire » Jean-Baptiste de Taxis, chevalier, &c. et messire Louis » Verteiken, aussi chevalier, &c. ». Voyez ce traité en

Le traité étoit des plus simples : la remise de toutes les places que l'Espagne possédoit en France, en faisant presque le seul article considérable. On n'y statua rien sur l'affaire du marquisat de Saluces. Le Roi ne jugea pas devoir manquer la paix pour cet article, qu'on regardoit comme si peu important, que sur le déni de justice de la Savoie, il pouvoit, sans peine, disoit-on, se saisir de tout ce marquisat, n'y trouvant plus d'obstacle de la part de l'Espagne ; seulement on en fit un compromis entre les mains du Pape (1). Les plénipotentiaires firent en cela une faute, qui rengagea sa Majesté incontinent après la paix, dans une guerre qu'on auroit pu éviter. Je supprime au reste toutes les formalités d'usage entre les plénipotentiaires (2) ; et je laisse à d'autres louer ces

entier dans les *Mémoires et négociations de la paix traitée à Vervins*, tome 2, avec la relation en forme de Journal, de tout ce qui se passa entre les plénipotentiaires, depuis l'ouverture de cette négociation, jusqu'à la conclusion de la paix.

(1). Ce qui regarde le duc de Savoie, représenté par messire Gaspard de Geneve, marquis de Lullin, conseiller d'état, &c. est à la suite de *l'art.* 24, et porte : « Que le » surplus des autres différends, qui sont entre ledit sieur » Roi très-chrétien, et ledit sieur Duc, sera remis au juge- » ment de notre saint pere Clément VIII, pour être vuidé » et décidé par sa Sainteté dedans un an.... Et demeureront » les choses en l'état qu'elles sont à présent, &c. ».

(2) Il s'y trouva les mêmes difficultés pour le fond, et les mêmes obstacles pour les formalités, qui ont coutume de se rencontrer dans ces sortes de discussions. On peut les

marches fines et détournées, que la politique veut qu'on croie le chef-d'œuvre de l'esprit humain.

Le Roi signa le traité dans Paris, en présence (1) du duc d'Arscot et de l'amiral d'Arragon. Le Cardinal-Archiduc fit la même chose à Bruxelles, au nom du Roi d'Espagne et du sien, devant le maréchal de Biron, à qui le Roi venoit de donner, pour le rendre digne de cette cérémonie, le rang de Duc et Pair : dignité qui acheva de lui tourner la tête. MM. de Bellievre et de Sillery y assisterent aussi. Le duc de Savoie reçut solemnellement la paix à Chambery, en présence de Gadaigne Bothéon (2), gouverneur de Lyon, député de sa Majesté à cet effet.

voir dans les *Lettres de MM. Bellievre et de Sillery*, et dans la *relation*, &c. *ibid*. Ces deux négociateurs ont été généralement loués de la conduite ferme et sage qu'ils y firent voir. Ils déduisent dans leurs lettres, et entr'autres, dans celles datées des 7 Avril et 4 Mars, les motifs qui les porterent à finir avec les agens du duc de Savoie ; de la maniere dont se plaint M. de Sully, ce qu'ils ne firent que par des ordres particuliers de sa Majesté, dans sa lettre du 9 Avril, &c.

(1) Charles de Croy, duc d'Arscot, prince de Chimay, don Francisco de Mendoza et Cardona, amiral d'Arragon. Henri IV prêta le serment pour l'observation du traité de paix, le Dimanche 21 Juin, le cardinal de Florence, légat, officiant de la maniere la plus solemnelle. La relation s'en trouve aussi, *ibid*. tome 2. page 266; *Mss. de la bibliotheque du Roi*, vol. 9361 ; *Mém. de la Ligue*, tome 6 ; *Mémoires de Nevers*, tome 2 ; *Mathieu*, tome 2 ; *Cayet et autres*.

(2) Il est qualifié dans l'acte du serment prêté par le duc de Savoie le 2 Août, « illustre seigneur Guillaume de Gua-

C'est ainsi que malgré une ligue aussi puissante que celle du Pape, de l'Empereur, du roi d'Espagne, du duc de Savoie, de tous les ecclésiastiques de la chrétienté, le Roi vint à bout de ses desseins (*), et les couronna par une paix glorieuse. Il récompensa en Roi ceux qui y avoient travaillé; et afin que cette action n'aliénât pas de lui la république de Hollande, il fit partir pour Amsterdam, Paul Choart de Buzenval, qu'il chargea de maintenir la bonne intelligence avec les Etats-généraux, et de payer la pension que sa Majesté leur donnoit. On ne pouvoit se lasser de donner à ce Prince les louanges que méritoit son habileté, aussi-bien que sa diligence à se transporter sur le moindre besoin dans tous les endroits de son royaume.

» daigne, seigneur de Bothéon, chevalier des ordres de
» très-haut et très-excellent prince Henri IV, roi très-chré-
» tien de France et de Navarre, conseiller d'état, capitaine
» de cinquante hommes d'armes de ses ordonnances, et son
» lieutenant-général au gouvernement de Lyonnois, Forez
» et Beaujolois, ambassadeur commis et député, &c. ».
Mém. et négociations, &c. tome 2, page 365.

(*) Les lettres que ce Prince écrivoit à ses deux ministres à Vervins, pendant tout le temps que dura cette négociation, en font foi. Elles sont rapportées dans les *Mém. et négociations, &c. ibid.* Il dit, « que d'un coup de plume, il » venoit de faire plus d'exploits, qu'il n'en eût pu faire » pendant une longue guerre, avec les meilleures épées de » son royaume ». On disoit aussi sur ce traité, que les Espagnols avoient vaincu par les armes, et les François par la négociation.

Fin du neuvieme Livre.

LIVRE DIXIEME.

MÉMOIRES *de l'année 1598—1599. Réforme faite dans les troupes. Ordonnances sur le bled, le port d'armes et autres réglemens sur la finance, la police, les ouvrages publics, &c. Question du vrai ou faux D. Sébastien. Conférence de Boulogne entre l'Espagne et l'Angleterre, sans fruit. La duchesse de Beaufort travaille avec ses partisans à se faire déclarer Reine : fermeté avec laquelle Rosny lui résiste : il se brouille avec elle, et Henri les raccommode : conversation de ce Prince avec sa maîtresse, sur ce sujet. Maladie de Henri. Réception du Légat à Saint-Germain. Travaux de Rosny dans la finance : qualités nécessaires à l'homme d'Etat : Rosny rend compte de ses biens, de son caractere, de sa maniere de vivre, &c. Etat déplorable où les guerres avoient réduit la France. Valeur des traités faits avec la Ligue. Arrêts rendus. Dispute de Rosny avec le duc d'Epernon. Rosny travaille avec Henri à rectifier les abus dans la finance: talens de ce Prince pour le gouvernement. Faits singuliers. Exposition, examen et critique des dispositions testamentaires de Philippe II. L'Archiduchesse vient à Marseille. Opposition du Clergé de France au mariage de Madame avec le duc de Bar:*

conduite du cardinal d'Ossat en cette occasion : conférence entre les Catholiques et les Protestans, inutile pour la conversion de cette Princesse : Henri fait célébrer ce mariage par l'archevêque de Rouen : conversations plaisantes à cette occasion. Le Clergé, le Parlement, &c. s'opposent à l'enregistrement de l'édit de Nantes : changemens qui y sont faits : assemblée des Protestans, et artifices du duc de Bouillon à ce sujet : l'édit est enregistré. Affaires de Marthe Brossier. Charge et gratifications accordées par Henri à Rosny. Mort surprenante de la Connétable, de la duchesse de Beaufort : douleur qu'en ressent Henri : Rosny le console.

LA paix amena d'autres soins et d'autres travaux. Le Roi commença par faire une réforme dans ses troupes, tant françoises qu'étrangeres. Les Suisses furent licentiés, à l'exception des trois compagnies des colonels Galati, Heid et Baltazar, de cent hommes chacune. Cette réforme ne fut pas aussi complette que je l'aurois souhaité, et que la conjoncture paroissoit le demander. Le conseil que je donnai là-dessus, ne fut point goûté de sa Majesté. Cependant si l'on considere que le trésor royal étoit dans le dernier épuisement, et malgré cela, dans la nécessité de pourvoir à quantité de dépenses si pressantes, qu'on fut obligé de faire de nouveaux emprunts d'argent, je crois qu'on ne sçauroit me reprocher en cela une économie sordide et mal placée.

Ces dépenses étoient le rétablissement des fortifications de quantité de villes, et la réparation d'une infinité de bâtimens, menacés d'une ruine prochaine, par le malheur des derniers temps, dont il fallut sans délai travailler à prévenir la décadence. En faisant visiter les principales rivieres du royaume, pour en régler les différens droits, emploi qui fut confié à quatre personnes d'une probité reconnue, il se trouva aussi plusieurs travaux à y faire, principalement sur la Charente.

Entr'autres réglemens pour la police, qui furent jugés nécessaires, le Roi mit des bornes à cette quantité immense de bled, qu'on étoit dans l'usage de faire passer hors du royaume, et qui souvent exposoit la France à souffrir de grandes disettes (*)

(*) La conséquence la plus juste qu'il semble qu'on puisse tirer de tous les raisonnemens qu'on lit et qu'on entend tous les jours, sur la question du transport du bled hors du royaume, est celle que tire ici le duc de Sully. Il ne seroit pas juste de priver ce royaume de l'une de ses plus heureuses ressources, et de l'un des plus riches soutiens de son commerce, en défendant tout transport de cette denrée. Il ne seroit pas plus prudent de le permettre sans mesure ni proportion.

Si pour trouver ce juste milieu, les magasins publics et royaux ne paroissent pas un moyen heureux, à cause des grandes dépenses et des inconvéniens encore plus grands à quoi ils exposent, il semble qu'on ne sçauroit en dire autant des commissaires qu'on établiroit pour veiller à faire remplir, ouvrir et fermer les greniers des particuliers, lorsque le besoin public le requiert. Cette partie de la police, dont le grand et

de ses propres biens. Par un autre réglement, le port d'armes fut interdit sous de grandes peines, à ceux qui n'avoient aucun droit d'en porter (*).

presque le seul objet seroit de connoître et de maintenir la proportion entre le produit de la terre et la consommation, en compensant les années différentes et les différentes provinces, n'est pas, je crois, d'une aussi grande difficulté que d'abord elle le paroît.

(*) A ce réglement sur le port d'armes, bien des personnes croient qu'il seroit à propos qu'on ajoutât quelques marques distinctives dans la forme des habillemens, qui servissent à faire connoître en public les différentes conditions.

Quant aux sciences, arts et belles-lettres, s'il est vrai, comme il paroît qu'on n'en sçauroit douter, que c'est au soin qu'on a pris depuis quelques siecles, de les cultiver en Europe, qu'on a l'obligation de la différence qu'on remarque aujourd'hui dans les Européens, du côté de la douceur dans les mœurs, de la politesse dans les manieres, de leur liaison entr'eux, et des moyens qu'un esprit plus pacifique a fait imaginer, pour discuter et terminer d'une maniere moins cruelle leurs différends respectifs; il semble que par toutes sortes de motifs publics, indépendamment de celui de la gloire et de l'intérêt particulier qui en résulte, un grand Etat ne doit point perdre de vue cet objet. Après les soins dont on s'est occupé jusqu'à présent dans ce royaume, pour former et établir une bibliotheque, des cabinets et des recueils en tout genre, qui soient dignes du puissant Monarque qui le gouverne, pour instituer des académies, où l'on s'applique à perfectionner les sciences et les arts; on attend avec impatience de voir exécuter le dessein, formé dès il y a long-temps, de mettre toutes ces différentes parties un peu plus à la portée les unes des autres qu'elles ne le sont, dans une ville de l'étendue de Paris, en les rassemblant toutes dans une même enceinte, où l'on pût trouver commodément tout à la fois, les livres, les instrumens, les imprimeries, et généralement toutes les pieces nécessaires, avec les logemens des personnes préposées pour en prendre soin, et sur-tout de voir établir une espece de tribunal des sciences et des arts, composé de personnes choisies dans les différentes académies, et entretenues par sa Majesté, pour faire un examen exact, et porter

Les belles-lettres trouverent aussi place dans ces occupations du Roi. Il entendit parler de Casaubon; et sur la réputation de ce sçavant homme, il le fit convier de venir s'établir à Paris avec sa famille, où il le fixa par une pension qui lui donna les moyens d'y vivre, comme il convient à un homme de son caractere, qui n'est pas appellé, disoit Henri, pour gouverner l'Etat.

Je suis obligé de supprimer un détail d'affaires moins importantes, qui iroit à l'infini, s'il falloit donner place dans ces Mémoires, à tout ce que me dit sa Majesté, à tout ce qu'elle m'écrivit de Fontainebleau, de Monceaux et de Saint-Germain-en-Laye, où elle passa le reste de cette année, et où elle m'appelloit de temps en temps, pour conférer avec moi sur les différentes affaires qui se présentoient. Je m'en tiendrai à ma premiere promesse, de retrancher tout ce qui ne mérite pas de soi-même quelque considération, et je me contenterai de marquer ici que jamais peut-être des Ministres d'Etat n'ont trouvé plus d'attention ni plus de ressource dans l'esprit d'aucun Prince sur tout ce qui est d'utilité, où simplement de commodité

---

un jugement sûr de tous les livres, découvertes et productions qui peuvent intéresser le public. On eut d'abord intention de faire servir la place Vendôme, à ce projet, ensuite on y a destiné le vieux Louvre; mais des dépenses d'Etat, encore plus nécessaires, ont toujours depuis obligé à en différer l'exécution.

pour un royaume, que j'en ai toujours trouvé dans le Prince que j'ai servi. Ni la paix, ni les affaires domestiques ne lui faisoient point perdre de vue tout ce qui se passoit hors du royaume (1). La question du vrai ou du faux don Sébastien, faisant alors beaucoup de bruit en Europe, aussi-bien qu'en Espagne, il envoya la Trémouille (2) en Portugal, pour tâcher d'éclaircir ce mystère, afin de ne prononcer qu'avec pleine connoissance sur la justice ou l'iniquité du conseil d'Espagne, qui avoit commencé par faire arrêter le prétendu roi de Portugal.

Henri n'ayant pas encore ouvert son esprit aux grands desseins, qu'il forma dans la suite contre la

(1) Cette question paroît présentement bien décidée, par l'autorité de presque tous les bons Historiens, qui ne doutent pas que le roi don Sébastien n'ait véritablement perdu la vie, dans la bataille qu'il livra aux Maures, à Alcaçar, en 1578, et par conséquent que ce prétendu don Sébastien ne soit un imposteur, soutenu alors, et depuis par les ennemis de l'Espagne. Voyez les preuves de la mort de ce roi de Portugal dans M. de Thou, *liv.* 65, &c. Il en sera encore parlé dans la suite. La France pouvoit encore s'intéresser à cette question par un autre endroit. Catherine de Médicis avoit prétendu avoir des droits légitimes sur la couronne de Portugal, comme se *disant* issue de Robert, fils d'Alphonse III, par Mahaud, sa première femme, morte en 1262, depuis lequel temps elle soutenoit que tous les rois de Portugal n'avoient été qu'autant d'usurpateurs; c'étoient-là autant de points bien difficiles à justifier, aussi paroît-il qu'elle fit peu de démarches, pour faire valoir ses prétentions.

(2) Claude de la Trémouille, duc de Thouars, mort en 1606.

maison d'Autriche, il voulut dans cette année se porter pour médiateur entre l'Espagne et l'Angleterre, et proposa entre ces deux couronnes, une conférence à Boulogne (1), où il envoya pour y assister de sa part, Caumartin et Jeannin. Je combattis encore inutilement cette idée, qui ne me paroissoit point partir d'une saine politique. Heureusement la conférence n'aboutit à rien de ce qu'on s'y étoit proposé. La haine invétérée des deux nations, fit élever tout d'abord une dispute si vive sur la préséance, qu'on se sépara avant même que d'avoir entamé le moindre préliminaire.

Les Jésuites ne furent pas plus heureux, dans l'application qu'ils prétendirent se faire de l'article du traité de Vervins, par lequel il étoit libre à tout François exilé, comme à tout étranger, de repasser en France, et de s'y faire un établissement : l'arrêt du Conseil qui intervint leur ôta cette ressource, et ils furent obligés de recourir à d'autres moyens qui leur réussirent mieux.

L'assemblée du Clergé qui se tint cette année, et dura une partie de la suivante, partagea encore l'attention de sa Majesté, aussi-bien que la promotion des Cardinaux. Le fils de Madame de Sourdis (2) fut un des François à qui ce Prince fit don-

(1) Cette conférence ou congrès, où furent admis les Etats des Provinces-Unies, ne se tint qu'en 1599, aux mois de Mai et de Juin.

(2) François d'Escoübleau, cardinal de Sourdis, archevêque de Bordeaux, mort en 1628.

ner le chapeau, quoique par sa grande jeunesse il ne l'en jugeât pas trop digne. Madame de Sourdis n'en eut l'obligation qu'à l'adresse qu'elle eut de faire appuyer sa demande par la duchesse de Beaufort.

C'est le nom qu'avoit encore pris la maîtresse du Roi, en la place de celui de marquise de Monceaux, depuis que la naissance d'un second fils lui avoit attiré, de la part de sa Majesté, un redoublement de tendresse et de bienfaits. Depuis longtemps cette femme ne bornoit plus là son ambition, elle n'aspiroit pas à moins qu'à se faire déclarer reine de France, et la passion de Henri, qui prenoit chaque jour de nouvelles forces, lui faisoit espérer d'y parvenir. Si-tôt qu'elle eut nouvelle que les agens du Roi à Rome avoient commission de solliciter la dissolution de son mariage avec Marguerite, et que sa Majesté étoit sur le point de faire partir pour cette cour le duc de Luxembourg (*), avec le titre d'Ambassadeur, pour en presser la conclusion, elle jugea cette occasion favorable ; mais comme elle se défioit des agens, et apparemment du nouvel Ambassadeur, elle jetta les yeux sur Sillery, qui étoit déjà fort dans ses intérêts, et que cette derniere marque de confiance ne pouvoit manquer d'y mettre

____
(*) Henri de Luxembourg, duc de Piney, le dernier de cette branche de Luxembourg.

encore davantage ; elle le fit venir, et lui expliquant ses vues, elle ne mit aucunes bornes aux récompenses dont elle prétendoit payer son dévouement et ses services. Comme elle connoissoit ce qui étoit le plus capable de tenter Sillery, elle l'assura des sceaux à son retour de Rome, au hasard de désobliger Madame de Sourdis même sa tante et son intime amie, et lui promit encore la dignité de chancelier, si-tôt qu'elle viendroit à vaquer. Sillery s'engagea à ce prix, avec tous les sermens qu'elle exigea de lui, de ne rien négliger pour obtenir du Pape la légitimation des deux enfans qu'elle avoit eus de Henri, avec la dissolution du mariage de ce Prince. Ce premier pas une fois fait, il ne lui en restoit plus que peu et de très-faciles à faire, pour se faire porter jusqu'au trône. Elle ne manqua pas de raisons pour faire approuver au Roi l'Ambassadeur qu'elle avoit choisi. Le duc de Luxembourg ne laissa pas de partir, mais pour être rappellé aussi-tôt que Sillery seroit en état d'aller le relever. La Duchesse ne s'embarrassa point de cacher à toute la cour le titre dont elle venoit de décorer son favori. Elle travailla elle-même à ses équipages, et fit expédier, par le Roi, les ordres nécessaires pour faire paroître Sillery avec tout l'éclat et la grandeur propres à assurer le succès de sa négociation.

En même-temps la duchesse de Beaufort voulant préparer les François au changement d'état, qu'elle méditoit pour ses enfans, obtint du Roi, qui n'avoit guères moins de tendresse pour eux que pour la mere, que le baptême du second fils qu'elle venoit de mettre au monde, se feroit à Saint-Germain, où étoit alors sa Majesté, avec toute la magnificence et tous les honneurs qui sont particuliers dans cette cérémonie aux enfans de France. Je pardonne à cette femme une ivresse où l'entretenoit les respects serviles des courtisans pour ses enfans, et les adorations qu'ils lui rendoient à elle-même. Je n'ai pas la même indulgence pour Henri, qui, bien loin de rien faire qui pût la détromper, accordoit les ordres pour le baptême de cet enfant, avec une complaisance qui faisoit assez voir combien la chose étoit de son goût. J'en dis mon avis assez hautement. Je m'attachai à combattre en public la conséquence que je voyois que les courtisans tiroient en faveur de ces enfans, si chers au Roi, pour la succession à la couronne. Ce Prince s'apperçut lui-même après la cérémonie, qu'il avoit beaucoup trop permis, et me dit qu'on avoit passé ses ordres, ce que je n'ai aucune peine à croire. L'enfant fut nommé Alexandre (*), comme l'aîné avoit été nommé César; et par une espece de second

───

(*) On l'appella le chevalier de Vendôme; il fut tenu sur les fonts par Madame Catherine, sœur du Roi, et par M. le comte de Soissons. Il mourut grand-prieur de France en 1629.

baptême,

baptême, les flatteurs lui donnerent le nom de *Monsieur*, qu'il n'est permis en France de porter, qu'au frere unique du Roi, ou à l'héritier présomptif.

La favorite ne s'en tint pas là; elle commença à prendre tous les airs de Reine, moins, à la vérité, de son propre mouvement (car je crois qu'elle se connoissoit assez, pour n'avoir osé d'elle-même concevoir cette idée), que poussée à franchir ce pas, par les suggestions continuelles de ses créatures et de ses parens; Madame de Sourdis, Chiverny et Fresne la secondoient si bien de leur côté, qu'insensiblement il n'y eut rien de si public dans toute la cour, que la nouvelle que le Roi alloit épouser sa maîtresse, et qu'il ne sollicitoit son divorce à Rome que dans cette intention. Je fus révolté d'un bruit si injurieux à la gloire de ce Prince; j'allai le trouver, et je lui en fis sentir les conséquences. Il m'en parut touché, et même piqué; son premier mouvement le porta à justifier Madame de Beaufort, qu'il m'assura très-sérieusement n'y avoir contribué en rien; toute la preuve qu'il en avoit, c'est qu'elle le lui avoit dit: il en mit toute la faute sur Madame de Sourdis et sur Fresne, auxquels il montroit bien qu'il pardonnoit une hardiesse si peu respectueuse; puisque connoissant combien ils étoient coupables, il n'en fit pas le plus petit châtiment.

Tome II.   Dd

Une circonstance donna beaucoup de poids aux démarches que je fis sur cette affaire, tant en public qu'en particulier. La reine Marguerite, avec laquelle la question de la dissolution prochaine m'obligeoit à entretenir un commerce de lettres, sçut après tous les autres, ce qui se disoit et se faisoit à la cour, et m'écrivit qu'elle continuoit à donner les mains à sa séparation d'avec le Roi; mais qu'elle se sentoit si indignée qu'on pût penser à donner sa place à une femme aussi décriée que l'étoit la nouvelle Duchesse par son commerce avec le Roi, qu'elle, qui n'avoit point mis de conditions à son consentement, ne pouvoit présentement ne pas exiger qu'on lui accordât l'exclusion de cette femme, et qu'elle avoit pris sur ce point une si forte résolution, qu'on ne devoit pas s'attendre à la lui faire changer par aucun traitement bon ou mauvais. Le Roi, à qui je fis part de cette lettre, en comprit encore mieux jusqu'à quel point ce mariage, s'il venoit à s'exécuter, souleveroit tous les honnêtes gens, et commença à changer véritablement et d'avis et de conduite.

Je m'imaginai qu'en faisant sçavoir le contenu de cette même lettre à Madame de Beaufort, elle produiroit peut-être dans son esprit le même effet. Je ne voulus pas prendre ce soin moi-même, pour ne pas m'exposer à essuyer les hauteurs et les emportemens d'une femme qui me regardoit comme une pierre d'achoppement à tous ses desseins. Je communiquai la lettre à Chiverny et à Fresne, qui en informerent aussi-tôt Madame de Sourdis, et celle-ci dans le moment même la duchesse de Beaufort; mais tous les conseillers de cette Dame n'étoient pas si aisés à allarmer. Ils avoient bien compris qu'une démarche comme celle qu'ils avoient entrepris de faire faire au Roi, ne pouvoit manquer de souffrir de grandes difficultés; et ils avoient pris leur parti sur chacune. Le résultat de toutes leurs délibérations avoit été qu'il falloit presser fortement la conclusion; persuadés que quand une fois l'affaire seroit consommée, ils n'auroient aucune peine à la faire envisager sous une face qui la rendroit excusable; qu'au pis aller, on s'en accommoderoit après quelques rumeurs, comme on fait de tout ce qui est sans remede. Ils connoissoient le génie du François, sur-tout du courtisan, dont la premiere loi est de vouloir tout ce que veut le Souverain, et la plus forte passion celle de lui plaire. Enfin, ils crurent être assurés de tout, pourvu que le Prince lui-même ne leur manquât point.

Fresne ayant dressé l'ordonnance pour le paiement des hérauts, trompettes et autres officiers subalternes de la couronne qui avoient servi dans la cérémonie du baptême, elle me fut apportée comme les autres, afin que j'y misse mon mandement pour l'acquitter. Je n'eus pas plutôt jetté les yeux sur cette piece, qu'un vif sentiment de douleur me la fit regarder comme un monument de la honte du Roi, qu'on alloit conserver à la postérité. Je ne balançai pas, je la retins et en fis faire une autre, modeste, comme elle devoit l'être, où les noms de *Monsieur*, de *fils de France*, et tout ce qui pouvoit donner la même idée, étoient supprimés, et conséquemment l'honoraire des hérauts réduit à la taxe commune, ce qui ne les satisfit pas. Ils ne tarderent pas à revenir, et dans leur mécontentement, ils alléguoient, et M. de Fresne, et la loi qui régloit leurs droits. Je me contins d'abord devant des gens dont je connoissois assez la mauvaise intention ; à la fin la patience m'échappa, et je ne pus m'empêcher de leur dire avec indignation : « Allez, allez, je n'en » ferai rien, sçachez qu'il n'y a point d'enfans de » France ».

Je n'eus pas plutôt lâché la parole, que je me doutai qu'elle alloit me susciter une affaire. Pour la prévenir, je sortis dans le moment, et vins trouver sa Majesté qui se promenoit dans ses appartemens de Saint-Germain avec le duc d'Epernon : je lui dis en lui montrant l'ordonnance de Fresne, que si elle avoit lieu, il ne lui restoit plus qu'à se déclarer marié avec la duchesse de Beaufort. « Il y a ici de la malice de Fresne, dit le

» Roi, après l'avoir lue ; mais je l'empêcherai
» bien ». Il m'ordonna de déchirer cet écrit, et
dit tout haut en se tournant vers trois ou quatre
seigneurs de la cour des plus proches : « Voyez la
» malice du monde, et les traverses que l'on
» donne à ceux qui me servent bien : on a apporté
» à M. de Rosny une ordonnance, afin de m'of-
» fenser, s'il la passoit, ou d'offenser ma maî-
» tresse, s'il la refusoit ». Dans l'état où étoient
les choses, cette parole n'étoit pas indifférente :
elle fit juger aux courtisans, qui rioient de ma
simplicité, qu'ils pouvoient bien s'être trompés
eux-mêmes, et que le prétendu mariage n'étoit
pas encore si proche qu'ils se l'étoient imaginé. Le
Roi continuant à m'entretenir seul, me dit, qu'il
ne doutoit point que Madame de Beaufort ne
fût dans une violente colere contre moi, qu'il
me conseilloit d'aller la trouver, et de chercher
à la satisfaire par de bonnes raisons : « et
» si cela ne suffit, ajouta-t-il, je parlerai en
» maître ».

La Duchesse avoit son appartement dans le cloître
de Saint-Germain : je m'y en allai de ce pas. Je ne
sçais quelle idée elle prit d'une visite qu'elle me vit
commencer par une espece d'éclaircissement : elle
ne me donna pas le temps de l'achever : la colere
dont elle étoit animée ne lui permettant pas de
mesurer ses termes, elle m'interrompit, en me

reprochant que je séduisois le Roi, et lui faisois croire que le noir étoit blanc. « Ho! ho! Madame, » lui dis-je en l'interrompant à mon tour, mais » d'un air très-froid, puisque vous le prenez » sur ce ton, je vous baise les mains; mais je ne » laisserai pas pour cela de faire mon devoir » : et je sortis sans vouloir en entendre davantage, afin de ne lui rien dire de mon côté de plus dur. Je mis le Roi de fort mauvaise humeur contre sa maîtresse en venant rapporter ses paroles: « Allons, » me dit ce Prince, avec un mouvement dont je » fus très-satisfait, venez avec moi, et je vous » ferai voir que les femmes ne me possedent pas ». Son carrosse tardant trop à venir à son gré, sa Majesté monta dans le mien; et pendant tout le chemin, jusqu'à l'appartement de la Duchesse, il m'assura qu'on ne lui reprocheroit jamais d'avoir chassé, ni seulement mécontenté, par complaisance pour une femme, des serviteurs qui, comme moi, ne cherchoient que sa gloire et son intérêt.

Madame de Beaufort qui s'étoit attendue, en me voyant sortir de chez elle, à y voir bientôt arriver le Roi, avoit bien étudié son personnage pendant ce temps-là; elle regardoit aussi-bien que moi la victoire que l'un ou l'autre allions remporter, comme le présage heureux ou malheureux de sa fortune. Lorsqu'on lui annonça le Roi, elle vint le recevoir jusqu'à la porte de la premiere salle. Henri,

sans l'embrasser, ni lui faire les caresses ordinaires:
« Allons, Madame, lui dit-il, allons dans votre
» chambre, et qu'il n'y entre que vous, Rosny
» et moi; car je veux vous parler à tous deux,
» et vous faire bien vivre ensemble ». Il fit fermer
la porte, regarda s'il n'y avoit personne dans la
chambre, la garde-robe et le cabinet ; puis la prenant d'une main pendant qu'il me tenoit de l'autre,
il lui dit d'un air qui dut la surprendre beaucoup,
que le véritable motif qui l'avoit déterminé à s'attacher à elle, étoit la douceur qu'il avoit cru
remarquer dans son caractere ; qu'il s'appercevoit,
par la conduite qu'elle tenoit depuis quelque
temps, que ce qu'il avoit cru véritable, n'étoit
qu'une feinte, et qu'elle l'avoit trompé. Il lui
reprocha les mauvais conseils qu'elle prenoit, et les
fautes considérables qui en étoient la suite. Il me
combla de louanges pour faire sentir à la Duchesse,
par la différence de nos procédés, que j'étois seul
véritablement attaché à sa personne. Il lui ordonna
de surmonter son aversion pour moi, au point de
se conduire par mes avis, parce qu'assurément il
ne me chasseroit pas pour l'amour d'elle.

Madame de Beaufort commença sa réponse par
des soupirs, des sanglots et des larmes. Elle prit
un air caressant et soumis. Elle voulut baiser la
main de Henri. Elle n'omit rien de ce qu'elle connoissoit capable d'attendrir son cœur. Ce ne fut

qu'après toutes ces petites façons qu'elle prit la parole, pour se plaindre amérement, de ce qu'au lieu du retour qu'elle auroit dû attendre d'un Prince à qui elle avoit donné toute sa tendresse, elle se voyoit sacrifiée à un de ses valets. Elle rappella ce que j'avois dit et fait contre ses enfans, pour aigrir l'esprit de sa Majesté contre moi; puis feignant de succomber au désespoir, elle se laissa tomber sur un lit, où elle protesta qu'elle étoit résolue d'attendre la mort, après un aussi sanglant affront. L'attaque étoit un peu forte. Henri ne s'y étoit point attendu. Je l'observois. Je vis son cœur chanceler; mais il se remit si promptement, que sa maîtresse ne s'en apperçut point. Il continua à lui dire, du même ton, qu'elle auroit pu s'épargner la peine de recourir à tant d'artifices pour un si léger sujet. Ce reproche la piqua sensiblement. Elle redoubla ses pleurs. Elle s'écria qu'elle voyoit bien qu'elle étoit abandonnée, que c'étoit sans doute pour augmenter encore sa honte et mon triomphe, que le Roi avoit voulu me rendre témoin des choses les plus dures qu'on puisse dire à une femme. Il parut que cette idée la plongeoit dans un désespoir véritable. « Pardieu ! Madame,
» c'est trop, reprit le Roi, en perdant patience,
» je vois bien qu'on vous a dressée à tout ce badi-
» nage, pour essayer de me faire chasser un ser-
» viteur dont je ne puis me passer. Je vous déclare

« que si j'étois réduit à la nécessité de choisir, de
« perdre l'un ou l'autre, je me passerois mieux
« de dix maîtresses comme vous, que d'un servi-
« teur comme lui ». Il ne laissa pas passer le terme
de valet, dont elle s'étoit servie, et trouva encore
plus mauvais, qu'elle l'appliquât à un homme dont
la maison avoit l'honneur d'être alliée à la sienne.

Après tant de paroles affligeantes, le Roi quitta
la Duchesse brusquement, et s'avança pour sortir
de la chambre, sans être touché de l'état où il la
laissoit ; parce qu'apparemment la connoissance
qu'il avoit de sa maîtresse, lui découvroit tout ce
qu'il y avoit d'affectations et de grimaces dans son
procédé. Pour moi j'y étois trompé jusqu'à en être
affligé ; et je ne sortis d'erreur, que lorsque Madame de Beaufort, voyant le Roi prêt à sortir de
chez elle, si irrité, qu'elle pouvoit appréhender
que ce ne fût peut-être pour n'y plus jamais revenir, changea tout d'un coup de personnage. Elle
courut l'arrêter, se jetta à ses pieds, non plus pour
le surprendre, mais pour lui faire oublier sa faute.
Elle commença par s'excuser. Elle montra un air
doux et un visage serein. Elle jura au Roi, qu'elle
n'avoit eu, ni n'auroit d'autre volonté que la sienne.
Il n'y a jamais eu de changement de décoration si
subit. Je ne vis plus qu'une femme agréable et
complaisante, qui agit avec moi, comme si tout
ce qu'elle venoit de me dire n'étoit qu'un songe.

La paix se fit avec une parfaite cordialité entre nous deux, et nous nous séparâmes tous fort bons amis.

Sur la fin d'Octobre, le Roi étant à Monceaux, ressentit quelques légeres atteintes de fievre, qui aboutirent enfin à un accès des plus violens (*). On l'attribua au ravage qu'avoit fait une quantité prodigieuse d'humeurs, dont sa Majesté s'étoit déchargée par une purgation ; et comme la fievre parut en effet dissipée, le Roi se crut guéri. Il m'en écrivit à Paris en ces termes, me marquant pourtant qu'il lui étoit resté, de son indisposition, un abattement morne, qui ne lui étoit pas ordinaire, et qu'il alloit chercher à dissiper en se promenant, s'il en avoit la force. C'étoit l'avant-coureur du mal dans lequel il retomba peu de jours après si violemment, qu'il se vit en fort grand danger, et que j'eus la douleur de le trouver en cet état, en arrivant à Monceaux avec Chatillon et d'Incarville, comme il me le mandoit par la lettre dont je viens de parler. Je crus long-temps que je n'étois venu que pour voir mourir mon cher maître entre mes bras ; car il ne voulut point que je quittasse Mon-

―――――

(*) Voici comment l'historien Mathieu parle de cette maladie de Henri IV. « En riant avec sa maîtresse et Bellegarde, de vers satyriques, il lui prit un grand dévoiement, et fut sept heures en grand danger; voulant toujours boire, et jettant l'eau et le verre à la tête, &c. ». Tome 2, liv. 2, page 277.

ceaux, tant que dura sa maladie ; et il m'appelloit fréquemment auprès de son lit. Dans un de ces momens, où le mal, s'opiniâtrant par de continuels redoublemens, faisoit désespérer que tout l'art des médecins pût jamais le vaincre, et où ce Prince étoit persuadé lui-même, qu'il touchoit à sa derniere heure : « Mon ami, me disoit-il, je
» n'appréhende nullement la mort ; vous le sçavez
» mieux que personne, vous qui m'avez vu en
» tant de périls, dont il m'étoit si facile de
» m'exempter, mais je ne nierai pas que je n'aie
» regret de sortir de la vie, sans élever ce royaume
» à la splendeur que je m'étois proposée, et avoir
» témoigné à mes peuples que je les aime, comme
» s'ils étoient mes enfans, en les déchargeant
» d'une partie des impôts, et en les gouvernant
» avec douceur ».

Le bon tempérament de Henri prit enfin le dessus, et dissipa le mal ; comme si on l'avoit enlevé tout d'un coup (*) ; en sorte que la joie de son rétablissement suivit de fort près le chagrin où nous étions plongés. Il n'eut plus qu'une autre

(*) C'est pendant cette maladie, que Henri IV fut extrêmement incommodé d'une carnosité, qui servit de prétexte à la duchesse de Beaufort, pour faire entendre à ce Prince, par La-Riviere, son premier médecin, qu'elle avoit mis dans ses intérêts, qu'il pourroit bien dans la suite n'avoir plus d'enfans. *Amelot de La-Houssaye*, num. 1, sur la 243 *lettre du cardinal d'Ossat.*

petite récidive, mais sans aucun accident fâcheux. Il m'en donna encore avis à Paris, où j'étois retourné, si-tôt que je le vis hors de danger ; et par une derniere lettre du 6 Novembre, que Schomberg, revenant de Monceaux, m'apporta à Paris de la part de sa Majesté, elle me fit sçavoir qu'elle étoit parfaitement rétablie, à un fond de mélancolie près, dont elle ne pouvoit se défaire, quoiqu'elle pratiquât exactement tout ce que les médecins lui conseilloient. Les sieurs Marescot, Martin et Rosset, étoient allés à Monceaux, sur la nouvelle de sa maladie, pour aider de leurs avis ceux qui étoient d'office auprès du Prince ; il eut l'attention de leur faire payer leur voyage, en m'écrivant de leur donner à chacun cent écus, et cinquante à Regnault, son chirurgien.

Le Roi n'avoit pas encore quitté Monceaux, lorsque le cardinal de Florence, qui avoit eu tant de part au traité de Vervins, passa par Paris en revenant de Picardie, pour s'en retourner de-là à Rome, après qu'il auroit pris congé de sa Majesté. Le Roi m'envoya à Paris le recevoir, et voulut qu'on le traitât avec les plus grands honneurs. Il avoit encore besoin auprès du Pape d'un Cardinal aussi puissant que cette éminence, qui parvint elle-même au pontificat. Je n'oubliai donc rien pour répondre aux intentions de sa Majesté ; et le Légat ayant eu envie de voir Saint-Germain-en-Laye, je fis sçavoir à Momier, concierge de ce château, qu'il tendît les salles et les chambres des plus belles tapisseries de la couronne. Momier exécuta l'ordre avec tant de ponctualité, mais avec si peu d'esprit, qu'il choisit, pour parer la chambre du Légat, une tenture que la reine Jeanne de Navarre avoit fait faire, fort riche, à la vérité, mais qui ne représentoit que des emblêmes et des devises contre le Pape et la Cour Romaine, également satyriques et ingénieuses. Le prélat fit tout ce qu'il put pour m'engager à prendre une place dans le carrosse qui le conduisoit à Saint-Germain, ce que je refusai, voulant prendre les devans, afin de voir si tout étoit en ordre, dont je me sçus fort bon gré. Je vis la bévue du concierge, et y fis remédier promptement. Le Légat n'auroit pas manqué de regarder et de faire regarder au Pape une semblable erreur, comme un dessein formé de l'insulter. Depuis, considérant qu'aucune différence de religion ne peut autoriser de pareils traits, je fis effacer toutes ces devises.

Il y avoit long-temps que j'aspirois à jouir du loisir de la paix, pour traiter enfin à fond la finance de l'Etat. Tout ce que j'avois pu faire jusques-là, s'étoit réduit à adoucir le mal ; et loin de pouvoir creuser jusqu'à sa racine, pour l'extirper une bonne fois, les différens besoins de l'Etat, qui s'étoient toujours succédés les uns aux autres pendant la guerre, avoient fait regarder comme un grand coup, de pouvoir conduire les finances, sans en augmenter la confusion. Il est vrai, qu'à considérer la chose de près, elles paroissoient atteintes d'une plaie absolument incurable, et qu'on ne pouvoit même guères sonder qu'avec un courage et une patience invincibles. Le premier coup-d'œil n'offroit qu'un discrédit universel, plusieurs centaines de millions dus par le trésor-royal, nulles ressources, une misere excessive, une ruine prochaine; mais cet état même de désespoir étoit ce qui devoit le plus engager à ne pas perdre un seul instant pour entreprendre ce grand ouvrage, pendant que l'opportunité des conjonctures laissoit du moins l'apparence de pouvoir réussir. Tout étoit tranquille, l'entretien des gens de guerre considérablement diminué, la plus grande partie des autres dépenses militaires supprimée. Le conseil du Roi s'étoit enfin lassé de faire d'inutiles efforts, pour m'ôter la connoissance des affaires publiques; elles rouloient presque toutes sur moi. Ces Messieurs dédaignoient même de venir aux assemblées, à moins que leur intérêt, ou celui de quelques parens et amis, ne les y conduisît; rien ne s'y proposoit plus sans mon avis, et rien ne s'y exécutoit plus que par mon aveu. Le Roi n'avoit aucun secret pour moi, ni aucune autorité dont il ne me revêtît. Toutes ces considérations me firent croire que, si les malheurs causés par des guerres civiles, aussi longues et aussi cruelles, pouvoient être réparés, ce seroit alors qu'on en viendroit à bout, ou jamais.

J'ai reçu du ciel un tempérament assez robuste, un corps capable de supporter (*) un long travail,

(*) Le portrait que nous fait M. de Pérefixe, de M. de Rosny, est tout-à-fait semblable à celui qu'on va voir tracé ici : « sur-tout, dit-il, il avoit le génie porté au maniement
» des finances, et toutes les qualités requises pour cela. En
» effet, il étoit homme d'ordre, exact, bon ménager, gardoit
» sa parole, point prodigue, point fastueux, point porté à
» faire de folles dépenses, ni au jeu, ni en femmes, ni en
» aucunes choses, qui ne conviennent pas à un homme élevé
» dans cet emploi. De plus, il étoit vigilant, laborieux,
» expéditif, qui donnoit presque tout son temps aux affaires,
» et peu à ses plaisirs ; avec cela il avoit le don de pénétrer
» ces matières jusqu'au fond, et de développer les entortille-
» mens et les nœuds dont les financiers, quand ils ne sont pas
» de bonne foi, s'étudient à cacher leurs friponneries ».
3 par:. P. Mathieu ne lui donne pas de moins grands éloges, *tome* 2, *liv.* 2, *page* 278.

« Le Roi lui donna, dit le Grain, la charge de surintendant-
» général de ses finances, avec telle autorité, qu'il ne s'en vit
» jamais une pareille en telle charge ; en laquelle il faut con-
» fesser qu'il falloit alors un homme qui eût les yeux bandés,
» et qui ne regardât rien que le profit du Roi, c'est-à-dire,
» du trésor public, qu'il étoit nécessaire de remettre en
» vigueur ; et qui fût plus rude que la dignité des uns et le
» respect des autres, n'eût pu porter en autre saison.....
» Et de fait, cette grande et autorité et puissance que le Roi
» lui donna, rendit en peu de temps la force aux nerfs de
» l'Etat, &c. ». Voyez tout ce que dit cet écrivain au sujet de
M. de Sully, *liv.* 7.

« Il mit, ce sont les paroles de d'Aubigné, *tom.* 3. *liv.* 5.
» *chap.* 3. les finances ès mains du marquis de Rosny, depuis
» duc de Sully, pour ce qu'il trouvoit en lui un esprit fort
» général et laborieux, et une austérité naturelle, qui mépri-

et une grande application d'esprit, une inclination naturelle à l'ordre et à l'économie, encore cultivée par une étude particuliere de cette science, depuis vingt-cinq ans que j'étois attaché à la personne du Prince ; et, s'il m'est permis de le dire, une passion encore plus forte pour la vertu et pour l'honneur; voilà les dispositions que j'ai apportées pour le maniement des affaires publiques. Avec elles, quoiqu'on ne soit pas exempt de commettre des fautes, et même d'assez considérables, cependant (et l'expérience, aussi-bien que le succès de mon

» sant les bonnes graces de tous, portoit l'envie des refus, et
» par-là fit la bourse du Roi, à quoi le naturel du maître
» tenoit bien sa partie, &c. ».

Voici comme il en est parlé dans un discours qui se voit, *tom. 3. des Mémoires d'état de Villeroi.* « Ce changement de
» visage, que ledit sieur de Sully a donné à la France néces-
» siteuse, la rendant opulente par son ménage et industrie,
» témoigne assez sa suffisance. Les remontrances qu'il faisoit
» aux volontés du Roi, et les résistances à tous les grands,
» démontrent sa vertu..... sa prudence et son courage. Ses
» envieux mêmes, disent que lui seul est plus utile au public,
» et sçait mieux les affaires, que tous les autres ensemble, &c. ».
Le discours manuscrit que nous avons cité dans la Préface, se rapporte à celui-ci, et on peut y ajouter le témoignage de presque tous les Historiens et Mémoires de ce temps-là, qui conviennent que M. de Sully a mérité en rigueur les noms de Ministre très-laborieux, très-capable, très-integre et surtout très-ferme. Les défauts de hauteur, de dureté et de vanité, qui sont presque les seuls qu'on lui ait reprochés, viennent de cette derniere qualité, poussée sans doute un peu trop loin. Nous aurons encore occasion d'en parler dans la suite, mais j'ai cru devoir joindre d'avance ces témoignages à la description qu'il fait en cet endroit, de ses mœurs et de sa conduite.

travail,

travail, me donnent droit de le dire) on peut assurer que les finances d'un Etat sont tombées dans de bonnes mains, lorsqu'un peu de jugement, beaucoup de travail et d'exactitude, plus de probité encore, sont les qualités qu'on remarque dans celui qui les gouverne. Je n'oserois me donner plus de part dans le portrait que je vais tracer du véritable homme de finance, parce que, quoique je me le sois toujours proposé à imiter, je suis sincérement très-éloigné de prétendre moi-même me donner pour modele.

Il seroit bien plus court de dire que l'homme appellé à la conduite des affaires, doit être un homme sans passions; mais pour ne pas les détruire, en le réduisant à une existence impossible et purement idéale, disons seulement qu'il faut qu'il connoisse du moins toute la bassesse de l'orgueil, toute la folie de l'ambition, toute la foiblesse de la haine et de la-vengeance. Comme je ne veux rien dire que ce qui peut le regarder directement, je ne releverai point ici l'indignité de maltraiter personne de fait ou seulement de parole, et de ne point donner d'ordre à ses inférieurs, que la colere ou la mauvaise humeur ne les assaisonne de juremens. Puisqu'il vit pour le public, il doit se rendre affable et accessible à tout le monde, excepté à ceux qui ne l'abordent que pour chercher à le corrompre, et ne jamais perdre de vue cette maxime, qui tient un des premiers rangs dans le détail du gouvernement, qu'un royaume doit être conduit par des regles générales, et que les exceptions seules produisent la plainte et le mécontentement.

La connoissance du rang et des différens degrés de distinction, non-seulement n'a rien de contraire à cette maxime, mais encore elle lui est essentiellement nécessaire, tant pour observer la proportion dans les traitemens que la politesse françoise a établis entre les conditions, que pour se guérir de l'erreur, que ses richesses et sa faveur lui asservissent toutes les autres. Le penchant pour le sexe est une source de foiblesses et d'injustices, qui l'entraîneront indubitablement au-delà des bornes de son devoir. La passion du gros jeu l'exposera à des tentations mille fois plus difficiles encore à vaincre à un homme qui manie tout l'argent du royaume : pour n'y pas tomber, je suis obligé de lui prescrire de ne connoître, ni les cartes, ni les dez.

Le dégoût du travail vient encore ordinairement de tout ce qui porte à la volupté, ou inspire la mollesse. L'homme d'Etat doit donc chercher, dans la sobriété, le remede contre la somptuosité et la délicatesse de la table, qui ne sont propres qu'à énerver également le corps et l'esprit ; l'honnête homme ne connoît point l'ivrognerie. L'homme laborieux ne doit pas moins ignorer ce qu'on appelle *ragoûts* et *liqueurs*. Comme il doit se rendre en tout temps et même à toute heure le séjour de son cabinet, non pas simplement supportable, mais délicieux, il ne peut trop se donner de garde de ne pas se remplir la tête de ballets, de mascarades, et autres parties de plaisir : il y a, dans toutes ces bagatelles, je ne sçais quel attirail, qui amollit souvent le cœur des philosophes et des misanthropes mêmes.

Je dis la même chose de la chasse, des équipages, des livrées nombreuses, des ameublemens, des bâtimens, et de toutes les autres inventions du luxe. Le goût qu'on a pour une seule de ces choses, dégénere bientôt en une espece de fureur, dont la perte du temps n'est que le moindre effet. La prodigalité, la ruine et le deshonneur, en sont les suites ordinaires. Il n'appartient qu'à un homme, qui ne peut se résoudre à vivre et à s'entretenir avec lui même, de penser éternellement galeries, colonnes, dorures, et de courir toute sa vie après des statues, des antiques et des médailles. Sçachez vous contenter d'un tableau commun ; la délicatesse de ramasser avec de grandes dépenses, et d'aussi grandes inquiétudes d'esprit, des originaux et toute autre piece rare, ne vient que de préoccupation.

Je suis pourtant bien éloigné, avec toutes ces maximes, de pousser la sévérité jusqu'à défendre à l'homme en place tout retour vers soi-même, et lui interdire toutes sortes de plaisirs. Je veux qu'il se divertisse, et qu'il prenne soin de sa fortune, pourvu qu'il fasse l'un sans se répandre et se dissiper; et l'autre, sans se flétrir et se dégrader. C'est un des avantages de l'esprit d'ordre et de modération, que celui qui le possede, pourvu qu'il vive long-temps, se trouve dans l'abondance, sans qu'il s'en apperçoive. Faire fortune, qui est un terme si odieux, parce que souvent il n'offre qu'injustices, vexations et cruautés dans les emplois, que lâches artifices, indignes flatteries, basses servitudes, ou même fourberies et trahisons à la cour, n'est plus qu'un effet naturel, et même une vertu, lorsqu'on n'y apperçoit que le prix du travail et la récompense légitime des bonnes actions. J'ajoute seulement, de peur d'équivoque, qu'ils y doivent être apperçus si clairement, qu'ils frappent les yeux, et arrachent l'aveu de nos plus grands ennemis (*).

Pour cela, il devroit être établi, que tout

___

(*) Une grande partie des maximes, dont est rempli le *chap.* 8, *part.* 1, du testament politique du cardinal de Richelieu, qui traite du conseil et des conseillers du Roi, est visiblement tirée de cet endroit, et de plusieurs autres Mémoires de Sully, et principalement ce qu'il dit des quatre qualités requises pour faire le conseiller parfait, qui sont la capacité, la fidélité, le courage ou fermeté, et l'application. J'aurai occasion dans la suite de faire quelques observations sur ce que les maximes et les mœurs de M. de Sully paroissent avoir d'outré, par rapport à ce qu'on appelle *luxe*.

homme qui prend en main le maniement des finances, ou de telle autre partie du ministere, fît et renouvellât de temps en temps une espece de profession, je veux dire, qu'il commençât, en entrant en place, par fournir un mémoire exact et détaillé de ses facultés présentes, et qu'il en donnât un second dans la même forme, en sortant du ministere ; ensorte que le changement arrivé dans son état, ne fût pas moins connu des autres que de lui-même. J'ai déjà eu soin de rendre compte au public de toutes les augmentations de biens et de dignités qui me sont arrivées, à mesure que les différentes occasions les ont amenées, et je ne veux pas me départir de cette méthode ; mais, comme je crois la chose de nature à devoir être assujettie au calcul, je vais mettre tout le monde en état de le faire soi-même, en attendant qu'on le voie parfait à la fin de ces Mémoires.

Le bien de mon pere ayant été partagé également entre moi, et le seul qui resta de quatre freres que j'avois eus, ma part, en y joignant la dot de mon épouse, qui consistoit en dix mille livres, ne monta qu'à quinze ou seize mille livres de rente, et comme elle n'augmenta guères pendant cette vingtaine d'années, qui ne laissoit point au Roi d'occasions de récompenser ses serviteurs, voilà tout ce que j'avois, lorsque les finances de l'Etat me furent remises. Je sçais que bien des personnes rougiroient d'un pareil aveu; mais pour moi, je l'ai déjà dit, je ne trouve, à cet égard, qu'une seule chose dont on doive rougir, c'est l'infamie des biens mal acquis, ou douteux. Je n'appréhende le reproche, ni de concussion, ni de confiscation, ni de profits équivoques; tout ce que j'ai ajouté à ce premier fonds, ne sont que de purs bienfaits du Roi; en sorte que je dois tout à un seul Dieu et à un seul maître.

Ce que j'avois déjà pu y joindre, jusqu'à l'année présente 1598, montoit aux sommes suivantes, deux mille livres d'appointement en qualité de conseiller de Navarre, autant comme conseiller d'Etat; avec les trois mille six cent livres de pension, que le Roi avoit attachées à cette charge, mes gages comme membre du conseil, ayant augmenté par degrés, et à proportion des services que le Roi trouvoit que je lui rendois, ils étoient alors portés à vingt mille livres. Le Roi doubla ma compagnie de gendarmes, qui d'abord n'étoit que de cinquante hommes; et après qu'elle eut été incorporée à celle de la Reine, dont je fus fait capitaine-lieutenant, cette compagnie me rapporta de gages cinq mille liv. Le Roi me fit encore conseiller d'honneur (*) au

―――――

(*) Les lettres-patentes, par lesquelles Henri IV fait le marquis de Rosny conseiller d'honneur, lui donne l'entrée au Parlement, &c. datées du 16 Mars 1602, se voient dans les registres du Parlement de Paris, ainsi que l'enregistrement de ces lettres, et sa réception du 19 Mars de la même année.

Parlement de Paris, mais sans gages; ce fut dans le temps où le jeune Chauvelin (*) fut le premier dispensé de la regle des quarante jours, moyennant quatre mille écus. Je ne ferai qu'un article du gouvernement de Mantes, dont je venois d'être pourvu, et de celui du Gergeau, que sa Majesté me donna ensuite. Tel étoit alors l'état de ma fortune; le cours qui jusques-là en avoit été assez lent, devint très-rapide les années suivantes, par les grandes charges dont sa Majesté m'honora, et par des gratifications si considérables, que l'article que j'en formerai, en les rassemblant, sera des plus importans. Je promets d'y comprendre ses plus petites libéralités, et jusqu'à celles des autres personnes royales. Avant que d'entrer dans la discussion des affaires et dans le détail des finances, à quoi je me suis engagé, je vais, puisque j'ai commencé à instruire le public de mes dispositions personnelles, achever le tableau, en exposant, et mes occupations journalieres, et toute ma maniere de vivre, depuis que je suis devenu personne publique: c'est ici le véritable endroit de le faire, quoique, pour tout dire à la fois, je sois obligé de me supposer déjà revêtu de toutes les charges qui ne me vinrent que quelque temps après.

Il n'y avoit aucun des six jours ouvrables de la

(*) Sébastien Chauvelin.

semaine où il ne se tînt un conseil matin et soir. Le premier et le plus important de tous est celui qu'on appelloit le *conseil d'Etat et des finances*, qui occupoit lui seul les Mardi, Jeudi et Samedi, par les deux séances du matin et de l'après-midi. Le Roi en étoit le chef, et y assistoit assidument. Les Princes, les Ducs et Pairs, les Officiers de la couronne, les Chevaliers des ordres du Roi, ou ceux qui avoient un brevet de sa Majesté, y avoient entrée et voix délibérative. On y recevoit et l'on y examinoit toutes sortes de requêtes, sur quelque sujet que ce pût être; mais principalement sur ce qui concernoit les pensions de l'Etat, qui dès-lors commencerent à être acquittées avec un soin et une régularité qui les fit préférer à toutes autres sortes de biens, même aux fonds de terre. Les trois autres jours de la semaine étoient remplis de même, matin et soir, par différens conseils qu'on appelloit *conseils des parties*, composés d'un certain nombre de conseillers particuliers. Là, on examinoit ce qui étoit du ressort de chacun de ces conseils; s'il y étoit porté quelque contestation, elle étoit renvoyée aux tribunaux auxquels il appartenoit d'en connoître, en veillant à ce qu'ils rendissent bonne et prompte justice.

J'étois de tous ces conseils, et j'y présidois ordinairement, lorsque le Roi ne pouvoit pas s'y trouver; ce qui arrivoit souvent, sur-tout pour les conseils des parties. Je ne manquois jamais au conseil d'Etat, qui rouloit presqu'entiérement sur moi. C'étoit à moi qu'étoient adressées les lettres et les requêtes qui devoient y être présentées; et, comme les questions qui demandent des délibérations générales ne sont pas fort communes, en faisant part de ces affaires, j'en apportois en même-temps la solution: souvent même j'y apportois les arrêts tout dressés, afin que tout fût expédié dans une seule séance, et rarement on y changeoit quelque chose. J'ai toujours eu pour principe, que les réponses que l'on donne en sous-ordre aux employés dans les grandes affaires, ne peuvent être ni trop promptes, ni trop précises; tout le temps passé en contestations, est un temps perdu.

On conçoit aisément combien ce seul travail demande de temps: aussi m'accoutumai-je à me lever à quatre heures du matin, soit en hiver, soit en été; et les deux premieres heures de la journée étoient employées à nettoyer, autant qu'il étoit possible, chaque jour le tapis des affaires qui y étoient mises. Tout ministre qui en usera autrement, laissera tout dans la confusion et dans une perpétuelle indécision, par les différens embarras dont il se verra à la fin accablé. J'étois habillé à six heures et demie, et en état de me rendre au conseil, qui commençoit à sept, pour finir d'ordinaire à neuf; et suivant l'importance des matieres, à dix, et quelquefois à onze. Il arrivoit assez souvent qu'au lieu d'y venir, sa Majesté m'envoyoit ensuite chercher dès les neuf à dix heures, soit seul, soit avec ses deux autres Ministres d'Etat (*), MM. de Villeroi et Sillery; et que, se promenant avec nous, elle nous faisoit entendre ses intentions, et donnoit ses ordres à chacun de nous sur nos emplois particuliers. Au sortir de là je m'en venois dîner.

Ma table n'étoit, pour l'ordinaire, que de dix couverts; et comme elle étoit servie avec une frugalité qui eût pu déplaire aux seigneurs de la cour, sur-tout à ces sensuels qui se font une occupation très-sérieuse de raffiner sur tout ce qui se mange et se boit, je n'y conviois presque personne; en sorte

(*) C'est le nom que portoient alors ceux qu'on a nommés depuis secretaires d'État : et ceux qu'on appelloit secretaires d'État, qui étoient Messieurs Forget, Loménie, Beaulieu-Rusé et Potier, n'étoient proprement que quatre secretaires des finances, ou premiers commis de sa Majesté. Quoiqu'il paroisse qu'aucun des trois Ministres d'Etat n'ait porté le nom de premier ou principal Ministre, le partage des fonctions du ministere étoit si inégal entre M. de Sully et ses deux collegues, et Henri IV donnoit au premier une si grande part et une si grande autorité dans celles qui étoient de leur ressort, qu'on peut dire qu'il n'y avoit que le nom seul de premier Ministre qui lui manquoit. Ce nom même n'étoit pas alors fort en usage. Le chancelier du Prat, sous François I, le connétable de Montmorency, sous Henri II, &c. ne l'ont point porté, quoiqu'ils aient eu toute la confiance de leurs maîtres. M. de Villeroi étoit à la tête des affaires étrangeres, ayant aussi pour adjoint le président Jeannin. M. de Sillery, avec M. de Bellievre, qui peu de temps après fut chancelier, avoient la direction des affaires du dedans du royaume.

que ces places n'étoient, pour l'ordinaire, remplies que par mon épouse, mes enfans, et au plus par quelque ami qui n'étoit pas plus difficile que moi. On a plusieurs fois essayé de me faire changer de conduite; mais je ne répondois à tous ces reproches que par les paroles d'un ancien, que si les convives sont sages, il y en a suffisamment pour eux; s'ils ne le sont pas, je me passe sans peine de leur compagnie.

Au sortir du dîner, je passois dans ma grande salle, où l'on sçavoit que je donnois une audience réglée, et qui, par cette raison, étoit toujours remplie à cette heure. Tout le monde y étoit admis; et si l'audience étoit libre, la réponse n'étoit pas moins prompte : en cela, mon goût secondoit l'intention de sa Majesté. Je commençois par les ecclésiastiques de l'une et de l'autre religion. Les gens de la campagne, qui restoient les derniers, n'y perdoient qu'un peu d'attente. Je faisois en sorte que tout le monde fût expédié avant que je me retirasse. J'envoyois même avertir de s'approcher, ceux qui avoient laissé passer l'heure dans la cour, ou dans le jardin. Si la chose qu'on me proposoit étoit juste et dépendoit de moi, en deux mots j'en promettois l'exécution. Si elle étoit injuste, j'en faisois quelque reproche avec politesse, et je me défendois honnêtement de m'en mêler. Si elle me paroissoit douteuse ou compliquée, j'appellois un intendant ou un de mes secretaires, que je chargeois des papiers qui en pouvoient donner l'éclaircissement, et je faisois en sorte que l'expédition que j'en promettois dans la semaine, fût achevée dans ce temps-là. Quelque épineuse que fût la question, le conseil auquel elle étoit portée, ne la gardoit jamais au-delà du mois.

A l'égard des autres conseils, auxquels étoient affectés le Lundi, le Mercredi et le Vendredi, j'y vaquai tout aussi long-temps que je pus, avant que mes charges multipliées eussent aussi multiplié mes occupations, et même après; mais lorsque la direction de la marine, de l'artillerie, des fortifications, des bâtimens, des ponts et chaussées, m'eut été confiée personnellement, et qu'il fallut y joindre encore le détail de mes gouvernemens, je fus obligé de substituer ces soins à l'autre, et de consacrer la matinée de ces trois jours à la connoissance des affaires dépendantes de ces charges; parce que sa Majesté les trouvoit assez de conséquence, sur-tout celle de grand-voyer et de surintendant des fortifications et bâtimens, pour assister à l'appurement des états de chacune de ces parties, qui se faisoit en présence des autres gouverneurs et autres officiers intéressés, appellés en corps à ce sujet : mais pour cela je ne perdois pas de vue les autres conseils. J'avois soin qu'il ne s'y fît, pendant que j'étois absent, aucune délibération importante, sur-tout lorsqu'il s'agissoit de la guerre.

Je dispensois mon temps de maniere que chacune de ces parties me fournît encore du temps pour les autres, et même pour bien d'autres, que je n'ai pas encore nommées : car, combien d'affaires extraordinaires et imprévues ? combien d'ordres, de consultations et de lettres de sa Majesté, qui n'avoient rapport à rien de tout cela ? On en jugera par l'assurance générale, que, non-seulement il n'arriva jamais rien à ce Prince, dont il ne me fît aussi-tôt confidence, mais même qu'il ne se passa jamais rien dans son intérieur (*), qu'il ne déposât dans mon sein : secrets, desseins, pensées, maladies cachées, plaisirs et chagrins domestiques, craintes et espérances, amours, amitiés et haine ; tout enfin étoit confié à ma fidélité et à ma discrétion : je puis bien me servir de ces termes. C'est dans tous ces momens que, pour satisfaire aux besoins et aux desirs de Henri, il falloit faire treve avec toutes les occupations les plus pressantes, imaginer des moyens, se prêter à des entreprises, répondre à des lettres, et entreprendre des voyages qui

―――

(*) « Jamais aucun Ministre n'a eu plus parfaitement la
» confiance de son Prince que celui-ci, et jamais personne
» ne s'en est rendu plus digne par sa fidélité, son activité,
» son application continuelle aux affaires, et son désintéres-
» sement dans toutes les choses où il s'agissoit du service du
» Roi, &c. ». *Histoire de France de Châlons*, tom. 3. pag. 255.

auroient mis en souffrance toutes les autres affaires de l'Etat, si en donnant la nuit aussi-bien que le jour à ces nouveaux incidens qui n'avoient ni mois, ni jours, ni heures réglées, une extrême diligence à réparer les affaires qui en avoient été interrompues, n'eût remis toutes choses dans leur état naturel.

On est surpris, en faisant ces réflexions, comment avec une si prodigieuse économie du temps, il en reste si peu pour les affaires purement domestiques. Le petit nombre d'instans que j'ai pu donner à celles-là, je n'ai jamais pu le rencontrer que par échappées dans quelqu'une des après-dînées de ces trois mêmes jours : aussi fallut-il que mon épouse s'accoutumât à faire tout ce qui n'étoit pas de nécessité absolue que je fisse moi-même, ou que je m'en reposasse sur des gens d'affaires ou sur des domestiques.

Quant aux récréations et aux heures de délassement, qui doivent par nécessité trouver place au milieu d'un travail si assujettissant, elles n'étoient pas moins réglées que les affaires mêmes, mais aussi sujettes à être dérangées. Lorsque j'avois le bonheur qu'elles ne le fussent point, je ne sortois point de l'arsenal pour les goûter. C'est dans ce château que j'ai fait ma demeure, depuis que j'ai reçu la charge de grand-maître, jusqu'au temps où la mort de mon Roi m'a rendu au repos d'une vie privée. Les exercices, dont l'arsenal étoit une excellente école pour la jeunesse, étoient ce qui me délassoit le plus l'esprit, sur-tout lorsque j'y voyois mêlés mes enfans, mon gendre, mes parens et amis particuliers. La bonne compagnie qui se trouvoit les après-midi dans cette petite enceinte, les fanfares qu'on y entendoit, l'air de gaieté sans mollesse, et de plaisir sans nonchalance qu'on y respiroit, est tout ce que je connois de plus propre à récréer un esprit, à qui l'habitude du travail rendroit insipides les divertissemens purement de paresse et d'indolence.

De quelque maniere que j'eusse passé l'après-midi, et que l'heure du souper fût venue, elle n'étoit pas plûtôt arrivée que je faisois fermer les portes, et défendois qu'on laissât entrer personne, à moins que ce ne fût de la part du Roi. Depuis ce moment, jusqu'à l'heure du coucher, qui étoit toujours pour moi à dix heures, il n'étoit plus fait mention d'affaires, mais de dissipation, de joie et d'effusion de cœur, avec un petit nombre d'amis, de bonne, et sur-tout d'agréable société.

Le ministere général, poste toujours fort laborieux, n'est pas pourtant toujours chargé des mêmes difficultés ; et on ne peut qu'envier le bonheur de ceux qui y sont appellés dans une conjoncture, où toutes les affaires se conduisant depuis plusieurs années par un cours réglé et paisiblement tranquille, ils peuvent, paisiblement assis sur le timon, se contenter d'une inspection générale, et laisser le reste de la manœuvre à ce grand nombre d'ouvriers, qui travaillent sous leurs ordres. Je n'ai pas eu cet avantage. On s'en est déjà apperçu par ce que j'ai eu occasion de dire en différentes fois ; et, pour ne point encore entamer le fait de la finance, qui étoit alors une mer sans fond ni rive, je prie qu'on jette un coup-d'œil sur les différens embarras qu'on rencontroit, sans sortir de l'intérieur du royaume : une cabale de révoltés à éclairer de près, et s'il se pouvoit, à réduire, une dispute de religion à terminer, un parti puissant à satisfaire et à contenir, une subordination et une police générale à établir et faire observer ; la chose étoit au point, qu'on ne connoissoit rien de ce grand nombre d'officiers de guerre, de police, de finances, de judicature, et de la maison du Roi, pensionnaires, ou aux gages de l'Etat, sinon que le nombre en étoit en effet infini, et qu'il falloit commencer par en rechercher les noms, et les comprendre tous dans un registre, pour pouvoir ensuite en supprimer une partie.

Les affaires de la guerre étoient dans le plus grand renversement, et l'ordre qu'on y pouvoit mettre, ne dépendoit pas, comme on se l'imagine peut-être, de réformer une grande partie des troupes. Il falloit prendre connoissance de toutes les villes et places fortes, dont la plupart étoient dans un état de ruine si prochain, que, par cette raison,

et

et pour diminuer la quantité des garnisons qu'on entretient en France, il étoit nécessaire d'en démolir la partie qui étoit inutile ; ce qu'on ne pouvoit pourtant faire, qu'après la mort de ceux à qui il auroit été dangereux d'en ôter le gouvernement.

La marine seule pouvoit occuper un ministre entier, et pendant une longue suite d'années ; car cette partie de l'Etat qui demande une si grande sujétion, ne prend pas des progrès bien rapides. Elle ne peut les tirer que de l'aisance et de la splendeur que le temps de la paix et un bon gouvernement donnent à un royaume (*). On ne conçoit point jusqu'à quel point la marine, et le commerce qui en dépend, étoient oubliés en France. Je convins avec le Roi qu'on commenceroit cet établissement par tous les premiers principes ; qu'on feroit visiter les côtes, examiner les ports, afin de prendre des mesures pour leur réparation ; qu'on en feroit de même du petit nombre de vaisseaux et des galeres délabrées qu'on y trouveroit encore, en attendant qu'on en pût construire de nouveaux ; après quoi l'on nommeroit des officiers, et on chercheroit des matelots et des pilotes, dont on animeroit

---

(*) « Il faut être puissant, dit le cardinal de Richelieu, » après M. de Sully, pour prétendre à cet héritage, (de la » possession de la mer) les titres de cette domination sont » la force, et non la raison ». *Testament politique de ce Cardinal*, part. 2, chap. 9, sect. 5 et 6. Le cardinal d'Ossat, dans plusieurs de ses lettres, conseille à Henri IV de rétablir la marine.

l'industrie par des récompenses : en un mot, pour épargner un plus long détail, qu'on commenceroit à créer une marine absolument nouvelle.

Tout cela ne pouvoit s'exécuter que successivement, et peu à peu. La finance, comme la partie la plus malade du corps de l'Etat, étoit aussi celle à laquelle il falloit donner les premiers secours. On va juger de la grandeur du mal, par le mémoire des sommes qui sortirent du trésor royal, pour amener au parti du Roi les chefs et autres principaux membres et villes de la Ligue. Ce mémoire a quelque chose d'assez curieux ; il monte à plus de trente-deux millions de livres (*). Le voici.

Au duc de Lorraine, et autres particuliers compris dans son traité, trois millions sept cent soixante-six mille huit cent vingt-cinq livres. Au duc de Mayenne, et autres compris dans son traité, compris aussi deux régimens Suisses, que le Roi se chargea de payer, trois millions cinq cent quatre-vingt mille livres. Au duc de Guise, et autres compris dans son traité, trois cent quatre-vingt-huit mille livres. Au duc de Nemours et autres, trois cent soixante-dix-huit mille livres. Au duc de Mercœur, pour Blavet, et autres villes de Bretagne, quatre millions deux cent quatre-vingt-quinze mille trois cent cinquante livres. Au duc

(*) Il y a ici une erreur de calcul d'environ cent mille livres dans les anciens Mémoires.

d'Elbœuf, pour Poitiers, &c. neuf cent soixante et dix mille huit cent vingt-quatre livres. A MM. de Villars et le chevalier d'Oise, pour Rouen et le Havre, y compris aussi les dédommagemens accordés à M. le duc de Montpensier, au maréchal de Biron, au Chancelier, &c. trois millions quatre cent soixante-dix-sept mille huit cent livres. Au duc d'Epernon et autres, quatre cent quatre-vingt-seize mille livres. Pour la réduction de Marseille, quatre cent six mille livres. Au duc de Brissac, pour Paris, &c. un million six cent quatre-vingt-quinze mille quatre cent livres. Au duc de Joyeuse, pour Toulouse, &c. un million quatre cent soixante-dix mille livres. A M. de la Châtre, pour Orléans, Bourges, &c. huit cent quatre-vingt-dix-huit mille neuf cent livres. A MM. de Villeroi et d'Alincourt, pour Pontoise, &c. quatre cent soixante-seize mille cinq cent quatre-vingt quatorze livres. A M. de Bois-Dauphin et autres, six cent soixante-dix-huit mille huit cent livres. A M. de Baslagni, pour Cambrai, &c. huit cent vingt-huit mille neuf cent trente livres. A MM. de Vitry et de Médavy, trois cent quatre-vingt mille livres. Aux sieurs Vidame d'Amiens, d'Estournelle, marquis de Trenel, Sesseval, du Pêche, Lamet, &c. et pour les villes d'Amiens, Abbeville, Péronne, Courcy, Pierrefont, &c. un million deux cent soixante-un mille huit cent quatre-vingt livres. Aux sieurs de Belan,

Quionville, Joffreville, du Pêche, &c. et pour Troyes, Nogent, Vitry, Chaumont, Rocroy, Château-Porcien, &c. huit cent trente mille quarante-huit livres. A MM. de Rochefort, et pour Vézelai, Mâcon, Mailly, &c. quatre cent cinquante-sept mille livres. A MM. de Canillac d'Achon, Lignerac, Monfan, Fumel, &c. et pour la ville du Puy, &c. cinq cent quarante-sept mille livres. A MM. de Monpezat et de Montespan, &c., et pour différentes villes de Guienne, trois cent quatre-vingt-dix mille livres. Pour Lyon, Vienne, Valence, et autres du Dauphiné, six cent trente-six mille huit cent livres. Aux sieurs Daradon, la Pardieu, Bourcanny, Saint-Offange, pour Dinan, &c. cent quatre-vingt mille livres. Aux sieurs de Leviston, Baudoin et Beauvilliers, cent soixante mille livres.

J'effraierois mes lecteurs, si je leur montrois que cette somme ne fait encore qu'une très-petite partie de celles qui étoient demandées au trésor royal, soit par les François, soit par les étrangers, à titre de solde, de pensions, de prêt, d'arrérages de rentes, &c.; et que le total de toutes ces sommes-là, après avoir fait quelques retranchemens, dont la justice se faisoit appercevoir sans un grand examen, montoit, par la supputation que j'en fis, à près de trois cent trente millions de livres. C'est un calcul que j'exposerois ici, si je ne jugeois qu'il trouvera mieux sa place, lorsqu'il s'agira de la discussion de toutes ces parties.

Voilà un beau champ ouvert aux travaux d'un surintendant des finances : mais par où commencer ? L'exorbitance des dettes de l'Etat demandoit qu'on augmentât les impôts. La misere générale demandoit encore plus fortement qu'on retranchât des anciens : et tout bien pesé, je trouvai que l'intérêt même du Prince vouloit qu'on écoutât le cri de la misere publique. Rien assurément ne peut donner une idée de l'état accablant auquel étoient réduites les provinces, sur-tout celles de Provence, Dauphiné, Languedoc et Guienne, long et sanglant théatre de guerres et de violences qui les avoient épuisées. Je remis par tout le royaume le reste des impôts de 1596, qui étoient encore à payer (*) : action autant de nécessité, que de charité et de justice. Cette gratification qui commença à faire respirer le peuple, fit perdre au Roi vingt millions ; mais aussi elle facilita le paiement des subsides de 1597, qui, sans cela, seroit devenu moralement impossible.

Après ce soulagement, je cherchai à procurer aux peuples de la campagne tous ceux que je pouvois leur donner : fortement persuadé que ce ne

(*) Avec les arrérages des années précédentes, dont les particuliers avoient fait des obligations aux receveurs des tailles. Ces obligations dont, selon Le-Grain, quelques-unes montoient jusqu'à sept années, furent déclarées annullées. *Liv.* 7.

peut être une somme de trente millions perçue tous les ans dans un royaume de la richesse et de l'étendue de la France, qui le réduit en l'état où je le voyois; et qu'il falloit que les sommes consistant en vexations et faux frais, excédassent infiniment celles qui entroient dans les coffres de sa Majesté. Je pris la plume, et entrepris ce calcul immense. Je vis avec une horreur, qui augmenta mon zele, que pour ces trente millions qui revenoient au Roi, il en sortoit de la bourse des particuliers, j'ai presque honte de le dire, cent cinquante millions (*). La chose me paroissoit incroyable; mais à force de travail, j'en assurai la vérité. Je ne fus pas surpris, après cela, d'où venoit la calamité du peuple, dans un temps où, quoique le commerce fût interrompu, l'industrie arrêtée ou persécutée, les fonds de terres négligés et sans valeur, les autres

(*) Cette somme, toute énorme qu'elle est, ne paroîtra pourtant point exagérée, si l'on fait attention, qu'outre les frais ordinaires de levée, qui étoient alors excessifs, le peuple avoit encore à essuyer une infinité de concussions et d'extorsions. « La France seroit trop riche, dit le cardinal de » Richelieu », Test. Pol. 2 part. chap. 9, sect. 7, et le peuple » trop abondant, si elle ne souffroit point la dissipation des » deniers publics, que les autres Etats dépensent avec regle. » Elle perd plus, à mon avis, que des royaumes, qui pré- » tendent quelqu'égalité avec elle-même, ne dépensent à leur » ordinaire ». Il rapporte là-dessus le bon mot d'un Ambassadeur Vénitien: que pour rendre la France heureuse, il ne lui souhaitoit autre chose, sinon qu'elle sçût aussi-bien dépenser ce qu'elle dissipoit sans raison, que sa république sçavoit bien n'employer pas un seul quadrain, sans besoin et sans beaucoup de ménage.

biens diminués à proportion, il avoit pourtant été obligé de fournir une somme si fort au-dessus de ses forces, parce qu'on s'étoit servi, pour la lui arracher, de la derniere violence.

Je me tournai contre les auteurs de cette violence, qui étoient tous les gouverneurs et autres officiers de guerre, aussi-bien que de justice et de finance, qui, jusqu'aux moindres, faisoient tous un abus énorme de l'autorité que leurs emplois leur donnoient sur le peuple; et je fis rendre un arrêt du conseil, par lequel il étoit défendu, sous de grandes peines, de rien exiger du peuple, à quelque titre que ce pût être, sans une ordonnance en forme, au-delà de ce à quoi il étoit obligé pour sa part des tailles et autres subsides réglés par sa Majesté, enjoint aux trésoriers de France, sous peine d'en répondre personnellement, d'informer de tout ce qui se pratiqueroit au contraire.

Cet arrêt mit un frein à l'avidité de tous ces petits concussionnaires; mais il leur donna contre moi un furieux ressentiment; et, quoiqu'il y eût quelque chose de honteux pour eux à le témoigner, une grande partie fit éclater ses plaintes, comme si je les avois en effet dépouillés d'un bien légitime. Le duc d'Epernon fut le premier qui se montra, et osa en venir avec moi jusqu'aux voies de fait: L'humiliation qu'il avoit essuyée, ne l'avoit pas défait de son humeur fiere et impérieuse. Les Provençaux avoient mille fois béni le moment où il étoit sorti de leur province. Il n'y avoit plus de malheureux que ceux qui étoient, ou ses vassaux, ou trop voisins de ses terres. Il se faisoit tous les ans, à leurs dépens, plus de soixante mille écus de revenu.

Il fut averti par Messieurs du conseil, auxquels cet arrêt faisoit la même peine qu'à lui, du jour où il devoit y être passé, et se promit bien de l'empêcher. Il vint prendre séance au (*) conseil ;

(*) Le démêlé dont il est question ici, arriva le Lundi 26 Octobre 1598, chez le Chancelier où se tenoit le conseil : « le duc d'Epernon ayant dit à M. de Rosny, qu'il n'étoit » pas obligé de l'aller trouver chez lui, faisant beaucoup » valoir sa qualité ; celui-ci lui répondit avec des gestes de » Rodomont, qu'il étoit d'une des plus anciennes maisons de » France : si, m'avouerez-vous, Monsieur, lui répartit le » duc d'Epernon, qu'il y a quelque différence entre vous et » moi. Sur le mot d'épée qu'il ajouta en relevant les person- » nes de cette profession au-dessus des autres, M. de Rosny » reprit, qu'il sçavoit aussi se servir de la sienne, à quoi le » duc d'Epernon repliqua qu'il ne débattoit pas cela avec lui. » Le Chancelier les ayant appaisés, ils en vinrent à des expli- » cations plus douces : vous avez parlé à moi, lui dit M. de » Rosny, comme si j'étois un petit financier. Non, lui » répondit le duc d'Epernon ; vous ne trouverez point que » je sois venu à vous à pouilles, ni injures. Je ne suis point » homme à pouilles, ni injures, interrompit M. de Rosny ; » je ne le souffrirois d'homme du monde. Je ne vous dis pas » cela, dit M. d'Epernon..... je suis fort aise, reprit M. de » Rosny, affectant de prendre les dernieres paroles de son » adversaire pour une excuse, que vous ne m'ayez point » offensé. Je n'offense personne, repliqua le duc d'Epernon ; » et quand cela m'arriveroit, je porte de quoi contenter ceux » qui sont de ma condition, et satisfaire les autres selon » qu'ils sont ». C'est apparemment après ces dernieres paroles,

et, en s'adressant à moi, il fit une comparaison pleine d'arrogance et de mépris, de la maniere dont il soutenoit son nom, avec celle dont j'avilissois le mien par la nouvelle profession que j'avois embrassée. Je répondis sans équivoque à un discours si impertinent, en lui déclarant qu'en toutes manieres

qui sont très-piquantes, que tous deux porterent la main sur la garde de leurs épées. Le Chancelier et les autres conseillers les interrompirent souvent, et enfin les séparerent. *Le vol.* 8055 *des Mss. de la bibliot. du Roi*, d'où je tire ces particularités presque mot pour mot, les rapporte avec quelques autres traits semblables pour preuves de l'humeur brusque et fiere du duc de Sully : aussi tout ce récit est fait d'une maniere qui ne lui est pas avantageuse. Le Grain a aussi en vue ce fait dans les paroles que je vais citer. Mais quoiqu'il convienne qu'un Ministre doit avoir sur-tout la modestie en recommandation, il ne peut s'empêcher de justifier M. de Sully : « Comment se pouvoit-il faire, dit-il, qu'il retranchât
» tant de pensions, tant de gages d'officiers sans services,
» rebutât tant de demandeurs de récompenses, et veillât sur
» tant d'avis qui se donnoient aux grands, lesquels avis il
» faisoit souvent tomber au profit du Roi, à leur mécontentement, sans avoir une très-grande autorité, et sans montrer une façon fastueuse et arrogante. Le Roi le vouloit
» ainsi, afin que tout fût égal jusqu'à ce qu'il eût acquitté et
» enrichi son royaume. Et partant, ce n'étoit aux sujets à
» murmurer : et d'autant que le Roi témoigna son approbation de toutes les actions de M. de Sully, quand sa Majesté déclara à quelques grands qui le vouloient quereller,
» qu'il seroit son second ; il ne nous est pas permis de juger
» d'icelles actions, et offenser la mémoire de sa Majesté après
» sa mort, ni l'honneur du duc de Sully durant sa vie ; puisqu'il n'a fait que le service de son maître..... Dieu veuille », ajoute cet écrivain, après avoir montré la sagesse et la nécessité de la conduite du Roi et de son Ministre, « que ce trésor
» soit conservé avec tel soin qu'il a été acquis, &c. ». *Liv.* 7. J'ai cru cette remarque nécessaire, ayant à rapporter dans la suite de ces Mémoires un grand nombre d'autres exemples semblables au démêlé qu'on vient de voir.

je me croyois du moins son égal. Des paroles aussi claires firent monter le feu au visage de d'Epernon, au lieu du phlegme insultant qu'il avoit affecté d'abord; et il passa à faire des menaces que je n'entendis pas plus patiemment que le reste. J'y répondis vivement : il repliqua de même ; et, sans plus longue explication, nous portâmes l'un et l'autre la main à la garde de nos épées. Si l'on ne se fût jetté au-devant de nous, et qu'on ne nous eût pas fait sortir du conseil par deux côtés opposés, on auroit vu une scene assez nouvelle dans l'endroit où ceci se passoit. Notre querelle ayant été rapportée au Roi, qui étoit alors à Fontainebleau, sa Majesté me sçut si bon gré du zele que j'avois témoigné en cette occasion pour la justice, qu'elle m'écrivit à l'heure même de sa main, en louant ma conduite, et en m'offrant, disoit-elle, « de me » servir de second contre d'Epernon, auquel elle » alloit parler de façon à lui ôter l'envie de me » faire à l'avenir de pareilles incartades ». D'Epernon vit bien que ce Prince étoit vivement offensé de son procédé ; il m'en fit excuse en présence du Roi, qui nous fit embrasser tous deux.

Outre ces revenus, que les Princes du sang, à commencer par Madame elle-même, et les officiers de la couronne s'étoient ainsi faits gratuitement, le peuple en avoit encore à souffrir jusques dans la perception de leurs revenus effectifs. Il n'y avoit aucune de ces personnes qui ne fût pensionnaire du Roi à titre de leurs emplois, de récompenses, de gratifications, ou de traités faits avec sa Majesté, en rentrant dans son obéissance ; et, par un effet de la licence des derniers temps, l'usage étoit, qu'au lieu de s'adresser pour le paiement de ces pensions aux trésoriers de l'épargne, ces officiers se payoient par leurs mains des deniers des fermes sur lesquelles on leur avoit assigné leur paiement, les uns sur les tailles, les autres sur les gabelles ; d'autres sur les traites foraines, domaines, cinq grosses fermes, parties casuelles ; péages de rivieres, comptablie de Bordeaux, patentes de Languedoc et de Provence, &c. Le Roi s'étoit déchargé par même moyen, du paiement de dettes encore plus considérables, qu'il avoit contractées envers les étrangers ; tels étoient le roi d'Angleterre, le comte Palatin, le duc de Virtemberg, le duc de Florence, les Suisses, la république de Venise et la ville de Strasbourg. Sa Majesté n'acquittoit point encore autrement les pensions, que l'intérêt politique demandoit qu'elle fît aux Princes et communautés étrangeres ; car de tout temps la France s'est rendue débitrice volontaire de toute l'Europe ; d'où il étoit arrivé que tous ces différens créanciers érigeant de nouvelles fermes à leur profit, au milieu des fermes mêmes du Roi, ils avoient leurs commis et leurs comptables mêlés avec ceux de sa Majesté, et qui n'entendoient pas moins bien à piller le peuple. Je ne sçais si jamais on a vu un abus plus pernicieux, et en même-tems plus honteux, que de laisser ainsi tout le monde, et particuliérement les étrangers, mettre la main dans les finances de l'Etat; de voir des monopoleurs de toutes les nations, multiplier les usures et les persécutions de la maniere la plus criante (*), et s'arroger impunément une partie de l'autorité royale.

Je crus que rien ne pressoit davantage, que de couper tout d'un coup ce mal dans sa racine par une seconde déclaration, qui défendoit à tous étrangers et naturels, Princes du sang et autres officiers, de lever aucun droit, à quelque titre ou créance que ce pût être, sur les fermes et autres revenus de l'Etat, et leur enjoignoit de s'adresser au seul trésor royal pour être payés de leurs pensions, arrérages, &c. Je vis tranquillement former l'orage qu'une pareille déclaration ne pouvoit manquer d'exciter contre moi. En effet, l'arrêt n'eut pas plutôt été rendu, que tout retentit des cris des Seigneurs et des principaux partisans, comme si

―――――
(*) Cet abus devoit avoir quelque chose de si ruineux, qu'on ne sçauroit trop bénir la mémoire de celui qui a eu le courage de se charger de l'inimitié publique, pour l'extirper; au lieu de lui faire un crime de la hauteur et de la mauvaise humeur, sans lesquelles il lui auroit été impossible d'en venir à bout.

ç'avoit été les mettre à la mendicité (car c'est en ces termes qu'ils s'en expliquoient) que de les réduire aux termes de leurs premieres conventions, et de faire changer de fond à leur créance. Le Roi, naturellement sensible à la plainte, ne put s'imaginer que ces cris fussent aussi déraisonnables qu'ils l'étoient, et crut que par zele j'avois commis peut-être quelque imprudence. Il m'envoya chercher, et me dit : « Ah! mon ami, qu'avez-vous fait » ?

Il ne me fut pas difficile de faire sentir à sa Majesté, que ce que j'avois fait, procédoit d'un motif de justice et d'ordre ; que ses finances ne devoient plus avoir tant de maîtres, ni tant d'hypotheques différentes ; que ses fermes lui jetteroient un produit plus considérable du double, si-tôt qu'il les feroit valoir par ses mains, profit que tous ces différens propriétaires ne faisoient pas eux-mêmes, mais bien leurs agens et leurs buralistes ; qu'enfin, quand cela seroit, ce n'étoit pas leur ravir leur bien, que de leur ôter des profits qui ne leur appartenoient par aucun droit. Le Roi comprit tout cela ; mais l'embarras étoit de ne point mécontenter un Edmond, agent de la reine d'Angleterre, certain grand Allemand, facteur du duc de Virtemberg, Gondy, fermier du duc de Florence, enfin le Connétable son compere, les plus distingués de sa cour, et sa propre Sœur.

Je priai sa Majesté d'envoyer chercher quelqu'un

d'eux, à qui je pusse parler en sa présence. Le Connétable ne faisoit que de sortir de l'appartement de sa Majesté. On le rappella, et le Roi lui dit: « Hé bien, mon compere, en quoi vous plai-
» gnez-vous de Rosny ? Sire, je me plains, répon-
» dit-il, de ce qu'il m'a mis au rang du commun,
» en m'ôtant une pauvre petite assignation que
» j'avois en Languedoc, sur une imposition dont
» vous ne touchâtes jamais rien ». Je répondis très-poliment au Connétable, que je serois le premier à m'avouer coupable, si j'avois eu l'intention de lui rien faire perdre. Je lui demandai ce qu'il retiroit de cette imposition ; je sçavois bien qu'il étoit un de ceux auxquels les traitans vendoient le plus cher leurs services. M. de Montmorency satisfit à ma question ; et je l'assurai de mon côté qu'il pouvoit s'attendre à être exactement payé de la même somme. « Je trouve cela bon, reprit-il ; mais
» qui m'assurera d'en être payé à point nommé,
» comme je le suis ? Ce sera moi, lui répartis-je ?
» et je vous donnerai pour caution sa Majesté,
» qui ne fera point banqueroute, je vous le pro-
» mets, au moins si elle me laisse ménager ses
» revenus, comme je l'entends ; et je lui servirai
» encore de contre-caution, parce que je m'at-
» tends bien qu'en la rendant riche, elle me fera
» tant de bien, que je ne serai jamais réduit au
» safran ».

Le Connétable, qui étoit un homme simple et droit, trouva ma réponse de son goût, et embrassa mon sentiment avec une véritable satisfaction. Il m'avoua même qu'il n'affermoit l'imposition dont il étoit question, que neuf mille écus par an, sur quoi il étoit encore obligé d'en donner deux mille au trésorier. « Je sçavois bien tout cela, lui dis-je ;
» et ma résolution est de ne vous rien rabattre de
» vos neuf mille écus ; le Roi en aura encore dix-
» huit mille pour lui, et il en restera encore quatre
» mille pour moi ». Qui fut bien surpris ? ce fut le Connétable. Il ne vouloit point convenir qu'il eût été dupe jusqu'à ce point. Le Roi rioit cependant de tout son cœur : mais dès le lendemain j'amenai à sa Majesté un homme qui, en sa présence, prit cette ferme à cinquante mille écus, au nom des Etats de Languedoc. Le Roi m'offrit sur cette somme les quatre mille écus, qui, de ma part, n'avoient point été proposés sérieusement ; je les refusai, et je dis à sa Majesté, que le mal que je cherchois à détruire dans les finances, étant venu en grande partie de la facilité du feu Roi, à affecter directement ses fermes aux gratifications qu'il accordoit à tous ceux qui l'approchoient, financiers et autres, on retomberoit infailliblement dans le même inconvénient, si l'on n'accoutumoit pas tous les gens d'affaires, qui serviroient utilement sa Majesté, à ne recevoir que de sa seule

main leurs récompenses. Ce Prince convint que j'avois raison. Et je n'y perdis rien ; car, lui ayant fait avancer douze mille écus sur cette même ferme, il envoya Béringhen m'en apporter quatre mille.

Je fis entendre raison à tous ceux qui étoient dans le cas de M. le Connétable. Eh ! quoi de plus raisonnable en effet, que sa Majesté touchât elle-même ses revenus ! Pour tous les autres, que leur intérêt rendoit sourds à une raison si sensible, je ne m'embarrassai plus de les satisfaire. De cet article, il se fit une augmentation de soixante mille écus dans les revenus royaux.

Cette peine n'est rien, en comparaison de celle que j'eus à dévoiler les mysteres des gens mêmes du métier. Je ne trouvois pas de meilleur moyen d'y parvenir, que d'avoir enfin cet état général des finances sans erreur, dont j'ai déjà parlé : mais c'étoit la difficulté. Je n'étois point content de celui qu'on a vu que j'avois fait en 1596 pour 1597, ni même du suivant, quoiqu'il fût déjà beaucoup plus exact ; parce qu'enfin je n'avois pu faire autrement, que d'y travailler sur le rapport et sur les états des intendans et des trésoriers, et qu'il n'y en avoit aucun sans exception, quelque attention que j'appprtasse au choix, que je ne dusse craindre du côté de la fraude et de la surprise. Je me mis donc à y travailler de nouveau cette année. Je fis un recueil de toutes les commissions des tailles

tailles qu'on envoyoit dans les généralités, et de tous les édits, en conséquence desquels se faisoient toutes les levées des deniers dans le royaume. J'y joignis les tarifs qui avoient été faits sur ces édits, tous les baux et sous-baux faits par le conseil aux premiers et seconds fermiers. Je confrontai toutes ces pieces, aidé des lumieres que mon premier travail m'avoit déjà données sur cette matiere ; et je crus enfin être parvenu cette fois jusqu'à voir le fond de la chose. Il se commettoit quelques abus dans les commissions ordinaires des tailles ; mais c'étoient les moindres. Il s'en commettoit de beaucoup plus considérables dans les commissions, ou lettres extraordinaires expédiées en avance sur l'année suivante ; mais les plus grands excès me parurent venir des sous-baux. Les fermiers qui les prenoient du conseil, et les trésoriers de France que ceux-ci employoient, retiroient presque deux fois autant que l'adjudication qui leur en étoit faite ; et, comme ces fermiers-généraux resoufermoient encore, cette suite d'arriere-baux à l'infini augmentoit aussi les frais à l'infini, et ne produisoit d'autre fruit que d'entretenir dans une abondance qui n'étoit méritée par aucun travail, Messieurs du conseil d'abord, ensuite leurs fermiers, et les autres de suite à proportion, qui gardoient le plus profond secret sur les mysteres dans lesquels on les avoit initiés.

Je fus transporté de joie à cette découverte, et muni de l'autorité du Roi, à qui j'en avois fait part, je fis arrêter tous les deniers des tailles payés sur commissions extraordinaires; et, sans y avoir égard, je mandai aux receveurs qu'ils en comptassent comme de tous leurs autres deniers, et qu'ils les fissent voiturer incessamment. Je cassai, et pour toujours, tous les arriere-baux; et je voulus, qu'à l'avenir, chaque partie n'eût qu'un seul fermier et un seul receveur. Il y eut encore bien des clameurs jettées à cette occasion; mais les plus avisés de tous ces fermiers, considérant que ces murmures n'aboutiroient à rien qu'à les faire remarquer, et que les places alloient devenir rares, par la suppression d'une partie des traitans, de peur de demeurer inutiles, ils se hâterent de venir me trouver; et, contens de profits médiocres, ils reprirent de moi ces mêmes fermes pour leur compte, avec la différence, que tous leurs profits passerent au Roi, les fermes ayant été doublées (*).

(*) Quoiqu'on se soit convaincu de plus en plus de la justice qu'il y a, que le Roi tire pour son seul profit tout le parti possible de ses fermes et de ses autres revenus, on trouve cependant avec quelque raison, ce semble, que depuis le duc de Sully, l'on n'a pas fait dans cette partie tous les progrès que ses idées, et les soins qu'il s'est donnés, sembloient devoir faire attendre. Nous aurons occasion d'entrer là-dessus dans quelque discussion, lorsque l'Auteur parlera de la ferme des tailles et des autres impôts, qui est la véritable cause de toutes les difficultés qu'on rencontre à parvenir au but qu'il s'étoit proposé, et que tous les Ministres se sont proposés après lui.

A mesure que l'expérience vint fortifier mon travail, je perfectionnai encore ces états généraux des finances. Je m'avisai de ne plus m'en rapporter aux modeles des comptes que les receveurs s'étoient faits eux-mêmes ; mais de leur en envoyer de tout faits, où je m'étois étudié à ne rien oublier, ni pour le détail, ni pour la clarté. Je les examinois ensuite lorsqu'ils m'étoient renvoyés, avec tant de rigueur sur les fautes même d'inadvertence, ou de la plus légere omission, que bientôt on n'y omit plus rien en effet, quelque petite et cachée que fût cette partie ; parce que le tout devoit être justifié par les pieces que j'y faisois joindre, et que je confrontois ensemble avec la derniere attention. Ainsi j'éventai toutes les mines secretes des receveurs. Elles étoient en grand nombre : suppositions, prétendues non-valeurs, mauvais deniers, frais de domaines, remises, dons, droits, taxations, attributions d'offices, paiemens de rente, frais de voiture, épices, émolumens et frais de reddition de compte ; c'étoient-là autant de ressources utilement employées au profit des commis, parce qu'on ne s'étoit point donné la peine d'apprécier toutes ces parties, qui absorboient, ainsi enflées, une partie de la recette ; et que Messieurs du conseil, à qui il appartenoit de le faire, connoissoient aussi l'utilité de ce jargon.

On tenoit si mal la main aux comptes des receveurs, qu'il arrivoit souvent qu'ils sortoient d'emploi chargés d'une infinité de recouvremens, qui étoient ensuite mis en oubli. J'abolis cette coutume : j'obligeai ceux qui entroient en place à rechercher ceux auxquels ils succédoient ; et, pour les y porter par le seul moyen efficace, tant qu'il restoit de ces débets, ils n'avoient point d'autre recours pour leurs appointemens et leurs remises. Par-là ils sçurent bien empêcher ces petites banqueroutes, au lieu de les favoriser, comme ils faisoient auparavant.

Différens comptables, et ceux de la Chambre des Comptes, par-dessus tous les autres, parce que c'étoit sur eux qu'étoient portées un grand nombre d'assignations, avoient l'adresse de rebuter les porteurs de ces assignations par des délais fréquens, jusqu'à ce qu'ils les eussent obligés à se contenter d'une partie seulement du montant de leurs ordonnances, quoiqu'ils en reçussent quittance du tout. Je défendis de reculer les paiemens, comme aussi de conserver aucuns deniers à cet effet. Cette défense mit fin à tous ces chapitres de remplacemens de deniers payables par ordonnance de la Chambre, et à la multiplicité, tant des frais que de redditions de comptes, avec lesquels il est incroyable combien il se voloit d'argent sur le Roi. Dès-lors on commença à voir clair dans les finances, et la confusion disparut.

Lorsque l'état général, dont je viens de parler, ces réglemens et tous ces différens modeles eurent été dressés, j'allai en faire la lecture au conseil, le Roi absent. Je remarquai aisément le dépit que mes confreres ressentoient de ma diligence, et de ce que je ne les avois point appellés à mon travail. Ils se contenterent de me répondre séchement, et, comme en plaisantant, que mes secretaires étoient heureux avec moi. Ces pieces, en effet, étoient toutes écrites de ma main (1); mais après que je fus sorti, ils avouerent que mon travail étoit immense et exact, et qu'il étoit désormais inutile de prétendre me rien déguiser. Je relus ces mêmes mémoires deux jours après, sa Majesté étant au conseil : elle leur demanda ce qu'ils pensoient de mes états. Ils convinrent qu'ils étoient bien, et dirent que, pour un homme d'épée, je m'étois promptement mis au fait des affaires. Je ne sçais si c'est eux que je dois accuser d'une calomnie à laquelle on donna cours en ce temps-là, que je faisois composer par Du-Luat (2) un livre, où, sous

(1) M. le duc de Sully d'aujourd'hui conserve précieusement une grande partie de ces manuscrits, avec beaucoup d'autres originaux de M. de Rosny, qu'il se fait un plaisir de communiquer à ceux qui vont le voir. Il les regarde comme un des principaux ornemens du cabinet que son goût pour les sciences lui fait enrichir tous les jours; et ce sont en effet autant de monumens infiniment glorieux pour son illustre maison.

(2) Ange Capel, sieur Du-Luat. Il est parlé dans le *vol. 8778 des manuscrits de la bibliotheque du Roi*, d'un livre dans

prétexte d'exposer de nouvelles idées sur les finances, je décriois sans charité et sans ménagement, tous les meilleurs serviteurs de sa Majesté. Ce Prince m'assura que, quelque chose que fissent mes envieux, ils n'altéreroient jamais son amitié pour moi. En effet, de ce moment le Roi commença à agir avec moi d'une maniere à me le faire regarder plutôt comme ami, que comme maître. Il ne m'arrivoit ni joie, ni déplaisir, qu'il ne me témoignât la part qu'il vouloit bien y prendre.

Pour le regard des finances, je serois doublement ingrat, si je cachois toutes les obligations que j'ai à ce Prince. Elles ne se bornoient pas à appuyer tout ce que je faisois avec fermeté, comme il arriva lorsque les prévôt et échevins de la ville de Paris refuserent de me communiquer leurs registres, sous l'allégation qu'ils n'avoient rien de commun avec le conseil des finances, ni à prévenir tous mes desirs, ni enfin à me consoler avec bonté dans mes traverses, ce qu'il faisoit d'ordinaire en me proposant son exemple; ses lumieres et ses conseils sur tout ce qui avoit rapport aux fi-

---

lequel il donnoit plusieurs avis à Messieurs du conseil sur les finances. C'est ce livre, sans doute, dont l'Auteur entend parler ici. Du-Luat nous est représenté dans les remarques sur le *chap. 9 de la confession de Sancy*, comme un flatteur enjoué et agréable, qui avoit comme enchanté, dit-on, le duc de Sully son maître, par une généalogie dans laquelle il le faisoit descendre de la maison de Courtenay. *Journal du regne de Henri III*, imprimé en 1720, tom. 2. pag. 477.

nances, m'ont souvent été d'un si grand secours, que j'avoue naturellement que sans cela j'aurois entrepris inutilement un ouvrage aussi difficile que celui de les réformer. Mes vues me sont venues en grande partie de lui (*); et je garde précieusement des mémoires entiers écrits de sa main, quoique fort longs, sur les sujets qui nous occupoient également tous les deux.

Après cela, je dois convenir de bonne foi que la plus grande partie de la loüange qu'a méritée l'administration des affaires, sous le regne de Henri-le-Grand, lui retourne de droit. D'autres y auroient travaillé sous lui avec la même fidélité, et bien plus d'habileté que moi ; car ce ne sont jamais les bons sujets qui manquent au Roi, c'est le Roi qui manque aux bons sujets. La grande difficulté sera toujours de rencontrer un Prince qui ne cherche point dans le ministere de ses affaires, le ministre de ses goûts et de ses passions; qui unissant beaucoup de sagesse à beaucoup de pénétration, prenne sur lui de n'appeller à remplir les premieres places, que des personnes dans lesquelles il aura connu un aussi grand fonds de droiture et de raison, que de capacité; enfin, qui ayant lui-même des talens, n'ait point le foible de porter envie à ceux des autres. Cette jalousie du mérite dans le Souverain,

(*) M. de Pérefixe assure de même que Henri IV avoit étudié profondément la matiere de la finance, *pag.* 225.

qui suppose pourtant qu'il en a lui-même, fait en un sens plus de mal dans un Etat, que la haine qu'on lui connoît pour certains vices, n'y fait de bien.

En partant de Bretagne, j'y laissai des réglemens pour les finances, différens, suivant la nature et les privileges de cette province; et j'y envoyai ensuite le sieur de Maupeou, maître des comptes, tant pour les faire observer, et pour mettre les fermes de la province en valeur, que pour accélérer le paiement des deniers dont j'avois fait le fonds. Je fis partir à même fin Coesnard, auditeur des comptes, pour le Poitou, et Bizouze pour la Champagne. Je proposai Champigny au péage des rivieres dans l'Orléanois et la Touraine : mais pour cette fois, c'est assez parlé des finances.

Passons à des faits d'un autre genre, qui, par leur singularité, rendirent cette année remarquable. On cherche encore de quelle nature pouvoit être ce prestige vu si souvent et par tant d'yeux dans la forêt de Fontainebleau. C'étoit un fantôme (*) environné d'une meute de chiens, dont

(*) Pérefixe en fait mention, et fait dire à ce fantôme, d'une voix rauque et épouvantable, *m'attendez-vous*, ou *m'entendez-vous*, ou *amendez-vous*. Il attribue ces visions à des jeux de sorciers ou de malins esprits. *Ibid. 3 part.* Voyez aussi le Journal de Henri IV, et la Chronologie septénaire, où il est dit, que le Roi et les courtisans qui s'en étoient moqués comme d'une fable, l'apperçurent un jour distinctement entre des halliers, sous la figure d'un grand homme

on entendoit les cris, et qu'on voyoit de loin, mais qui disparoissoit lorsqu'on s'en approchoit. On prit sur la côte de Hollande une baleine (1), longue de quatre-vingt pieds. Le Tibre se déborda jusqu'à renverser un très-grand nombre de maisons, et inonder une partie de la ville de Rome. Le bruit se répandit en Europe que les Juifs, en haine des Chrétiens, avoient offert au Grand-Seigneur cinq cent mille ducats, pour détruire le saint Sépulcre de Jérusalem.

Mais l'événement le plus intéressant, et par lequel finit cette année, est la mort de Philippe II, roi d'Espagne, après huit ou neuf mois de souffrances (2) si cruelles, qu'il n'y a que le seul motif

noir, qui leur fit tant de peur, que ce fut à qui fuiroit le mieux, *ann.* 1599. Mathieu assure qu'un jour à Fontainebleau le duc de Sully entendant ce bruit, descendit croyant que c'étoit le bruit de l'équipage du Roi, qui étoit de retour de la chasse, *tom.* 2, *pag.* 268. Bongars dit sérieusement que c'étoit un chasseur qui avoit été tué dans cette forêt du temps de François I. *Epist.* 184, *ad Camerar.*

(1) Voyez la description de ce poisson monstrueux, dans la Chronologie Septénaire, *pag.* 17, et celle de ce débordement du Tibre, dans les lettres du cardinal d'Ossat, *part.* 365. « Plus grand, dit-il, qu'aucun autre dont il soit mémoire;
» de façon que toute la plaine de la ville de Rome fut toute
» en eau jusqu'à une pique de haut par les rues et dans les
» maisons, et il n'y eut pas de cent, un qui pût ouir la Messe
» le jour de Noël. Cette inondation a porté des dommages
» inestimables, &c. ».

(2) « Il eut, dit Péréfixe, vingt-deux jours durant, un
» flux de sang par tous les conduits de son corps; et, un

de la religion qui ait pu les lui faire supporter avec autant de patience qu'il en témoigna pendant un si long temps. Cet héroïsme lui fut pourtant en pure perte dans l'esprit du commun des hommes. Lorsqu'on faisoit réflexion que les deux passions de l'avarice et de l'ambition, jointes ensemble, lui avoient fait inonder tout le nouveau monde du sang de ces malheureux habitans, et exercer sur ses propres sujets des violences aussi barbares, à la vie près ; on regardoit tous ces ulceres si infects, dont son corps étoit entiérement couvert, moins comme un accident naturel, que comme l'effet de la vengeance divine. Il laissa un testament, qui me paroît une piece trop digne d'attention, pour la passer sous silence. On n'a pas sçu certainement s'il le dicta dans sa maladie, s'il le donna de sa main au Prince son fils, ou s'il fut trouvé après sa mort avec ses autres papiers secrets, dans la cassette dont il avoit saisi don Christophe de Mora, son favori ; mais ce fait, peu important par lui-même, n'est encore d'au-

» peu avant sa mort, il lui vint quatre apostumes en la poi- » trine, d'où il sortoit une continuelle fourmilliere de ver- » mine, que tout le soin de ses officiers ne pouvoit tarir ». *Ibid.* M. de Thou, *liv.* 120, y ajoute la dyssenterie, le tenesme, l'hydropisie, &c. et fait une description aussi touchante de l'état déplorable de ce Prince, que de sa patience et de ses sentimens religieux. Mathieu dit, qu'il n'avoit pas moins de sept fistules à deux doigts de la main droite, et attribue une si horrible maladie aux débauches de sa jeunesse. Il mourut le Dimanche 13 Septembre.

cune conséquence pour l'authenticité de cette piece, qui se prouve par une infinité d'autres endroits. La copie qui m'en tomba entre les mains, me fut adressée par le même qui l'envoya au Roi (1); c'est Bongars, agent de sa Majesté auprès des Protestans d'Allemagne, qui la tenoit du Landgrave de Hesse, et celui-ci des villes de Venise et de Gênes; et elle est en tout si conforme à celles qui se répandirent de différens endroits, qu'elles achevé d'ôter tout doute que cette piece soit un écrit supposé par les ennemis de sa Majesté catholique (2).

Philippe y commence par un détail très-sincere de toutes les fautes qu'il a faites. Il met en tête cette chimere de monarchie universelle, dont il cherche sérieusement à détromper son successeur, et par son exemple, et par celui de Charles-

(1) Jacques Bongars.

(2) Quelque chose que dise ici M. de Sully, la piece qui dans ses Mémoires a pour titre: *Testament du roi d'Espagne*, n'est, ni le véritable testament de ce Prince, ni même un extrait fidele de ce testament; ce qu'on connoîtra facilement, en la rapprochant de l'extrait détaillé que nous en donne M. de Thou, *livre* 120. Mais il se pourroit bien faire que cet écrit, qu'on y nomme aussi, *instruction du roi d'Espagne à son fils*, en fût réellement une secrete, et qui n'a rien de commun avec le testament de ce Prince, que d'avoir été dictée, comme il est visible, dans le même esprit et selon les mêmes maximes, sans la précaution qu'on apporte pour les écrits destinés à être publics. Elle est rapportée dans la Chronologie Septénaire, de la même maniere que dans ces Mémoires, pour le fonds des choses, mais d'un style et d'un arrangement différens.

Quint son pere, dont il joint les leçons aux siennes, quoique lui-même, comme il l'avoue, n'en ait point profité. Il attache même à ce testament les mémoires qui lui avoient été laissés par cet Empereur (*), afin que Philippe III ne séparât point l'un de l'autre. Charles-Quint, empereur, maître de l'Espagne et de l'Allemagne, dans la force de son âge, d'une complexion saine et vigoureuse, comblé de gloire et de succès, forme le projet de dompter les Infideles, et de réunir toutes les puissances de l'Europe à la sienne, ainsi que toutes les religions à sa religion. Après une longue suite d'années, passées dans de vains efforts, il se dépouille avec sa couronne, de toutes ses chimériques idées. Philippe II son fils, se laisse surprendre au même appas, et y réussit plus mal encore. C'est ce qu'il ne veut pas laisser ignorer à son successeur. La différence des religions, des loix, des mœurs des peuples Européens, leur science à-peu-près égale dans l'art militaire, le grand nombre de villes fortes dont l'Europe est pleine, et qui demandent autant de sieges fort difficiles, la légéreté de ses peuples, toujours prêts à se livrer au premier venu qui leur offrira de leur aider à secouer une domination établie avec des travaux immen-

―――――――――

(*) M. de Thou ne trouve rien dans le testament de Philippe II, de comparable à la sagesse des dispositions, ni à la dignité de l'expression du testament de Charles-Quint.

sés, sont autant d'obstacles à un dessein si flatteur, que Philippe regarde comme absolument insurmontables.

Il convient qu'il n'en a pas toujours jugé de même ; que le feu de la jeunesse l'avoit d'abord empêché de faire ces sages réflexions ; qu'ensuite la conjoncture de deux grandes batailles gagnées, et des divisions qui déchiroient la France, avoient continué à le tenir dans l'aveuglement, et lui avoient fait rejetter avec hauteur toutes les offres d'une paix avantageuse qu'on lui avoit faites ; et, comme il croit avoir sujet de craindre que son fils ne fasse pas un meilleur usage de la raison, c'est par l'exposition de tout ce qu'une ridicule prétention lui a fait follement entreprendre, qu'il cherche à l'en guérir.

Il s'accuse donc d'avoir travaillé à se faire déclarer Empereur de tout le nouveau monde, à envahir l'Italie sur l'allégation de droits frivoles, à conquérir les trois royaumes de la Grande-Bretagne, projet qui lui avoit coûté vingt millions en six ans, dans les seuls préparatifs de la flotte dont il prétendoit foudroyer cette puissance : c'est cette flotte qu'on appelloit *l'invincible*, et qui cependant fut comme anéantie tout d'un coup en 1588, dès sa premiere sortie, à subjuguer les Pays-Bas, à renverser la Monarchie Françoise, en profitant de la foiblesse de son dernier Roi, et révoltant contre lui ses sujets, sur-tout les ecclésiastiques ; enfin, à dépouiller de l'empire son propre oncle Ferdinand, et le roi des Romains Maximilien son neveu. (1) Il y joint la remarque des sommes immenses que toutes ces brigues lui avoient coûtées : elles montent à plus de (2) six cent millions de ducats, dont il avertit son fils qu'il trouvera la preuve dans les états qu'il a laissés dressés et écrits de sa main dans son cabinet. Il se reproche encore moins cette profusion que celle du sang humain qu'il a fait répandre, et véritablement c'est une chose qui perce le cœur, que l'aveu qu'il fait d'avoir sacrifié vingt millions d'hommes à sa passion, et réduit en désert plus de pays qu'il n'en possédoit dans l'Europe.

Que lui étoit-il revenu de tout cela ? C'est la réflexion qu'il fait faire à son fils : la Providence, comme si elle se fût crue intéressée à faire avorter des projets si criminels, lui avoit fait manquer l'Allemagne, par la jalousie et l'aversion de son propre sang ; l'Angleterre, par les vents et les tempêtes ; l'Irlande, par la trahison de ses peuples,

---

(1) On appelloit Philippe II, *le démon du midi*, » *dæmonium meridianum*, parce qu'il troubloit toute l'Europe, » au midi de laquelle l'Espagne est située ». *Notes sur la Henriade.*

(2) P. Mathieu dit que les Indes produisirent au roi d'Espagne deux cent soixante millions d'or en soixante-quatre ans, et qu'il auroit conquis la Turquie entière pour ce qu'il dépensa seulement en Flandre. *Tom. 2, liv. 2, p. 266.*

que l'éloignement mettoit à couvert de son ressentiment ; la France, par l'instabilité de ses habitans, jointe à leur antipathie pour une domination étrangere (*) ; enfin, par les grandes qualités du Roi qui la gouvernoit ; en sorte que cet épouvantable fracas, et ces torrens de sang n'avoient abouti qu'à augmenter ses Etats du seul petit royaume de Portugal.

Philippe fait après cela une application plus particuliere de ces instructions à sa personne et à la situation de l'héritier de sa puissance, et réduit aux articles suivans la politique dont aucun roi d'Espagne ne doit jamais se départir, et Philippe III moins encore que tous les autres, à cause de sa grande jeunesse : maintenir avec le roi de France la paix qu'il avoit cru devoir faire avant de mourir, et cela autant pour son intérêt et son

(*) Il y a dans le véritable testament de Philippe II, un article par rapport à Henri IV, dont l'omission dans nos Mémoires suffit toute seule à prouver que la piece à laquelle on donne ce nom, est supposée ; c'est que ce Prince, agité de violens remords sur l'usurpation du royaume de Navarre, recommande à son fils ce qui lui avoit été recommandé à lui-même par son pere, de faire examiner soigneusement cette question par les plus habiles Jurisconsultes, afin de restituer ce royaume à son légitime maître, si on le doit faire, selon les loix de la justice. Charles-Quint en avoit dit autant à Philippe II, Ferdinand et Isabelle à Charles-Quint..... Remettre ainsi l'effet d'une disposition qu'on reconnoît être juste, à un successeur qu'on est assuré qui n'y aura aucun égard, c'est ce que M. de Thou appelle *se jouer impudemment de la Divinité*.

repos, que par égard pour ses peuples : ne jamais s'écarter de la bonne intelligence avec le Pape, et la fomenter en tenant un grand nombre de Cardinaux dans ses intérêts : aimer l'Empereur et sa famille, mais pourtant ne pas faire passer par ses mains l'argent des pensions que son intérêt demandoit qu'il continuât aux Electeurs, Princes et Prélats d'Allemagne, afin qu'il se les tînt toujours attachés par cette largesse, en même-temps qu'il auroit soin de les tenir divisés entre eux : double moyen de tourner à son avantage les conjonctures que le temps pouvoit lui faire naître pour l'acquisition de l'Empire : porter d'autant plus toute son attention du côté de l'Allemagne, que la multiplicité d'intérêts regne dans les pays du nord, plus que par-tout ailleurs.

La Pologne, le Danemarck et la Suede sont des puissances dont il croit n'avoir rien à appréhender : la premiere, parce qu'outre l'éloignement, la politique des Princes ses voisins, aussi-bien que la sienne propre mal-entendue, rend le roi de Pologne le ministre plutôt que le maître de ses sujets ; les deux autres, par la même raison du grand éloignement, joint à leur pauvreté et à leur peu d'intelligence dans la guerre. Il n'a garde de dire la même chose de la France, de l'Angleterre et de la Flandre, qu'il regarde comme les puissances véritablement à craindre pour l'Espagne,

et

et avec lesquelles il veut qu'on soit continuellement sur ses gardes.

Ce qu'il prescrit par rapport à (*) l'Angleterre, c'est de ne rien négliger pour empêcher la jonction des trois couronnes qui comprennent les isles Britanniques, sur une même tête ; événement dont ce fin politique, par un esprit de prédiction, parloit comme étant fort proche ; pour cet effet, ne pas regretter l'argent qu'on répandoit dans ces isles pour se faire des partisans, et continuer à la remplir d'espions, mais autres que ceux qui y étoient alors, dont Philippe II croyoit avoir des raisons de tenir la fidélité pour suspecte : cultiver soigneusement tout ce que la diversité des religions peut faire éclore de divisions dans cet État, aussi bien que dans celui de France : il regarde celles qu'avoit produites la Ligue chez nous, comme un moyen désormais usé et inutile par l'affermissement d'un Roi aussi capable de regner que Henri ; mais donner occasion à mille autres divisions civiles dans chacun de ces deux États, et sur-tout à celles qui peuvent les tenir en guerre l'un avec l'autre, ou du moins en défiance et en soupçon, ce qu'on peut faire en favorisant les prétentions de l'un sur l'autre, leur haine naturelle les y portant déjà

(*) On lui fait encore dire, sur le point de mourir, en parlant de l'Angleterre : *Pacem cum Anglo, bellum cum reliquis*; « La paix avec l'Anglois, et la guerre avec tout le reste »

suffisamment : regarder comme le dernier malheur le coup qui uniroit d'intérêt avec les Provinces-Unies ces deux puissances déjà unies entr'elles, parce qu'il ne peut qu'en résulter une puissance capable, dit-il, de s'assujettir et la mer et la terre : trouver le moyen d'exclure tous les Princes de l'Europe de la navigation des deux Indes ; ce qui ne peut souffrir de difficulté que de la part de ces trois mêmes puissances, moins pourtant de celle de France que des deux autres, parce qu'elle n'a point de marine : nouveau motif de s'assurer la possession des Pays-Bas, et plus encore de l'Angleterre.

Cependant, dans tous ces conseils de Philippe, rien ne porte son successeur à la guerre, non pas même avec les rebelles des Pays-Bas ; au contraire, il l'en détourne avec soin. La conduite qu'il veut qu'on tienne avec les provinces, est d'y accorder un pardon général ; de ne rien exiger de ce peuple, sinon qu'il reconnoisse la domination Espagnole ; de veiller sur les gouverneurs, ministres et officiers qu'on y entretiendra ; de ne pas les y laisser trop long-temps, ni avec une autorité trop absolue, parce qu'ils seroient ceux dont on auroit le plus à craindre, si une fois ils s'avisoient de se mettre à la tête du parti. Si pourtant l'Espagne ne peut éviter d'entrer en guerre, Philippe ne veut pas priver son successeur des lumieres que son expérience lui a acquises à cet égard. Il avertit que, s'il veut n'y pas succomber, il ne doit entreprendre que dans ces conjonctures favorables qui se présentent de temps en temps, comme changemens de gouvernemens, dissentions civiles, besoins et foiblesses des Souverains, &c. Cette maxime de Philippe, qu'un Prince doit connoître parfaitement jusqu'aux dispositions les plus particulieres des Princes ses voisins, est si vraie et si importante, qu'il ne devroit jamais arriver de changemens dans les Etats qui l'environnent, qu'il ne s'y trouvât préparé, et en état d'en profiter dans le moment même. Il conclut cet article par faire envisager au nouveau Roi qu'il est responsable au tribunal d'un Dieu qui juge les guerres, et malheureusement n'en juge pas par les regles des Princes guerriers.

Après ces maximes, qui n'ont rapport qu'au gouvernement extérieur, Philippe vient à celles qu'il croit nécessaires pour le gouvernement intérieur. Il veut qu'un roi d'Espagne ayant à commander à des peuples aussi prodigieusement disproportionnés dans leurs coutumes, qu'éloignés de climats, s'étudie à les gouverner chacun selon son caractere, et tous avec douceur et modération ; qu'il connoisse par lui-même, et choisisse ses conseillers et ses secretaires ; qu'il expédie aussi lui-même ses dépêches, et qu'il se rende versé dans le chiffre, pour ne pas exposer un secret important à être trahi par un confident ; qu'il cherche soigneusement les gens d'honneur et de talent pour leur donner les emplois ; qu'il se garde d'offenser griévement personne, sur-tout personne de grande qualité ; il remarque que le (*) Prince, son fils aîné, s'en étoit mal trouvé ; qu'il fasse une juste distinction de l'ancienne noblesse d'avec la nouvelle, afin d'avancer celle-là, comme étant plus communément susceptible de sentimens purs et désintéressés ; qu'il diminue le nombre excessif de gens de justice, de finance et d'officiers de sa maison ; il donne le même conseil par rapport aux ecclésiastiques, et il y joint celui de ne pas plus les épargner que les autres dans les nécessités de l'Etat, non-seulement parce qu'il leur est plus aisé de se passer de grands biens, mais même parce qu'ils le doivent, s'ils ne veulent pas éteindre le respect qu'on doit à leur caractere par le luxe, la mollesse et l'impiété, fruits ordinaires des grands biens et de l'oisiveté où ils se plongent ; au contraire, qu'il multiplie les marchands, laboureurs, artisans et soldats, dont l'industrie, le travail et l'économie soutiennent seuls l'Etat, contre la ruine dont il est menacé par le déréglement des autres

---

(*) Don Carlos, prince d'Espagne. Ce fut par l'ordre de son propre pere qu'il perdit la vie, et il paroît que son crime étoit bien plutôt de s'être trop attaché les grands du royaume, que de les avoir méprisés.

conditions. Tous les principes qui, comme ceux-ci, vont à maintenir dans un Etat la subordination et l'économie contre la corruption et l'oisiveté, méritent d'être loués, de quelque bouche qu'ils sortent.

L'article des dispositions domestiques est celui par lequel Philippe ferme son testament. Il enjoint à son successeur d'accomplir les promesses et autres clauses du mariage de l'Infante sa sœur. Il lui en propose pour lui-même un dont il avoit déjà fait les avances, et disposé secrétement tous les articles, qu'il lui marque, qu'il trouvera entre les mains de Loo. Il remarque que jamais Roi n'a aimé le favori de son pere, et cependant il ne laisse pas de lui proposer pour confident Christophe de Mora, qui avoit été le sien. Philippe III aima mieux déférer à la remarque qu'à la recommandation, et donna la place de Mora au marquis de Doria. Il exige aussi de son respect pour la mémoire paternelle, qu'il conserve en place toutes les personnes qui y avoient été mises de sa main : mais de la façon dont il s'en explique, on voit bien qu'il le souhaite plus qu'il ne l'espere. Il lui recommande particuliérement les docteurs Ollius et Vergius, qui l'avoient assisté dans sa maladie. Il lui parle (*) d'Antonio Perès, comme d'un

(*) Antoine Perès avoit été principal Ministre de Philippe II, dont il encourut la disgrace pour des raisons qui

homme dangereux, avec lequel il doit se raccommoder, et songer ensuite à ne le laisser demeurer ni en France ni en Flandre, encore moins en Espagne, mais dans l'inutile pays d'Italie. Une courte maxime d'aimer Dieu, de chercher la vertu, et de profiter des préceptes d'un pere, est par où Philippe finit cette piece, qu'on ne peut nier qui ne soit remplie d'ailleurs de traits de (1) piété et de résignation aux ordres de Dieu, qui par miséricorde le châtioit, disoit-il, en cette vie plutôt qu'en l'autre.

De ces dispositions, la premiere qu'on vit exécuter au nouveau roi d'Espagne, fut celle de son mariage avec l'archiduchesse de (2) Gratz. Il la fit demander aussi-tôt après la mort du Roi son pere, et elle passa au commencement de l'année suivante en Espagne, accompagnée de l'archiduc Albert,

---

ne font rien au sujet de ces Mémoires : il se réfugia à Paris, où il mourut en 1611. Il étoit grand politique et de beaucoup d'esprit ; c'est de lui qu'est la maxime suivante, qui renferme un grand sens dans trois mots, *Roma, Consejo, Pielago ;* s'attacher la cour de Rome, bien former son conseil, et être maître de la mer.

(1) « Il fit apporter son cercueil, fait de cuivre, et mettre une tête de mort sur un buffet, et une couronne d'or joignant », dit la Chronologie Septénaire, dans laquelle il faut lire aussi, avec le détail de tout ce que dit et fit ce Prince dans sa maladie, celui de sa vie publique et privée, *année* 1598.

(2) Marguerite d'Autriche, fille de l'archiduc de Gratz.

avec lequel elle relâcha sur la côte de Marseille, pour respirer l'air de la terre. Le duc de Guise, gouverneur de la Province, qui en avoit eu avis et en avoit informé le Roi, eut ordre de faire la réception la plus honorable à cette Princesse. Sa Majesté destina cinquante mille écus pour en faire les frais, et m'ordonna de les faire tenir à Marseille. J'étois près d'y envoyer Lafont pour marquer l'usage qu'on devoit faire de cette somme, ou un autre de mes domestiques, qui n'étoit encore que simple laquais de mon épouse, petit homme et sans figure, dans lequel j'avois démêlé tant de capacité, de fidélité et d'économie, que je crus devoir travailler à son établissement. Il n'en fut pas besoin : une personne que j'avois sur les lieux suffit, parce que l'Archiduchesse, malgré les instances du duc de Guise et de la ville de Marseille, ne voulut entrer dans aucune ville, pour éviter le cérémonial. Elle se fit dresser des tentes sur le rivage, où elle se reposa, et entendit la Messe. Pour l'Archiduc, il eut la dévotion de visiter les églises de Marseille; mais il y vint sans suite et *incognito*, et après avoir baisé les reliques, il s'en retourna sans boire ni manger.

Ce mariage unit les deux branches de la maison d'Autriche par un double lien ; le feu roi d'Espagne ayant déjà fait épouser le 5 Mai de l'année précédente, l'Infante Isabelle, sa fille, à l'archiduc

Albert, qui avoit pour cela déposé la pourpre de Cardinal. Il lui avoit donné une très-riche dot en apparence, puisqu'elle ne consistoit pas moins que dans les dix-sept provinces des Pays-Bas, la Franche-Comté et le Charolois : mais les clauses étranges qu'il y avoit mises, que ce nouveau Souverain ne prendroit aucune part au commerce des Indes, et ne souffriroit dans ses Etats aucune autre religion que la Catholique, sans quoi la donation étoit déclarée nulle, la réduisoient en effet à rien, par la difficulté de faire accepter aux Flamands des conditions si dures.

En attendant que l'Archiduc pût passer en Flandre en personne pour lever tous les obstacles, il y envoya en qualité de son lieutenant-général l'Amirante (*) d'Arragon, qui fit quelques exploits sur la frontiere d'Allemagne ; et ensuite son cousin le cardinal André, qui y fit force édits, mais sans exécution. Le mal commençant à paroître à la maison d'Autriche ne pouvoir plus souffrir de délai, l'Archiduc vint enfin lui-même dans les Pays-Bas, et y amena sa nouvelle épouse le 5 Septembre de cette année, dont le reste se passa en menaces de sa part d'aussi peu d'effet. Il fallut en venir à la

―――――――――

(*) Consultez la Chronologie Septénaire, tant sur ces expéditions militaires, que sur tout ce qui est dit ici des mariages du Roi et de l'infante d'Espagne, *années* 1598 *et* 1599; *Mathieu, ibid. pag.* 298, &c.

force ouverte, et ce fut le commencement de cette longue et sanglante guerre entre l'Espagne et les Flamands, dont j'aurai soin chaque année de marquer les progrès et les événemens.

Au même temps que se faisoit en Espagne le mariage de sa Majesté Catholique, on célébroit aussi à Paris celui de Madame Catherine avec le prince de (*) Bar. C'est par cet établissement que cette Princesse fixa enfin sa destinée jusques-là si incertaine. On proposa d'abord, du vivant de la reine Catherine, de la marier au duc d'Alençon : la chose manqua par la haine de Henri III pour son frere. Ensuite on parla de la donner à Henri III lui-même : la Reine-mere n'y voulut pas consentir, par aversion pour la maison de Navarre. La Princesse refusa à son tour le vieux duc de Lorraine, qui lui fut offert, parce, disoit-elle, qu'il avoit des enfans d'un premier mariage. Le roi d'Espagne la demanda pour lui aux conditions d'une union étroite entre le roi de Navarre et lui, à quoi le premier de ces Princes ne voulut point entendre. Après cela, cette Princesse fut recherchée par le duc de Savoie; mais dans des circonstances où ce mariage pouvant être préjudiciable à la religion

___

(*) Henri, duc de Bar, ensuite de Lorraine après la mort de Charles II, son pere. « Le Roi donna à sa sœur, en la » mariant, trois cent mille écus d'or sol », dit l'historien Mathieu, *ibid. pag.* 278.

Protestante, les réformés y mirent obstacle. Elle ne voulut point du prince de Condé ; elle le trouvoit trop pauvre. Elle refusa de même, et sans aucune bonne raison, le roi d'Ecosse. Le prince d'Enhalt se mit aussi sur les rangs, et dans les mouvemens de colere qui animoient quelquefois cette Princesse contre le Roi son frere, elle lui reprochoit qu'il l'eût volontiers mise entre les bras de deux ou trois autres Princes étrangers, ou, comme elle disoit, de deux ou trois gentilshommes, pour paiement de leur solde. On a vu, en dernier lieu, comment sa prévention pour M. le comte de Soissons lui fit fermer l'oreille à toutes les poursuites de M. le duc de Montpensier, qui étoit un parti sortable. Enfin, la nécessité de prendre un état (*), la détermina à accepter le prince de Bar.

Le dessein de ce mariage n'eut pas plutôt été rendu public, que la différence de la religion des deux partis fournit aux ecclésiastiques en général, et en particulier aux évêques de France actuellement assemblés à Paris, une raison d'en empêcher la conclusion qu'ils ne laisserent pas échapper. Le premier moyen qu'ils employerent, fut de traverser

(*). « Madame, dit au contraire la Chronologie Septénaire, *année* 1599, montroit de son côté tout le contentement possible..... Elle avoit accoutumé de dire : *Grata superveniet quæ non sperabitur hora* : étant ladite Dame très-bien instruite au latin ».

Année 1599. *Liv. X.*

de tout leur pouvoir à Rome l'expédition de la dispense, sans laquelle ils croyoient qu'on ne passeroit point à la célébration. Ils ne pouvoient, à cet égard, remettre leurs intérêts en de plus fideles mains que celles de d'Ossat, qui n'étoit pourtant en cette cour que pour y servir ceux du Roi: mais ce n'est ici ni la premiere ni la derniere fois que cet ecclésiastique aura à essuyer de ma part le reproche d'avoir, non-seulement passé, mais encore trahi ses commissions. Si j'en crois le mémoire de Rome dont j'ai parlé, d'Ossat, au nom de tout le parti, dont il étoit l'instrument, n'oublia rien pour détourner le Pape d'accorder la dispense (*) qu'il étoit personnellement chargé par

(*) Le cardinal d'Ossat, dans ses lettres, ne commence à parler de sa négociation, pour obtenir la dispense en question, que lorsque le duc de Bar étant allé lui-même la solliciter à Rome en 1600, il recommença, par ordre du Roi, à faire de nouvelles instances sur cette affaire. Il nous apprend seulement en passant, sur quelles raisons s'appuya sa Sainteté pour refuser la grace qu'on lui demandoit: « Sa Sainteté, » dit-il, nous ayant dit dès Ferrare à M. de Luxembourg » et à moi, lorsque nous lui demandions ladite dispense, » qu'il ne la devoit ni pouvoit accorder, pour ce que l'une » des parties, non-seulement ne la demandoit pas, mais ne » le reconnoissoit point pour pasteur de l'Eglise catholique » et apostolique, ni pour avoir puissance de dispenser; » comme aussi ne croit-elle point que le mariage soit un » sacrement, ni qu'il soit illicite de contracter mariage, » même entre cousins-germains. Ces raisons du Pape, ajoute- » t-il, durent encore, &c. ». Et en toutes occasions, il est vrai qu'il les fait si bien valoir par tous les argumens théologiques, qu'il n'y a point de lecteur qui ne conclue qu'un homme si bien persuadé que le Pape, ne pouvoit se rendre

sa Majesté de solliciter. Toutes ces personnes faisoient entendre à sa Sainteté qu'en se roidissant sur cette grace, il en arriveroit deux choses : l'une, que Madame se rendroit Catholique ; l'autre, que ce changement ne pouvant passer dans l'esprit des Protestans que pour un effet de la violence dont auroit usé à son égard le Roi son frere, il accroîtroit la défiance que ceux-ci ne témoignoient déjà que trop ouvertement de sa Majesté, ache-

en conscience, n'insistoit que foiblement sur ce point, et conspiroit à mettre les cours de France et de Lorraine dans la nécessité de procurer enfin, par toutes sortes de moyens, la conversion de la Princesse, sans laquelle, selon lui, cette affaire ne pouvoit jamais avoir une fin avantageuse : cependant, on lui voit, d'un autre côté, exécuter les ordres du Roi, et même les prévenir avec tant d'assiduité, de fidélité et de zele, qu'on peut, sur ses propres lettres, lui rendre la justice qu'il servoit sa Majesté, contre ses propres sentimens, autant qu'il le pouvoit faire. Une preuve de cela, qui seule vaut toutes les autres, c'est que, malgré tous les obstacles, il obtint enfin bien long-temps après, à la vérité, cette dispense, dont il avoit désespéré. Je trouve dans toutes les lettres de ce Cardinal bien moins de fondement encore au second motif qu'on lui attribue ici. Pour exposer en gros ce qui se développera par parties en son temps, voici ce que j'ai jugé des sentimens de ce Prélat sur tous les différens sujets sur lesquels on l'attaque, à s'en tenir toujours à la conjoncture qu'on peut tirer de ses lettres ; il aimoit la personne du Roi ; il ne trouvoit point de bonne politique séparément de la religion ; il étoit prévenu que les intérêts de celle-ci ne sont nulle part en aussi bonnes mains qu'en celles du Pape, des Jésuites, et de tous ceux qui l'avoient soutenue du temps de la Ligue. Il n'aimoit point l'Espagne, encore moins la maison d'Autriche et le duc de Savoie, et haïssoit souverainement les Calvinistes. Voyez sur l'article de la dispense, les *p.* 480 *et suiv.* 492, 519, 596, 615, 701, 717 *et suiv.* 727, 758, 769, &c.

veroit de le leur faire regarder comme leur ennemi et leur persécuteur déclaré, et attireroit enfin cette guerre intestine si desirable, selon eux, pour les intérêts du saint Pere et de la bonne Religion.

L'autre moyen que le Clergé mettoit en œuvre, étoit des remontrances assez vives pour pouvoir mériter le nom de *menaces*. Sa Majesté eut la complaisance de les écouter, et de permettre une conférence, où le docteur Du-Val, d'un côté, et le ministre Tilenus, de l'autre, cherchant à faire valoir leur cause, s'échaufferent assez inutilement, ce me semble, quoique l'un et l'autre se vantât après à l'ordinaire d'avoir terrassé son adversaire. J'en parle comme témoin, parce que je me laissai entraîner à la foule qui y accouroit, comme à un spectacle tout-à-fait intéressant : je n'y arrivai pourtant que sur la fin, lorsque les deux tenans commençoient à succomber à la fatigue. Je ne sçais par quelle raison on voulut me faire faire en cette occasion le personnage de juge : ce fut peut-être parce qu'on sçavoit que c'étoit moi que sa Majesté avoit chargé de dresser les articles du mariage. On commençoit déjà à me répéter tous les points d'une dispute qui duroit depuis plusieurs heures ; mais je priai très-sérieusement qu'on m'épargnât, ou cet embarras, ou cet honneur. Je dis que, s'il n'avoit pas été au pouvoir de deux si fortes têtes de concilier avec la sainte écriture tant de canons et de décrets de Papes, ou de justifier comment cette conciliation étoit impossible, afin de n'en plus parler, on ne devoit pas l'attendre d'un ignorant comme moi, et je le pense de même.

Quoi qu'il en soit, cette conférence n'ayant pas produit tout le fruit que MM. du Clergé(1) s'étoient promis, et voyant aussi qu'ils ne réussissoient pas mieux du côté de Rome, ils déclarerent que rien n'étoit capable de leur faire donner leur consentement à ce mariage. On s'en seroit passé ; mais il falloit trouver un Evêque qui voulût bien faire cette cérémonie ; et, comme tous ces Messieurs se tenoient par la main, cela formoit une difficulté sur laquelle ils fondoient leur derniere ressource.

Dans cet embarras, sa Majesté s'avisa de s'adresser à l'archevêque de (2) Rouen, et crut devoir en attendre plus de complaisance, comme étant son frere naturel, et lui ayant obligation depuis peu de l'Archevêché, outre que ce Prélat étoit

___

(1) Elle se faisoit en présence de Madame Catherine. « Mais, dit le Journal de Henri IV, parce que les docteurs » de Sorbonne se servirent d'expressions et de subtilités » scholastiques auxquelles ladite Dame n'a rien compris ; les » Ministres l'ont facilement persuadée de demeurer dans sa » religion ». Péréfixe dit que le Roi n'ayant pu venir à bout de la convertir, quoiqu'il y employât les menaces, dit un jour au duc de Bar : « Mon frere, c'est à vous à la dompter ».

(2) Charles, fils naturel d'Antoine de Navarre, et de Mademoiselle de la Beraudiere de la Guiche, autrement appellée la Rouet, l'une des filles de la Reine-mere.

connu de sa Majesté, ainsi que de toute la France, pour être médiocrement scrupuleux, pour ne rien dire de plus. Cependant, à la premiere proposition que ce Prince fit à l'Archevêque, il vit un homme qui, d'un ton dévotement rebelle, l'accabla de citations bien ou mal faites, des saints Peres, des saints Canons, des saintes Ecritures. Le Roi surpris, comme on peut se le figurer, d'un langage si nouveau dans la bouche d'un homme qui ordinairement parloit de toute autre chose, ne pouvoit presque s'empêcher de lui rire au nez, en lui demandant par quel miracle il étoit tout d'un coup devenu si sçavant et si consciencieux. Il crut faire mieux en répondant à l'Archevêque par des raisons sérieuses, auxquelles celui-ci s'étant montré sourd, sa Majesté éclata, et lui reprocha son ingratitude. « Puisque vous faites ainsi
» l'entendu, ajouta Henri, en revenant à sa pre-
» miere idée, je vais envoyer vers vous un grand
» docteur, votre confesseur ordinaire, et qui
» entend merveilleusement les cas de conscience ».
Ce grand docteur et directeur étoit Roquelaure, compagnon ancien et actuel de débauche de M. de Rouen, et à la priere duquel il avoit obtenu l'Archevêché. Le Prélat entendit parfaitement ce que signifioit cette petite menace; et son air un peu confus, étoit une conviction qu'il appréhendoit les grands avantages que l'habitude et la familiarité

pouvoient donner sur lui à Roquelaure, sans ceux qu'il tireroit de cet esprit que toute la cour lui connoissoit, libre, ingénu, fécond en heureuses saillies, et que l'Archevêque lui-même n'avoit pas accoutumé à outrer le respect dû au caractere épiscopal.

Le Roi ayant quitté M. de Rouen, fit venir Roquelaure, et lui dit : « Vous ne sçavez pas, » Roquelaure, votre Archevêque veut faire le » prélat et le docteur, et me veut alléguer les » saints Canons, où je crois qu'il entend aussi peu » que vous et moi ; et cependant par ces refus, » ma sœur demeure à marier. Je vous prie, parlez-» lui comme vous avez accoutumé, et le faites » souvenir du temps passé. Ah! pardieu, Sire, » répondit Roquelaure, cela n'est pas bien ; car » il est temps au moins, selon mon opinion, que » notre sœur Catelon commence à tâter des dou-» ceurs de cette vie, et je ne crois pas que doréna-» vant elle en puisse mourir par trop grande » jeunesse : mais, Sire, dites-moi un peu ce que » dit ce bel Evêque pour ses raisons ; car il en » est quelquefois aussi mal fourni que je sçaurois » l'être. Je m'en vais le trouver, pour lui appren-» dre son devoir ».

Il n'y manqua pas ; il dit à l'Archevêque, dès en entrant dans la chambre : « Hé quoi ! mon » Archevêque, que veut dire ceci ? On m'a dit que
vous

» vous faites le fat; pardieu! je ne le souffrirai
» pas; il y va trop de mon honneur, puisqu'on dit
» que je vous gouverne. Ne sçavez-vous pas bien
» qu'à votre priere, je me rendis votre caution
» envers le Roi, lorsque je lui parlai pour vous
» faire avoir l'archevêché de Rouen; ne me faites-
» vous pas passer pour menteur, en vous obsti-
» nant ainsi à faire la bête? Cela seroit bon entre
» vous et moi, qui nous sommes vus quelquefois
» ensemble aux brêches raisonnables, et les dez
» à la main; mais il s'en faut bien garder, lors-
» qu'il y va du service du maître et de ses ordres
» absolus. Hé, vrai Dieu! que voulez-vous que
» je fasse, répondit M. de Rouen? Quoi! que je
» me fasse moquer de moi, et reprocher par tous
» les autres Prélats, une action où tout le monde
» dit qu'il y va grandement de la conscience, n'y
» ayant eu aucun des Evêques auxquels le Roi en
» a parlé, qui ne l'ait aussi-tôt refusé? Ho, mor-
» bleu! ne le prenez pas comme cela, interrom-
» pit Roquelaure. Il y a bien de la différence d'eux
» à vous; car ces gens s'alambiquent tellement
» le cerveau après le grec et le latin, qu'ils en
» deviennent tous fous; et puis, vous êtes frere
» du Roi, et obligé de faire tout ce qu'il com-
» mandera, sans balancer. Il ne vous a pas fait
» Archevêque pour le sermonner, ni lui apprendre
» les Canons; mais pour lui obéir en tout où il

» ira de son service. Que si vous faites plus l'étourdi
» et l'entêté, je le manderai à Jeanneton de Con-
» dom, à Bernarde l'éveillée, et à maître Julien :
» m'entendez-vous ? Et ne vous le faites pas dire
» deux fois. Sçachez que rien ne vous doit être si
» cher que les bonnes graces du Roi : elles vous
» ont mieux valu, avec mes sollicitations, que
» tout le latin et le grec des autres. Pardieu ! c'est
» bien à vous à parler des Canons, où vous n'en-
» tendez que du haut Allemand ». Monsieur de
Rouen voulut reprendre la parole, pour lui persuader qu'il devoit abandonner avec lui ce ton
de plaisanterie qui étoit bon dans ses jeunes années, et lui lâcha quelque chose de paradis. « Com-
» ment, morbleu, paradis ! reprit aussi-tôt Ro-
» quelaure, êtes-vous si aze que de parler d'un
» lieu où vous ne fûtes jamais, où vous ne sçavez
» comment il y fait, ni si vous y serez reçu, quand
» vous y voudrez aller ? Oui, oui, j'y serai reçu,
» dit encore l'Archevêque, n'en doutez nulle-
» ment. C'est bien discouru à vous, lui dit son
» homme, en le poursuivant de plus en plus : par-
» dieu ! je tiens que Paradis a été aussi peu fait
» pour vous que le Louvre pour moi. Mais enfin,
» laissons-là un peu votre Paradis, vos Canons et
» votre conscience (*) pour une autre fois, et

(*) Il y a quelque chose d'original dans le tour de cette
conversation ; mais l'Auteur pouvoit bien, ce semble, sup-

» vous résolvez à marier Madame ; car, si vous
» y manquez, je vous ôterai trois ou quatre mé-
» chans mots de latin, que vous avez à toute
» heure à la bouche. Plus n'en sçait ledit déposant ;
» et puis, adieu la crosse et la mitre; mais qui
» pis est, cette belle maison de Gaillon, et dix
» mille écus de rente ».

Il se dit encore beaucoup d'autres choses entre ces deux hommes, dont on peut juger par cet échantillon. Roquelaure n'abandonna point l'Archevêque, qu'il ne lui eût fait promettre de marier Madame ; et ce fut lui en effet qui fit la cérémonie (*). Je reçus des deux côtés des présens fort riches, pour récompense des peines que je m'étois données ; entr'autres, un cheval d'Espagne de grand prix, et magnifiquement enharnaché, que m'envoya M. le duc de Lorraine. Je les renvoyai à sa Majesté, qui m'ordonna de les garder.

Ce ne fut pas à cette seule occasion que le Clergé tint tête à sa Majesté. Il se roidissoit plus forte-

primer certaines expressions, qui sentent un peu le libertinage.

(*) « Un Dimanche, dit la Chronologie Septénaire, dès
» le matin....., il va prendre Madame sa sœur à son lever,
» et l'amenant par la main dans son cabinet, où étoit déjà
» ledit futur époux, il commande à M....., archevêque de
» Rouen, d'épouser, &c.,......et qu'il vouloit qu'ainsi fût.
» A quoi ledit sieur Archevêque fit du commencement refus,
» et qu'il falloit y garder les solemnités accoutumées. Sur
» quoi le Roi répartit très-doctement, que sa présence étoit
» plus que toute autre solemnité, et que son cabinet étoit
» un lieu sacré ».

ment et aussi plus essentiellement contre la vérification de l'édit de Nantes qui lui paroissoit toujours un morceau difficile à digérer. Comme depuis près d'un an qu'il se tenoit assemblée à Paris à ce sujet, il avoit eu le temps de prévenir le Parlement et les autres Cours souveraines, aussi-bien que la Sorbonne, contre cet édit; tous ces Corps se souleverent dès qu'il eut été rendu public, et se donnerent des mouvemens qu'on peut mieux imaginer que décrire. On ne parla plus d'autre chose: chacun s'attacha à critiquer la piece, et à la combattre par différens raisonnemens. Il s'en faut beaucoup qu'ils ne fussent tous justes, non plus que tous les motifs que le Parlement apportoit pour se dispenser de l'enregistrer; mais la sincérité dont j'ai fait jusqu'ici profession, même dans les choses qui me touchent de plus près, m'oblige à convenir que toutes ces personnes n'avoient point tort en tout.

Il étoit, par exemple, permis aux Réformés, par un des articles de l'édit, de convoquer et de tenir toutes sortes d'assemblées synodales et autres, en tel temps, tel lieu et toutes les fois qu'ils voudroient, sans en demander permission, ni à sa Majesté, ni aux Magistrats, et d'y admettre encore toutes sortes d'étrangers, sans en donner connoissance à aucun tribunal supérieur : comme aussi d'aller assister, de leur côté, sans congé, aux assemblées qui se tiendroient chez les étrangers. Il est clair qu'un point aussi directement contraire à toutes les loix du royaume, que préjudiciable à l'autorité du Roi (*), aux droits de la Magistrature, à l'utilité et au repos du public, ne pouvoit avoir passé que par surprise; et c'est aussi sur ce point qu'insisterent principalement les ennemis des Protestans, dans les différentes remontrances qu'ils firent à sa Majesté, faisant valoir chacun les raisons qui les intéressoient le plus. Le Parlement remontra que cet article achevoit d'anéantir son autorité, que le Clergé avoit déjà si fort resserrée, aussi-bien que celle du Roi (car il prétend que ces deux autorités n'en font qu'une) que sans les appels comme d'abus, qui lui restoient encore, il n'en auroit plus, pour bien dire, que l'ombre. Le Clergé et la Sorbonne se plaignirent de la supério-

___

(*) « Ce que le maréchal de Bouillon, dit le Septénaire, avoit ménagé avec quelques-uns qui ne s'appercevoient peut-être pas du danger qui étoit en cela ; mais le sieur Berthier, (agent du Clergé, et évêque de Rieux), le contesta si vivement audit sieur Maréchal, devant le Roi, que ses raisons ouïes, et vu l'importance du fait.... le Roi.... fit rayer, &c. » *année* 1599, *pag.* 66. Ce récit de Cayet est conforme à celui de P. Mathieu, *tom.* 2, *liv.* 2, *p.* 280 *et suiv.* Cet article de l'édit de Nantes, si fort contesté, est apparemment le quatre-vingt-deuxieme, qui est présentement aussi désavantageux aux Calvinistes, qu'il leur étoit favorable; puisque cet article leur interdit toutes pratiques, négociations, intelligences, assemblées, conseils, ligues et associations, dedans et hors le royaume, cotisations, levées de denrées, &c. sans l'expresse permission du Roi.

rité que cette concession donnoit à l'Eglise Calviniste en France, sur l'Eglise Catholique, qui, dans sa jurisdiction, n'avoit jamais eu un pouvoir si étendu; et on ne peut nier que cela ne soit vrai. Enfin, on releva tous les mauvais effets qu'étoit capable de produire cette indépendance absolue des Huguenots François, soit entr'eux, soit dans leurs associations avec tout ce que la France pouvoit avoir d'ennemis en Europe.

Le Roi n'avoit pas encore examiné l'édit par lui-même, et il n'en avoit eu connoissance que par une simple lecture, dans laquelle on avoit sans doute glissé légérement sur cette clause, et peut-être l'avoit-on omise tout-à-fait. Il témoigna par sa surprise à ceux qui lui parloient ainsi, qu'il avoit été trompé; et leur promit d'y pourvoir, et ensuite de leur rendre réponse. En effet, eux sortis, il commença par m'envoyer chercher, et me montra l'édit. Je ne déguisai aucun des sentimens que j'exprime ici; j'y ajoutai même qu'à force de s'attacher à rendre cet article avantageux aux Protestans, il me sembloit qu'il leur devenoit nuisible, en ce qu'il ouvroit un vaste champ à toutes les calomnies qu'on voudroit inventer contre les honnêtes gens du parti, de briguer contre l'Etat avec l'étranger, ou de s'en laisser suborner. Henri, encore confirmé dans son opinion, me renvoya, en m'ordonnant de me disposer à bien faire valoir tous ces motifs dans l'assemblée des Protestans, qu'il voulut qu'on convoquât à l'heure même, pendant que de son côté il en alloit demander l'explication à ceux qui avoient fabriqué l'édit.

MM. de Schomberg, De-Thou, Calignon et Jeannin (car le Roi les fit incontinent venir tous quatre) demeurerent un peu déconcertés des reproches que leur fit sa Majesté, d'avoir abusé de sa confiance. Schomberg et De-Thou prenant la parole au nom de tous, répondirent qu'ils avoient été comme nécessités de le faire, par les menaces que leur avoient faites MM. de Bouillon et de la Trimouille, de la part de tout le corps, de rompre tout leur accord, si on leur refusoit cet article, et même de commencer la guerre contre les Catholiques; ce qui leur avoit paru de la derniere conséquence, la paix avec l'Espagne souffrant alors de très-grandes difficultés. Le Roi se payant de cette excuse, chargea Berthier, syndic du Clergé, de la rapporter à l'assemblée, et d'y ajouter de sa part, que des quatre personnes qu'il avoit commises à la formation de l'édit, n'y ayant que le seul Calignon de Protestant, il n'avoit pas dû croire que les trois autres laisseroient à la Religion Réformée cet avantage sur la Religion Catholique. La réponse des Evêques montra bien qu'ils n'avoient pas de ces trois Messieurs la même opinion que sa Majesté. Ils furent traités en pleine assemblée, de faux Catholiques, d'accord avec les Calvinistes sur quantité de points, et ne croyant rien du tout sur les autres. En blâmant cette seconde imputation (1), comme elle mérite de l'être, convenons encore qu'à l'égard de la première, tout parloit contre les Commissaires de l'édit; et que leur réponse à sa Majesté ne détruit point aussi-bien l'opinion qu'on en peut avoir, que le silence qu'ils avoient gardé avec elle, lui donne de forces (2).

Ce n'est pas que le duc de Bouillon ne fût dans les sentimens où ils le représentoient. J'appris, en travaillant à approfondir la vérité, qu'il s'étoit effectivement montré d'une opiniâtreté insurmontable. Mais n'y avoit-il aucun moyen de rendre les autres plus raisonnables ? Alors qu'eût-il fait seul ?

(1) Si certain discours secret que d'Aubigné fait tenir par le président de Thou au duc de la Trimouille, lorsqu'il fut envoyé par sa Majesté à l'assemblée des Calvinistes, est vrai, les soupçons du Clergé ne seroient pas trop injustes. « Vous » avez trop de jugement (ce sont les termes du Président) » pour ne connoître bien qu'au point où les affaires sont, et » aux choses que nous vous avons concédées, que ce que vous » pouvez desirer, ne soit à son plus haut degré... M. de » Schomberg est Luthérien, et par trop éloigné d'un bon » Huguenot; pour moi, vous connoîtrez mon ame, &c. » *Tom.* 3, *liv.* 5, *chap.* 1. Mais il y a bien apparence que d'Aubigné a rapporté ce discours sur la foi de personnes peu sûres, ainsi que quelques autres traits de son histoire, qui attirerent en ce temps-là un arrêt du Parlement contre cet ouvrage.

(2) M. de Sully est par-tout ici d'une sincérité qu'on ne sçauroit, à mon avis, assez admirer dans un Protestant.

Si tous les Protestans ressembloient au duc de Bouillon, que prétendoient les Commissaires par cette complaisance aveugle pour les volontés des Réformés ? Trahir par nécessité le Roi et l'Etat ? Comme il ne peut y avoir de plus grand mal que celui-là, aux yeux de négociateurs habiles et bien intentionnés, on ne peut guères leur attribuer raisonnablement cette pensée. Pour moi, je crois Bouillon le seul fauteur du projet contenu dans l'article, comme il en étoit le seul inventeur. Je conjecture de plus qu'il n'y envisageoit pas tant les autres que lui-même ; et voici le but de toute sa politique.

Pour terminer à son avantage la dispute sur le pas entre lui et les ducs et pairs de France, aussi-bien que les maréchaux de France, plus anciens que lui, le duc de Bouillon avoit imaginé de faire déclarer sa souveraineté de Sedan (*) un fief de l'Empire ; mais il ne falloit pas que cette prérogative lui ôtât toute communication avec les Seigneurs réformés de France, autrement il y auroit beaucoup plus perdu que gagné. Le tempérament qu'il avoit trouvé pour accorder son intérêt avec son ambition, étoit de laisser son église de Sedan comprise avec les églises réformées de France ; ce qu'il faisoit à la faveur de l'article en question,

(*) Voyez l'Histoire du duc de Bouillon, déjà citée plusieurs fois, *liv.* 5.

pendant qu'il continuoit à se faire traiter comme Prince étranger.

Berthier revint rapporter au Roi la disposition des Prélats de l'assemblée, avec le résultat de leur délibération, qui étoit qu'on ôtât aux quatre Commissaires toute connoissance des affaires de religion, et qu'on réformât l'édit, quant à cet article et quelques autres moins essentiels; ce que sa Majesté promit encore.

Cependant, l'assemblée des principaux Protestans alors à Paris, ayant été indiquée pour le lendemain même du jour où se fit l'éclaircissement entre le Roi et les Commissaires, je reçus, comme à l'ordinaire, un billet d'invitation pour m'y trouver. J'avois cessé d'y assister depuis que je m'étois apperçu que ma présence gênoit les trois ou quatre personnes qui y avoient la grande main, et qu'elle n'étoit propre qu'à y faire naître de l'altération. Je les trompaï en me présentant à celle-ci. Le duc de Bouillon comprit aisément le dessein qui m'y amenoit ainsi, contre mon ordinaire, et me le fit entendre d'un ton amer et ironique, auquel je répartis, en m'excusant sur les affaires de mon ministere, et en feignant de ne pas sçavoir quel étoit le sujet de la présente assemblée. Sans paroître faire attention à l'air mutin et aux paroles que lâcha la Trimouille, pour marquer qu'ils n'étoient pas persuadés que je parlasse sincérement, j'allai me placer entre MM. de Mouy, de Clermont et de Sainte-Marie-du-Mont, qui, en m'instruisant de la matiere qui alloit être mise sur le tapis, m'assurerent que l'article qui faisoit tant de bruit, étoit désapprouvé de presque tous les Protestans, et n'étoit opiniâtré que par MM. de Bouillon, de la Trimouille, du Plessis, et quelques autres de la cabale, dans le dessein de porter les choses à une guerre civile. Ils n'en furent pas les maîtres, malgré leurs mouvemens et tous leurs cris. Lorsqu'on en vint aux opinions, l'avis contraire au leur l'emporta, parce que les meilleures raisons furent de notre côté (*).

(*) L'édit de Nantes fut enfin vérifié le Jeudi 25 Février de cette année, après bien des difficultés du Clergé, de l'Université et du Parlement. C'est à cette occasion que Henri IV dit aux Evêques : « Vous m'avez exhorté de mon
» devoir ; je vous exhorte du vôtre : faisons bien à l'envi les
» uns des autres. Mes prédécesseurs vous ont donné de belles
» paroles ; mais moi, avec ma jaquette grise, je vous don-
» nerai de bons effets. Je suis tout gris au-dehors ; mais je
» suis tout d'or au-dedans : je verrai vos cahiers, et j'y
» répondrai le plus favorablement qu'il me sera possible ».
Voici ce qu'il répondit au Parlement, qui étoit venu lui faire des remontrances. « Vous me voyez en mon cabinet où
» je viens vous parler, non pas en habit royal, ni avec
» l'épée et la cape, comme mes prédécesseurs, ni comme
» un Prince qui vient recevoir des Ambassadeurs, mais vêtu
» comme un pere de famille, en pourpoint, pour parler
» familiérement à ses enfans. Ce que j'ai à vous dire, est
» que je vous prie de vérifier l'édit que j'ai accordé à ceux
» de la Religion. Ce que j'en ai fait est pour le bien de la
» paix ; je l'ai faite au-dehors ; je veux la faire au-dedans de
» mon royaume ». Après leur avoir exposé les raisons qu'il avoit eues de faire l'édit, il ajouta : « Ceux qui empêchent

On rapporta aussi quelques modifications aux autres articles dans lesquels le bien public parut n'avoir pas été assez ménagé. La conduite pleine de justice et de douceur de Henri fut sentie de tout le monde. Il voulut bien encore en expliquer les motifs au plus grand nombre, après que la chose eut été arrêtée; pour les autres, il ne songea qu'à les empêcher de faire pis.

Il se conduisit avec la même sagesse à l'égard de quelques Catholiques mal intentionnés, qui, ne voulant pas paroître eux-mêmes, mirent en jeu une certaine Marthe Brossier, prétendue démoniaque, qui étoit devenue l'objet de la curiosité du public, toujours épris du merveilleux, vrai ou faux. Il est surprenant qu'un spectacle si ridicule en soi, qui ne méritoit pas les regards de la plus vile populace, ait pu se soutenir pendant un an et demi, et devenir une affaire d'Etat. C'est qu'une moitié du monde se laissa réellement éblouir par un surnaturel, seulement dans les apparences, et que l'autre en redouta les effets, non par la chose même, mais

» que mon édit ne passe, veulent la guerre; je la déclarerai
» demain à ceux de la Religion; mais je ne la ferai pas, je
» les y enverrai. J'ai fait l'édit, je veux qu'il s'observe. Ma
» volonté devroit servir de raison. On ne la demande jamais
» au Prince dans un état obéissant. Je suis Roi; je vous
» parle en Roi: je veux être obéi ». *Péref. ibid. et Journ. de Henri IV, ibid.* Voyez aussi dans M. de Thou et dans le Septénaire, les modifications apportées à l'édit de Nantes, et tous les discours tenus à cette occasion, *année* 1599.

par les motifs qui faisoient jouer ce ressort. Marthe Brossier trouva des protecteurs en grand nombre dans le Clergé, et jusqu'à Rome où elle se fit conduire. Le Roi donna sans affectation, à la vérité, le temps et les moyens de se manifester (*); après quoi le

(*) Tout ce qui regarde cette prétendue démoniaque, est rapporté d'une maniere très-curieuse dans M. de Thou, au commencement du *liv.* 123, *ann.* 1599. En voici un simple abrégé. Jacques Brossier, boulanger à Romorantin en Sologne, s'étant dégoûté de son métier, se fit joueur de gobelets, et se mit à courir le monde avec ses trois filles, Marthe, Silvine et Marie. L'aînée, dont il est question ici, profita si bien des leçons qu'il lui donna pour contrefaire la démoniaque, qu'elle trompa tout le monde à Orléans et à Cléri; mais non pas Charles Miron, évêque d'Angers, qui découvrit l'imposture, en substituant de l'eau commune à l'eau bénite, et de l'eau bénite à l'eau commune; en récitant un vers de Virgile, au lieu du commencement de l'exorcisme, la touchant d'une clef au lieu de sa croix épiscopale, &c. Cela ne l'empêcha pas de venir s'établir à Paris, où elle choisit l'église de Sainte-Genevieve, pour se donner en spectacle au peuple, qui y accourut aussi-tôt. Elle en imposa à tous les ecclésiastiques crédules, aux Capucins qui commencerent à l'exorciser de bonne foi, et même à quelques-uns des médecins que Henri IV envoya pour la visiter, quoique tous les autres déposassent formellement contre elle, et sur-tout Michel Marescot, l'un de ces médecins, qui la convainquit publiquement de n'entendre ni grec ni latin, de n'avoir que la force ordinaire de celles de son sexe; en un mot, d'être une séductrice et une friponne. Le Parlement ne lui fut pas plus favorable; mais, malgré cela, les religieux et les prédicateurs avoient si bien sçu intéresser la religion dans cette affaire, et la prétendue possédée joua si bien son rôle, que l'arrêt du Parlement qui lui enjoignoit aussi-bien qu'à son pere de s'en retourner chez eux, tout juste et tout sage qu'il étoit, causa d'étranges murmures, et presque une révolte dans Paris; ce qui donna d'assez grandes inquiétudes au Roi, qui voyoit que ce qu'il avoit eu d'ennemis dans la vieille

tout se termina à un grand mépris pour les auteurs et pour l'actrice de cette comédie.

La mort de quantité de personnes considérables donna matiere à d'autres discours. Celles du chancelier de Chiverni, de Schomberg et d'Incarville, tous trois du conseil des finances, firent un changement dans les affaires. Les sceaux furent donnés à Belliévre; la charge de contrôleur-général, qu'avoit d'Incarville, fut accordée, à ma sollicitation, à de Vienne; et celle de surintendant des finances fut rétablie en ma faveur. Henri m'ayant fait appeler dans le jardin des Tuileries, où il étoit à se promener, me dit qu'il étoit résolu de remettre les finances entre les mains d'un homme seul; et, feignant de prendre un ton fort sérieux, il me fit promettre que je lui dirois librement ce que je pensois de cet homme, quand il me l'auroit nommé. Le lui ayant promis, il reprit aussi-tôt en souriant, et en me donnant un petit coup sur la joue, que je devois bien le connoître, puisque c'étoit moi-même. Sa Majesté me gratifia encore

---

Ligue, reparoissoient à cette occasion. Alexandre de la Rochefoucault, seigneur de Saint-Martin, des comtes de Randan, osa même entreprendre de réveiller cette affaire en faisant passer cette Marthe à Avignon, et de-là à Rome, où elle trouva encore plus de partisans. Malheureusement pour elle, le cardinal d'Ossat s'y trouva, qui s'employa si utilement dans cette affaire, qu'enfin Marthe et sa famille se vit abandonnée de tout le monde, et vécut et mourut dans le mépris et la misere. Voyez aussi les autres Historiens.

de la charge de grand-voyer, dont elle m'envoya les provisions, avec celles de surintendant des fortifications. Et comme Sancy, livré à ses vertiges (*) ordinaires, jugea à propos de se retirer du conseil, et de se défaire de sa charge d'intendant des bâtimens, le Roi la joignit encore aux autres bienfaits dont il me combloit. Les appointemens de la surintendance devinrent fixes, et furent de vingt mille livres. Ceux de grand-voyer, et de voyer particulier de Paris, étoient de dix mille livres.

Sa Majesté fut si contente de cette fixation, qu'elle voulut aussi en mettre une aux gratifications qu'elle avoit intention de m'accorder, tant pour m'ôter l'envie, disoit-elle, de prétendre à une gratification pour chaque service considérable que je lui rendrois, que pour s'épargner la peine de faire enregistrer chacun des présens qu'elle me faisoit, même les plus petits, sans quoi je ne voulois point les recevoir. Elle me déclara donc que toutes ces gratifications et présens seroient désormais confondus dans une gratification unique, fixe, et qui me seroit remise au commencement de chaque année en forme de lettres-patentes vérifiées au Parlement; et me demanda auparavant si j'étois

──────────

(*) Joseph Scaliger parloit, aussi-bien que l'Auteur, de M. de Sancy, comme d'un fanatique, sujet au vertige, &c. Ce sont ses termes.

content de la somme, qui étoit de soixante mille livres, en ajoutant que son intention étoit que j'achetasse de cet argent, des biens en fonds de terre, dont il me fût libre de disposer en faveur de ceux de mes enfans qui s'en rendroient les plus dignes, afin qu'ils demeurassent tous de plus en plus attachés à moi. Il ne me resta qu'à rendre d'humbles actions de graces à ce Prince. Cependant cette fixation de gratification dont je parle ici, ne fut faite qu'en 1600, et ne commença à avoir lieu qu'en 1601.

Mademoiselle de Bourbon (1) mourut aussi, et M. d'Espinac (2), archevêque de Lyon, qu'on peut dire avoir tâté de toutes sortes de fortunes; enfin, Madame la Connétable, et après elle Madame de Beaufort. Ces deux dernieres morts sur-tout firent un très-grand bruit. Quelques circonstances semblables dans la fin de ces deux Dames, et peu ordinaires, c'est-à-dire, une maladie violente, et de trois ou quatre jours de durée seulement, des cheveux hérissés, des visages si beaux, devenus hideusement défigurés, et quelques autres symp-

---

(1) Fille de Henri I, prince de Condé, et de sa premiere femme, princesse de Nevers, marquise de l'Isle, &c.

(2) Pierre d'Espinac. Il avoit été grand Ligueur; cependant Mathieu assure qu'il rendit de grands services à Henri IV contre l'Espagne, *tom.* 2. *liv.* 2. *pag.* 308, où il fait l'éloge de ses vertus. M. de Thou, au contraire, nous le dépeint, *liv.* 90, comme un incestueux, simoniaque, &c.

tomes, qu'en tout autre temps on auroit jugés naturels, ou seulement un effet de poison, firent répandre dans le monde que la mort de ces deux jeunes Dames étoit, aussi-bien que leur élévation, l'ouvrage du diable, qui étoit venu se payer lui-même des courtes délices qu'il leur avoit fait goûter. Et la chose passa pour certaine, non-seulement parmi le peuple sottement crédule, mais parmi les courtisans mêmes ; tant la contagion qui portoit les esprits à la magie et aux sciences occultes, étoit forte en ce temps-là, et aussi tant on portoit de haine et d'envie au rang qu'occupoient ces deux femmes.

Voici comme on rapporta celle de la Connétable (*), et ce fut, dit-on, les Dames mêmes assemblées alors chez elle. Comme elle s'entretenoit gaiement avec elles dans son cabinet, une de ces femmes y entra avec un visage effrayé, et lui annonça qu'un quidam, qui se disoit gentilhomme, d'assez bonne mine, excepté qu'il étoit tout noir et d'une taille gigantesque, venoit d'entrer dans son antichambre, et avoit demandé à lui parler pour des choses d'une si grande conséquence, qu'il ne pouvoit s'en ouvrir qu'à elle-même. A chacun des traits de ce courier extraordinaire, que la Dame se faisoit décrire avec soin, on la vit

(*) Louise de Budos, fille de Jacques de Budar, vicomte de Portes, seconde femme de Henri, connétable de Montmorency.

pâlir, et tomber dans un si grand serrement de cœur, qu'elle eut à peine la force de dire qu'on allât prier ce gentilhomme, de sa part, de remettre sa visite à un autre temps. A quoi il répondit, d'un ton à faire mourir la messagere de frayeur, que puisque la Connétable ne vouloit pas venir de bon gré, il alloit prendre la peine de l'aller chercher jusques dans son cabinet. Elle craignoit encore plus l'audience publique que le tête-à-tête. Elle se résolut à la fin à passer de l'autre côté, mais avec toutes les marques d'un véritable désespoir.

Le message affligeant étant achevé, elle revint trouver la compagnie, fondant en larmes et demi-morte. Elle n'eut que le temps de proférer quelques paroles, pour prendre congé de la compagnie, et en particulier de trois de ces Dames, qui étoient ses amies, et pour les assurer qu'elles ne la verroient plus. Dans le moment, elle est saisie de douleurs aiguës, et elle meurt au bout de trois jours, faisant horreur à tous ceux qui la voyoient, par l'effroyable changement de chaque trait de son visage. Voilà l'histoire : les gens sensés en croiront ce qu'il en faut croire.

Madame de Beaufort étoit la plus foible de toutes les personnes de son sexe sur ce qui regardoit l'astrologie. Elle ne se cachoit point pour consulter les devins. Elle en avoit une escorte qui ne la quittoit point. Ce qu'il y a de plus surprenant, c'est que, quoique sans doute elle les payât bien, ils ne lui annonçoient jamais que des choses désagréables. (1). L'un lui disoit qu'elle ne seroit mariée qu'une fois; l'autre, qu'elle mourroit jeune; celui-ci, qu'elle se donnât de garde d'un enfant; celui-là, qu'elle seroit trahie par un de ses amis; ce qui la jettoit dans une mélancolie, dont elle ne sortoit presque plus. Gracienne, l'une de ses femmes, m'a dit depuis, que l'impression de tout ce qu'elle entendoit dire, étoit si forte, qu'elle renvoyoit tout le monde, pour passer seule les nuits entieres à s'affliger et à pleurer amérement de toutes ces prédictions.

Comme elle étoit alors très-avancée dans sa grossesse, bien des personnes n'iront pas chercher plus loin la cause du malheur qui fut joint à sa couche. Elle étoit même déjà véritablement malade, et de corps et d'esprit, lorsque sur la fin du Carême elle voulut être de la partie de Fontainebleau avec le Roi: elle n'y fut que peu de jours. Le Roi, qui ne voulut pas qu'on lui reprochât d'avoir gardé cette femme près de lui pendant le temps de la Pâque, la pria de lui laisser passer les fêtes à Fontainebleau, et de retourner les passer à Paris (2).

(1) Le foible de M. de Sully pour l'astrologie judiciaire, se décele en mille endroits de ses Mémoires, malgré lui.

(2) Selon P. Mathieu, *tome* 2, *liv.* 2, *page* 316. Elle

Madame de Beaufort reçut cet ordre les larmes aux yeux. Ce fut encore pis lorsqu'il fallut se séparer. Henri, de son côté, plus rempli que jamais de sa passion pour cette Dame, dont il avoit déjà eu deux enfans mâles, et une fille nommée Henriette, se faisoit une égale violence. Il la conduisit jusqu'à moitié chemin de Paris (1); et quoiqu'ils comptassent ne se séparer que pour peu de jours, ils en appréhendoient le moment, comme si ç'avoit dû être pour un très-long temps. Ceux qui aiment à ajouter foi aux pressentimens, ne passeront pas légèrement sur tout ce détail. Les deux amans s'accablerent de nouveau des plus tendres caresses; et on a prétendu trouver dans toutes les paroles qu'ils se dirent en ce moment, des preuves de ce pressentiment d'une fatalité inévitable.

Madame de Beaufort parloit au Roi comme si elle l'eût vu pour la derniere fois (2). Elle lui recommandoit ses trois enfans, sa maison de Monceaux et ses domestiques. Le Roi l'écoutoit; et au lieu de la rassurer, il s'attendrissoit lui-

vint à Paris pour y faire passer le contrat de l'acquisition de Châteauneuf au Perche.

(1) Elle vint coucher la veille à Melun, d'où le Roi la conduisit au bateau, dans lequel elle s'embarqua, et vint descendre à l'arsenal.

(2) D'Aubigné parle de la même maniere de cette séparation, *tom.* 1, *liv.* 5. *chap.* 3.

même. Ils prenoient congé l'un de l'autre ; mais un mouvement secret les faisoit aussi-tôt se rapprocher. Henri ne se seroit pas facilement arraché de ses bras, si le maréchal d'Ornano, Roquelaure et Frontenac ne fussent venus l'en tirer comme de force. Ils lui firent enfin reprendre le chemin de Fontainebleau ; et les dernieres paroles qu'il dit furent pour recommander sa maîtresse à La-Varenne, avec ordre de ne la laisser manquer de rien, et de la remettre chez Zamet, choisi pour avoir soin de cette personne si chere.

J'étois à Paris lorsque la duchesse de Beaufort y arriva, et j'en devois partir avec mon épouse peu de jours après pour aller faire la cène à Rosny, où je menois le prince et la princesse d'Orange, à qui j'avois envie de faire voir les bâtimens que les nouvelles libéralités du Roi me mettoient en état d'y faire élever. Je crus devoir prendre congé de cette Dame. Elle avoit oublié tout ce qui s'étoit passé à Saint-Germain. Elle me fit l'accueil le plus caressant, et n'osant s'expliquer clairement sur la complaisance pour ses desseins, à laquelle elle souhaitoit passionnément de pouvoir m'amener, elle se contentoit de chercher à me mettre dans ses intérêts, en mêlant avec cet air de politesse, dont elle ne gratifioit pas tout le monde, quelques mots à double entente, qui me faisoient envisager une fortune sans bornes, si je voulois bien me relâcher sur la sévérité des conseils que je donnois au Roi à son sujet. Aussi peu touché des chimeres dont cette femme se remplissoit, que de celles dont elle cherchoit à me remplir, je feignois de ne rien entendre d'un discours si intelligible, et je payois ses termes équivoques de protestations générales de respect, d'attachement et de dévouement, qui ne signifient que ce qu'on veut.

De retour chez moi, je songeai que mon épouse devoit s'acquitter du même devoir envers la Duchesse. Elle n'en fut pas moins bien reçue. Madame de Beaufort la pria de l'aimer, et de vivre avec elle comme avec une amie, et entra dans des confidences qui auroient pu paroître le dernier trait de l'amitié la plus intime à ceux qui, comme Madame de Rosny, ignoroient que la Duchesse, qui au fonds n'avoit que médiocrement d'esprit, n'étoit pas délicate sur le choix de ses confidens. Elle n'avoit point de plus grand plaisir que d'entretenir les premiers venus de ses projets et de ses espérances. Plus ceux à qui elle parloit étoient ses inférieurs, plus elle se trouvoit à son aise, parce qu'alors elle ne ménageoit plus ses termes, et se permettoit même souvent d'y faire entrer celui de Reine.

Elle n'avoit pas plus de retenue sur ce qui lui étoit arrivé effectivement, que sur ce qu'elle comptoit qui lui arriveroit. Trop de naïveté à cet égard donna peut-être lieu aux bruits qui se répandirent dans le monde sur l'irrégularité de quelques démarches de sa jeunesse. Je crois pourtant ces traits satyriques, un pur effet du déchaînement de ses ennemis, par le peu d'apparence qu'une femme ait pu porter l'imprudence et la distraction, jusqu'à dire de soi le bien et le mal indifféremment. Et je ne me reprochai point d'avoir retenu six ans à la Bastille une femme de ses domestiques, nommée la Rousse, et son mari qui, après la mort de cette Dame, continuoient de déchirer sa mémoire avec la derniere indignité, parce que, quand même tout ce qu'ils en disoient auroit été incontestable, les égards qu'on devoit à sa famille, et plus encore à l'attachement que le Roi avoit témoigné pour elle et aux enfans qu'il en avoit eus, étoient seuls capables d'imposer silence à la médisance.

Madame de Rosny ne laissa pas d'être bien surprise de tout ce qu'elle entendoit dire à Madame de Beaufort, et elle le fut encore davantage, lorsque faisant un assez mauvais assemblage de ces civilités qui se pratiquent entre égales, et de ces airs de Reine, elle lui entendit dire qu'elle pouvoit venir à son lever et à son coucher toutes les fois qu'elle voudroit, et plusieurs autres choses semblables. Elle ne put s'empêcher d'en conclure, avec tout le monde, un changement prochain dans l'état de la Duchesse, et revint au logis pleine de ces pensées, qu'elle me communiqua. J'avois étendu jusqu'à mon épouse le secret que j'avois gardé sur tout ce qui s'étoit dit, à ce sujet, entre sa Majesté et moi, aussi-bien que la scene de Saint-Germain. Je lui promis de lui apprendre l'état des choses, pourvu qu'elle ne dît rien à la princesse d'Orange de tous les discours de Madame de Beaufort, et nous prîmes tous le chemin de Rosny.

Deux jours après, qui étoit le Samedi de Pâque, comme je m'acquittois de la parole que j'avois donnée à Madame de Rosny, en lui apprenant le dessein de Madame de Beaufort, de se faire déclarer Reine, tous les mouvemens que se donnoient pour cela ses parens et ses créatures, les combats que le Roi avoit soufferts intérieurement, et la résolution qu'il sembloit enfin avoir prise de se vaincre lui-même, à quoi je joignois la réflexion des malheurs, que la conduite contraire auroit attirés sur le royaume, j'entendis qu'on tiroit la sonnette de la premiere porte du château, au-delà des fossés; et parce qu'aucun des domestiques ne répondit, le jour n'ayant point encore paru, on redoubla avec force, et une voix s'écria à plusieurs reprises : *De la part du Roi*. J'éveillai moi-même un laquais; et pendant qu'il alloit ouvrir, je me couvris d'une robe de chambre, et descendis en bas, fort inquiet de ce qu'on me vouloit si matin.

Le courier me dit qu'il étoit venu toute la nuit me dire, de la part du Roi, que je me rendisse à Fontainebleau à l'heure même. Il me parut avoir le visage si triste, que je crus que le Roi étoit malade. « Non, me répondit-il ; mais il est dans le » dernier chagrin ; Madame la Duchesse est » morte ». Je me le fis répéter plusieurs fois ; tant la chose me paroissoit peu vraisemblable. Lorsque je n'en pus plus douter, je sentis mon esprit partagé entre l'affliction de l'état où cette mort réduisoit le Roi, et la joie du bien qui en revenoit à toute la France. Ce dernier sentiment se rendit le plus fort, parce que je convins en moi-même que ce Prince alloit acheter, par une douleur passagere, l'exemption de mille déchiremens de cœur, plus cruels encore que ce qu'il souffroit actuellement. Je remontai dans la chambre de mon épouse, occupé de ces pensées. « Vous n'irez » point, lui dis-je, au lever, ni au coucher de » la Duchesse ; elle est morte ». Je fis monter avec moi le courier, afin que, pendant que je m'habillerois et qu'il déjeûneroit, il nous instruisît des circonstances de ce grand événement, que je vis encore mieux détaillées dans la lettre que la Varenne avoit écrite de Paris au Roi, et que sa Majesté m'avoit renvoyée par le courier, avec une seconde aussi de la Varenne, adressée à moi personnellement.

(1) Zamet avoit reçu son hôtesse avec tout l'empressement d'un courtisan qui cherche à plaire, et il n'oublia rien de ce qu'il jugea capable de lui faire passer le temps agréablement. Le Jeudi absolu, Madame de Beaufort, après son dîner, où elle avoit mangé toutes viandes excellentes et préparées à son goût, eut envie d'entendre les ténebres en musique au petit Saint-Antoine. Elle y fut prise de quelques éblouissemens qui la firent revenir promptement chez Zamet. Elle n'y fut pas plutôt arrivée, que prenant l'air dans le jardin, elle fut attaquée d'une apoplexie, qui pensa l'étouffer dans le moment. Elle revint un peu par les secours qu'on lui donna, et fortement frappée de l'idée qu'elle étoit empoisonnée (2); elle commanda

(1) Sébastien Zamet, riche partisan, étoit Italien, originaire de Lucques; mais il se fit naturaliser en 1581 avec ses deux freres, Horace et Jean-Antoine. Il dit au notaire qui faisoit le contrat de mariage de sa fille, de le qualifier de Seigneur de dix-sept cent mille écus. Henri IV avoit choisi sa maison pour faire ses repas et ses parties de plaisir. Ce Prince l'aimoit d'ailleurs, parce qu'il étoit plaisant et enjoué.

(2) D'Aubigné le donne à entendre, lorsqu'il dit, qu'après s'être rafraîchie chez Zamet, en mangeant d'un gros citron, ou, selon d'autres, d'une salade, « elle sentit aussi-
» tôt un tel feu au gosier, et des tranchées à l'estomac, si
» furieuses, que, &c. »; ce sont ses paroles. Mais, ni de Thou, ni Bassompierre, ni le Septénaire, ni aucun Historien, n'appuient ce sentiment sur le poison. Le Grain attribue cet effet au suc crud et froid du citron. Sauval dit avoir

qu'on la tirât de cette maison, et qu'on la transportât au cloître de Saint-Germain, chez Madame de Sourdis, sa tante.

A peine eut-on le temps de la mettre au lit, que des redoublemens terribles et précipités, des convulsions effrayantes, enfin, tous les symptomes de la mort, firent que La-Varenne, qui prenoit la plume pour mander au Roi l'accident qui venoit d'arriver, n'eut en effet autre chose à lui dire, sinon que tous les médecins désespéroient de la vie de sa maîtresse, par la nature du mal, qui demandoit les remedes les plus violens, et par la grossesse de la malade, qui rendoit mortel pour elle tout ce qu'on pouvoit faire pour la soulager. (*) Il n'eut pas plutôt fait partir la lettre, que Madame de Beaufort, touchant à sa derniere heure, fut reprise de nouvelles convulsions qui la noircirent et la défigurerent si horriblement, que La-Varenne ne doutant point que sur sa lettre le Roi ne se mît aussi-tôt en chemin pour venir voir sa maîtresse, jugea qu'il étoit plus à propos de lui mander, par un second billet, qu'elle étoit

---

connu des vieillards qui se souvenoient d'avoir vu la Duchesse exposée dans le cloître de Saint-Germain.

(*) « Le médecin la Riviere ayant couru à cet accident, » dit d'Aubigné, avec autres médecins du Roi ; et n'ayant » fait que trois pas dans la chambre, et de-là ayant vu les » accidens extraordinaires, s'en retourna, disant à ses com- » pagnons : *Hic est manus Domini* ». Tom. 3, liv. 5, chap. 3.

morte, que d'exposer ce Prince à un spectacle aussi accablant et aussi révoltant en même-temps, que l'est celui de voir une femme que l'on a tendrement aimée, expirer dans des agitations, des efforts et des saisissemens qui ne lui laissoient presque rien d'humain dans la figure.

La-Varenne m'écrivoit par le même courier, et me mandoit qu'à la vérité la Duchesse n'étoit pas morte ; mais qu'autant qu'il en pouvoit juger, elle n'avoit pas une heure à vivre (1). Elle expira en effet peu de momens après, dans des révolutions et un bouleversement de la nature capable d'inspirer l'horreur et l'effroi. Le Roi, qui n'avoit pas manqué à la réception de la premiere lettre de La-Varenne, de monter aussi-tôt à cheval, reçut la seconde à moitié chemin ; et n'écoutant que sa passion, il vouloit, quelque chose qu'on pût lui dire, se donner la consolation de voir encore sa maîtresse, toute morte qu'il la croyoit être. (2). Les trois mêmes personnes qui

(1) Le Samedi matin les convulsions lui avoient tourné la bouche jusques sur le derriere du cou. On ouvrit son corps, où l'on trouva son enfant mort. Voyez sur cette mort, *M. de Thou*, liv. 122 ; *Mathieu*, ibid. *d'Aubigné*, ibid. *Le Grain*, l. 7 ; *le Septénaire*, ann. 1599 ; *Mém. de Bassompierre*, &c. De Thou, Mathieu et Bassompierre mettent sa mort un jour plutôt.

(2) Selon Bassompierre, qui en parle en témoin oculaire, Henri ne croyoit point que sa maîtresse fût morte encore. Il dit que la Varenne étant venu avertir le maréchal d'Ornano et lui, qui avoit accompagné la Duchesse à Paris, qu'elle

l'avoient déjà reconduit pour la premiere fois à Fontainebleau, firent tant par leurs raisons et

venoit de mourir, ils monterent tous deux à cheval pour aller annoncer cette fâcheuse nouvelle au Roi, et l'empêcher de venir à Paris. « Nous trouvâmes, dit-il, le Roi par-delà » la Saussaye, proche de *Villejuif*, qui venoit sur des cour- » tauds à toute bride. Lorsqu'il vit le Maréchal, il se douta » qu'il lui en venoit dire la nouvelle ; ce qui lui fit faire de » grandes lamentations : enfin, on le fit descendre dans » l'abbaye de la Saussaye, où on le mit sur un lit. Enfin, » étant venu un carrosse de Paris, on le mit dedans pour » s'en retourner à Fontainebleau, &c. ». *Mém. de Bassompierre, tom.* 1, *pag.* 69 *et suiv.* Le Grain ajoute qu'on dit qu'il s'évanouit dans son carrosse entre les bras du grand-écuyer.

Sans vouloir en aucune maniere justifier la passion de Henri IV pour cette femme, la justice oblige pourtant à remarquer ici que cet attachement n'étoit pas moins fondé sur les qualités du cœur et de l'esprit que sur celles du corps, et que la haine seule qu'on porte ordinairement à celles qui tiennent cette place, a fait dire d'elle tout le mal que nous voyons dans ces mémoires et dans les histoires. Je finis cet article, par les paroles de d'Aubigné, écrivain naturellement plus porté à blâmer qu'à louer. « C'est une merveille, » dit-il, comment cette femme, de laquelle l'extrême beauté » ne sentoit rien de lascif, a pu vivre plutôt en Reine qu'en » concubine tant d'années, et avec si peu d'ennemis. Les » nécessités de l'Etat furent ses ennemis, &c. ». Il avoit dit auparavant qu'elle usa fort modestement du pouvoir qu'elle avoit sur le Roi. Et Mathieu joint aux belles qualités qu'il remarque dans cette Dame, celle d'avoir souvent donné de fort bons conseils à Henri IV. *Ibid.* « Elle ne put souffrir aucun » autre auprès d'elle, dit aussi le Grain, *liv.* 8, quoique le » sieur de Liancourt fût de grand mérite et de maison fort » noble ; de sorte que ce mariage fut dissolu avant que d'avoir » été consommé ». Quelques écrits de ce temps-là parlent de Nicolas d'Amerval, sieur de Liancourt, comme d'un homme d'une naissance distinguée, à la vérité, et très-riche, mais dont l'esprit, disoit-il, étoit aussi mal fait que le corps. Mademoiselle d'Estrées ne l'épousa que pour se délivrer de

leurs prieres, qu'ils l'y ramenerent encore cette fois; et c'est de cet endroit qu'il m'avoit dépêché le courier qui venoit d'arriver.

Je ne perdis pas un moment. Je vins déjeûner à Poissy et dîner à Paris. Je me servis du carrosse de l'archevêque de Glasco pour me conduire jusqu'à Essone, où je pris la poste, et le soir j'arrivai à Fontainebleau. J'abordai le Roi, qui se promenoit dans sa galerie, abîmé dans une douleur qui lui rendoit toute compagnie insupportable. Il me dit que, quoiqu'il se fût bien attendu que ma vue ne feroit d'abord qu'aigrir son chagrin, et qu'il en fît l'expérience, il sentoit cependant qu'il avoit tant de besoin d'être consolé dans l'état violent où le mettoit la perte qu'il venoit de faire, qu'il n'avoit pas balancé à m'appeller près de lui, pour recevoir un secours que je pouvois seul lui donner.

Je n'ignorois pas dans quelles sources il en falloit chercher les motifs, avec un Prince également sensible à ses devoirs religieux et politiques. Je lui rappellai quelques-uns de ces passages des saintes écritures, où Dieu demande en pere et en maître cette confiance et ce parfait abandon, dont l'effet est d'inspirer à l'homme chré-

---

la tyrannie de son pere, et parce que le Roi lui promit qu'il sçauroit empêcher que ce mariage ne se consommât, et même qu'il le feroit casser, ce qu'il fit en effet.

tien le mépris des choses d'ici-bas. J'y joignis ceux qui donnent de la Providence divine cette idée si propre à la faire reconnoître et adorer dans les plus terribles comme dans les plus heureux événemens. J'osai faire envisager à Henri l'accident qui causoit sa douleur, comme un de ceux dont il auroit peut-être un jour à la remercier davantage. Je cherchai à le placer dans cette conjoncture accablante, et pourtant inévitable pour lui, si sa maîtresse avoit vécu, dans laquelle, combattu, d'un côté, par l'attrait de la plus forte tendresse ; de l'autre, par la voix de l'honneur et du devoir, il lui eût fallu prendre un parti sur une chaîne qu'il n'auroit pu rompre sans se déchirer le cœur, ni conserver sans se couvrir d'opprobre. Le ciel venoit à son secours par un coup des plus sensibles, à la vérité, mais qui pouvoit seul ouvrir les voies au mariage d'où dépendoient le repos de la France, la joie de son peuple, le destin de l'Europe, et le propre bonheur de sa Majesté, à qui le bien d'une union légitime auroit toujours paru trop chérement acheté par le délaissement d'une femme digne d'ailleurs de son attachement par mille bonnes qualités.

Je m'apperçus aisément que ce dernier motif, présenté d'une maniere avantageuse pour sa maîtresse, en faisant impression sur le cœur de Henri, le soulageoit par le plaisir d'entendre justifier son choix. Ce Prince m'avoua qu'il me sçavoit bon gré d'avoir mis son attachement pour Madame de Beaufort, au nombre de ceux qui sont formés par une véritable sympathie, et non point fondés sur un pur libertinage, et qu'il avoit craint que je ne cherchasse à le consoler qu'en le couvrant de confusion. Cette premiere conversation fut fort longue, et je ne me souviens pas de tout ce que je dis au Roi. Tout ce que je sçais, c'est qu'après ce premier soulagement qu'on doit donner à la douleur, de l'arrêter sur elle-même, je me servis utilement de l'obligation où se trouve un Prince et toute personne publique, de conserver dans la plus juste affliction la liberté d'esprit nécessaire pour vaquer aux affaires de l'Etat. Henri n'avoit, ni le foible de s'affliger par opiniâtreté (*), ni le défaut de se guérir par dureté; il écoutoit encore plus sa raison que son cœur. Il parut déjà beaucoup moins triste à ceux qui le virent rentrer dans sa chambre; et dans la suite, personne ne l'entretenant dans sa douleur, que ses occupations diminuoient chaque jour, il se trouva dans l'état où doit être tout homme raisonnable qui a eu de grands sujets de s'affliger; c'est de n'en con-

---

(*) Henri IV fit porter le deuil à toute sa cour pour la mort de la duchesse de Beaufort. Il le porta lui-même en noir, les huit premiers jours, et ensuite en violet. *Mém. de Chiverny*.

damner

damner ni n'en flatter la cause, et de n'affecter, ni d'en rappeller, ni d'en chasser le souvenir.

Le duc de Joyeuse occupa aussi le public. Après s'être fait Capucin (1), de courtisan et de guerrier, et ensuite de Capucin être redevenu guerrier et courtisan des plus répandus dans le monde, il reprit du goût pour le froc, dont on prétend que le Pape ne l'avoit dispensé, que pour autant de temps que dureroit la guerre; et cette fois il le garda jusqu'à la mort. Le mariage de sa fille (2), unique héritiere de la maison de Joyeuse, avec M. le duc de Montpensier, fut sa derniere action comme homme du monde. La

―――――――――

(1) Henri de Joyeuse, comte de Bouchage, frere puîné du duc de Joyeuse, tué à Coutras. « Un jour qu'il passoit » à Paris à quatre heures du matin, près du couvent des » Capucins, après avoir passé la nuit en débauche, il » s'imagina que les anges chantoient matines dans le couvent. » Frappé de cette idée, il se fit Capucin sous le nom de » frere Ange. Depuis il quitta son froc, et porta les armes » contre Henri IV. Le duc de Mayenne le fit gouverneur » du Languedoc, duc et pair, et maréchal de France. Enfin » il fit son accommodement avec le Roi. Mais un jour ce » Prince étant avec lui sur un balcon, au-dessous duquel » beaucoup de peuple étoit assemblé : Mon cousin, lui dit » Henri IV, ces gens-ci me paroissent fort aises de voir » ensemble un apostat et un renégat. Cette parole du Roi » fit rentrer Joyeuse dans son couvent, où il mourut ». Cette anecdote est tirée des notes sur la Henriade.

(2) Henriette-Catherine de Joyeuse. Il ne vint de ce mariage qu'une fille ; ce qui éteignit la branche de Bourbon-Montpensier.

marquise de Bellisle (*), à son exemple, prit l'habit de Feuillantine.

(*) Antoinette d'Orléans de Longueville, veuve de Charles de Gondy, marquis de Bellisle, fils aîné du maréchal de Retz. Mezeray nous apprend que la cause de sa retraite fut le chagrin qu'elle eut de n'avoir pu venger la mort de son mari ; un soldat dont elle vouloit se servir pour cela ayant été pris et pendu, sans qu'elle pût obtenir sa grace du Roi. Le marquis de Bellisle avoit été tué en 1596 au Mont-Saint-Michel par un Gentilhomme Breton, nommé Kermartin. L'Etoile en parle comme d'une femme qui faisoit l'admiration de toute la cour, par sa beauté et par son esprit, et qui fut un exemple de dévotion et de pénitence dans son couvent.

Fin du dixieme Livre.

LIVRE ONZIEME.

MÉMOIRES 1599 - 1601. *Affaire du marquisat de Saluces : artifices du duc de Savoie pour ne point le restituer. Voyage de Henri IV à Blois. Dissolution de son mariage avec Marguerite de Valois : ses amours avec Mademoiselle d'Entragues, qui se fait donner par ce Prince une promesse de mariage : hardiesse de Rosny dans cette occasion. Articles de mariage avec la princesse de Florence, arrêtés. Faits étrangers. Rosny prend la tutelle de ses neveux d'Epinoy. Permission pour les manufactures d'étoffes précieuses, révoquée. Rosny est fait Grand-Maître de l'artillerie, et il y donne tous ses soins. Le duc de Savoie vient à Paris : met les courtisans dans son parti : cherche à corrompre Rosny, puis à l'exclure des conférences : n'obtient rien, et s'en retourne. Nicole Mignon veut empoisonner le Roi. Dispute publique de l'évêque d'Evreux et de du Plessis-Mornay. Nouveaux subterfuges du duc de Savoie : raisons de lui déclarer la guerre : préparatifs de Rosny pour cette guerre. Henri IV épouse par procureur la princesse de Florence. Prises de Chambéry, Bourg, Montmélian, Charbonnieres, &c. et autres détails sur cette campagne : grands services qu'y rend Rosny, malgré la jalousie et l'opposition des courtisans. Le cardinal Aldobrandin vient négocier pour la paix: réception que lui fait Rosny : conférences rompues par la démolition du fort de Sainte-Catherine, reprises par Rosny, qui conclut le traité : articles de ce traité. La Reine arrive à Paris : est reçue par Rosny à l'Arsenal. Faits étrangers.*

LE temps fixé par le compromis fait entre les mains du Pape, au sujet du marquisat de Saluces, s'étoit passé sans que sa Sainteté eût rien décidé sur cette affaire, parce que le duc de Savoie qui sçavoit mieux que personne, que la décision ne pouvoit lui être favorable (*), s'étoit servi, pour éluder le jugement, de tous les maneges ordinaires à cette petite cour, qui fait sa politique d'employer également pour sa conservation, ou son agrandissement, la ruse, le manque de parole, les soumissions, et l'attachement au plus fort. La premiere idée qui vint au duc de Savoie, fut de révoquer un compromis qu'il n'avoit fait que pour gagner du temps, ou dans l'espérance que peut-être la France se brouilleroit avec le saint Siege : mais comme ce procédé auroit eu quelque chose de trop affecté, il eut recours à un autre artifice

(*) Ce marquisat étoit un fief mouvant du Dauphiné, sur lequel la maison de Savoie n'avoit aucun droit.

pour engager le Pape à s'en déporter volontairement. Il manda à son Ambassadeur à Rome, qu'il avoit des avis certains de France et d'Italie, que Clément VIII s'étoit laissé gagner par le Roi, sous la condition secrete que S. M. T. C. s'obligeoit à céder ensuite au Pape lui-même tous ses droits sur le marquisat de Saluces. L'Ambassadeur trompé le premier par son maître, s'expliqua sur cette collusion, de maniere que S. S. qui n'avoit accepté l'arbitrage que pour le bien des deux parties, s'en démit aussi-tôt avec indignation.

Le duc de Savoie qui n'avoit point douté que le Pape ne prît ce parti, faisoit cependant entendre au Roi, qu'il se remettroit entiérement à sa discrétion, sans qu'il fût besoin, pour ce démêlé, d'aucuns arbitres étrangers. Il crut, en piquant ce Prince d'honneur, en obtenir ce qui faisoit le sujet de la contestation, qu'il n'oublioit pas de lui faire représenter comme quelque chose de si mince valeur, qu'il ne méritoit pas seulement l'attention d'un aussi grand Roi. C'est avec ces instructions qu'étoient venus à Paris les sieurs de Jacob de la Rochette, de Lullins, de Brétons et de Roncas, Agens de M. le duc de Savoie.

Avec de pareilles vues, le ministre et le confident du Prince est ordinairement celui qu'on commence à mettre dans ses intérêts; et pour dire la chose plus clairement, celui qu'on cherche à corrompre. On ne lui cache même presque pas qu'on vient à lui dans ce dessein, quoiqu'il ne paroisse pas fort honnête. On n'use pas non plus dans ses paroles, de la même circonspection qu'on apporte dans un congrès. Ces Messieurs me dirent donc que leur maître ne prétendoit point tenir de S. M. le marquisat de Saluces, autrement qu'à titre de grace et de pur don, et ils m'insinuoient en même-temps assez significativement, que ce présent reflueroit aussi de M. le duc de Savoie à moi, à proportion de l'importance de la chose et de la maniere dont je m'emploierois à la faire réussir. Je ne voulus point comprendre le sens de ces dernieres paroles. Je conclus séchement des premieres, en parlant aux quatre agens, que comme on ne sçauroit gratifier quelqu'un que de ce qu'on possede, il falloit que M. le duc de Savoie commençât avant tout, à remettre à S. M. le marquisat de Saluces, et qu'alors ce Prince, que je leur assurois n'avoir pas l'ame moins grande que S. A. en useroit royalement ; sur quoi je les priai très-sérieusement de s'adresser directement au Roi. Ils le firent, rebutés du ton dont je leur avois parlé. Henri en prit un extrêmement poli avec eux, mais si ferme à l'égard de tout ce qui pouvoit intéresser l'Etat, qu'ils jugerent après plusieurs tentatives inutiles, qu'ils n'avanceroient rien par cette voie.

Ils voyoient toute la France, et la cour elle-même, pleine de mécontens et de séditieux : ils imaginerent qu'en les poussant à quelque résolution violente, on pourroit donner à Henri assez d'occupation dans son propre royaume, pour lui faire perdre de vue toute affaire au-dehors: La présence du duc de Savoie leur parut nécessaire pour engager plus fortement ceux des Seigneurs qui prêtoient l'oreille à leurs suggestions. Ils lui écrivirent que son intérêt demandoit qu'il fît un voyage à Paris. Ce dessein étoit parfaitement dans le caractere du Duc (*) : il y consentit, et en fit demander la permission à S. M. qui l'auroit refusée, si elle l'avoit pu honnêtement ; mais le duc de Savoie lui en ôtoit jusqu'au moindre prétexte, en protestant qu'il n'entreprenoit ce voyage, que pour venir lui-même traiter avec S. M. ou plutôt se soumettre à toutes ses volontés; ce qu'il accompagnoit de tant de plaintes contre l'Espagne, qu'il paroissoit être sur le point d'en venir à une rupture avec cette couronne, et mettre désormais tout son salut dans son union avec la France. Il venoit de refuser la proposition avantageuse que lui avoit faite le roi d'Espagne de lui envoyer son fils et sa fille aînée, pour les faire paroître à la cour de Madrid comme Princes du sang royal d'Espagne.

(*) On dit qu'il échappa à ce Prince, pendant son séjour à la cour de France, de dire un jour : « Je ne suis point venu » en France pour recueillir, mais pour semer ».

Cette démarche du duc de Savoie acheva de déterminer le Pape à ne plus se mêler de l'affaire de Saluces : mais rien ne fit perdre de vue au Roi les deux choses qui lui avoient d'abord paru essentielles : l'une, de ne rien relâcher de la satisfaction que lui devoit le duc de Savoie ; l'autre, d'éclairer ses démarches auprès des brouillons de la cour.

Le maréchal de Biron étoit toujours celui à qui il donnoit le premier rang parmi eux. S. M. sçut que pendant le séjour qu'avoit fait ce Maréchal en Guienne, il avoit sollicité la noblesse de cette province de s'attacher à lui, et qu'il avoit même tenu à table avec toutes ces personnes, des discours d'un ennemi de l'autorité royale. Tout cela auroit pu n'être qu'un effet du faste et de l'orgueil de ce Maréchal ; mais ce qui y donnoit le plus de poids, c'est qu'en même-temps ses menées à la cour de Savoie, quoique conduites avec toute la précaution possible, vinrent aussi à la connoissance du Roi ; et le voyage que fit cette année S. M. à Blois, n'eut point en effet d'autre motif que de déconcerter les projets de Biron, et de contenir les peuples dans le devoir ; quoique ce Prince ne le proposât en public que comme une partie de plaisir, pour jouir de la beauté de ce climat pendant l'été, et pour y manger, disoit-il, d'excellens melons. Il lui étoit d'ailleurs indifférent, dans l'état où étoient les choses, de s'éloigner de Paris.

J'accompagnai S. M. dont le séjour à Blois n'a rien d'assez intéressant pour que je m'y arrête. Il se passa dans les soins que je viens de marquer, joints à celui de poursuivre cette dissolution tant souhaitée, du mariage de ce Prince avec Marguerite de Valois.

Tant que la duchesse de Beaufort avoit vécu, peu de personnes avoient songé à presser Henri de se démarier, soit de peur que ces instances ne tournassent à l'avantage de sa maîtresse, qui étoit universellement haïe, soit pour ne pas s'exposer à la colere de cette femme, toujours fort à craindre, quand même ses desseins auroient échoué : mais sitôt qu'on la vit morte, il se fit comme une conspiration du Parlement, de tous les autres corps et du peuple à ce sujet. Le Procureur-Général vint prier S. M. de donner cette satisfaction à ses sujets. Le Roi, quoique fort indéterminé sur le choix, promit pourtant de combler les vœux de ses peuples.

Je repris plus fortement mon commerce de lettres avec la reine Marguerite. Je ne m'étois point mis en peine de lever l'obstacle que cette Princesse avoit apporté en dernier lieu, au sujet de Madame de Beaufort, au consentement qu'on exigeoit d'elle ; parce que je le regardois comme une ressource à laquelle tout le monde seroit peut-être bien obligé d'avoir recours, ne fût-ce que pour lier les mains de la cour de Rome, si le Roi se fût enfin laissé gagner par sa maîtresse, et que d'ailleurs la complaisance que j'avois toujours trouvée dans Marguerite, me répondoit qu'elle n'en faisoit pas le prétexte d'un refus absolu. Je fus confirmé dans cette opinion par la réponse qu'elle fit d'Usson à la lettre que je venois de lui écrire, où je lui parlois du sacrifice qu'on attendoit d'elle, dans les termes les plus respectueux, mais pourtant très-clairs, comme il les faut dans de pareilles négociations. Pour marquer que de son côté elle comprenoit parfaitement de quoi il s'agissoit, elle s'expliquoit nettement sur le billet de séparation, et elle l'attachoit à des conditions si peu onéreuses, qu'il ne devoit plus après cela y avoir de difficulté. Convenir d'une pension honnête pour elle, et payer ses créanciers, c'est tout ce qu'elle demanda; et elle donna, pour terminer de sa part cette affaire avec le Roi ou avec moi, un homme qui ne nous étoit pas suspect, quoiqu'il lui fût fort attaché: c'est ce même Langlois qui avoit si bien servi S. M. dans la reddition de Paris, et qui en avoit reçu pour récompense une charge de Maître des requêtes.

On eût trouvé difficilement un homme de plus d'esprit dans les affaires. Il vint apporter à Sa M. une réponse de (*) Marguerite : car le Roi avoit

(*) Lisez ces deux lettres de Henri IV à Marguerite de

cru qu'il devoit aussi lui écrire; ce qu'il avoit fait avec bonté et politesse, mais beaucoup moins expressivement que moi. Avec la lettre, Langlois apporta l'état des demandes de la Princesse, sur lesquelles on fut aussi-tôt d'accord. Pour rendre la chose plus solide, Langlois se chargea, et vint en effet facilement à bout de la faire écrire de sa propre main au Pape, dans des termes qui fissent comprendre à S. S. que non-seulement on ne lui faisoit à cet égard aucune violence, mais encore qu'elle avoit pour la consommation de cette affaire, le même empressement que toute la France. D'Ossat muni d'une pareille piece, ne trouva pas de grands obstacles. Il fut secondé par Sillery, qui cherchoit à effacer la honte de sa premiere commission. Le S. P. n'apportoit plus à la grace qu'on lui demandoit, que des délais de formalité et de bienséance, sans écouter les insinuations des envieux: car cette espece haïssable d'hommes se trouve, ou se mêle par-tout. Enfin il commit, pour mettre la derniere main à cette procédure, qui ne pouvoit être faite qu'en France, l'évêque de Modene son neveu et son nonce, avec deux adjoints de la nation, l'archevêque (*) d'Arles et le pere

―――――――――

Valois, et de Marguerite à Henri, dans le nouveau Recueil des lettres de Henri-le-Grand.

(*) Horace Del-Monte, archevêque d'Arles, François de Joyeuse, le second des fils de Guillaume. Ces trois commis-

Ange, à qui il avoit donné la pourpre, et que l'on appelloit le cardinal de Joyeuse. Le biais qu'on crut devoir prendre, fut de déclarer les deux époux libres de tout engagement mutuel, pour cause de nullité dans leur mariage.

Pendant qu'on travailloit à expédier cette affaire, Henri de retour à Fontainebleau, et passant la plus grande partie de son temps dans les parties de plaisir et de table, entendit parler de Mademoiselle (*) d'Entragues; et sur le portrait que lui en firent les courtisans, empressés à flatter son penchant pour le sexe, comme d'une fille aussi belle que vive et spirituelle, il eut envie de la voir, et en devint aussi-tôt passionnément épris. Que ne pouvoit-il prévoir tous les chagrins que cette

---

saires s'assemblerent dans le palais de Henri de Gondy, évêque de Paris; et après avoir mûrement examiné les raisons de part et d'autre, ils déclarerent le mariage nul, pour cause de parenté, de religion, d'affinité spirituelle, de violence, et de défaut de consentement du côté de l'une des parties. Henri IV et Marguerite de Valois étoient parens au troisieme degré: la mere de Jeanne d'Albret, qui s'appelloit aussi Marguerite, étant sœur de François I. Voyez l'histoire et les pieces de ce divorce dans Mathieu, *tom.* 2. *liv.* 2; de Thou, *liv.* 123, de la Chronologie Septénaire, *année* 1599.

(*) Catherine-Henriette, fille de François de Balzac, seigneur d'Entragues, de Marcoussy et de Malesherbes, et de Marie Touchet, maîtresse de Charles IX, qu'il épousa en secondes noces. Les écrits de ce temps-là nous la représentent comme moins belle, mais plus jeune que la belle Gabrielle; gaie, ambitieuse, hardie, &c. Ce portrait qui se rapporte à ce que dit ici le duc de Sully, sera bien confirmé dans la suite de ces Mémoires.

nouvelle passion devoit lui causer dans la suite ? Mais la destinée de Henri étoit que le même foible qui devoit ternir sa gloire, empoisonneroit aussi sa vie.

La Demoiselle n'étoit pas novice. Quoique sensible au plaisir de se voir l'objet des poursuites d'un grand Roi, elle l'étoit encore davantage à l'ambition qui la flattoit, que dans la conjoncture présente, il ne lui étoit pas impossible de jouer si bien son personnage, qu'elle obligeât son amant à convertir ce titre en celui d'époux. Elle ne se pressa donc pas de satisfaire ses desirs. La fierté et la pudeur furent employées tour à tour, et ensuite l'intérêt. Elle ne demanda pas moins de cent mille écus pour prix de sa derniere complaisance. Lorsqu'elle s'apperçut qu'elle n'avoit fait qu'irriter la passion de Henri par un obstacle qui me parut à moi si capable de la refroidir, qu'il fallut que S. M. usât de la derniere violence pour me tirer cette somme d'argent, elle ne désespéra plus de rien, et eut recours à d'autres finesses. Elle allégua la gêne où la tenoient ses (*) parens, et la crainte

(*) Cette crainte n'étoit pas absolument sans fondement. Si nous en croyons le maréchal de Bassompierre dans ses Mémoires, la mere étoit à la vérité d'humeur fort complaisante, et même c'est elle qui attira le Roi à Malesherbes, maison où elle demeuroit ; mais le pere n'étoit pas si traitable, non plus que le comte d'Auvergne, frere utérin de la Demoiselle : ils chercherent querelle au comte du Lude, dont Henri IV se servoit en cette occasion, et emmenerent cette

du ressentiment auquel ils se porteroient contr'elle après sa faute. Le Prince satisfaisoit à tout cela de son mieux, mais jamais au gré de la Demoiselle, qui lui déclara enfin, après avoir pris le moment favorable, qu'elle ne lui accorderoit jamais rien, qu'il ne lui eût fait une promesse de sa main de l'épouser dans l'année. Ce n'étoit point pour elle-même, disoit-elle, en accompagnant cette étrange proposition de l'air de modestie qu'elle connoissoit propre à enflammer le Prince, qu'elle demandoit cette promesse. Une verbale lui eût suffi, ou plutôt elle n'en auroit point exigé du tout, persuadée qu'elle n'étoit point d'une naissance à oser prétendre à cet honneur : mais elle avoit besoin de cet écrit pour lui servir d'excuse de sa foiblesse auprès de ses parens. Comme elle vit que le Roi balançoit encore, elle eut l'adresse de glisser qu'elle regardoit dans le fonds cette promesse comme une chimere, sçachant bien que S. M. n'étoit pas, comme le commun de ses sujets, en prise au tribunal des Officiaux.

Voici assurément un grand exemple de la tyrannie de l'amour. Henri n'étoit pas si aveugle, qu'il ne vît clairement que cette fille cherchoit à le tromper. Je ne dis rien des raisons qu'il avoit d'ailleurs de ne la croire rien moins qu'une ves-

Demoiselle à Marcoussy, où le Roi ne laissa pas d'aller la trouver. *Tome* I.

tale, non plus que des intrigues d'Etat, dont son pere, sa mere, son frere et elle-même avoient été convaincus, et qui avoient attiré à toute cette famille un ordre de sortir de Paris, que je venois de leur faire signifier tout récemment de la part de S. M. Malgré tout cela, ce Prince foible consentit à la fin à la volonté de sa maîtresse, et lui en donna sa parole.

Un matin qu'il étoit prêt à partir pour aller chasser, il m'appella dans la galerie de Fontainebleau, et me mit aux mains ce honteux papier. C'est une justice que je suis d'autant plus obligé de rendre à Henri, qu'on voit que je ne cherche pas à pallier ses défauts, que dans les plus grands excès où sa passion le porta, il prit toujours sur lui d'en faire l'aveu, et de s'en consulter à ceux qu'il connoissoit le plus opposés à ses résolutions ; ce qui est une marque de droiture et de grandeur d'ame qu'on trouve dans fort peu de Princes. Pendant que je faisois une lecture, dont chaque mot étoit pour moi un coup de poignard, Henri tantôt se détournoit pour cacher sa rougeur, tantôt cherchoit à gagner son confident, en s'accusant et en s'excusant tour à tour. Pour moi, je donnois toutes mes réflexions au fatal écrit. La clause d'épouser une maîtresse, pourvu qu'elle eût dans l'année un enfant mâle, (car c'est en ces termes qu'elle étoit conçue) me paroissoit, à la vérité, ridicule et visiblement nulle : mais rien ne me rassuroit sur la honte et le mépris qui alloient rejaillir sur le Roi, d'une piece qui ne pouvoit manquer tôt ou tard de faire un éclat terrible. J'en craignois encore les suites fâcheuses dans la conjoncture présente de la dissolution à laquelle on travailloit, et cette pensée me rendoit muet et immobile.

Henri, qui vit que je lui rendois froidement le papier, mais avec une agitation d'esprit, dont il s'apperçut aisément, me dit : « Là ! là ! parlez libre-
» ment, et ne faites point tant le discret ». Je ne pus encore trouver si-tôt les paroles dont je devois me servir, et il n'est pas besoin que j'apporte ici des raisons de mon embarras : il n'est que trop facile à justifier auprès de ceux qui sçavent ce que c'est que d'être le confident des Rois, dans des choses où il s'agit de combattre leur résolution, qui est toujours une volonté absolue et immuable. Le Roi m'assura de nouveau que je pouvois, sans qu'il s'en fâchât, dire et faire tout ce que j'avois dans l'esprit : c'étoit un dédommagement qu'il étoit juste, disoit-il, de m'accorder, pour les trois cent mille livres qu'il m'avoit arrachées. Je lui fis répéter plusieurs fois cette assurance, et avec une espece de serment ; et n'hésitant plus après cela à me montrer tel que j'étois, je pris le papier des mains du Roi, et le mis en pieces sans rien dire. « Com-
» ment morbieu ! dit Henri, extrêmement surpris
» de

» de la hardiesse de cette action, que prétendez-
» vous faire ? Je crois que vous êtes fou. Il est
» vrai, Sire, lui répondis-je, je suis un fou : et
» plût à Dieu que je le fusse tout seul en France » !
Mon parti étoit pris intérieurement de m'exposer
à tout, plutôt que de trahir, par une pernicieuse
déférence, mon devoir et la vérité; ainsi, malgré
le dépit et la colere que je remarquai en ce moment sur le visage du Roi, pendant qu'il ramassoit entre mes mains les morceaux de l'écrit pour
en refaire un second, je profitai de ce moment
pour lui représenter avec force tout ce que le lecteur sent de lui-même que je pouvois dire. Le Roi
m'écouta, tout irrité qu'il étoit, jusqu'à ce que je
cessasse de parler; mais maîtrisé par sa passion,
rien ne le put faire changer de résolution : tout
l'effort sur lui-même dont il fut capable, fut de ne
pas bannir un confident trop sincere. Il sortit de
la galerie sans me dire une seule parole, pour rentrer dans son cabinet, où il se fit donner une écritoire par Loménie, et en ressortit au bout d'un
demi-quart-d'heure qu'il employa à refaire une
autre promesse. J'étois au bas de l'escalier, lorsqu'il descendit; il passa sans faire semblant de me
voir; il monta à cheval, et alla en chassant du
côté de Malesherbes, où il séjourna deux jours.

Je ne crus pas que cet incident dût suspendre
l'affaire de la dissolution, ni empêcher qu'on ne

cherchât une femme pour le Roi ; au contraire, l'un et l'autre ne m'en sembla que plus pressé. Les agens de sa Majesté à Rome firent donc alors la premiere ouverture du mariage de Henri avec la princesse Marie (*) de Médicis, fille du grand-duc de Florence. Le Roi nous laissa faire, et nomma même, mais par pure importunité, pour y travailler avec celui que le Grand-Duc devoit envoyer à Paris, M. le Connétable, le Chancelier, Villeroi et moi. Nous ne fîmes pas languir cette affaire ; Joannini, qui étoit l'homme du Grand-Duc, ne fut pas si-tôt arrivé, qu'en moins de rien les articles furent dressés et signés de nous tous.

Je fus chargé de les aller communiquer au Roi, qui ne s'attendoit pas à une si prompte expédition : aussi lorsque j'eus répondu à la demande qu'il me fit d'où je venois : « Nous venons, Sire, » de vous marier » ; ce Prince demeura un quart-d'heure, comme s'il eût été frappé de la foudre : ensuite il se mit à parcourir sa chambre à grands pas, en rongeant ses ongles, se grattant la tête, et livré à des réflexions qui l'agitoient si violemment, qu'il ne put encore de long temps me rien dire.

___

(*) Marie de Médicis, fille de François, grand-duc de Toscane, et de l'archiduchesse Jeanne d'Autriche, fille de l'empereur Ferdinand. Elle eut en dot six cent mille écus, sans ses bagues, joyaux, &c. La Chronologie Septénaire, *ann.* 1600, *p.* 121 ; Mathieu, *tom.* 2, *liv.* 2, *p.* 336, *&c.* rapportent les négociations de d'Ossat et de Sillery pour ce mariage.

Je ne doutois point que tout ce que je lui avois représenté, ne fît alors son effet ; enfin revenant à lui-même, comme un homme qui a pris une derniere résolution : « Eh bien ! dit-il, en frappant » de l'une de ses mains sur l'autre, eh bien ! de- » pardieu ; soit ; il n'y a remede ; puisque pour le » bien de mon royaume, vous dites qu'il faut que » je me marie, il faut donc se marier ». Il m'avoua que la crainte de ne pas mieux rencontrer la seconde fois que la premiere, étoit tout ce qui faisoit son irrésolution. Etrange bisarrerie de l'esprit humain ! Un Prince qui s'étoit tiré avec succès et avec gloire de mille cruelles dissentions que la guerre et la politique lui avoient suscitées, tremble à la seule idée de querelles et de noises domestiques, et paroît plus troublé que lorsque cette même année encore, sur l'avis d'un capucin (*) de Milan, on avoit surpris au milieu de la cour un Italien qui étoit venu à Paris dans le dessein de poignarder ce Prince. Le mariage conclu ne put s'exécuter que l'année suivante.

Les autres faits étrangers dont il me reste à faire la remarque pour celle-ci, sont la guerre dans les Pays-Bas : elle y commença d'une maniere assez vive, aussi-tôt que l'Archiduc eut passé dans

―――――
(*) Il s'appelloit frere Honorio. Henri IV l'en remercia lui-même, et lui fit faire plusieurs offres par son Ambassadeur à Rome. Mathieu, *tom.* 2, *liv.* 2, *p.* 302.

ses provinces. Sur les plaintes réitérées de l'Espagne, le Roi fit défense à ses sujets d'y aller porter les armes au service des Etats, mais seulement pour la forme, parce que la politique de l'Etat ne voulant pas qu'on laissât opprimer les Flamands, non-seulement sa Majesté ne punit point les contraventions à sa défense, mais encore elle favorisa sous main ces peuples. La guerre en Hongrie, sur laquelle je n'ai rien à dire, sinon que le duc de Mercœur demanda et obtint d'y aller servir dans les troupes de l'Empereur. La révolution arrivée en Suede, où le Roi regnant, et élu roi de Pologne (1), fut détrôné par ses sujets, qui mirent en sa place Charles son oncle, duc de Sudernie, et perdit toute espérance d'y rentrer, par la victoire que remporta sur lui son concurrent.

En voici d'autres qui me sont personnels. Lorsque j'étois à Blois, la princesse d'Epinoi (2) vint me demander mon assistance auprès du Roi, contre les princes de Ligne, qui vouloient usurper

---

(1) Sigismond : ce malheur lui arriva pour avoir voulu rétablir la Religion Catholique en Suede. Voyez sur toutes ces affaires étrangeres, de Thou, le Septénaire et autres Historiens, *année* 1599.

(2) Hippolyte de Montmorency, veuve de Robert de Melun, prince d'Epinoi, mort en 1594. Les princes de Ligne, dont il est parlé ici, sont l'Amiral, prince de Ligne, gouverneur d'Artois, et qui avoit épousé Marie de Melun, Dame de Roubai d'Antoing, &c. et ses freres.

son bien et celui de ses enfans. Ces enfans étoient au nombre de cinq, dont elle en amenoit quatre avec elle, trois garçons et l'aînée de ses filles : la cadette étoit élevée chez Madame de Roubais, veuve du vicomte de Gand, son oncle et le mien. Elle me dit, qu'étant le plus proche parent qu'eussent ces enfans en France, du côté paternel, leur tutelle me regardoit. Je m'en chargeai volontiers pour leur faire rendre justice. J'eus la satisfaction qu'au bout de six ou sept ans, pendant lesquels j'eus soin de ces enfans, comme des miens propres, je les remis dans la possession de tous leurs biens qui montoient à cent vingt mille livres de rente. J'aurai sujet dans la suite de marquer les obligations qu'ils ont eues à sa Majesté.

Dans le même temps, les marchands de Tours vinrent me prier de leur aider à obtenir la permission d'établir des manufactures de toutes les étoffes d'or, d'argent et de soie, qui jusques-là ne s'étoient point encore fabriquées en France, avec une défense d'y en laisser à l'avenir entrer aucunes venant des étrangers. Ils m'assurerent qu'ils avoient des fonds suffisans pour fournir tout ce qui en pouvoit être consommé dans le royaume. Je ne leur demandai, pour leur répondre, que le temps de m'assurer par moi-même si leur rapport étoit sincere ; et m'étant convaincu du contraire, j'essayai de les détourner d'une entreprise dans laquelle on n'échoue pas impunément. Je ne les persuadai pas. A mon refus ils s'adresserent directement à sa Majesté, et je crus devoir garder le silence sur un établissement qui pouvoit en effet, étant bien conduit, être d'une grande utilité. Le Roi, vaincu par leur importunité, leur accorda tout ce qu'ils demandoient ; mais il s'étoit à peine passé six mois, que faute d'avoir bien pris leurs mesures, ils virent révoquer des permissions qui avoient fait murmurer tout le monde par l'incommodité et le surcroît de dépense que ce nouvel arrangement causoit aux acheteurs(*).

L'affaire du marquisat de Saluces ne paroissant point au Roi devoir finir sans coup férir, sa Majesté songeoit depuis quelque temps à commettre les fonctions de grand-maître d'artillerie à un homme qui pût bien s'en acquitter, et sur-tout les exercer par lui-même; ce que ne pouvoit pas faire le bon homme d'Estrées, qu'elle ne vouloit pour-

---

(*) Les cris des banquiers et douaniers, dont la nouvelle défense diminuoit considérablement les profits, contribuerent aussi beaucoup à la faire révoquer. *Chronologie Septénaire*, *pag. 94, année* 1599. Il en est de ces étoffes comme de toutes les autres parties du commerce. La liberté du commerce, qui doit régner entre toutes les nations du monde, ne nous donnera à cet égard aucun avantage sur nos voisins, qu'autant que nous trouverons le moyen de faire ces étoffes chez nous, ou plus belles, ou meilleures, ou à meilleur marché. Aujourd'hui, une grande partie des étrangers viennent les prendre chez nous, et il ne subsiste plus de défense pour aucune étoffe quelconque, pas même pour les indiennes, toiles peintes, &c. dont on en fabrique en France de très-bon goût et d'une très-belle qualité.

tant point en dépouiller, par amitié pour ses enfans, dont M. d'Estrées étoit le grand-pere. L'expédient que Henri imagina, fut que le vieux de Born cherchant à se défaire de la lieutenance-générale d'artillerie, je pouvois en traiter avec lui, et unir à ses fonctions celle de la grande-maîtrise, quoique je ne fusse pas revêtu de celle-ci. Il m'offrit même d'augmenter en ma faveur les prérogatives de la premiere déjà fort considérables, en l'érigeant en office, en lui donnant autorité sur tous les lieutenans-généraux dans les provinces, en rehaussant les gages ; enfin de m'en expédier les provisions *gratis;* mais j'avoue qu'aucune de ces offres ne me tenta, et que je ne pus me résoudre à servir sous un autre, après avoir manqué la premiere place. Je ne m'excusai pourtant de déférer aux volontés du Roi, que sur les affaires dont j'étois chargé, en quoi je n'imposai point à ce Prince, qui, après bien des prieres dont je sçus me défendre, me quitta en colere, en me disant qu'il ne m'en parleroit plus, mais que puisque je voulois ne suivre que mon caprice, il agiroit de son côté à sa volonté.

Sa bonté pour moi lui fit au moment même oublier cette menace. Il fit proposer à d'Estrées de se défaire de sa charge. Je n'en fus pas plutôt informé, que je fis offrir par Monsieur et Madame Dupêche, trois mille écus à Madame de Néry qui gouvernoit ce vieillard, pour faire réussir la chose. Le grand maître, pressé par cette femme, dit au Roi, qu'il consentoit à prendre récompense de sa charge. Le Roi me le redit incontinent, en ajoutant qu'il n'exigeoit de moi, pour l'avoir fâché, que de mettre dans peu son artillerie en état de lui faire obtenir le marquisat de Saluces, qu'on lui confirmoit chaque jour qu'il ne se feroit céder que de force, c'est-à-dire, au moyen d'un grand nombre de sieges, tous assez difficiles, car c'est là la maniere ordinaire de faire la guerre en Savoie. Je remerciai sa Majesté, et je convins avec d'Estrées pour quatre-vingt mille écus. Tous les menus droits montant encore à une somme considérable, je fus obligé, en cette occasion, de prendre en rente cent mille écus, de Morand, Vienne et Villemontée; et trois jours après je fus pourvu solemnellement de la dignité de (*) grand-maître d'artillerie, et j'en prêtai le serment. C'étoit la

---

(*) Le Roi la déclara charge de la couronne, en faveur de M. de Sully. Brantome, dans l'endroit où il nous donne la suite des grands-maîtres de l'artillerie, en parle ainsi : « Du depuis, M. de Rosny l'a (la grande-maîtrise), qui » certes honore si bien cet état, qu'il en fait beau voir son » Arsenal, son esprit et son industrie à l'avoir fait si bien » dresser, et sur-tout sa valeur et son bon sens à le faire » valoir, témoin ce qu'il fit dernierement pour la guerre de » Savoie, ou en moins d'un rien il montra tellement sa » promptitude et diligence, qu'on le vit plutôt en campagne, » que de l'avoir pensé ». *Vies des hommes illustres, article de M. de Rosny. tom. 5, pag. 180, édit. de* BASTIEN.

quatrieme grande charge dont je me trouvois honoré. Son produit annuel étoit de vingt-quatre mille livres. Je crus que la reconnoissance qu'exigeoit de moi ce nouveau bienfait de sa Majesté, consistoit à donner tous mes soins à l'artillerie. Je vins visiter l'Arsenal, où tout me parut être dans un état si déplorable, que je résolus d'y demeurer, pour pouvoir vaquer à son rétablissement, quoique ce château fût alors fort mal bâti, dénué de tout, et sans aucune commodité.

Les affaires de l'artillerie étoient encore pires. Je commençai par une réforme des officiers de ce corps, qui n'ayant pas la moindre teinture de leur métier, n'étoient proprement que les valets de Messieurs de la justice et des finances. D'un seul coup j'en cassai environ cinq cent. Je m'abouchai ensuite avec les commissaires pour le salpêtre ; et je fis avec eux des marchés pour une provision considérable de poudres, que je fis voir au Roi. Je traitai de même avec les maîtres de grosses forges, pour le fer propre aux affûts, bombes, &c.; avec les marchands étrangers, pour le métal ; avec les charrons et charpentiers, pour les ouvrages en bois nécessaires aux desseins que j'avois formés. Sa Majesté vint visiter elle-même son Arsenal quinze jours après que je m'y fus établi, et elle en fit dans la suite un de ses plus grands amusemens. Elle prit beaucoup de plaisir à voir tous les préparatifs qui s'y faisoient, et l'extrême diligence avec laquelle je m'y appliquois.

On ne pouvoit y en apporter trop dans la conjoncture présente des affaires de Savoie, dont le détail et celui de la guerre où elles engagerent, va remplir entiérement ces Mémoires pour toute l'année suivante. M. le duc de Savoie partit de ses Etats sur la fin de celle-ci pour venir en France, avec les intentions que j'ai déjà marquées, mais elles ne purent être assez secretes, pour lui faire recueillir tout le fruit qu'il se promettoit de ses tromperies. L'examen de la conduite passée de ce Prince et de celle de ses agens, et la connoissance qu'on avoit de son caractere, ne lui étoient pas déjà trop favorables. On eut à son sujet quelque chose de plus positif encore. Lesdiguieres manda à sa Majesté que le Duc faisoit fortifier diligemment ses places, sur-tout celles de Bresse, et qu'il les remplissoit de munitions de guerre et de bouche. On sçut par le comte de Carces et le sieur du Passage, qu'il avoit fait de grandes instances à la cour de Madrid, et pressé le Pape d'agréer un second compromis, en lui faisant entendre que toute l'Italie étoit intéressée à ne pas souffrir que sa Majesté très-chrétienne possédât rien par-delà les monts. Les résidens François à Florence mandoient que le Duc ne partoit point dans d'autre intention que de surprendre le Roi, qui de son côté étoit persuadé que ce seroit le Duc lui-même qui pourroit bien être pris pour dupe, non seulement avec lui, mais encore avec le roi d'Espagne et les autres Princes d'Italie : car ceux-ci ne cachoient point leur aversion pour l'humeur inquiete et ambitieuse de M. de Savoie, et le roi d'Espagne n'avoit pas oublié qu'il s'étoit plaint hautement, que pendant qu'on donnoit en dot à l'une des Infantes, les Pays-Bas et la Franche-Comté, qui valent mieux que les deux Castilles et le Portugal, celle qu'il avoit épousée n'avoit eu qu'un crucifix et une image de la Vierge. Une infinité d'autres indiscrétions semblables, suivies de rapports et de plaintes réciproques, avoient ruiné absolument leur premiere intelligence.

La suite fit voir la justesse de ces observations que le Roi me faisoit faire en me montrant la lettre de Lesdiguieres, mais il ne témoigna en public aucun ressentiment de ce qu'il apprenoit des procédés du duc de Savoie. Il m'ordonna même de ne rien oublier du côté des finances et de l'artillerie, pour lui faire faire à Lyon la réception ordinaire des Souverains étrangers. Je crois que ce Prince n'eut aucun sujet de se plaindre de moi ; mais qu'il n'en fut pas de même de MM. les comtes de Saint-Jean (*), qui lui refuserent certains honneurs, que

(*) Ce fut par ordre du Roi, selon P. Mathieu, *tom.* 2, *liv.* 2, *pag.* 323, que les chanoines de Lyon refuserent au

les ducs de Savoie soutiennent qu'on leur doit rendre dans ce Chapitre, comme comtes de Villars. La plus grande magnificence fut à Fontainebleau et à Paris, où, de son côté, le Duc (*) se fit voir dans un état tout-à-fait digne de son rang.

Trois jours après qu'il fut arrivé à Paris, le Roi, qui n'étoit pas fâché de lui faire voir le nouvel ordre observé à l'Arsenal, me manda qu'il viendroit y souper avec le Duc et les principaux Seigneurs et Dames de sa cour. M. de Savoie s'y rendit de si bonne heure, que je ne pus prendre une si grande diligence pour un effet du hasard. Il me demanda à voir les magasins. Ce n'étoit pas de ce côté-là que je voulois le faire tourner; la pauvreté des vieux magasins me faisoit honte à moi-même. Sans lui répondre, je le menai dans les nouveaux atteliers. Vingt canons nouvellement fondus, autant qui étoient prêts à l'être, quarante

---

duc de Savoie la place de Chanoine d'honneur dans leur Cathédrale, qu'ils avoient accordée au Duc son pere; et cela par une raison très-naturelle, qui est que le comté de Villars étoit sorti de la maison de Savoie depuis ce temps-là. Cette cérémonie consistoit à présenter la chape et l'aumuce au duc de Savoie, à l'entrée du cloître, à lui donner rang dans l'Eglise parmi les Chanoines, &c.

(*) Malgré cette magnifique réception, le duc de Savoie sentit bien dès la premiere fois qu'il parla à Henri IV, qu'il n'obtiendroit point ce qu'il étoit venu demander. « J'ai fait » mon message, dit-il, je m'en puis aller quand je voudrai ». *Mathieu, sur le voyage de ce Prince en France. tom. 2, liv. 2.*

affûts complets, et quantité d'autres ouvrages auxquels il vit qu'on travailloit avec ardeur, le jetterent dans un si grand étonnement, qu'il ne put s'empêcher de me demander ce que je voulois faire de tout cet attirail. « Monsieur, lui répondis-je en » riant, c'est pour prendre Montmélian ». Le Duc, sans faire appercevoir que cette réponse l'avoit un peu déconcerté, me demanda d'un ton de plaisanterie et de familiarité, si j'y avois été, et comme je lui répondis que non, « vraiment, je le » vois bien, reprit-il, car vous ne diriez pas cela. » Montmélian est imprenable ». Je répartis du même ton dont il me parloit, que je ne lui conseillois pas de forcer un jour le Roi à tenter cette entreprise, parce que je croyois être sûr de faire perdre à Montmélian ce titre d'imprenable.

Ces paroles rendirent dans le moment même notre conversation très-sérieuse. M. de Savoie prenant de-là occasion de parler du sujet qui l'amenoit en France, avoit déjà commencé à me faire sentir d'une maniere polie, qu'il étoit instruit que je ne le favorisois pas auprès du Roi, mais nous n'eûmes pas le temps d'en dire davantage. Sa Majesté arriva, et on ne songea plus qu'à la joie et au plaisir, ce qui n'empêcha pourtant pas que dès le soir même on ne nommât de part et d'autre des commissaires pour examiner ce qui faisoit le sujet de la contestation. M. le Connétable, le Chancelier, le maréchal de Biron, Meisse, Villeroi et moi, furent ceux du côté du Roi; et de la part de M. de Savoie, Belly, son chancelier, le marquis de Lullin, les sieurs de Jacob, le comte de Morette, le chevalier de Brétons et des Allymes.

Le duc de Savoie avoit déjà sçu mettre dans ses intérêts une partie de nos commissaires, il acheva de les gagner par les grandes libéralités qu'il leur fit à l'occasion des étrennes, ainsi qu'à toute la cour (*). J'étois celui qui lui faisoit le plus de peine, parce que toutes les fois que la question avoit été agitée entre les commissaires, je m'en étois toujours tenu constamment à l'alternative, de restituer à sa Majesté le marquisat de Saluces, ou de lui donner en échange la Bresse et tous les bords du Rhône depuis Geneve jusqu'à Lyon. Si

(*) « Le Duc envoya au Roi deux grands bassins et deux vases de cristal pour ses étrennes, et le Roi lui donna une enseigne de diamans, dans laquelle entr'autres, il y en avoit un où l'on voyoit le portrait de sa Majesté; c'étoit une très-belle piece, de laquelle le Duc fit un grand état..... Il n'y eut aucun qui lui donnât le bon jour, à qui il ne fit quelques présens, &c. ». *Chronologie Septénaire*, année 1600. On dit qu'il avoit mis la duchesse de Beaufort dans ses intérêts, en sorte que si cette Dame n'étoit pas morte, il y a apparence qu'il eût pu se dispenser de rendre Saluces. Le duc de Savoie jouant à la prime avec Henri IV, sur un coup de quatre mille pistoles, Henri abattit son jeu, croyant avoir gagné: le Duc qui avoit gagné en main, se contenta de montrer son jeu au duc de Guise et à d'Aubigné qui étoient à ses côtés, et brouilla les cartes. C'est d'Aubigné qui rapporte ce trait de la générosité ou de la politique du duc de Savoie.

ce n'est qu'il eût été trop incivil de demander mon exclusion des assemblées, on auroit pris ce parti : on revint encore à celui de me gagner, à quelque prix que ce fût.

Des Allymes (*) vint le cinquieme jour de Janvier, me faire, de la part de son Altesse, les complimens ordinaires. Il me pria le plus poliment du monde, de faire attention aux raisons du Duc son maître, c'est-à-dire, en bon François, de les accepter, parce qu'en même-temps qu'il me faisoit cette priere, il me présentoit le portrait de son Altesse, dont la boîte enrichie de diamans valoit quinze ou vingt mille écus. Pour m'aider un peu à entrer en composition avec ma conscience, il me dit que ce portrait venoit d'une fille de France, et il ajouta, pendant qu'il me voyoit occupé à en admirer les brillans, qu'il m'étoit donné par un Prince qui avoit autant d'attachement pour le Roi, que d'amitié pour moi. Je demandai à des Allymes, en tenant toujours le portrait, quelles étoient les propositions qu'on avoit à faire. Il déploya aussi-tôt toute son éloquence, se croyant au moment décisif, et commença, au défaut de raisons, à faire valoir la prétendue rupture de son maître avec l'Espagne. Il offrit de se joindre au Roi pour lui faire faire la conquête de Naples, de Milan et de l'Em-

(*) René de Lucinge des Allymes, ambassadeur de Savoie en France.

pire même, rien ne lui coûtoit ; et à l'entendre, on auroit cru qu'il pouvoit disposer de tous ces Etats, pour lesquels il ne doutoit point, ajouta-t-il, que le Roi ne laissât volontiers au duc de Savoie un méchant marquisat composé de pieces rapportées.

Je ne pus me contenir plus long-temps : je répondis à des Allymes, que si le Roi redemandoit le marquisat de Saluces, ce n'étoit point à cause de sa valeur, objet trop peu considérable, mais pour l'honneur de ne pas laisser démembrer un ancien domaine de la couronne, et qui avoit été usurpé dans un temps où le duc de Savoie, comblé des libéralités de Henri III à son retour de Pologne, devoit encore s'en abstenir par reconnoissance. Je remerciai le député de tout ce qu'il avoit mis d'obligeant dans son discours pour moi, et pour payer ses complimens par d'autres complimens, je l'assurai qu'après que M. de Savoie auroit fait une restitution pure et simple de Saluces, je n'oublierois rien pour porter sa Majesté à lui faire avoir à lui-même les riches royaumes dont il avoit fait l'offre, et qui l'accommoderoient encore mieux que le Roi. J'ouvris la boîte à portrait en disant ces paroles, et après en avoir admiré l'ouvrage et la matiere, je dis à des Allymes, que le grand prix étoit un motif pour moi de ne pas l'accepter ; mais que s'il me permettoit d'en séparer la

boîte

Année 1600. Liv. XI. 561

boîte et les diamans, je garderois volontiers le portrait, pour me souvenir d'un Prince si obligeant. Je séparois en effet l'un de l'autre lorsque des Allymes me dit qu'il ne lui appartenoit pas de rien changer aux gratifications de son maître. Je le priai donc de remporter le tout, et il se retira sans aucune espérance de m'attirer à lui, et à ce qu'il me parut, peu content de ma maniere d'agir.

Il ne restoit plus qu'à tâcher de m'exclure des assemblées. Sur le refus qu'en fit sa Majesté, le duc de Savoie imagina de lui demander que le patriarche (*) de Constantinople assistât à ces assemblées au nom du Pape; ce que le Roi accorda, ne songeant point à la finesse cachée sous cette proposition. Le lendemain ce Prince ayant envie de jouer à la paume à la sphere, nomma pour lieu de l'assemblée la maison du Connétable, par la commodité qu'il trouva à faire sa partie au sortir de cet hôtel, après qu'il auroit vu entamer la conférence. Il sortit en effet après avoir exhorté tous les commissaires à n'avoir égard qu'à la justice. Il me dit en particulier et à l'oreille: « Prenez bien garde à tout, et faites en sorte qu'on ne me trompe pas ».

Le Roi étant parti, je vis qu'au lieu de s'asseoir, tout le monde se partageoit deux à deux, trois à

_____
(*) Le pere Bonaventure de Calatagirone, général des Cordeliers, et nonce de sa Sainteté.

trois, et que le Nonce s'entretenoit tantôt avec l'un, tantôt avec l'autre, sans souffrir qu'on traitât rien en forme, sur-tout qu'il évitoit soigneusement de m'adresser la parole. Bellievre me dit enfin que le bon-homme de Patriarche ne pouvoit vaincre le scrupule qu'il avoit de communiquer avec un Huguenot ; et qu'il me prioit, au nom de toute l'assemblée, de vouloir bien m'absenter, parce que rien ne se feroit sans cela. Je perçai en un instant la cause de tout ce manege, et faisant une profonde révérence, je me retirai, dans l'intention d'aller faire de ce pas mon rapport au Roi. Je le rencontrai encore dans la galerie, où il s'étoit arrêté à parler à Bellengreville. Il me demanda avec quelque surprise, où j'allois, et si tout étoit déjà fini ; et lorsqu'il sçut ce qui s'étoit passé, il entra dans une grande colere, et m'ordonna de retourner dans l'assemblée, disant que s'il y avoit quelqu'un à qui ma présence déplût, c'étoit à lui à se retirer, et non pas à moi. Je troublai un peu la joie de l'assemblée, en y rapportant le nouvel ordre du Roi. Le parti qu'on prit, fût de laisser le temps se passer à chercher des expédiens, et de remettre à l'après-midi à entamer la question, lorsqu'on vit l'heure du dîner s'avancer ; mais on eut beau faire auprès de sa Majesté, je demeurai du nombre des commissaires, et il fallut que le Nonce se défît de sa répugnance. Brétons et Roncas se tournerent sur tous les sens pour n'être point obligés d'en venir à la restitution du marquisat. Ils offrirent d'en faire l'hommage-lige à sa Majesté, et si cela ne suffisoit pas, de tenir la Bresse aux mêmes conditions. Je fis aisément tomber toutes ces propositions, et je réunis toutes les voix à donner au duc de Savoie l'option de rendre Saluces, ou de céder en sa place le pays de Bresse jusqu'à la riviere de Dain, le vicariat de Barcelonnette, le Val de Sture, celui de la Pérouse, et Pignerol. Dans ce second cas on auroit restitué toutes les autres places prises de part et d'autre (*).

Le duc de Savoie avoit attendu toute autre chose de MM. les Commissaires; mais la vérité est, qu'ils n'oserent combattre ouvertement un parti qu'ils voyoient être celui du Roi. Toute leur ressource fut de se joindre en faveur de M. de Savoie, à tous les courtisans, qui ne cessoient de redire au Roi, qu'il ne devoit point agir à la rigueur avec un Prince dont l'alliance acquise par un bienfait peu considérable, pouvoit lui procurer

---

(*) Il y eut une espece d'accord conclu sur ce plan entre les commissaires, qu'on se douta bien que le duc de Savoie n'observeroit pas, par tous les délais qu'il demandoit. Sur quoi quelqu'un proposa à Henri IV, comme le rapporte le Grain, de faire arrêter le duc de Savoie, pour l'obliger à l'effectuer, mais le Roi rejetta cette proposition. Voyez les particularités de la négociation et du séjour du duc de Savoie à Paris, dans M. de Thou et le Septénaire, *année* 1599 et 1600.

mille fois davantage qu'un mauvais fief très-difficile à conserver. L'option qu'on proposoit à M. de Savoie fut encore un prétexte de lui accorder six mois pour se déterminer; il en vouloit dix-huit, et moi je soutenois que la chose n'avoit pas besoin de délai. J'allai faire part à sa Majesté de cette résolution qu'on avoit prise malgré moi, et je lui représentai l'inconvénient de donner au duc de Savoie un si long temps pour renouer ses intelligences, et se préparer à la guerre, lorsqu'un instant devoit suffire à ce Prince, qui d'ailleurs avoit déjà pris son parti. Henri, prévenu par tous les discours des courtisans sur la nécessité d'accorder un délai à M. de Savoie, me demanda comment je prétendois faire autrement: « faire reconduire ho-
» norablement, lui dis-je, le duc de Savoie par
» quinze mille hommes d'infanterie et deux mille
» de cavalerie, et vingt canons, jusques dans
» Montmélian, ou telle autre place qu'il choisira,
» et alors le faire expliquer sur l'option ». Le Roi ne goûta pas mon avis, il avoit déjà donné sa parole du contraire. J'en fus véritablement fâché, et j'ai toujours été persuadé que sans cette complaisance, sa Majesté auroit évité la guerre et reçu une entiere satisfaction. Tout ce que je pus gagner, fut de faire ôter trois mois sur les six qui avoient été accordés.

Le duc de Savoie voyant que sa Majesté, lasse

de toutes ses sollicitations, ne lui donnoit plus à la fin d'autre réponse que ce peu de mots : *Je veux mon Marquisat*, partit peu de temps après pour s'en retourner à Chambéry, attendre, en se préparant à la défense, l'expiration du terme qui tomboit au mois de Juin. Il n'en auroit pas eu besoin, si le dessein de la nommée Nicole Mignon avoit réussi. Elle avoit entrepris d'empoisonner le Roi (1) : elle crut pouvoir en faire part à M. le comte de Soissons, qui faisoit en toutes occasions éclater son mécontentement ; mais cette femme lui fit tant d'horreur, qu'il alla incontinent la dénoncer : elle avoua son crime, et fut brûlée vive.

Il ne se passa rien de remarquable pendant trois mois, que la dispute de MM. du Perron et Duplessis. Sur la fin de l'année derniere il parut un (2)

___

(1) En faisant entrer chez le Roi, son mari qui étoit cuisinier, par le moyen de M. le comte de Soissons, grand-maître de la maison de sa Majesté. Elle avoit été connue des Princes, et même de Henri IV à Saint-Denis, où elle tenoit une des principales auberges pendant la guerre. M. le comte de Soissons, auquel elle dit qu'il ne tenoit qu'à lui d'être le plus puissant Prince du monde, se doutant que cette femme avoit de mauvais desseins, fit cacher dans un cabinet Loménie, qui entendit les moyens dont elle comptoit se servir. Elle fut accusée d'être sorciere, et n'avoit que beaucoup de méchanceté, et un peu de folie. *Chronologie Septenaire*, année 1600.

(2) Ce livre a pour titre : *Instruction de la sainte Eucharistie*, et il attaque la Messe, par le témoignage prétendu des saints Peres. Si-tôt qu'il parut, plusieurs Docteurs Catholiques se récrierent sur la fausseté d'une infinité de citations

livre de celui-ci sur l'Eucharistie, qui fut regardé par tout le parti comme un chef-d'œuvre, et que

qu'il renferme ; ce qui obligea Duplessis à proposer une espece de défi, qu'on engagea l'évêque d'Evreux à accepter. Après plusieurs lettres et plusieurs démarches de part et d'autre, pour convenir de la forme dont on devoit y procéder, et dans lesquelles Duplessis se repentit plus d'une fois de s'être tant avancé, le Roi décida pour une dispute publique entre les deux adversaires, dans laquelle on vérifieroit chaque jour cinquante de ces passages, jusqu'à ce qu'on eût examiné tous les cinq cent que M. du Perron avoit trouvés à censurer. On s'assembla dans la salle du conseil à Fontainebleau, en présence du Roi et des commissaires nommés par lui, qui furent, du côté des Catholiques, le président de Thou, l'avocat Pithou, et le sieur Martin, lecteur et médecin de sa Majesté. Du côté des Calvinistes, Fresne-Canaye et Casaubon, le Jeudi 4 Mai, à une heure après-midi. De soixante-un passages que du Perron envoya à son adversaire, celui-ci ne s'étoit préparé que sur dix-neuf qu'il avoit choisis parmi tous les autres. « De ceux-là, dit-il au Roi, je veux perdre l'honneur ou la vie, s'il s'en trouve un seul faux ». Cependant il fut convaincu de mauvaise foi sur tous ceux qu'on examina, et on ne put en examiner que neuf. Sur le premier qui étoit de Scot, et le second de Durand, le Chancelier prononça, de l'avis de tous les assistans, que Duplessis avoit pris l'objection pour la réponse. Sur le troisieme et quatrieme de saint Chrysostôme, et cinquieme de saint Jérôme, qu'il avoit omis des mots essentiels. Sur le sixieme, qu'il ne se trouvoit point du tout dans S. Cyrille. Sur le septieme, tiré du code, qu'il étoit véritablement de Crinitus, mais que Crinitus avoit falsifié le texte du code. Sur le huitieme, qui en renfermoit deux de S. Bernard, que Duplessis avoit dû les séparer, ou du moins mettre entre deux un &c. Sur le neuvieme de Théodoret, qu'il étoit tronqué, et qu'on y avoit pris le mot d'idoles, pour celui d'images. Il n'y eut que cette seule conférence. Duplessis-Mornay s'étant trouvé malade le lendemain, et s'en étant allé à Saumur quelques jours après, sans prendre congé du Roi, Fresne-Canaye, l'un des commissaires, et Sainte-Marie-du-Mont, autre Protestant distingué, se convertirent peu de temps après cette

Année 1600. Liv. XI. 567

j'envoyai aussi-tôt à M. d'Evreux qui étoit alors dans son diocese. La différence de religion n'a jamais détruit les sentimens d'amitié et de reconnoissance que ce Prélat a toujours eus pour moi, ni ceux d'estime, d'affection et de vénération que j'ai toujours conservés pour son mérite, pour ses talens, et même pour la qualité qu'il portoit, de mon Evêque : nos lettres réciproques étoient écrites sur ce ton. Je fus fort surpris de lire dans la réponse qu'il me fit au sujet du livre que je lui envoyois, que les erreurs et les faussetés s'y sui-

dispute. Henri IV y prit lui-même quelquefois la parole. Duplessis prétendoit prouver, par l'autorité de saint Cyrille, que les Chrétiens n'étoient point dans l'usage d'adorer la croix, et cependant il allégua le reproche que l'empereur Julien faisoit aux Chrétiens de l'adorer. « Il n'est pas vraisemblable, reprit ce Prince, que Julien l'apostat eût reproché aux Chrétiens qu'ils adoroient la croix, s'ils l'eussent adorée en effet, autrement il se fût fait moquer de lui ». Ce fut lui aussi qui dit que du moins on devoit avoir mis un &c. dans le passage de S. Bernard.
Un Catholique ayant fait remarquer à un Calviniste, que du Perron avoit déjà gagné plusieurs passages sur Duplessis : « N'importe, répondit le Protestant, pourvu que celui de Saumur lui demeure ». *Mathieu, ibid.* Ce fait, qui est rapporté de la même maniere dans plusieurs livres dogmatiques, est généralement attesté par tous nos bons Historiens, et par ceux même qui traitent le plus favorablement les Protestans. M. de Thou, *liv.* 123, *p.* 843. Et cet écrivain étoit un des commissaires. *Mathieu, ibid.* Chronologie Septénaire, *pag.* 123 *et suiv.* Supplément au Journal de Henri IV, *tom.* 2, *pag.* 51 *et suiv.* vol. 8778. Mss. de la bibliotheque du Roi. Le Grain et plusieurs autres, où l'on voit tout le détail de cette dispute. On ne doit donc ajouter aucune foi à la maniere dont elle est rapportée dans la vie de Duplessis, *liv.* 2, *p.* 262.

Nn 4

voient de près, qu'il auroit fallu le censurer d'un bout à l'autre : « Non que je veuille accuser M. Du-
» plessis de mauvaise foi, ajoutoit l'évêque
» d'Evreux, avec autant de modération pour son
» adversaire, que de politesse pour moi ; mais je
» plains son malheur, de s'être fié aux rapsodies
» des compilateurs qui l'ont mal servi ». Le reste de sa lettre ne contenoit que des complimens sur la charge de grand-maître dont je venois d'être pourvu, et des assurances de la joie qu'il ressenti-roit, « s'il me voyoit, disoit-il, obéir aux canons
» de l'Eglise, moi qui commandois aux canons de
» la France ».

Je n'ai jamais eu de Duplessis toute la bonne opinion dont je voyois tous mes confreres prévenus ; et j'aurois été fort fâché de cautionner l'exactitude de ces gros volumes, qu'il faisoit suivre de si près ; car celui de l'Eucharistie avoit été précédé d'un autre traité sur l'Eglise. Pour bien écrire (*), sur ces matieres sur-tout, il faut long-temps penser. C'est ce que je répondois à l'évêque d'Evreux ; mais je lui marquois en même-temps que je ne pouvois croire que le livre de Duplessis ne fût, comme il me le soutenoit, qu'un tissu de fautes. J'avertis du Perron, dès ce temps-là, que ce seroit entr'eux le sujet d'une grande dispute ; parce que Duplessis ne laisseroit pas sa réponse et ses

(*) En 1577.

accusations sans replique. C'est aussi tout ce que ma lettre renfermoit de sérieux : les complimens, les louanges, et une invitation de venir visiter mon domicile, remplissoient le reste, et ne méritent pas d'être rapportés (1).

Ce que j'avois prévu arriva, excepté que je ne m'étois attendu qu'à une dispute par écrit, et non à une dispute publique. Je voulus interposer l'autorité du Roi, pour empêcher les deux champions d'en venir jusques-là. Duplessis fut le plus opiniâtre (2), et persista à mesurer ses armes avec celles de M. l'évêque d'Evreux. La chose se passa, ainsi qu'un chacun sçait. Duplessis se défendit à faire pitié, et en sortit à sa honte. Le Roi, qui avoit voulu honorer ce défi de sa présence, donna mille louanges à l'esprit et à l'érudition de M. d'Evreux. « Que vous semble de votre Pape » ? me dit Henri, pendant la dispute ; car Duplessis étoit parmi les Protestans, ce qu'est le Pape parmi les Catholiques. « Il me semble, Sire, lui répondis-je, qu'il
» est plus Pape que vous ne pensez, puisque
» dans ce moment il donne le bonnet rouge à
» M. d'Evreux. Si notre religion n'avoit pas de

(1) Voyez ces lettres dans l'original, *tom.* 2. *part.* 1, *pag.* 25.

(2) Monsieur, dit Duplessis à M. de Rosny : « mon livre
» est mon enfant ; je le défendrai bien ; je vous prie de me
» laisser faire, et de ne vous en mêler point ; car vous ne
» l'avez pas nourri ». *P. Mathieu*, *tom.* 2. *liv.* 2. *pag.* 340.

» meilleur fondement que ses jambes et ses bras
» en croix, je la quitterois dans l'instant ».

C'est à cette occasion que sa Majesté, écrivant au duc d'Epernon, lui manda que le diocese d'Evreux avoit vaincu celui de Saumur ; que c'étoit un des plus grands coups pour l'église de Dieu, qui se fût fait depuis long-temps ; qu'en procédant de cette maniere, on rameneroit plus de Protestans à l'Eglise, qu'on ne feroit en cinquante ans par la violence. Cette lettre, dont le tour n'étoit pas moins singulier, que le choix que Henri faisoit du duc d'Epernon pour la lui adresser, fit autant de bruit que la dispute même, lorsqu'elle eût été rendue publique ; ce qui ne pouvoit manquer d'arriver, étant en de pareilles mains. Les uns disoient que ce Prince ne l'avoit écrite que pour détruire plusieurs soupçons que sa conversion n'empêchoit pas qu'on ne conçût tous les jours contre sa catholicité, et qui donnoient lieu aux Jésuites d'en parler peu avantageusement dans les lettres qu'ils écrivoient à Rome. Les autres s'imaginant que cette lettre avoit un sens plus caché que celui qu'elle paroissoit offrir d'abord, soutenoient que le Roi n'avoit eu en vue que de persuader, soit l'Espagne, soit les Calvinistes, qu'on ne faisoit que d'inutiles efforts pour porter le conseil de France à agir contr'eux par des voies violentes et sanguinaires.

Le mois de Juin vint sans que M. de Savoie se fût mis en peine de satisfaire à son engagement ; et S. M. commença à voir clairement qu'elle n'en obtiendroit rien que par la force. Mais outre les persuasions des courtisans, qui sembloient avoir tous vendu leur voix au duc de Savoie, ce Prince étoit alors retenu par un obstacle bien plus fort ; c'est son attachement à sa nouvelle maîtresse, à laquelle il avoit fait prendre le titre de marquise de Verneuil. Il ne pouvoit plus songer à la quitter ; et j'ai quelque confusion de dire qu'après que je l'eus enfin engagé, à force d'instances, à prendre la route de Lyon, il délibéra s'il ne la meneroit point avec lui : à quoi il fut encore poussé par les flatteurs de la cour (*). Elle étoit devenue grosse ; et dans la conjoncture du billet qu'elle avoit entre ses mains, la chose devint doublement intéressante pour Henri. Le ciel vint encore à son secours. Le tonnerre entra dans la chambre de Madame de Verneuil pendant un orage violent ; et la frayeur qu'elle eut de le voir passer par-dessous son lit, la fit accoucher d'un enfant mort. Le Roi apprit cet accident à Moulins, où il s'étoit avancé,

___

(*) Elle vint en effet le trouver à Saint-André de La-Cosse. Bassompierre, qui étoit avec Henri IV, dit que les deux amans se brouillèrent au premier abord ; mais que s'étant raccommodés, ce Prince mena sa maîtresse à Grenoble, où il demeura avec elle sept ou huit jours, et ensuite à Chambéry. *Tom.* I, *pag.* 86 *et suiv.*

et d'où il jettoit tristement les yeux sur l'endroit où il laissoit sa maîtresse. Il fit quelques réflexions qui le rendirent à lui-même ; et il continua sa route vers Lyon, où ses troupes avoient ordre de le joindre.

Je devois faire la même chose, aussi-tôt que j'aurois achevé de mettre ordre aux affaires du Gouvernement, et assuré les fonds et les autres moyens de faire la guerre. Je n'avois pas attendu pour cela le moment de l'exécution. J'avois écrit à tous les receveurs-généraux, que sa Majesté leur défendoit d'acquitter d'autres assignations que celles qu'ils verroient expédiées pour les garnisons des frontieres, et pour le paiement des gens de guerre ; parce que toutes les autres seroient payées directement au trésor royal, où je leur enjoignis de faire voiturer incessamment tous leurs deniers. Je défendis aux payeurs des rentes d'en acquitter aucunes, jusqu'à nouvel ordre ; et cela, afin qu'ils n'en payassent point, à leur ordinaire, qui avoient été amorties, ou créées sans argent. Je fis faire une levée de milice, que j'aimai mieux qu'on incorporât dans les anciens corps, que d'en composer de nouveaux régimens. J'apportai des soins encore plus particuliers pour l'artillerie. J'expédiai un ordre aux lieutenans d'artillerie du Lyonnois et du Dauphiné, et aux commissaires d'artillerie de la Bourgogne, de la Provence et du Languedoc, de rassembler toutes leurs meilleures pieces, de fabriquer un nombre d'affûts et de boulets proportionné, et de faire transporter le tout avec les poudres et autres provisions, à Lyon et à Grenoble. Je m'étois même transporté à Lyon, dans la crainte que mes ordres n'eussent pas été exécutés, et j'en revins en trois jours.

Je donnai les mêmes ordres dans les autres provinces. Je fis marché à Paris avec des voituriers, pour rendre à Lyon, dans quinze jours, trois millions trois cent milliers pesant, sans expliquer quelle espece de marchandise; et ils s'y obligerent devant Notaire. Ils furent bien surpris, lorsqu'on leur délivra cette charge en vingt canons, six mille boulets, et autres ustensiles d'artillerie peu portatifs. Ils prétendirent que des pieces si lourdes ne pouvoient passer pour marchandise de transport; mais les ayant menacés de faire saisir leurs charrettes et leurs chevaux, et eux-mêmes, ne voulant pas perdre les frais qu'ils avoient déjà faits, ils se déterminerent à faire ce qu'on leur demandoit, et j'eus le plaisir de voir arriver tout cela à Lyon, en seize jours; au lieu que par les voies ordinaires, il auroit fallu deux ou trois mois, et une dépense infinie pour faire ce transport.

On douta toujours que le Roi se portât sérieusement à recommencer la guerre, jusqu'à ce qu'on vît sa Majesté prendre elle-même sa route du côté des monts. Le chancelier de Bellievre, qui l'en avoit toujours dissuadé fortement, voyant que mon avis l'emportoit, vint me trouver, pour me faire goûter, s'il étoit possible, les raisons qu'il avoit de ne pas l'approuver. Je ne le regardois pas comme un de ceux avec lesquels il étoit inutile d'entrer en explication ; sa sincérité se montra encore dans la maniere dont il me parla, et par les réflexions dont son esprit me parut agité. L'état de la France, pour laquelle toute guerre, quelle qu'elle fût, ne pouvoit être que ruineuse ; l'honneur du Roi, intéressé à maintenir un ouvrage aussi solide que la paix de Vervins ; le reproche d'infraction, auquel il s'exposoit ; la crainte d'avoir sur les bras tous les alliés du duc de Savoie, contre lesquels on n'avoit à opposer qu'une armée assez bien pourvue d'artillerie, à la vérité, mais de six ou sept mille hommes d'infanterie seulement, avec douze ou quinze cent hommes de cavalerie (ainsi le croyoit Bellievre), et manquant outre cela de tous les vivres et provisions nécessaires : voilà à quoi se réduisirent les objections du Chancelier.

Je crois qu'on n'a rien vu dans ces Mémoires, non plus que dans toute la conduite de ma vie, sur-tout depuis que j'ai été appellé au gouvernement des affaires publiques, qui me mette dans la nécessité de justifier un penchant trop marqué pour la guerre. S'il paroît à quelqu'un qu'en cette occasion j'ai agi contre mes maximes, c'est qu'en effet il n'y a aucune maxime, quelque générale qu'elle soit, qui puisse répondre à tous les cas ; et qu'en supposant, comme je le crois, que la guerre est toujours un mal, il est aussi vrai que souvent c'est un mal nécessaire, et même indispensable, lorsqu'on ne peut faire valoir que par elle des droits auxquels il y auroit de la lâcheté à renoncer ; comme il est vrai encore que la générosité et la douceur, qui sont deux des principales qualités des Souverains, employées contre les regles de la prudence, ne doivent passer que pour manque de conduite, et pour une véritable foiblesse.

A cette réponse générale, je joignis, en parlant à M. de Bellievre, les raisons particulieres à la guerre présente. Je fis voir au Chancelier qu'il s'allarmoit assez mal-à-propos. Le roi d'Espagne étoit le seul allié redoutable qu'on auroit pu appréhender qu'il ne se joignît au duc de Savoie. Mais qu'on fasse attention que le roi d'Espagne régnant, n'étoit qu'un jeune homme sans expérience, ni talens pour la guerre ; assez occupé à réduire ses propres sujets ; livré à un ministre, tout aussi éloigné de la guerre, et par son caractere, et par l'envie de s'approprier tout l'argent que la guerre auroit consommé ; enfin, aussi mécontent luimême du duc de Savoie, que convaincu avec toute l'Europe, que le Roi redemandoit ici son propre bien. Je crois qu'alors l'idée qu'on aura de cette guerre, sera celle d'un pur différend entre le roi de France et le duc de Savoie, ou plutôt d'un entêtement de celui-ci, fondé sur une mauvaise présomption et sur les brigues pratiquées en sa faveur dans le conseil de France. Cela supposé, le succès de cette guerre dépendoit de la promptitude avec laquelle on la poursuivroit. Je soutins au Chancelier, qu'avec quatre mille hommes le Roi avanceroit plus ses affaires cette année, qu'avec trente mille l'année suivante. Mais je ne laissai pas de lui faire toucher au doigt, que sa Majesté n'étoit pas aussi dépourvue qu'il se l'étoit imaginé ; et du moins qu'elle ne manqueroit d'aucune des deux choses qu'il tomboit à ma charge de fournir, l'argent et l'artillerie. Bellievre ne se rendit point ; au contraire, il me parut se retirer avec chagrin. L'événement justifia de quel côté étoient les meilleures raisons.

Le duc de Savoie voyant, contre son attente, une armée françoise (*) prête à lui tomber sur les bras, eut recours à ses artifices ordinaires, pour laisser venir du moins l'hiver, avant qu'on eût commencé aucun acte d'hostilité. Il envoya députés sur

---

(*) Il se rassuroit, dit-on, sur je ne sçais quelles prédictions d'astrologues, qui avoient avancé qu'au mois d'Août il n'y auroit point de Roi en France. « Ce qui se trouva fort » vrai, dit Péréfixe, parce qu'en ce temps-là il étoit victo- » rieux au milieu de la Savoie ».

députés vers sa Majesté à Lyon. Tantôt il paroissoit vouloir exécuter sincérement les conventions, tantôt il les éludoit par les raisons les plus spécieuses, et quelquefois il y substituoit de nouveaux projets d'un avantage visible pour sa Majesté. Il trompa encore si bien ce Prince, que Henri, croyant de bonne foi qu'il ne passeroit pas Lyon, s'y arrêta beaucoup plus long-temps qu'il n'auroit dû. Tant que je fus dans cette ville auprès de Henri, je le prévins contre les ruses de M. de Savoie ; mais si-tôt que j'en fus parti pour revenir à Paris, comme je l'ai dit, accélérer les préparatifs de la guerre, le duc de Savoie en imposa si bien à sa Majesté par sa feinte sincérité, qu'elle m'écrivit de suspendre mon travail, parce que tout étoit accommodé.

En effet le duc de Savoie avoit accordé tout ce qu'on lui demandoit ; mais de parole seulement, afin de gagner du temps : et il avoit proposé qu'on se donnât des ôtages, manege fort propre à reculer l'exécution d'une parole, par le temps qu'il faut à les nommer et à les envoyer. J'écrivis au Roi tout ce que je pensois de ce prétendu accommodement; et sans crainte de désobéir à ses ordres, je fis avancer mes munitions de guerre (*), et je vins à

(*) P. Mathieu dans le détail qu'il fait de cette expédition de Savoie, donne en différens endroits de grandes louanges au duc de Sully, et lui fait honneur en grande partie du succès de cette campagne, *tom. 2. liv. 2. pag. 352, 361, 365. &c.*

Montargis, d'où j'envoyois mes bagages par la Loire, comptant prendre moi-même la poste. Je reçus en cet endroit une lettre du Roi, qui ne contenoit que ces deux mots : « Vous avez bien
» deviné ; M. de Savoie se moque de nous ; venez
» en diligence, et n'oubliez rien de ce qui est
» nécessaire pour lui faire sentir sa perfidie ».

Une autre lettre que m'écrivoit Villeroy, m'instruisit plus particuliérement de tout ce qui s'étoit passé en dernier lieu. Le Roi avoit fait venir Roncas, qui se tira si mal de l'explication que sa Majesté eut avec lui, que ce Prince ayant voulu qu'il s'engageât de maniere à ne plus laisser de subterfuge, le député Savoyard se trahit enfin par ses équivoques ; ce qui mit le Roi dans une telle colere, que sans vouloir l'entendre davantage, il avoit pris sur le champ sa route vers Chambéry : c'est de cet endroit qu'étoit daté le billet que je venois de recevoir. Sa Majesté s'imagina que cette ville se rendroit à son approche, et ne lui donneroit point la peine d'y mettre le siege, en quoi elle fut trompée.

Le Roi employa ce temps à travailler à son mariage avec la princesse Marie de Médicis ; et cette négociation, qui ne pouvoit que faire fort grand plaisir au Pape, ne fut pas inutile à sa Majesté pour empêcher le saint Pere de s'intéresser pour le duc de Savoie. D'Alincourt, qui étoit celui que sa Majesté avoit envoyé à Rome pour ce sujet, obtint tout ce qu'il demandoit. Le mariage fut arrêté, et il ne s'agit plus que d'envoyer à Florence une personne qui pût l'accomplir par procureur. Bellegarde sollicita fort cet honneur; mais il ne put obtenir que d'être porteur de la procuration, qui le déféroit au duc de Florence.

Pendant que cette cérémonie s'exécutoit à Florence (*), Henri croyoit ne devoir paroître occupé que de ballets, de comédies et de fêtes; mais il n'en faisoit pas moins soigneusement tout le plan de la campagne.

Il chargea Lesdiguieres de reconnoître exactement le château de Montmélian; et sur son rapport, qu'avec vingt pieces de canon, et vingt mille coups à tirer, on pouvoit en venir à bout, il résolut de l'attaquer. Il fit aussi reconnoître celui de Bourg-en-Bresse, par Vienne et Castenet, qui étoient à moi; et leur rapport ayant aussi été qu'on pouvoit s'en emparer, il fut résolu qu'on chercheroit à se rendre maître de ces deux villes, par le moyen du pétard, et dans une même nuit, en attendant le temps propre à assiéger en forme les deux citadelles. Le maréchal de Biron, que sa Majesté en chargea, donna l'expédition de Mont-

(*) Voyez-en le détail dans la Chronologie Septénaire, année 1600.

mélian à Créqui, et réserva pour lui celle de Bourg.

Le Roi avoit choisi, sans le sçavoir, celui de tous ses officiers généraux, le moins propre à faire réussir cette entreprise. Biron étoit dès ce temps-là, engagé fort avant avec M. de Savoie; on croit même que son traité pouvoit bien être du moins ébauché. Il fit avertir Bouvens, gouverneur de Bourg, de se tenir sur ses gardes, et lui marqua la nuit et l'heure où l'on comptoit le surprendre. Tout ceci a été prouvé depuis; mais ce qui est singulier, c'est que cette trahison n'empêcha pas la prise de Bourg, et dans la même nuit où elle avoit été résolue.

Bouvens communiqua à la garnison et aux habitans de Bourg, l'avis qu'il venoit de recevoir; les exhorta à se bien défendre; alluma de grands feux; doubla, tripla même les corps-de-gardes; enfin, prit pour la nuit de l'attaque toutes les précautions possibles, jusqu'à faire lui-même sentinelle. Tout le monde attendoit avec une véritable impatience l'heure de minuit, qui étoit marquée dans le billet, et qui devoit être effectivement celle de l'attaque. Cependant il arriva que le maréchal de Biron, qui étoit lui-même à la tête de ses troupes, soit pour donner plus de temps au Gouverneur, soit pour faire manquer l'entreprise, ou enfin par un pur hasard, prit un détour si long, qu'au lieu de minuit, il étoit le point du jour, lorsqu'il parut devant Bourg. Il voulut alors persuader aux officiers qu'ils devoient remettre la chose à une autre fois, l'heure étant indue pour ces sortes de coups, et plusieurs de ces officiers joignirent leurs raisons aux siennes ; mais cet avis fut si bien combattu par Saint-Angel, Chambaret, Lostange, Vienne, et sur-tout par Castenet qui s'étoit fait fort d'y attacher le pétard en plein jour, quand même les bastions seroient garnis, et encore par Boësse (*), à qui sa Majesté en avoit promis le gouvernement, que Biron y consentit, pour ne pas passer pour timide, et croyant d'ailleurs que ce dessein alloit bientôt être déconcerté.

Il en arriva tout autrement. La garnison et les bourgeois ayant veillé jusqu'à deux, trois, enfin quatre heures, crurent ou que l'entreprise avoit échoué, ou qu'elle n'avoit été qu'imaginaire. Ils allerent déjeûner, et se coucher, lorsqu'ils virent le jour prêt à paroître, et laisserent le soin de garder les murailles à quelques sentinelles, qui étant accablées de sommeil, s'en acquitterent fort mal. Castenet, avec trois hommes de confiance que je lui avois donnés, s'étant avancé jusques sur la contrescarpe, ayant chacun un pétard à la main, et suivis de douze hommes seulement bien armés, et d'une bravoure

―――――――――――
(*) Pierre Escodeca, ou Escoudaca de Boësse.

éprouvée, la sentinelle cria, *qui va là?* Castenet répondit, comme je l'avois instruit, que c'étoient des amis de la ville, qui venoient avertir le Gouverneur que des gens de guerre avoient paru à deux mille pas, et s'en étoient retournés. Il ajouta qu'il avoit plusieurs choses à dire à M. de Bouvens de la part de M. le duc de Savoie, et dit à ce soldat qu'il allât l'avertir de lui faire ouvrir la porte. La sentinelle quitta son poste pour s'en aller chez le Gouverneur. Castenet ne perd point de temps; il s'avance jusqu'à la porte, pose son pétard qui emporte le pont-levis, et fait une breche par laquelle les douze hommes entrent promptement, à la faveur de courtes échelles, les fossés n'étant pas fort profonds, et après eux tout le reste de l'armée. Tout ceci fut si rapide, que la ville se trouva pleine en un moment, et que Bouvens n'eut que le temps de se retirer précipitamment avec sa garnison dans la citadelle.

La ville de Montmélian (*) fut prise de la même maniere, et sa Majesté fit investir Chambéry. Les bourgeois effrayés ne parlerent point de défendre la ville, et se retrancherent dans le château, où ils firent d'abord fort bonne contenance. Cepen-

---

(*) Consultez encore sur toutes ces expéditions militaires; de Thou, Mathieu, et la Chronologie Septénaire, *année* 1600. Il y est parlé avec éloge de M. de Sully. Voyez aussi le premier tome des Mémoires de Bassompierre.

dant ils demanderent dès le lendemain à capituler, intimidés par une batterie de huit pieces de canon, dont ils n'oserent attendre l'effet. Il ne s'y commit pas la moindre violence, par l'ordre qu'y mit sa Majesté. Les Dames Françoises qui avoient suivi leurs maris, s'établirent à Chambéry; et dès le lendemain de la reddition, mon épouse donna chez son hôtesse un bal aux Dames les plus distinguées de la ville, où tout se passa avec la même gaieté, que si Chambéry n'eût point changé de maître.

Le Roi me renvoya après cela à Lyon, pour donner ordre à l'entretien et au transport de l'artillerie, et m'ordonna de visiter pendant ce voyage les citadelles de Sainte-Catherine, de Seissel, de Pierre-Châtel, de Cluse, et les autres places de la Bresse, particuliérement le château de Bourg. Il me manda encore de faire provision de gabions de trois pieds de haut et de neuf de large; sur quoi je lui répondis que de pareils gabions n'étoient propres au plus qu'à faire un parquet pour des moutons achetés dans la Tarantaise. Il alla de son côté se saisir pendant ce temps-là de Conflans, Miolens, Montiers, Saint-Jacome, Saint-Jean de Maurienne et Saint-Michel : aucune de ces places ne tint devant le canon. La prise de Miolens rendit la liberté à un homme, qui y étoit détenu dans les prisons depuis quinze ans. Feugeres me l'amena, à cause de la singularité d'une prédiction qui avoit été faite à cet homme, sur la durée de sa captivité et sur la main qui l'en délivreroit, laquelle se trouva exactement vérifiée.

Je partis de Lyon pour exécuter (*) la commission que sa Majesté m'avoit donnée. Je vins dîner à Villars, et coucher à Bourg, où je fus bien reçu et bien traité par le maréchal de Biron. Quand il eut sçu que je venois visiter la citadelle, il fit tout ce qu'il put pour m'en détourner, en me représentant que c'étoit m'exposer à un péril évident. Il avoit raison : l'entreprise se trouva très-hasardeuse ; mais c'est parce que ce maréchal n'ayant pu m'empêcher d'exécuter mon dessein, il en avoit si bien instruit les ennemis (je ne puis me persuader le contraire) que par-tout où je me présentois, je me trouvois vis-à-vis d'une batterie. Cela n'empêcha pas que je n'y demeurasse nuit et jour, jusqu'à ce que j'eusse fait toutes mes observations.

Biron, qui s'étoit peut-être attendu que je porterois la peine de ma curiosité, voyant qu'il ne m'en étoit rien arrivé, me dressa d'autres embûches. Le jour que je devois partir de Bourg pour retourner à Lyon, je reçus avis qu'un parti de deux cent hommes des ennemis venoit d'arriver à un

(*) Dans la haute Bresse.

château proche de l'endroit où devoit être ma couchée pour ce jour-là. J'en parlai à Biron, qui, bien éloigné alors de cette crainte si obligeante pour moi qu'il m'avoit marquée, traita l'avis de ridicule. Il ne fit par-là qu'augmenter mes soupçons. Je lui demandai une escorte de soldats : il s'en défendit ; puis il me dit qu'il alloit donner ce soin à ses propres gardes ; mais il leur ordonna secrétement de revenir et de me laisser à Villars ; ce qu'ils se mirent en devoir d'exécuter, malgré mes prieres, si-tôt que j'eus mis pied à terre à Villars, et que mes mulets eurent été déchargés. L'affectation de ce procédé me parut visible. Je fis recharger mes mulets, fis encore environ quatre lieues, et ne m'arrêtai qu'à Vimy, où je me crus en sûreté. Le doute que j'avois que Biron avoit entrepris de me livrer au duc de Savoie, se changea alors en certitude. Trois heures après que je fus parti de Villars, les deux cent hommes vinrent fondre sur la maison où ils croyoient que j'étois, et parurent très-fâchés d'avoir manqué leur coup.

Un courier de sa Majesté m'attendoit à Lyon, pour me demander un équipage d'artillerie avec lequel on pût forcer Conflans, la seule des petites villes qu'avoit attaquées le Roi, qui lui eût résisté, mais qui se rendit à l'approche du canon. Le Roi, que j'allai trouver à Saint-Pierre d'Albigny, me dit qu'il craignoit de ne pas venir si aisément à bout de Charbonnieres et du château de Montmélian; et il paroissoit faire difficulté d'en entreprendre le siege aux approches de l'hiver. J'assurai sa Majesté qu'au lieu de cinq mois qu'elle jugeoit que pourroit durer le siege de Montmélian, il seroit fait en autant de semaines, pourvu que les travaux fussent toujours poussés pendant ce temps-là avec la même ardeur. Le Roi n'ajouta aucune foi à mes paroles; il dit même à mon frere et à la Varenne, après que je me fus retiré, que mes envieux tiroient avantage de la présomption qui paroissoit dans mes discours. J'étois pourtant certain de ne rien avancer légérement, par l'attention que j'avois apportée à observer les endroits foibles de ce château, qui apparemment avoit échappé aux autres.

Le Roi ayant laissé le lendemain son armée à mon commandement, pour faire un tour à Grenoble, j'employai ce temps, non plus à observer Montmélian, sous le canon duquel nous étions, mais à faire le plan de tous ses dehors, et de la disposition des batteries avec lesquelles je comptois emporter ce fort. Ensuite je vins trouver le Prince à Grenoble, où il étoit sans cesse à délibérer avec son conseil, sur cette entreprise, qu'il m'avoit formellement défendu de commencer en son absence. J'insistai de nouveau, et je trouvai toujours les mêmes oppositions. Je ne sçais si c'est par inimitié pour moi que le comte de Soissons, le duc d'Epernon, la Guiche et tant d'autres, se montroient si déraisonnables, ou bien si c'étoit par attachement à M. de Savoie. Il n'y eut de tout le conseil, que MM. de Lesdiguieres et de Créqui qui furent de mon opinion. Je jettai sur la table le plan que je venois de faire, et je sortis en disant, que pendant qu'on acheveroit de délibérer sur Montmélian, j'allois toujours tout disposer à le prendre, et cependant attaquer Charbonnieres; que l'exemple de ce fort, pour lequel je ne demandois que huit jours, apprendroit peut-être ce qu'on pouvoit faire de Montmélian.

Je vins en effet mettre le siege devant Charbonnieres, où j'essuyai des fatigues incroyables. La premiere difficulté fut de faire approcher du canon à la portée de la place. Le seul chemin qui y conduit est extrêmement étroit, bordé d'un côté par la riviere d'Arc, dont toute la rive est coupée de droit fil, et de l'autre par des roches impraticables. On pouvoit à peine faire une lieue par jour, parce qu'à tout moment on étoit obligé de dételer le canon, une des roues portant presque toujours à faux sur le précipice. On m'avoit du moins assuré d'un temps favorable, parce qu'il est presque toujours beau dans ce climat pendant l'automne; cependant il survint des pluies si fortes, et de si grands débordemens, que les huit jours que j'avois assuré suffire pour s'emparer de la place, avoient presque été consumés en voitures seulement ; c'est l'excuse que j'apportai dans le conseil, contre la remarque maligne que M. le comte de Soissons et les autres ne manquerent pas d'y faire sur la promesse que j'avois faite. Le Roi, qui me regardoit dans ce moment, appercevant que j'avois le visage entiérement couvert de boutons et de rougeurs, accourut ; et après m'avoir déboutonné, il s'écria en regardant mon cou et ma poitrine : « Ah ! » mon ami, vous êtes perdu ». Il fit appeller du Laurens (*), qui, après avoir examiné ces pustules, dit qu'une saignée et un peu de ménagement les dissiperoit. Ce n'étoit qu'une ébullition de sang, pour avoir travaillé, sué, et m'être refroidi après avoir été pénétré par la pluie, et que je ne sentois pas moi-même. Je me fis saigner si-tôt que je fus arrivé à Semoi, qui étoit mon quartier. Le Roi prit le sien à la Rochette, d'où il m'envoya le lendemain Thermes, sçavoir l'état de ma santé, et fut fort surpris, lorsque Thermes lui rapporta qu'il m'avoit trouvé à cheval, visitant mes batteries.

Avant que de les dresser, je voulus reconnoître la place encore plus exactement, en commençant

---

(*) André du Laurens, médecin du Roi.

par Aiguebelle ; c'est ainsi qu'on nomme la petite ville qui est au pied du fort. Il me sembla que j'étois reconnu par-tout, et que tout conspiroit contre moi, tant j'essuyois de décharges dès que j'osois seulement me montrer. Le roc sur lequel Charbonnieres est situé, me parut comme inaccessible de tous côtés, et sans aucune prise pour le canon. J'en fus véritablement affligé ; cependant à force d'examiner, je crus remarquer un endroit où ce qui paroissoit par dehors un roc naturel, pouvoit bien n'être qu'un remplage de terre recouvert de gazon. Je modérai la joie de cette découverte jusqu'à ce que la nuit m'eût donné les moyens de m'en assurer. J'approchai fort près du mur, à la faveur des ténebres ; et ce fut avec un véritable transport de joie, qu'en sondant le terrein avec ma pique, je trouvai qu'elle avançoit tout autant que je voulois, et que ce bastion étoit tel que je l'avois jugé. Je ne balançai plus par quel côté je ferois battre le fort, et il ne fut plus besoin que de trouver dans la campagne un endroit propre à asseoir ces batteries : car tous les environs de Charbonnieres sont, à la vérité, couverts de montagnes qui commandent la place, mais si escarpées, qu'un homme à pied a bien de la peine à y monter. Je me mis encore à ramper le long de ces montagnes qui me parurent en effet horribles et inabordables au canon, excepté une seule, sur le penchant de laquelle je vis un chemin où il y avoit quelqu'apparence qu'à force de bras on pourroit guinder quelques pieces de canon. Le malheur est que ce chemin unique débouchoit dans un autre, qui passoit si près du fort, qu'on pouvoit y atteindre avec des pierres.

Ce fut un obstacle de plus, mais qui ne me refroidit pas. Je choisis deux cent François et autant de Suisses, à qui je promis chacun un écu, s'ils venoient à bout de monter par ce chemin six canons que je leur donnai, sur la hauteur que je leur montrois. Je choisis, pour cette manœuvre, une nuit fort noire. Je leur recommandai sur-tout de faire le moins de bruit qu'ils pourroient ; et pour empêcher les assiégés d'y faire attention, je fis avancer, par des chemins opposés, des chevaux et des charretiers, dont les cris et le claquement des fouets attirerent tout le feu des ennemis de ce côté, sans aucun effet, parce que ces charretiers ne marchoient que bien couverts d'arbres, de gabions, et même de murailles. Cependant mes travailleurs échappoient aux assiégés étourdis de leur propre feu. J'avois nommé, pour veiller sur cette extraordinaire voiture, et pour encourager mes gens, la Vallée (*), lieutenant d'artillerie en Bretagne, avec quelques autres officiers. Il sur-

(*) Michel de la Vallée Piquemouche, gouverneur de Comper.

vint une pluie si forte, que la Vallée et les officiers laisserent leur poste pour aller souper, et les soldats leur canon à moitié chemin. Je soupçonnai ce qui étoit arrivé; et ayant pris ce chemin, je les rencontrai comme ils se retiroient. Je les réprimandai sévérement. Je les menaçai qu'ils n'auroient d'argent de trois mois. Enfin je les ramenai à l'heure même reprendre le collier. Ils s'attelerent, et le canon recommença à rouler. Je ne les abandonnai plus que quand je les vis hors de danger; ce qui n'arriva pas sans quelque échec. Le retardement qu'ils avoient apporté, les fit découvrir sur la fin : et il y en eut six de tués, et huit de blessés.

Je regagnai mon quartier pendant l'obscurité, si trempé de pluie et si couvert de boue, que je n'étois pas reconnoissable; mais d'ailleurs extrêmement satisfait d'avoir mis mes six pieces hors d'état d'être insultées, quoiqu'elles ne fussent pas encore sur le haut des rochers. Je dormis une heure. Je déjeûnai, ensuite je retournai pour finir ce travail. Je rencontrai la Vallée, qui, ne sçachant pas ce que j'avois fait, commença à se faire fête de l'ouvrage de la nuit. Le démenti que je lui donnai, et les reproches dont je l'accablai, devoient le couvrir de confusion; mais c'étoit le plus intrépide menteur que j'aie jamais vu. « Quoi! vous y » avez été, me dit-il, sans perdre contenance;

» vraiment, j'avoue que je suis un sot. Oui, vous
» l'êtes, lui répondis-je, et pis encore; mais n'y
» retournez plus, et réparez votre faute ». On ne
doutoit point que les assiégés ne cherchassent à
réparer leur surprise ; cela n'empêcha pas qu'à
neuf heures du matin, sans aucun secours de chevaux, et par les seuls bras de mes travailleurs, le
canon n'arrivât enfin sur le haut du rocher, où
j'avois fait provision pendant ce temps-là de
gabions, de madriers, et de tout ce qui est nécessaire pour y faire des plate-formes.

Un dernier inconvénient, c'est que quand il fallut remplir les gabions, il ne se trouva point de terre
à plus d'un demi-quart de lieue ; tout ce qu'on
pouvoit tirer de ce terrein ingrat, n'étoit que du
pierrotage, dont on ne pouvoit pas même se servir pour former les embrasures et les plate-formes, sans risquer à faire estropier tout le monde.
Les officiers qui, faute de ce secours si commun,
se voyoient exposés à tout le feu de la place, vinrent m'apprendre leur situation avec beaucoup
d'effroi. Je leur dis, sans faire semblant d'être
ému, qu'ils commençassent toujours la palissade
que j'avois ordonné qu'on fît le long du bord des
rochers, en la faisant fort haute et fort épaisse,
pour dérober du moins aux ennemis la vue du
canon qu'ils auroient pu démonter ; ce qui fut
promptement exécuté, ces montagnes étant presque

que toutes couvertes de bois. Pour suppléer au reste, je fis abattre par les charpentiers et pionniers de l'armée, deux cent gros hêtres qui furent taillés en billots, les uns ronds, pour remplir les gabions, les autres quarrés, pour former solidement le logement des six pieces de canon; et afin de cacher encore davantage aux ennemis leur derniere position, à quoi contribuoit beaucoup la palissade avec toute sa ramée, j'avois fait percer sur les deux côtés quantité d'embrasures gabionnées, sur lesquelles les ennemis ne discontinuoient point de tirer; et ils ignorerent l'endroit de la palissade où étoit l'artillerie, jusqu'au moment où tout se trouvant prêt de notre côté pour faire taire celle du fort, on devoit lever la palissade qui couvroit notre canon.

A deux heures après-midi tout ce travail étoit parfait, et sa Majesté vint le visiter environ une heure après. Elle me marqua, en m'embrassant, la satisfaction qu'elle en ressentoit. Elle ne voyoit aucune difficulté à faire commencer en ce moment à battre; je lui fis comprendre qu'il étoit encore nécessaire d'en imposer aux assiégés, jusqu'à ce que la nuit fût venue. Ce Prince se rendoit à mon avis; mais le comte de Soissons, d'Epernon, la Guiche et Villeroi qui le suivoient, lui ayant fait observer que son canon n'avoit pour objet qu'un roc vis-à-vis lequel il étoit inutile de perdre plus de temps, Henri se rapprocha, et me dit qu'il vouloit qu'on tirât à l'heure même quelques volées de canon sur le ravelin opposé. Je fis encore mes représentations, et peut-être avec un peu trop de chaleur. Il me fâchoit beaucoup de voir un ouvrage qui m'avoit tant coûté, exposé à être détruit par trop de précipitation. Ma résistance mit en colere Henri, qui me commanda une seconde fois, et d'une maniere très-absolue, de faire tout ce qu'il demandoit, en ajoutant même que j'oubliois qu'il étoit le maître. « Oui, Sire, » lui répondis-je aussi-tôt, vous êtes le maître, » et vous allez être obéi, quand je devrois tout » gâter ». Je fis renverser la palissade, et donnai ordre qu'on tirât; mais je ne voulus pas en être le témoin: je me retirai fort chagrin.

Comme le canon n'étoit pas pointé, tout le monde s'en mêla, et l'adressoit où bon lui sembloit, sans que personne atteignît au véritable endroit. Après une centaine de coups perdus, le Roi envoya la Guesle me chercher, pour se plaindre à moi du mauvais effet de mes batteries. Je répondis à la Guesle, que je priois sa Majesté de m'excuser; mais que le soleil étant prêt à se coucher, il n'étoit plus temps de rien entreprendre. Sa Majesté fit cesser de tirer; et tout le monde s'étant retiré, je vins coucher au milieu de mes batteries, que je fis perfectionner tout le reste de la nuit;

malgré la pluie qui continuoit en abondance. Les assiégés travailloient aussi beaucoup de leur côté, et n'étoient pas sans appréhension qu'on ne trouvât enfin l'endroit foible vers lequel ils portoient leur principale attention. J'en jugeois ainsi par les feux et les chandelles que je voyois allumés dans le fort. Je me contentai d'interrompre leur sécurité par quelques coups de canon tirés de temps en temps.

A la pointe du jour il s'éleva un brouillard si épais, qu'à six heures on ne voyoit pas le fort. Ce contre-temps me fâchoit, parce que toutes mes batteries étoient prêtes, et que je m'étois vanté la veille que je prendrois Charbonnieres dans la journée. Je m'imaginai que l'agitation de l'air causée par le canon, dissiperoit peut-être le brouillard. J'en fis tirer quelques volées à coup perdu. Soit hasard, ou effet naturel, ce que je n'avois proposé que par jeu, réussit au-delà de mon espérance. Tout le reste de l'artillerie n'eut pas plutôt répondu au canon de dessus la montagne, que le brouillard disparut. Ce qui avoit occupé les assiégés toute la nuit, étoit l'établissement d'une batterie de quatre pieces de canon, vis-à-vis les six miennes, que l'imprudence de la veille leur avoit découvertes, et qu'ils chercherent à démonter en ce moment. Je compris qu'il ne leur en falloit pas laisser le temps. Je fis pointer une piece, qui donnant droit dans leur embrasure, rendit inutiles deux de leurs quatre canons, tua un canonnier et en blessa deux autres ; mais cela n'arriva qu'après que leur charge eut tué de notre côté six canonniers et deux pionniers, blessé deux commissaires d'artillerie et douze autres personnes, et enfin rendu inutiles deux de nos pieces, jusqu'à ce qu'on les eût délogées de-là.

Le Roi accourut au bruit sur les neuf heures, et fit apporter son dîner dans un endroit que j'avois fait préparer de façon qu'il pouvoit tout voir sans péril ; c'étoit un parc fait des plus gros arbres, couchés dans leur entier les uns sur les autres en forme de rempart. En montrant à sa Majesté les corps de ceux qui venoient d'être tués, je lui fis sentir que c'étoit l'effet du mauvais conseil de la veille ; ce que je ne disois pas sans dessein, voyant que ces mêmes personnes ne cessoient point encore et de blâmer mon ouvrage, et de prévenir sa Majesté contre moi. Je m'embarrassai peu de tous leurs discours, et je dis hautement que n'ayant point encore mangé, quoique j'eusse travaillé toute la nuit, je laissois la place libre à tous ceux qui voudroient faire le grand-maître ; mais qu'à mon retour, si l'on ne me permettoit pas de disposer seul et à mon gré de mes batteries, j'abandonnerois tout. Ma table de grand-maître étoit de quarante couverts, et dressée sous une espece de demi-voûte taillée par la nature dans le roc, et tapissée de lierre. Le Roi m'envoya un fort grand pâté de truites qui lui étoit venu de Geneve. Mon dîner fut court. Je retournai encore supplier sa Majesté qu'on me laissât faire seul les fonctions de ma charge ; et je lui renouvellai la promesse que la journée ne se passeroit point sans que je le rendisse maître de Charbonnieres. Le Roi répondit, qu'il seroit content, s'il l'étoit seulement dans trois jours. La Guesle prit la parole, et dit que s'il étoit dans la place, il sçauroit bien empêcher qu'elle ne fût prise d'un mois. « Allez-vous-y-en donc, leur dis-je à tous, fatigué enfin de leurs discours ; et si je ne vous fais pas tous pendre aujourd'hui, je veux passer pour un fat ».

Le Roi se retira dans son enceinte, et me laissa délivré de l'importune présence des courtisans pendant trois heures qu'il passa à attendre son dîner, à dîner, et à visiter le parc entier de l'artillerie. Au bout de ce temps-là je le vis revenir avec M. le comte de Soissons, à qui il disoit assez haut pour que je l'entendisse : « Cette place ne sera pas prise aujourd'hui ». A quoi M. le Comte répondit, d'un ton de complaisant, que sa Majesté, qui avoit plus de connoissance de la guerre que personne, devoit bien employer son autorité pour me forcer à obéir, au lieu de se consumer à battre un roc que le canon ne pouvoit endommager. Je fus vengé dans le moment même.

Le Roi arrivoit justement dans le temps que les ennemis battoient la chamade, et que le lieutenant de la place en sortoit pour venir traiter avec moi. Je priai sa Majesté de ne point entrer dans la capitulation : et je dis au lieutenant qu'il pouvoit rentrer, parce que je voulois que sa garnison se rendît à discrétion ; ce qu'il fit avec une feinte hardiesse, et en disant qu'ils étoient deux cent dans le fort qui sçauroient bien le faire tenir encore huit jours. Henri se retira, et me laissa Lesdiguieres et Villeroi, qui vouloient qu'on acceptât les conditions que proposoient les assiégés. Lesdiguieres me mena même vers le fort, pendant que le lieutenant y entroit, pour me faire comprendre que les ennemis n'étoient pas encore réduits à l'extrémité. Je l'arrêtai, lorsque nous n'étions plus qu'à deux ou trois cent pas de la courtine ; je lui dis qu'il y auroit de là témérité à s'exposer à la bouche du canon de la place, et je pris le chemin d'un roc à cent pas de-là, qui me mettoit à couvert, pendant que ces Messieurs insultoient assez mal-à-propos à ma prudence. Ils changerent bientôt de langage : une décharge terrible les obligea de me suivre.

Le lieutenant de la place revint une seconde fois, et ne changea presque rien à ses premieres propositions. Je le renvoyai sans vouloir l'écouter ; ce que voyant Villeroi, il me dit que si la ville manquoit à être prise ce jour-là, il ne pourroit se dispenser d'en faire son rapport au Roi, comme d'un coup manqué par ma faute. Je ne fis pas semblant de l'entendre. Je donnai aux assiégés ma derniere volonté par écrit, et je revins faire jouer les batteries. La seconde volée mit le feu aux poudres des assiégés, et leur tua vingt ou vingt-cinq hommes, et six ou sept femmes; à la troisieme, le petit ravelin tomba tout entier, et ils ne purent plus porter de secours à la breche, parce que le canon balayant un chemin bas qui y conduisoit, leur enlevoit à chaque coup leurs meilleurs soldats. Cela les fit résoudre à battre une seconde fois la chamade. Je feignis de ne pas m'en appercevoir, quoique je visse leur tambour enlevé en l'air haut de deux toises, d'un coup de canon qui entra dans la terrasse sous ses pieds, sans lui faire pourtant aucun mal. Les assiégés éleverent un drap au bout d'une pique, en criant qu'ils se rendoient, et qu'ils prioient qu'on ne tirât plus. Je ne cessai point encore pour cela, jusqu'à ce que les ennemis ayant tendu la main de dessus la breche à nos soldats, j'eus peur de tuer quelques François avec eux. Je montai à cheval, et entrai dans Charbonnieres en courant. On pouvoit en user comme avec une ville emportée d'assaut; mais il auroit fallu avoir le cœur bien dur, pour ne pas se laisser désarmer par un objet aussi digne de pitié que celui qu'elle me présenta : c'étoient toutes les femmes, les blessés et les brûlés qu'ils envoyerent se jetter à mes pieds. Je n'ai vu en aucun endroit le sexe aussi beau qu'en cette ville, ni en particulier une femme d'une beauté aussi achevée, qu'une de celles qui vinrent me demander grace. Au lieu d'exécuter la menace que je leur avois faite de les faire tous pendre, je m'en tins aux conditions que je leur avois imposées d'abord, et je fis conduire la garnison au lieu de sûreté que j'avois marqué.

Le succès de Charbonnieres n'empêcha pas que je ne trouvasse de grandes difficultés encore dans le conseil à faire agréer l'attaque du château de Montmélian. La contestation fut extrêmement vive. « Regardez bien à ce que vous faites, me dit » sa Majesté, entraînée par le grand nombre ; car » si nous sommes contraints de lever le siege, » tout le monde criera après vous, et moi peut-» être tout le premier ». On ne connoissoit point encore dans ce temps-là ce que peut pour un siege une artillerie forte et bien servie. Ce qui venoit de se passer devant Charbonnieres, avoit si fort confirmé les idées que je m'étois formées à cet égard, que je ne fis point difficulté de m'engager hautement à emporter Montmélian dans cinq semaines, comme je l'avois déjà promis dans un premier conseil. Je n'y mis qu'une condition, que sa Majesté ne put me refuser, parce qu'elle l'accepta d'avance, sans la sçavoir ; c'est qu'elle ne se trouveroit point à ce siege. Je prévoyois qu'il seroit fort meurtrier. Je montrai le plan de la ville, et celui de l'attaque que j'avois tracé ; et tout le monde étant convenu de me laisser faire, je vins mettre le siege devant le château de Montmélian.

Ce château est assis sur un roc presque aussi dur que celui de Charbonnieres, si élevé, qu'il commande toute la campagne, escarpé en précipice, et inaccessible par tous les côtés, excepté celui de la ville, dont la pente est beaucoup moins roide ; mais sur laquelle en récompense regne un fossé dans le roc même, large, profond, et d'un travail si pénible, qu'il n'a pu être exécuté qu'avec la pointe du ciseau acéré, outre trois bastions qui ne peuvent être sapés, ni minés, leurs fondemens étant de roc vif, presque impénétrable, et de plus d'une toise et demie de profondeur. La campagne est semée de quelques montagnes ; mais les unes sont si éloignées, qu'elles paroissent être absolument hors de la portée du canon, et les plus proches sont d'un sommet si droit et si pointu, d'un roc si dur et si nud, que loin de pouvoir y élever et y servir le canon, on a de la peine à croire qu'un homme y puisse gravir. La place étoit alors pourvue de trente pieces de canon, de poudre à tirer au moins huit mille coups, avec une garnison proportionnée, et d'abondantes munitions.

La premiere réflexion qui me soutint contre des difficultés en apparence insurmontables, c'est que quelque ferme et continu que parût être le roc sur lequel, ou plutôt dans lequel étoient construits les bastions, il étoit impossible qu'il fût par-tout d'une égale solidité; et pour peu qu'il eût un seul endroit foible, l'artillerie que j'avois m'y assuroit un passage. Pour m'en éclaircir, je commençai à faire ouvrir des tranchées vis-à-vis le bastion nommé Mauvoisin, parce que sans elles il eût été impossible de s'en approcher d'assez près pour discerner si toute cette masse n'étoit qu'un roc entier taillé avec le ciseau; mais le roc qu'on rencontra encore à fleur de terre, ne permit pas de pousser plus avant les tranchées.

J'eus recours à la ruse. Je fis construire dans une nuit fort obscure une cabane de claies et de chaume fort près de ce bastion, et assez bas pour que le canon de la place ne pût y plonger. Elle fut criblée de coups de fusil, si-tôt que le jour l'eût découverte aux assiégés; mais elle ne fut pas renversée, et il n'y avoit personne des nôtres. Je laissai les ennemis pendant quelques jours décharger leur colere sur cette cabane, jusqu'à ce que d'eux-mêmes ils cessassent de tirer dessus; ce qu'ils firent enfin, croyant qu'elle n'avoit été mise là, que pour leur faire consumer inutilement leur poudre. Si-tôt que je me fus apperçu que les assiégés la négligeoient, je m'y rendis moi-même la nuit, ayant pour toutes armes une grande rondache, dont en cas de besoin je pouvois couvrir tout mon corps contre les coups de feu. J'observai de-là avec le dernier soin tout ce bastion. J'y apperçus de la lumiere dans le bas, d'où je conclus qu'il étoit creux, et par conséquent qu'il n'étoit pas de plein roc, qui n'eût pu être percé en dedans à cette profondeur ; les assiégés y faisoient sans doute alors quelque réparation. Le jour étant venu à paroître, je vis encore que le flanc étoit sans épaule ; autre indice que ce n'étoit pas le roc pur qui formoit l'un et l'autre, et que ce flanc se présentoit nud et aisé à entamer avec le canon. C'en étoit assez, et je n'eus plus d'autre soin que de me tirer de-là sain et sauf ; ce qui n'étoit pas sans difficulté en plein jour, n'étant qu'à cent pas du parapet qui étoit bordé de soldats, et en ayant deux cent à traverser avant que de me voir à couvert. Je pris le moment où les gardes se relevant, le soldat commence à se négliger, et laissant là ma rondache, je me mis à courir de toutes mes forces. Quatre sentinelles m'apperçurent, crierent et tirerent en même temps. Leur mousquetade siffla à mes oreilles, et me couvrit de sable et de caillou, sans me blesser ; avant que les autres soldats fussent prêts, j'avois déjà gagné le plus prochain logement.

J'avois choisi d'abord pour placer une batterie de canon, une élévation du côté de l'Isere, où des degrés taillés de main d'homme, pouvoient en rendre la montée plus facile ; mais depuis en ayant reconnu de l'autre côté de l'eau une autre qui donnoit sur la citadelle, et dont l'avantage étoit que de-là on voyoit le chemin qui conduit au puits du château, celui du magasin, l'entrée du donjon, et le poste des corps-de-garde, je préférai celui-ci, et je songeai au moyen d'y faire arriver six pieces de canon. Cette éminence étoit coupée en précipice de tous côtés, hors un seul, par lequel aussi le chemin pour y monter, s'alongeoit d'une lieue ; mais ce ne fut pas le plus grand inconvénient ; lorsque les pieces de canon y eurent été portées, on ne put pas y trouver un terre-plein assez grand pour les y poser ; et il fallut applanir des rochers si durs, que ce travail étoit regardé comme ridicule par la plupart des officiers.

Les ennemis n'en jugerent pas de même. Dès le moment qu'ils virent que nous entreprenions de nous loger sur ce pic, ils pointerent aussi six pieces de canon, et y firent un feu continuel. La premiere volée y fut tirée un jour que j'étois à y faire travailler, ayant à la main mon bâton de commandement, vêtu d'une mandille verte et passementée d'or, et portant sur ma tête un panache blanc et verd. Je remarquai que cette volée avoit passé beaucoup au-dessus de ma tête, et que celle qui la suivit porta au contraire beaucoup plus bas. Voyant qu'on alloit mettre le feu à une troisieme, je dis à Lesine, à Maignan et à Feugeres, que celle-ci pourroit bien donner au milieu, et que sans doute les assiégés qui m'avoient apperçu, m'ajustoient. Je me retirai de deux pas derriere un banc de rocher, d'où je tenois d'une main ma pique plantée à l'endroit où avoit été mon corps; un boulet rasa la pique, les autres allerent tuer trois pionniers et deux canonniers, et casser des flacons et des bouteilles qui avoient été apportés pour faire collation, et placés dans un trou du rocher. Cet accident fut rapporté à sa Majesté comme une témérité de ma part; et ce Prince m'écrivit aussi-tôt, que ma personne lui étant encore plus nécessaire pour les affaires, que pour la guerre, il vouloit que je me ménageasse autrement qu'un simple soldat, qui a sa fortune et sa réputation à faire, et qu'il me rappelleroit, si je n'obéissois à cet ordre.

Henri ne put résister à l'envie de voir l'ordonnance de ce siege; et il m'écrivit une seconde fois pour me faire consentir à lui rendre la parole qu'il m'avoit donnée du contraire, s'obligeant de n'aller que dans les seuls endroits que je lui désignerois, et sans autre suite que MM. le comte de Soissons, d'Epernon, Bellegarde et moi. Je le priai du moins de cacher avec un mauvais manteau la dorure de son habit, et d'éviter sur-tout, aux dépens d'une demi-lieue de chemin de plus, de passer dans un certain champ couvert de cailloux, vis-à-vis lequel les assiégés tenoient continuellement en faction trente ou quarante soldats armés de mousquets, et dix ou douze pieces de canon pointées, parce qu'ils sçavoient que c'étoit par ce champ qu'on passoit à tout moment pour aller à la batterie nouvellement posée sur le rocher. Je crus qu'il auroit cette complaisance ; mais quand il fut sur le lieu, il ne put se résoudre à user de cette précaution ; et mes prières ayant encore été inutiles, nous marchâmes tous cinq à la file. Quelques mousquetades qu'on essuya d'abord, firent pâlir quelques-uns de la compagnie ; ce fut bien autre chose en entrant dans le champ. Il se fit à la fois une décharge de grosse artillerie et de mousqueterie si terrible, qu'en un moment nous nous vîmes tous couverts de terre, et la peau effleurée d'une grêle de ces petits cailloux. Henri fit le signe de la croix ; « C'est à ce coup, lui dis-je, que je » vous reconnois pour bon Catholique. Allons, » dit-il, il ne fait pas bon ici ». Nous doublâmes le pas, en regardant comme un bonheur singulier, qu'aucun de nous n'y eût été tué, ou du moins estropié. On ne parla point au retour de prendre la même route, on prit celle des montagnes, où je fis mener des chevaux pour la compagnie.

Le Roi sentit quelque confusion d'avoir ainsi fait l'aventurier. Cela fit que quelques jours après, lui ayant mandé que toutes mes batteries étoient prêtes, et sa Majesté, qui étoit alors de retour en la Tarantaise, ayant encore voulu les voir, elle m'ordonna de faire une treve de quelques heures avec le gouverneur du château. La curiosité du Roi étant satisfaite, il me prit envie de jouir du droit de grand-maître, lorsqu'il exerce sa charge en présence de sa Majesté; mais comme cela ne pouvoit se faire sans une décharge d'artillerie, ce qui auroit été regardé comme une infraction à la treve, qui n'étoit pas encore expirée, pour engager les assiégés à la rompre les premiers, je dis à quelques commissaires de faire porter à la batterie du rocher, certaines munitions dont on avoit besoin. Ceux du château, qui n'avoient encore rien perdu de leur fierté, et qui se repentoient peut-être d'avoir accordé la treve, s'écrierent qu'on la faussoit, et qu'ils alloient tirer, et en effet ils tirerent douze ou quinze coups de canon. J'avois donné ordre que si cela arrivoit, on se tînt prêt pour leur répondre aussi-tôt par une décharge générale; c'étoit la premiere, et elle donna bien à penser aux assiégés ; lorsqu'ils virent cinquante canons à la fois battre leur donjon ; ils furent les premiers à demander la continuation de la treve, sur-tout lorsqu'une seconde décharge succéda rapidement à la premiere. Dès ce moment ils commencerent à perdre l'idée que leur citadelle étoit imprenable, et chercherent secrétement les voies de composer à l'amiable.

Ce furent deux femmes qui furent chargées (*) par hasard de cet accommodement. Madame de Brandis, femme du gouverneur de Montmélian, et qui étoit avec lui dans le château, se plaisoit à faire de ses mains de petits ouvrages de compartiment et de verroterie. Elle envoya à mon épouse, qui étoit dans la ville, des boucles d'oreilles, et deux chaînes de verre de sa façon, d'une grande délicatesse. Madame de Rosny lui renvoya en échange du vin et du gibier, et lui fit demander s'il n'y avoit point moyen qu'elles pussent se voir. Elles en obtinrent la permission, et passerent trois après-dînées ensemble si familiérement, qu'elles en vinrent jusqu'à examiner ensemble comment on pourroit rendre honnêtement Montmélian. Elles en informerent leurs maris, qui loin de s'y opposer, les autoriserent à continuer leurs entretiens, où elles se cachoient l'une et l'autre qu'elles agissoient avec permission. Madame de Brandis eut

(*) L'historien qui nous a donné la vie du duc d'Epernon, lui fait honneur de la reddition de Montmélian.

une indisposition, qui lui fit avoir besoin de respirer l'air de la campagne. Son mari crut pouvoir me faire demander cette grace par le moyen de mon épouse, qui saisissant cette occasion, sçut si bien représenter au comte de Brandis la nécessité à laquelle il alloit être réduit, sans pouvoir peut-être obtenir après cela des conditions honorables, que ce gouverneur consentit à traiter avec moi, et m'envoya une députation à cet effet. J'en donnai avis au Roi, qui proposa la chose dans son conseil. Il y fut résolu qu'on accorderoit un mois au gouverneur, après lequel, s'il n'étoit pas secouru, il remettroit sa place. J'étois sûr qu'elle n'auroit pas duré si long-temps; c'étoit d'ailleurs compter sur la bonne foi, fort douteuse dans un ennemi. J'en dis mon sentiment; mais il ne me servit de rien de combattre une résolution, où l'envie n'avoit pas moins de part que la crainte.

Le Roi ne commença à se repentir d'avoir mieux aimé déférer aux conseils du maréchal de Biron et du duc d'Epernon qu'aux miens, que lorsque le bruit se répandit peu de temps avant l'expiration du terme accordé aux assiégés, qu'il venoit à leur secours une armée de vingt-cinq mille hommes de de-là les monts. Ce Prince me communiqua l'embarras où cette nouvelle le mettoit. Il étoit bien déterminé à aller au-devant des ennemis et à les combattre, mais il sentoit combien il y avoit de

Tome II. Q q

risque à laisser derriere soi une place comme Montmélian. Il me demanda si de façon ou d'autre il ne me restoit point quelque moyen de m'en mettre en possession avant ce temps-là. Toute difficile que la chose paroissoit, elle réussit pourtant, et voici comment.

Depuis la suspension d'armes, le comte de Brandis laissoit entrer dans son château tous les étrangers qui y apportoient les vivres et les autres secours, dont ses blessés et Madame de Brandis elle-même, avoient besoin. Comme il n'y avoit qu'une seule porte pour y entrer, la presse y étoit quelquefois si grande, qu'il s'y donnoit quelques coups, dont le gouverneur ne vouloit ou ne pouvoit pas faire justice, parce que parmi ces gens, en grande partie soldats, il y en avoit plusieurs François. Il me pria de remédier moi-même à cet inconvénient, et je crus que c'étoit-là l'occasion que je cherchois. Je mis à la porte du château un corps-de-garde de cinquante hommes tous choisis, commandés par des officiers, qui étant instruits de mon dessein, accoutumerent les gardes du château à les voir entrer au-dedans, d'abord au nombre de trois ou quatre, seulement, ensuite en plus grand nombre, jusqu'à ce qu'enfin la garnison n'osant plus ni les empêcher, ni tirer sur eux, ils se virent presque aussi maîtres dans le château qu'elle-même, sans qu'elle en retirât aucun secours ; au contraire, loin d'appaiser le désordre, ces François l'augmenterent encore.

Brandis ne prit tout ce manege que pour un effet de la licence du soldat, et m'en porta ses plaintes. Je lui répondis qu'il pouvoit faire main-basse sur tous ces étrangers, que je supposois être de la campagne ; il repliqua qu'il l'auroit fait, sans le grand nombre de mes soldats qui se trouvoient mêlés avec eux ; que plutôt que de les maltraiter, même sans mauvaise intention, il aimoit mieux me charger seul du soin d'arrêter le trouble et la confusion. Je parus ne me rendre à cette idée, qui est tout ce que je souhaitois le plus, que pour rétablir la tranquillité, et je dis à ce gouverneur, que j'en viendrois facilement à bout, si j'avois en dedans de la porte un corps-de-garde de pareil nombre que celui du dehors. Il le trouva bon. J'y fis donc entrer cinquante soldats ; mais ce ne furent pas les seuls, trente les avoient déjà précédés, et un beaucoup plus grand nombre s'y glissa avec eux. J'y vins moi-même avec toute ma suite ; dès-lors la partie se trouva si forte, que nous pouvions disposer du bas fort, et en partie du donjon.

Brandis connut alors sa faute, mais ne pouvant la réparer, qu'en se montrant encore plus géné-reux, il vint me trouver, et me dit qu'il consentoit que je prisse possession du donjon, et qu'il s'en remettoit totalement à ma parole et à ma bonne foi. Je résolus de ne pas abuser de sa confiance, et d'observer fidélement les conventions. Je soupai et couchai dans le donjon, et dès le lendemain même du jour où j'avois reçu cette commission du Roi, je vins lui dire que sans rien craindre de Montmélian, il pouvoit marcher à la rencontre de ses ennemis; ce que sa Majesté fit en bon ordre, et à la tête de son armée, mais l'avis qu'elle avoit reçu se trouva faux.

La garnison de Montmélian en sortit après le mois écoulé, et remit la place à sa Majesté qui m'ordonna d'y établir Créqui avec sa compagnie : la garnison en fut renforcée, et on la pourvut de tout abondamment. Je voulus persuader au Roi qu'il devoit démanteler cette place, qu'on ne pourroit se dispenser à la paix de rendre à M. de Savoie, et qu'on en fît autant de toutes les autres forteresses conquises; mais les conseils des courtisans, qui sembloient être aux gages du duc de Savoie, sauverent Montmélian contre la bonne politique.

Les lettres en chiffres du maréchal de Biron, qu'on surprit deux ans après, éclaircirent le mystere de cette conduite, tant pour Montmélian, que pour tout le reste. Biron marquoit au duc de Savoie, à qui elles s'adressoient, qu'il avoit obtenu à la garnison de Montmélian un mois, afin qu'il eût le temps d'en faire lever le siege; qu'il n'avoit rien à attendre de ses amis, s'il ne faisoit pas un effort pour sauver cette place, assez forte pour tenir trois mois. Il l'assuroit de la peine qu'il sentiroit de sa reddition. Dans la lettre qu'il écrit à ce Prince après la prise du château, il lui déclare que sa négligence à le secourir, avoit réduit au silence les seigneurs François de son parti, qui se seroient déclarés contre le Roi, si en s'avançant pour se joindre à eux, il leur avoit facilité les moyens de le faire avec quelque sûreté. Malgré l'affectation de ne pas mettre leurs noms sur le papier, ils y sont tous si bien désignés, qu'on les reconnoît sans peine. Le silence que j'observe sur ces noms, n'est favorable qu'à quelques-uns, que le public n'a peut-être pas soupçonnés.

Montmélian ne s'étoit pas encore rendu, lorsqu'on apprit dans l'armée Françoise que le cardinal Aldobrandin, neveu et légat du Pape, étoit en chemin pour venir traiter avec sa Majesté l'affaire de la paix, et celle de son mariage. Le Roi m'ayant chargé d'aller recevoir cette éminence avec toutes sortes d'honneurs, je m'avançai à sa rencontre, avec un corps très-leste de trois mille fantassins et de cinq cent cavaliers. Il put bien s'appercevoir qu'il avoit affaire à un grand-maître d'artillerie, par la maniere dont il fut régalé en approchant de Montmélian. La treve me mettant en état de me servir de toute l'artillerie de cette placé, comme de la mienne propre, je les joignis toutes deux, pour lui faire plus d'honneur. Le signal fût donné par une enseigne blanche, mise sur la batterie du rocher. La mienne commença après un fort grand feu de mousqueterie, et fut suivie de celle du château, de maniere que l'une et l'autre ayant eu le temps de recharger, cette double décharge de cent soixante-dix canons faite avec tout l'ordre possible, et encore multipliée par les échos que forment toutes ces gorges des montagnes, fit le plus bel effet du monde, mais non pas, je crois, dans l'esprit du Légat, qui, plus effrayé que flatté d'un honneur rendu avec un appareil si terrible, croyoit que toutes ces montagnes alloient culbuter, et eut recours plusieurs fois au signe de la croix.

Je menai dîner ce Cardinal à Notre-Dame de Miens, et je le prévins sur deux choses touchant les affaires dont il me parloit; l'une, qu'il ne crût pas toutes les personnes qui viendroient se faire de fête auprès de lui de la part de sa Majesté; l'autre, que si toutes ces personnes lui promettoient qu'on rendroit à M. de Savoie toutes les places prises sur lui, sans les raser, il les crût encore moins, parce qu'assurément cela n'arriveroit point. Après cet avertissement, je le remis entre les mains de ceux qui étoient venus le chercher de la part de sa Majesté, et je continuai mes hostilités par les attaques de la citadelle de Bourg et du fort de Sainte-Catherine.

On fit marcher cette derniere avant l'autre, à la priere de la ville de Geneve, que le Roi étoit ravi d'obliger. En arrivant près de ce fort, qui est situé sur un tertre, au milieu d'une rase campagne dont il paroît être le centre, le maréchal de Biron, près duquel je me trouvai par hasard, me demanda si dans l'instant, et à cheval comme nous étions, je voulois venir reconnoître la place avec lui. Je lui répondis que pour faire cette observation en plein jour, nous étions trop brillans et trop empanachés: il montoit un cheval blanc, et portoit un grand panache de même couleur: « point, point, » me dit-il, ne vous mettez point en peine, mor- » bleu! ils n'oseroient tirer sur nous. Allons donc, » repris-je, comme vous voudrez; car s'il pleut » sur moi, il dégouttera sur vous ». Nous vînmes jusqu'à deux cent pas du fort. Nous observâmes tout ce fort long-temps, sans qu'on tirât que douze ou quinze méchans coups d'arquebuse; et je crois, en l'air, quoique nous fussions au nombre de vingt chevaux. J'en étois dans une surprise extrême. « Monsieur, lui dis-je, il n'y a personne là-dedans, » ou bien ils dorment, ou ont peur de vous ». Le Roi eut encore plus de peine à le croire, parce qu'y étant allé la veille avec six chevaux seulement, il se fit à son approche décharges sur décharges, et moi-même y étant retourné le lendemain à la pointe du jour, à pied, et n'ayant avec moi qu'Erard et Feugeres, je fus reçu avec un si grand bruit d'artillerie, que le Roi envoya Montespan, croyant que c'étoit une sortie. « A qui en veulent » ces gens-là, me dit Montespan, qui ne voyoit » personne ? A moi, lui répondis-je ; mais j'ai vu » ce que je voulois voir ». Je conjecturai à-peu-près d'où pouvoit venir ce respect, qu'on portoit par-tout au maréchal de Biron. Je vis que les flancs des bastions de Sainte-Catherine étoient si mauvais, qu'ils étoient en grande partie éboulés, et que le fossé n'étoit pas en meilleur état. J'assurai sa Majesté que les tranchées n'auroient pas été plutôt poussées jusques sur le bord du fossé, que la place se rendroit, et en effet les assiégés, qui d'ailleurs manquoient de tout, craignirent d'être emportés d'assaut, et demanderent à capituler, s'ils n'étoient pas secourus dans six jours.

Je demandai au Roi la permission de faire un tour à Geneve, après que j'eus fait ouvrir la tranchée. J'y arrivai le lendemain avec cent chevaux, et fort à propos pour rassurer cette ville effrayée de la grande quantité de Catholiques qu'elle voyoit au-dedans de ses murs. MM. de Guise, d'Elbeuf, d'Epernon, de Biron, de la Guiche et autres y étoient avec toute leur suite. J'eus beau l'assurer que sa Majesté lui vouloit du bien, et que je n'en sortirois point, tant que tous ces Messieurs y seroient, le souvenir des persécutions passées étoit encore trop présent à l'esprit de cette bourgeoisie. Elle ne fut point contènte, que je ne l'eusse délivrée du sujet de sa crainte ; ce que je fis dès le soir, en parlant à ces Messieurs, qui partirent tous le lendemain. La ville députa dix ou douze de ses principaux bourgeois, ayant Beze, leur ministre, à leur tête, pour complimenter sa Majesté, et tâcher d'en obtenir un point qu'ils tenoient fort secret, c'étoit la démolition du fort de Sainte-Catherine, qu'ils souhaitoient passionnément. Beze parla en homme d'esprit, et qui sçait louer délicatement. Il félicita les Protestans, du bonheur que le regne d'un si grand Prince leur annonçoit. Henri remercia les députés et la ville, à qui il offrit de la gratifier de celle de ses conquêtes qui étoit le plus à sa bienséance, et prévènant leur demande, il leur dit tout bas qu'ils auroient le plaisir d'être les maîtres du fort de la citadelle de Sainte-Catherine, et qu'il leur donnoit sa parole en ma présence (il me tenoit alors par la main), qu'aucune sollicitation ne pourroit l'empêcher de la faire raser. Les députés se retirerent pleins de joie.

Sur les instances du cardinal Aldobrandin, sa Majesté avoit consenti qu'il se tînt des conférences à Lyon au sujet de la paix, et avoit nommé pour traiter avec le Légat, le cardinal Du-Perron, le Connétable, le Chancelier, Villeroi et Jeannin, qui n'étoient encore convenus de rien, lorsque la future Reine (*) arriva en cette ville. Le Roi n'eut

(*) Cette Princesse partit de Florence le 17 Octobre, s'embarqua à Livourne, et avec une escorte de dix-sept galeres arriva à Toulon, d'où elle vint à Lyon par Marseille, Avignon, &c. Le Roi y arriva en poste le 9 Novembre. Quand le Roi arriva (je prends ces paroles dans les mémoires les plus fideles de ce temps-là) « la Reine étoit à son souper, et la voulant voir et considérer à table sans être connu, il entra jusques en la Salette, qui étoit fort pleine, mais il n'y eut pas plutôt mis le pied, qu'il fut reconnu de ceux qui étoient le plus près de la porte. Ils se fendirent pour lui donner passage, ce qui fit que sa Majesté sortit à l'instant, sans entrer plus avant. La Reine s'apperçut bien de ce mouvement, dont toutefois elle ne fit aucune démonstration, que de pousser les plats en arriere, à mesure qu'on la servoit, et mangea si peu, qu'elle s'assit plutôt par contenance, que pour souper. Après que l'on l'eut desservie, elle sortit incontinent, et se retira en sa chambre. Le Roi qui n'attendoit autre chose, arriva à la porte d'icelle, et faisoit marcher devant lui M. le Grand, qui frappa si fort, que la Reine jugea que ce devoit être le Roi, et s'avança au même instant que M. le Grand entra suivi de sa Majesté, aux pieds de laquelle la Reine se jetta. Le Roi l'embrassant, et l'ayant relevée, ce ne furent qu'honneurs, caresses et baisers, respects et devoirs mutuels. Après que les complimens furent passés, le Roi la prit par la main, et l'approcha de la cheminée, où il parla à elle une bonne demi-heure, et s'en alla de-là souper, ce qu'il fit assez légérement. Cependant il fit avertir Madame de Nemours qu'elle dît à la Reine qu'il étoit venu sans lit, s'attendant qu'elle lui feroit part du sien, qui leur devoit être commun dès-lors en avant. Madame de Nemours porta ce message à la Reine, laquelle fit réponse, qu'elle n'étoit venue que pour complaire et obéir aux volontés de sa Majesté, comme sa très-humble servante. Cela lui étant rapporté, sadite Majesté se fit déshabiller,

pas plutôt appris cette arrivée, qu'il quitta ses quartiers de guerre et s'y achemina par un temps extrêmement pluvieux, courant en poste avec une grande partie des Seigneurs de sa cour. Il étoit onze heures du soir,, lorsque nous arrivâmes au bout du pont de Lyon, et nous y attendîmes une heure entiere qu'on vînt nous ouvrir, pénétrés de froid et de pluie, parce que sa Majesté, pour le plaisir de surprendre la Reine, ne voulut point se nommer : ils ne s'étoient point encore vus l'un l'autre. Les cérémonies du mariage se firent sans pompe, nous vîmes souper le Roi, qui nous envoya ensuite en faire autant, et se retira dans l'appartement de la Reine.

L'arrivée de sa Majesté ne fit qu'échauffer encore davantage la contestation au sujet des articles de la paix. Les plénipotentiaires étoient presque tous dans les intérêts du duc de Savoie, et bien aises de faire leur cour au Légat. C'est ce qui fit que Henri jugea à propos de se faire rendre compte de leur négociation, et il blâma fort les commissaires d'avoir excédé leur pouvoir. Bellievre et Villeroi avoient promis au Légat, qu'aucune des places prises ne seroit démolie, mais sur-tout

» et entra en la chambre de la Reine qui étoit déjà au lit, &c».
Chronologie Septénaire, année 1600, où l'on peut voir aussi les particularités du voyage de la Reine, de sa réception dans les villes de France, &c. *De Thou*. liv. 125; *Mathieu*, tom. 2. liv. 2. pag. 378. &c.

Sainte-Catherine, sur laquelle le Légat avoit fait des instances particulieres, comme étant le meilleur et même le seul boulevard du duc de Savoie contre la république de Geneve. Henri leur fit sentir qu'il soupçonnoit la précipitation avec laquelle ils avoient souscrit, sans l'avoir consulté, à un article de cette importance, et ajouta qu'il leur déclareroit sa volonté sur ce point dans quelques jours. Il me fit appeler, et me dit qu'avant que le Légat lui eût fait à cet égard les sollicitations auxquelles il s'attendoit, le plus court étoit de faire sauter les cinq bastions du fort, et d'avertir la bourgeoisie de Geneve de venir achever la démolition. Jamais ordre n'a été si promptement ni mieux exécuté. Dans une nuit, les Genevois mirent cette citadelle rès-pié-rès-terre, et emporterent même tous les matériaux ; de maniere qu'on auroit eu le lendemain de la peine à croire qu'il y eût jamais eu un fort en cet endroit, et que la nouvelle en fut répandue d'abord comme d'un effet du feu du ciel. Lorsqu'on eut sçu la vérité, le Légat en conçut un grand ressentiment, et ne laissa pas d'avouer dans son chagrin, que j'étois le seul qui ne l'avoit point flatté là-dessus, et qu'il n'avoit pas fait assez d'attention à mon avis. Ce qui le fâchoit le plus, c'est que sur la foi des commissaires, il s'étoit avancé du contraire au Pape. La négociation en fut entiérement rompue pendant trois ou quatre jours, et lorsqu'après ce temps-là on la reprit, ce fut avec tant d'aigreur de la part de cette éminence, qu'elle rejetta toutes les propositions qu'on lui fit. Ces propositions étoient, que le duc de Savoie céderoit au Roi le cours de la riviere du Rhône et ses environs, jusqu'à des distances désignées ; qu'il ne pourroit élever aucun fort à une lieue près, pour favoriser le passage des Espagnols; qu'il laisseroit à la république de Geneve la jouissance de certains villages aussi spécifiés ; que Beche-Dauphin seroit démoli, et Château-Dauphin restitué (*) ; enfin, que le Duc paieroit cent cinquante mille écus, pour les frais de la guerre.

Le Roi regardant cette affaire comme manquée, par l'entêtement du Légat, se résolut à continuer la guerre encore plus vivement, et m'ayant fait appeller, il me communiqua son dessein, qui étoit d'aller chercher le duc de Savoie à la tête de toute son armée, pendant qu'avec l'artillerie je battrois la citadelle de Bourg. Nous avions chacun des obstacles particuliers dans ce double projet, outre la disette d'argent qui nous étoit commune. Je trouvois l'entreprise de Bourg très-difficile à exécuter, la saison étant aussi avancée qu'elle l'étoit. La différence que je fais entre ce château et celui de Montmélian, avec lequel il me semble

(*) Frontiere du Dauphiné.

qu'il peut aller de pair, c'est que pour qui n'auroit que dix ou douze pieces de canon, Montmélian vaut, à la vérité, dix places comme Bourg, parce que la prise de Montmélian dépend d'avoir assez d'artillerie pour en foudroyer tous les dehors; mais pour une armée forte de soixante canons, la citadelle de Montmélian n'est pas plus difficile à emporter que celle de Bourg, parce que celle-ci plus réguliere que l'autre, ne peut être attaquée que méthodiquement, et pied à pied. Si j'en avois été cru, lorsque je conseillai qu'on s'y attachât d'abord au partir de Montmélian, elle auroit pu être alors au pouvoir du Roi.

Pour ce Prince, son embarras venoit de ce que n'ignorant pas de quelle maniere la plupart de ses officiers généraux conspiroient contre lui, avec le duc de Savoie et l'Espagne, il avoit tout à craindre en s'engageant avec eux dans le pays ennemi. Lesdiguieres étoit le seul sur lequel il pût compter. Sa fidélité avoit paru en dernier lieu dans l'avis qu'il avoit fait donner à Calignon, que le duc de Bouillon se servoit d'un nommé Ondevous, pour entretenir ses liaisons avec les grands du royaume. Il est vrai que si Calignon eût été plus diligent à s'acquitter de sa commission, Ondevous n'auroit pas eu le temps de s'évader comme il fit, et que sa détention auroit mis en évidence tous les projets des factieux; mais il y a toute apparence que ce n'étoit pas la faute de Lesdiguieres. Je conseillai au Roi de ne se reposer que sur lui, et pour se l'attacher encore davantage, de le faire maréchal de France et gouverneur de Piémont. A l'égard des autres, il étoit facile de rendre leur mauvaise volonté sans effet, en leur donnant des emplois loin du gros de l'armée.

Mais ce qui nous parut le plus pressé à tous les deux, étant d'avoir de l'argent, nous convînmes que je partirois dans quatre jours pour Paris, et qu'afin de pouvoir y vaquer pendant six semaines entieres, j'emploierois ces quatre jours à faire tous les préparatifs nécessaires pour l'attaque de Bourg, à faire faire montre aux soldats du peu d'argent qui nous restoit, et à pourvoir à toutes les dépenses, soit extraordinaires, soit ordinaires de la maison du Roi. Je fis dès le lendemain prendre les devans à mon épouse et à mes équipages, et je leur dis d'attendre de mes nouvelles à Rouannes, où je comptois, lorsque j'y serois arrivé, leur faire prendre la Loire jusqu'à Orléans. Ils m'y attendirent trois ou quatre jours de plus, parce que mes mesures furent rompues, par le changement qui arriva dans l'affaire de la paix.

Etant allé prendre congé du Roi, il approuva qu'avant de partir, je visse aussi le Légat, qui avoit toujours marqué beaucoup d'estime pour moi. J'entrai chez lui tout botté, mes chevaux de poste m'attendoient de l'autre côté de la riviere, vis-à-vis son logis. Il me demanda où j'allois en cet équipage, « en Italie, lui dis-je, c'est à ce coup » que j'irai en bonne compagnie baiser les pieds du » Pape. Comment! en Italie, reprit-il, fort » étonné! Ho! Monsieur, il ne faut pas cela, je » vous prie, aidez-moi à renouer cette paix ». Je parus ne pas refuser d'y travailler encore, mais par respect pour sa médiation, le Roi ayant perdu de vue toute idée de paix. Je repris en deux mots tous les principaux articles déjà proposés, et je demandai ensuite au Cardinal s'il vouloit ajouter foi à ce que j'allois lui dire. Comme il m'en assura, je lui dis qu'il pouvoit tenir en ce moment comme une chose très-certaine, que de ces articles, sa Majesté ne se relâcheroit jamais sur ceux qui concernoient la rive du Rhône, les villages dans le voisinage de Geneve, Château-Dauphin et Beche-Dauphin, parce que je connoissois sur tous ces points l'intention de sa Majesté comme elle-même. Il m'en demanda les raisons, que je me dispensai de lui dire, à cause du peu de temps que j'avois pour cela. Après qu'il eut fait quelques tours de chambre, en faisant ses réflexions, il me demanda avec la même protestation de sincérité, si en m'accordant tous ces points, il ne seroit plus fait mention de tous les autres. Je lui répondis que je croyois pouvoir le lui garantir.

garantir. Sur quoi il me pria d'aller communiquer au Roi ce qu'il venoit de me dire. Henri me vit revenir avec plaisir. Je retournai un moment après vers le Légat, avec un plein pouvoir de sa Majesté; et dans l'instant nous conclûmes un (*) traité, qui languissoit depuis si long-temps.

En voici les conditions. Qu'en échange du marquisat de Saluces auquel le roi de France renonçoit, le duc de Savoie céderoit à sa Majesté les places de Sental, Monts et Roquesparviere, la Bresse en entier, les bords et environs du Rhône, d'un et d'autre côté jusqu'à Lyon, excepté le pont de Grézin et quelques passages nécessaires à son Altesse pour entrer en Franche-Comté, sans cependant qu'elle acquît par cette cession, le droit de tirer de ces endroits aucun tribut, d'y bâtir aucun fort, faire passer aucuns gens de guerre, que de la permission du Roi, et à condition que pour ce droit de passage au pont de Grézin, le Duc paieroit à la France cent mille écus; qu'il remettroit encore à sa Majesté la citadelle de Bourg, le bailliage de Gex, Château-Dauphin et ses dépendances, avec tout ce qui peut être compris dans la province de Dauphiné deçà

(*) M. de Thou, Mathieu et la Chronologie Septénaire en parlent conformément à ce récit. *Ibid.* année 1601. Voyez aussi ce traité, *Mémoires de Nevers*, tom. 2, pag. 775 et suiv.

les monts ; qu'il renonceroit pareillement à la propriété d'Aus, Chousy, Vulley, Pont-d'Arley, Seissel, Chana et Pierre-Châtel, aux environs de Geneve; que les fortifications de Béche-Dauphin seroient rasées; que le Roi, en rendant de son côté tout ce qui n'est point spécifié ici de ses autres conquêtes, pourroit en retirer l'artillerie et les munitions qui y étoient actuellement. Les autres articles regardent les criminels réfugiés et les prisonniers de guerre, les bénéfices ecclésiastiques, les échanges de terres entre particuliers, &c. Il y est articulé pour le duc de Nemours, qui a une partie de ses biens dans cette contrée, qu'il ne sera inquiété, ni pour ceux qui relevent du Roi, ni pour ceux qui sont dépendans de son Altesse. Je ne dis rien des autres clauses communes à tous les traités.

Quoique ce traité fût signé de moi, au nom du Roi, du Légat, pour le Pape, et des agens du duc de Savoie, celui-ci, poussé par le comte de Fuentes, en retarda si fort l'entiere conclusion par ses plaintes et ses longueurs, que le Roi crut ne devoir point encore désarmer. Il fit un (*) voyage en poste

---

(*) « Il partit, dit Bassompierre, une nuit en poste, de
» Lyon, pour s'en retourner à Paris; et s'étant embarqué sur
» l'eau à Rouanne, il vint descendre à Briare, de Briare,
» il vint coucher à Fontainebleau, et le lendemain dîner à
» Villeneuve, et passant la Seine au bas des Tuileries,
» s'en alla coucher à Verneuil (près Senlis). Nous demeu-

à Paris, en attendant que le Duc se fût déterminé. S'il étoit obligé de repasser en Savoie; il avoit des mesures à prendre pour les affaires du dedans de son royaume, et sur-tout de Paris, dans un temps où tout étoit rempli de factieux. Il laissa le Connétable et Lesdiguieres avec de bonnes troupes sur cette frontiere, en attendant son retour, et à Lyon pour terminer les affaires de la paix, Villeroi et deux ou trois autres commissaires.

Mais sa Majesté ne se trouva point obligée de retourner en ces provinces. Le duc de Savoie, après bien des mutineries, revint à des réflexions plus sensées, et considérant tout ce que son opiniâtreté lui avoit déjà coûté, il se trouva fort heureux d'accepter le traité, dans la forme où il venoit d'être mis. On y joignit donc les dernieres formalités, et la paix fut publiée à Paris et à Turin, avec les cérémonies accoutumées. L'exécution des articles ne se fit pourtant pas, sans que le duc de Savoie fît naître plusieurs autres difficultés, qui arrêterent Villeroi à Lyon une partie de l'année suivante. Ce ne fut qu'en ce temps-là qu'on

---

» râmes trois jours à Verneuil, puis vînmes à Paris........
» Enfin la Reine arriva à Nemours, et le Roi continuant, à
» soixante chevaux de poste, l'y alla trouver, et l'amena
» à Fontainebleau, où ayant demeuré cinq ou six jours, elle
» arriva à Paris, logée chez Gondy, &c. ». *Mém. de Bassompierre*, tom. I, pag. 89 et 90.

fut parfaitement d'accord, et l'Espagne qui s'étoit mêlée fort avant dans cette affaire, en donna elle-même le conseil au duc de Savoie. Henri marqua en toutes ces occasions beaucoup de déférence pour le Pape ; il accorda tous les délais que le duc de Savoie engageoit le Légat à demander par le comte Octavio Tassone. Ce n'étoit pas l'avis de Villeroi ; mais sa Majesté croyoit qu'après avoir obtenu au fond tout ce qu'elle pouvoit demander, elle ne devoit pas marquer tant de rigueur sur la maniere, ni s'exposer à voir peut-être la guerre se rallumer pour si peu de chose. Celle-ci fut aussi avantageuse au Roi, que le peut jamais être une guerre achevée dans une seule campagne. Sa Majesté déclara que la Bresse ne seroit point comprise dans la généralité de Lyon ; mais qu'elle seroit réunie à la Bourgogne, et ressortiroit à la Cour des Aides de Paris.

La Reine ne prit pas incontinent après, la route de Paris. Elle amenoit avec elle don Joan, son oncle, bâtard de la maison de Médicis ; Virgile Ursin, son cousin, qui ayant été nourri jeune avec elle, avoit conçu des espérances au-dessus de sa condition. Plusieurs autres Italiens et Italiennes étoient à sa suite, entr'autres un jeune homme nommé Conchini, et une fille nommée Léonore Galigaï, qui jouerent dans la suite un grand rôle. Je la précédai à Paris de huit jours, pour y faire ordonner la cérémonie de son entrée (*), qui fut des plus magnifiques en toutes manieres. Le lendemain, le Roi l'amena dîner, avec toute sa cour, chez moi à l'Arsenal. Elle étoit suivie de toutes ses filles Italiennes, qui trouvant le vin d'Arbois fort de leur goût, en burent un peu plus que de besoin. J'avois d'excellent vin blanc, et aussi clair qu'eau de roche, j'en fis remplir les aiguieres, et lorsqu'elles demandoient de l'eau, pour tremper le vin de Bourgogne, ce fut cette liqueur qu'on leur présenta. Le Roi les voyant de si bonne humeur, se douta que je leur avois joué piece. La conjoncture du mariage du Roi fit qu'on ne parla, pendant tout l'hiver, que de parties de plaisir.

La guerre parut fort animée cette année en Flandre. Le prince Maurice d'Orange gagna au mois de Mai, contre l'archiduc Albert, une ba-

---

(*) Il ne paroît pas qu'on ait fait à cette Princesse la cérémonie d'une entrée solemnelle dans Paris. « Les Parisiens, » dit au contraire la Chronologie Septénaire, vouloient se » préparer à lui faire une très-belle et très-magnifique entrée, » et en supplierent le Roi; mais sa Majesté voulut que les » frais de cette entrée fussent employés en des choses plus » nécessaires ». Et quelques lignes après: « arrivant à la » fausse-porte du fauxbourg Saint-Marcel, le sieur marquis » de Rosny fit tirer par trois fois tout le canon de l'Arsenal. » Elle passa dans la litiere, le long des fossés de la ville, » et pour ce jour, alla loger au fauxbourg Saint-Germain, à » l'hôtel de Gondy, et le lendemain, chez Zamet, et puis » au Louvre ». *Ibid.*

taille (1), où l'Amirante de Castille, son bras droit, fut fait prisonnier. Il alla ensuite mettre le siege devant Nieuport; mais il fut obligé de le lever. Je ne dirai rien de celle de l'Empereur et du Grand-Seigneur en Hongrie, sinon que le duc de Mercœur y fut fait lieutenant-général de sa Majesté Impériale. Je supprime aussi les magnificences du Jubilé (2) séculaire à Rome, et je termine les Mémoires de cette année par un fait qui fournit une réflexion bien sensée sur les duels Bréauté (3) s'étant battu en combat singulier, i

___

(1) C'est la bataille de Nieuport, donnée dans le mois de Juillet. Les Espagnols y perdirent huit mille hommes. Le prince d'Orange n'en fut pas moins obligé de lever le siege, qu'il avoit mis devant Nieuport, et de se retirer en Hollande. La plupart de ces faits étrangers ne sont ordinairement pas rapportés dans nos Mémoires avec plus d'exactitude que d'étendue. Je ne crois pas qu'il soit à propos que je m'attache à les détailler dans ces notes. Il vaut mieux renvoyer le lecteur aux Mémoires et Histoires du temps. Consultez de même les Histoires générales et particulieres sur les expéditions militaires entre l'armée de l'Empereur et celle du Grand-Seigneur, dont il est parlé ici.

(2) On compte qu'il y eut trois cent mille François, tant hommes que femmes, qui allerent à Rome gagner les indulgences du Jubilé. Voyez-en les cérémonies dans le Septénaire, année 1600, et autres mémoires de ce temps-là.

(3) Charles de Bréauté, gentilhomme François, du pays de Caux, Capitaine d'une compagnie de Cavalerie au service des Etats : son adversaire étoit un simple soldat Flamand lieutenant d'une compagnie du gouverneur de Bolduc, contre lequel il se battit en combat singulier de vingt François contre vingt Flamands. Après avoir eu l'avantage dans une premiere attaque, où il tua son ennemi, il fut fait prisonnier dans une

tua son adversaire, et fut ensuite assassiné lui-même.

seconde, et tué par ordre du gouvernement de Bolduc. « Il » cherchoit les duels, dit l'Auteur de la Chronologie Septé- » naire, pour lesquels il s'étoit absenté de la cour de France».

Fin du Livre onzieme et du Tome second.